Theurgisches Denken

W
DE
G

Transformationen der Antike

Herausgegeben von
Hartmut Böhme, Horst Bredekamp, Johannes Helmrath,
Christoph Markschies, Ernst Osterkamp, Dominik Perler,
Ulrich Schmitzer

Band 4

Walter de Gruyter · Berlin · New York

Wiebke-Marie Stock

Theurgisches Denken

Zur *Kirchlichen Hierarchie*
des Dionysius Areopagita

Walter de Gruyter · Berlin · New York

Gedruckt mit Unterstützung des Sonderforschungsbereichs
„Transformationen der Antike" der Humboldt-Universität zu Berlin.

♾ Gedruckt auf säurefreiem Papier, das die US-ANSI-Norm
über Haltbarkeit erfüllt.

ISBN 978-3-11-020239-7
ISSN 1864-5208

Bibliografische Information der Deutschen Nationalbibliothek

Die Deutsche Nationalbibliothek verzeichnet diese Publikation in der Deutschen
Nationalbibliografie; detaillierte bibliografische Daten sind im Internet
über http://dnb.d-nb.de abrufbar.

Umschlaggestaltung: Martin Zech, Bremen
Logo „Transformation der Antike": Karsten Asshauer − SEQUENZ
Druck und buchbinderische Verarbeitung: Hubert & Co. GmbH und Co. KG, Göttingen

Vorwort

Das vorliegende Buch ist die leicht überarbeitete Fassung meiner Dissertation, die im Februar 2007 am Fachbereich Philosophie und Geisteswissenschaften der Freien Universität Berlin angenommen wurde.

Mein erster Dank gilt Prof. Gunter Gebauer, der mich seit vielen Jahren gefördert, das Thema der Dissertation angenommen und die Arbeit betreut hat, sodann Prof. Wilhelm Schmidt-Biggemann für vielfältige Anregungen in der Abschlussphase der Arbeit und für die freundliche Bereitschaft, das Zweitgutachten zu übernehmen.

Der Studienstiftung des deutschen Volkes, die meine Studien vom ersten Semester an unterstützt hat, möchte ich meinen Dank sagen, sowie dem Graduiertenkolleg „Körper-Inszenierungen" und seiner Sprecherin Prof. Erika Fischer-Lichte für die finanzielle Förderung durch ein Doktorandenstipendium und die anregenden Kontakte, die sich daraus ergaben. Aus dem Kolleg danke ich besonders Prof. Christoph Wulf.

Mein Dank gilt ferner Prof. Christoph Horn, Prof. Theo Kobusch, Prof. Andreas Speer und Prof. Jan Opsomer, die mich während eines Forschungsaufenthaltes in Köln/Bonn in ihr gemeinsames Colloquium zur Philosophie der Antike und des Mittelalters aufgenommen haben; Diskussionen und Gespräche haben mir sehr geholfen, meinen eigenen Weg zu finden.

Danken möchte ich auch der Dionysius-Forscherin Ysabel de Andia (CNRS, Paris) für ihren freundlichen Empfang in Paris, sowie Anca Vasiliu (CNRS, Paris), in deren Colloquium ich meine Arbeit vorstellen konnte, und Philippe Hoffmann (École pratique des Hautes Études, Paris).

Ein besonders großer Dank gilt Prof. Werner Beierwaltes, der mich sehr freundlich zu einem langen und intensiven Gespräch empfangen hat, das mich in der Ausrichtung meiner Arbeit bestärkt und mit fruchtbaren Literaturhinweisen inspiriert hat.

Für die Aufnahme dieser Arbeit in die Reihe „Transformationen der Antike" des Verlags Walter de Gruyter möchte ich den Herausgebern der Reihe sowie Frau Dr. Vogt vom Verlag de Gruyter herzlich danken. Dem Sonderforschungsbereich „Transformationen der Antike" der Humboldt Universität Berlin, insbesondere seinem Sprecher Prof. Hartmut Böhme, danke ich für die Gewährung eines großzügigen Druckkostenzuschusses.

Berlin, im Februar 2008   Wiebke-Marie Stock

Inhalt

Einleitung

I. Person und Werk

1. Eine komplexe Person

„Einige Männer aber schlossen sich ihm an und wurden gläubig, unter denen auch Dionysius, ein Mitglied des Areopags, und eine Frau namens Damaris waren und andre mit ihnen." (Apg 17,34)

Dieser Vers, mit dem die Apostelgeschichte den Bericht vom Aufenthalt des Apostels Paulus in Athen beschließt, steht am Beginn einer Tradition von großer geistes- und kulturgeschichtlicher Reichweite, an die sich die vorliegende Arbeit auf ihre Weise anschließen möchte. Die neutestamentlichen Schriften enthalten über diese Notiz hinaus keine weiteren Informationen über diesen athenischen Jünger des Paulus. Die zu Beginn des 4. Jh. entstandene *Historia ecclesiastica* des Eusebius kennt ihn als ersten Bischof von Athen.[1] Der im 5. Jh. einsetzenden Legendenbildung zufolge sendet Papst Clemens ihn nach dem Tode der Apostel Petrus und Paulus mit den Gefährten Rusticus und Eleutherius nach Gallien. In Paris bekehrt er viele Menschen, wird dann eingekerkert, Christus erscheint ihm persönlich im Gefängnis, um ihm das Abendmahl zu reichen. Gemeinsam mit seinen Gefährten wird er auf Montmartre (Berg des Mars oder des Merkur – Berg des Martyriums, *mons martirum*) enthauptet, nimmt seinen Kopf unter den Arm und läuft gen Norden[2] bis zu dem Ort, wo heute die ihm geweihte Basilika St.-Denis steht.

Die legendarische Konstruktion verbindet den Apostelschüler Dionysius vom Areopag mit einem Hl. Dionysius, der in der Mitte des 3. Jh. der erste Bischof von Paris war und dessen Reliquien man in der Königsabtei von St.-Denis besaß.[3] Zu dieser doppelten Identität gesellte sich schließlich eine für den hier zu behandelnden Zusammenhang entscheidende dritte, die eines großes Autors, des Verfassers nämlich eines Corpus von Schriften, die seit dem 6. Jh. in Byzanz bekannt waren und zu Beginn des 9. Jh. ins Frankenreich gelangten. Für die Identitätskonstruktion dieser dreifachen Person ist vor allem der Hofkaplan

---

1   Eusebius, HE II/1, IV 23,3; vgl. Ritter 1994c: Anm. 2, S. 2.
2   Jacobus de Voragine, Legenda Aurea, 792 f. Das Kephalophoren-Motiv taucht Ritter (Ritter 1994c: 3) zufolge vermutlich zuerst in der zweiten *passio sanctissimi Dionysii* auf.
3   Vgl. Ritter 1994c: 2 f. Ritter (Ritter 1994c: 3) zufolge vermutlich um 750. Es handelt sich um die zweite *passio* des Dionysius, die sogenannte *Post beatam et gloriosam* (BHL 2178); die erste *passio* aus dem 5. Jh. kannte diese Identifizierung noch nicht; vgl. hierzu Jeauneau 1997: 363 f.

Ludwigs des Frommen Hilduin verantwortlich, der Anfang des 9. Jh. Abt von
St.-Denis war und auf den die *passio* des Heiligen zurückgeht, die diese legendarische Tradition festhält.[4]

Eingang in die westliche Tradition finden die genannten Schriften im Jahre
827[5], als der byzantinische Kaiser Michael der Stammler dem fränkischen König
Ludwig dem Frommen eine Handschrift des *Corpus* überbringen lässt.[6] Das
Geschenk wurde am Vorabend des Festes des Hl. Dionysius, also am 8. Okto-
ber, nach St.-Denis gebracht. Der Bericht von der Translation lässt das *Corpus*
als Reliquie in Buchform erscheinen: „Reçu là comme une relique, il s'y com-
porta comme tel, puisqu'en la nuit du 8 au 9 octobre il opéra dix-neuf guérisons
miraculeuses."[7] Hilduin übersetzt das Corpus oder lässt es übersetzen (ca. 832).
Da diese erste lateinische Übersetzung sich jedoch als ungenügend erweist,[8]
wird, angeregt durch König Karl den Kahlen, im Jahre 867 eine zweite Übersetzung unternommen. Ihr Verfasser ist der berühmte Theologe der Karolin-
gischen Renaissance Johannes Scotus Eriugena.

Zweifel an der Identität des Autors der erst seit dem 6. Jh. in der kirchlichen
Literatur begegnenden Schriften tauchten zwar schon früh auf, „erstmals wohl
im Zusammenhang einer in Konstantinopel abgehaltenen Konferenz zwischen
Gegnern und Anhängern der Zwei-Naturen-Christologie des Konzils von
Chalkedon (451) im Jahre 532/33"[9]. Neben dem Problem der Rechtgläubigkeit
kam dabei auch die Frage auf, wie man denn beweisen wolle, dass diese
Schriften von Dionysius, also bereits aus dem 1. Jh., stammten, wenn ihn keiner
der älteren Kirchenschriftsteller erwähne.[10] Trotz anfänglicher Zweifel wird die

---

4 Die sogenannte *Post beatam ac salutiferam* (PL 106,23–50); vgl. Jeauneau 1997, der sie
   auf etwas 834 datiert, u. Ritter 1994c: 4; Roques 1962: 64.
5 Evtl. kannte Papst Gregor I. (590–604) sie, der einzige Hinweis ist jedoch so marginal,
   dass nicht auf eine tiefe Kenntnis zu schließen ist; vgl. Ritter 1994c: 36.
6 Vgl. Ritter 1994c: 36. Zu der Legende, den *passiones* und der wunderwirkenden
   Handschrift, vgl. auch Loenertz 1951. Jeauneau 1997: 365 schreibt Hilduin die Initiative
   für diese Sendung zu.
7 Jeauneau 1997: 365. Laut Aussage zahlreicher Autoren handelt es sich um die Handschrift BN Grec 437, die sich heute in der Bibliothèque Nationale de France befindet;
   vgl. u. a. de Andia 1997a: 13; Saffrey 2000a: 251. Vorsichtiger äußert sich Ritter 1994c:
   Anm. 122, S. 136. Der Cod. Gr. 437 der Bibliothèque Nationale wird in Suchla 1990
   unter dem Punkt 2.2. ‚Mutilierte Corpus-Handschriften' als Nr. 130 aufgeführt (S. 31);
   es fehlt *MT*. Suchla bezeichnet sie als „Eilabschrift minderer Qualität" (ebd., 52).
   Dieser Befund überrascht angesichts der Tatsache, dass sie ein Geschenk des byzantinischen Kaisers an den französischen König darstellen sollte.
8 Vgl. Chevallier/u. a. 1954: 319; Jeauneau 1997. Diese Übersetzung wurde von Théry
   identifiziert und ediert, vgl. Théry 1932/37.
9 Ritter 1994c: 4; vgl. Roques 1957a: 247.
10 Hypatios von Ephesos (532 n. Chr.) gegenüber den Anhängern des Severos von Antiochien, zitiert nach Speyer 1971: 190: „Wenn keiner der alten Schriftsteller jene er-

Autorschaft des Apostelschülers jedoch im Allgemeinen akzeptiert und im Laufe des Mittelalters kaum in Frage gestellt.

Zweifel, die Abaelard äußerte, lösten einen Entrüstungssturm aus[11] und führten dazu, dass er St.-Denis bald darauf verlassen musste.[12] Nicolaus von Kues, der Dionysius sehr hoch schätzte, fragte sich, weshalb dieser berühmte Autor in der patristischen Literatur gänzlich unbekannt war.[13] Im Jahre 1457 konstatierte der Humanist Lorenzo Valla in seinen *Anmerkungen zum Neuen Testament*, es sei doch sehr unwahrscheinlich, dass es von Dionysius vom Areopag überhaupt Schriftliches gebe.[14] Diese Kritik griff Anfang des 16. Jh. Erasmus auf.[15] Die humanistische Legendenkritik wurde vor allem von protestantischer Seite aufgegriffen; dem Werk des so entlarvten ,Fälschers' wurde statt der früheren Begeisterung Misstrauen entgegengebracht. Auf katholischer Seite hielt man länger an der alten Identität fest, gerade in Frankreich, wo es schwerer fiel, den ,Nationalheiligen' durch die Auflösung der Fiktion anzutasten.

Die Nähe des *Corpus Dionysiacum* zu neuplatonischem Gedankengut, die man früher als Vorläuferschaft begriffen hatte, wurde nun als Abhängigkeit erkannt. Den genauen Nachweis führen im Jahre 1895 unabhängig voneinander Hugo Koch und Joseph Stiglmayr. Ein Vergleich der Überlegungen zum Bösen in Dionysius' Schrift *Über die göttlichen Namen* mit *De malorum subsistentia* von Proklos führte zu dem Ergebnis, dass Pseudo-Dionysius den proklischen Text gekannt haben muss und nicht umgekehrt.[16] Durch diesen Nachweis, den Studien anderer Autoren[17] fortführten und vertieften, vereinzelt auch zu korrigieren versuchten,[18] lässt sich die Abfassungszeit der Schriften des Pseudo-Dionysius relativ gut eingrenzen. Proklos war bis zu seinem Tod 485 n. Chr. Leiter der Platonischen Akademie, er verfasste Kommentare zu Platons Dialogen und weitere Abhandlungen. Wenn Pseudo-Dionysius von ihm abhängig ist, kann er frühestens im späten 5. Jh. geschrieben haben. Vermutlich hat er

---

wähnt, so weiß ich nicht, wie ihr jetzt beweisen könt, daß sie Dionysios gehören." Zum frühen Streit um die Echtheit, Maximus Confessor u. a. vgl. Speyer 1971: 198.

11 Ritter 1994c: 4.
12 Vgl. Chevallier/u. a. 1954: 334.
13 Vgl. Ritter 1994c: 4 und Anm. 11. Zum Cusanuszitat, vgl. Baur 1941: 19.
14 Vgl. Roques 1962; Ritter 1994c: 5. Zur Stellenangabe, vgl. ebd., Anm. 13, S. 5.
15 Vgl. Ritter 1994c: 5 f; Roques 1962.
16 Koch 1895; Stiglmayr 1895b. Vgl. hierzu Ritter 1994c: 7 f.
17 Vgl. u. a. Steel 1997; Saffrey 1990c; Saffrey 1990d; Saffrey 2000a: 241, pass. hebt hervor, dass schon die Scholien diesen Zusammenhang konstatieren, wenn hervorgehoben wird, dass verschiedene heidnische Philosophen, insbesondere Proklos Gedanken von Dionysius übernähmen oder sogar wörtlich zitierten. Vgl. Steel 2004: 622–624. Vgl. zu diesem letzten Punkt auch Suchla 1997: 163–165.
18 So z. B. von Sheldon-Williams (Sheldon-Williams 1966), der nachweisen möchte, dass Dionysius nicht von Proklos abhängig ist, sondern von Plotin, Porphyrios und Jamblich und dass sich die Ähnlichkeiten mit Proklos durch eine gemeinsame Quelle der beiden Autoren erklären ließe. Vgl. auch Schepens 1949: 359.

seine Texte jedoch sogar erst Anfang des 6. Jh. verfasst, da sein Werk auch
Einflüsse von Damascius aufweist. „He studied at the Academy during the late
fith or early sixth century A. D. This dating is consistent with his apparend use of
ideas found also in Proclus and Damascius."[19] Lilla erinnert vor allem unter
Bezug auf die Traktate *Über die göttlichen Namen* und *Über die mystische
Theologie* an wichtige Einflüsse von Seiten des Porphyrios und des Damascius.[20]
R. Griffith verweist darauf, dass Pseudo-Dionysius in Stil, Vokabular und
Denkansätzen Damascius näher stehe als Proklos oder Jamblich. Wenn Pseudo-
Dionysius diese Texte tatsächlich gelesen und sie nicht nur mit dem Autor
diskutiert hätte, könnte er seine eigenen Texte erst um 529 begonnen haben.[21]
Dem widerspricht jedoch die Tatsache, dass sich Zitate aus dem *Corpus Dio-
nysiacum* bereits in Texten des Severos von Antiochien (Patriarch von Antiochien zwischen 512 und 518) finden, die zwischen 518 und 528 entstanden sind
und 528 ins Syrische übersetzt wurden.[22]

Die Argumentation aus dem neuplatonischen Abhängigkeitsverhältnis wird
gestützt durch liturgie- und dogmengeschichtliche Gesichtspunkte. Pseudo-
Dionysius erwähnt eine *katholikê hymnologia*, die er auch als *symbolon* bezeichnet[23], womit nach Auffassung der meisten Autoren das *Credo* gemeint sein
muss, dass 476 von Petrus Fullo eingeführt wurde. Seine Christologie scheint
Einflüsse des Henotikons (482) aufzuweisen.[24]

Nachdem wissenschaftlich nachgewiesen war, dass der Verfasser des *Corpus
Dionysiacum* nicht der biblische Dionysius vom Areopag sein konnte, begann
die Suche nach dem wahren Autor, der sich historisch hinter dem Namen des
Apostelschülers verbarg. Trotz zahlreicher Versuche, darunter auch solcher, die
versuchten, den Autor des *Corpus Dionysiacum* früher als in das späte 5. Jh. zu
datieren,[25] ist es jedoch niemandem gelungen, ihn ausfindig zu machen, und es
erscheint äußerst unwahrscheinlich, dass dies je möglich sein wird:

---

19 Gersh 1978: Anm. 1, S. 1. Hierauf verweist auch schon Grondijs 1959: 438.
20 Lilla 1997. Zu Damascius, vgl. Hoffmann 1994.
21 Griffith 1995: zu Stil und das Vokabular (239–241), zu gemeinsamen Konzepte (241–
    243); Griffith erwähnt verschiedene Texte, jedoch nicht EH.
22 Vgl. Roques 1957a: 219; Ritter 1994c: 10.
23 EH 87,22–26 (436C).
24 Vgl. Roques 1962: 72 f. Zur Diskussion um die Deutungen der *hymnologia*, vgl. ins-
    besondere Boularand 1958: 146–152, der verschiedene Deutungen behandelt und sich
    für die Idenfikation dieser *hymnologia* mit dem Credo ausspricht.
25 Zur Auflistung und Bewertung verschiedener Versuche, vgl. Ritter 1994c: 8–19;
    Hathaway 1969: 31–35; Roques 1957a: 250–257; Roques 1957b: 1076–1078; Roques
    1962: 74–89. Genannt wurden u. a. Petrus Fullo (Petrus ‚der Walker'), Petrus der Iberer,
    Dionysius Exiguus, Basilius von Caesarea, Dionysius von Alexandrien, Severos von
    Antiochien, Johannes von Skythopolis. Zu weiterer Literatur, vgl. auch Beierwaltes
    2001²a: Anm. 3, S. 45. Vgl. auch die Dar- und Widerlegung der These Honigmanns
    (Pseudo-Dionysius = Petrus der Iberer) durch R. Roques (Roques 1962: 92–115).

„Bis zum Auftauchen eines – bislang noch unentdeckten – *zwingenden* Zeugnisses läßt sich anscheinend das Inkognito des Autors, trotz allen bisher darauf verwandten Scharfsinns nicht lüften!"[26]

Die unterschiedlichen Identifizierungsversuche und ihre Widerlegungen mögen zwar nicht zu einem Ergebnis geführt haben; dennoch will A. M. Ritter sie insofern nicht geringschätzen, „als es ja durchaus nicht wenig ist, was in der Zwischenzeit vor allem gründliche Werkanalysen und die Erforschung der historischen Umwelt bezüglich des ‚Milieus' ermittelt haben, dem das *CD* aller Wahrscheinlichkeit nach zuzuordnen ist. Und zwar sind, Zug um Zug, (West-)Syrien oder aber syrische Kreise in der Reichshauptstadt Konstantinopel als Heimat des *CD* wahrscheinlichgemacht worden."[27] Der syrische Hintergrund lässt sich vor allem aus der Form des Ritus erschließen, wie Pseudo-Dionysius ihn in seiner Schrift *Über die kirchliche Hierarchie* darlegt.[28]

Zur Schwierigkeit der Identifizierung schreibt Ritter, dass „jede ernstzunehmende Verfasserhypothese" eine Antwort auf die Frage geben muss, „wo der unbekannte, syrischsprachige Autor dermaßen tief in die Gedanken- und Sprachwelt des Proklus einzutauchen und sogar noch eine ‚last minute acquisition der (529) geschlossenen Athener Schule aufzuschnappen vermochte."[29] Hinzu kommt umgekehrt die Schwierigkeit zu erklären, wie ein Autor, der tief in das Denken des Proklos eingetaucht ist, zu hohen Weihen in der Kirche gelangen und vielleicht sogar Bischof werden konnte.[30]

---

26 Ritter 1994c: 9.

27 Ritter 1994c: 9.

28 Vgl. Ritter 1994c: 9 f. Der Ritus weist „Besonderheiten des syrisch-antiochenischen Ritus" wie Myronweihe und Taufwasserepiklese auf; vgl. auch Stiglmayr 1909.

29 Ritter 1994c: 10. Die ‚last minute acquisition' ist das *hyperagnostos*, das noch nicht bei Proklos, aber bei Damascius zu finden ist (Anm. 29, S. 10). Vgl. hierzu Grondijs 1959: 444–446.

30 Vgl. hierzu die schöne Beschreibung („C'est de cette manière que je m'explique la fiction dionysienne.") von Saffrey 2000b: 236: „… il se trouvera un jeune chrétien pour devenir, on ne sait par quel hasard, un lecteur de Proclus. […] devenu un homme mûr et reconnu comme une personnalité de son époque, maintenant il est higoumène de son monastère, et, pourquoi pas, bientôt il va être choisi comme évêque. Naturellement, il pense les problèmes dans les termes de la philosophie qui l'a séduit et qui sont procliens." Saffrey glaubt nicht, dass Dionysius selbst in der Schule des Proklos war: „Je pense que l'idée qu'il ait pu être un élève de cette école d'Athènes fanatiquement païenne est impossible, il a donc eu de Proclus une connaissance livresque." (236 f). Während Saffrey offenbar vermutet, dass Pseudo-Dionysius als Christ Proklos studierte, halten ihn viele andere für einen Konvertiten.

2. Pseudepigraphie

Der Verfasser des *Corpus Dionysiacum* erweckt den Eindruck, er stamme aus der apostolischen Zeit, indem er sich in seinen Briefen an Personen dieser Zeit wendet und keine späteren Autoren erwähnt oder zitiert; er spricht von Paulus als seinem Lehrer[31] und erwähnt im 7. Brief, dass sein Name Dionysius ist[32]; die Finsternis während Jesu Kreuzestod will er gemeinsam mit einem Apollophanes erlebt haben.[33] Als Dionysius vom Areopag bezeichnet er sich zwar explizit an keiner Stelle, jedoch legen die genannten Indizien diesen Schluss nahe.

Das Pseudonym, das auf diese Weise geschaffen wird, hat zur großen Wirkung der Texte sicherlich beigetragen, ihm später aber auch den Vorwurf der Fälschung eingetragen. Die Erklärung, er habe durch die Wahl des Pseudonyms lediglich die Wirkung seines Werkes steigern wollen,[34] genügt nicht, um zu verstehen, warum er gerade dieses Pseudonym und in welcher Form er es gewählt hat. Obwohl er um die Wende zum sechsten Jahrhundert schreibt, wählt der Verfasser als Pseudonym einen Apostelschüler, von dem selbst keine Schriften überliefert sind. Als Schüler des Heidenapostels Paulus steht Dionysius vom Areopag somit wie Paulus selbst für die Verbindung von Christentum und Heidentum, von christlicher Religion und antiker Philosophie. Als Bischof von Athen ist Dionysius Bischof in jener Stadt, die für die große Tradition der platonischen und neuplatonischen Philosophie steht; Proklos, von dem Pseudo-Dionysius stark beeinflusst ist, war bis zu seinem Tod im Jahre 485 Leiter der Akademie. Durch die Wahl dieses Pseudonyms wird die Verbindung von Neuplatonismus und Christentum, die in Pseudo-Dionysius' Texten eine zentrale Rolle spielt, unterstrichen, denn von Dionysius vom Areopag, einem hohen Mitglied der Athener Gesellschaft, das sich zum Christentum bekehren lässt, ist eine gute Kenntnis der platonischen Philosophie zu erwarten und die Fähigkeit, die beiden Traditionen zu verknüpfen oder sogar zu versöhnen. Dionysius vom Areopag bietet sich somit geradezu als Pseudonym einer solchen Textintention an. Ein Vorteil war möglicherweise auch, dass von diesem

---

31 DN 136,17–137,5 (649A-652A); vgl. u. a. DN 140,4 (681A).
32 Ep 7 170,4 (1081C).
33 Vgl. Ep. 7 168,15–170,4 (1081AC). Ferner wurde eine Passage aus DN (DN 141,4–8 (681CD)) als Hinweis auf seine Anwesenheit beim Tod Mariens gedeutet; zur Interpretation dieser Stelle, vgl. Suchla 1988a: Anm. 73, S. 112; Ritter 1994c: 33.
34 Speyer 1971: 225: „Der rätselhafte Unbekannte, der sich hinter dem von Paulus bekehrten Dionysios Areopagites der Apostelgeschichte 17,34 verbirgt und den Monophysiten nahe zu stehen scheint, wählte sicher diesen Namen apostolischer Zeit, um seinen neuplatonisch gefärbten Schriften größeren Einfluß zu verschaffen."

Apostelschüler keine Schriften überliefert sind, an die man sich theologisch oder stilistisch hätte anschließen müssen.[35]

Dass Pseudo-Dionysius Timotheus als Adressaten der vier Brieftraktate wählt, könnte seinen Grund darin haben, dass er im *Corpus Paulinum* derjenige ist, „der mit dem Werk des Apostels vertraut und auserwählt war (vgl. 2 Tim 1,6), jenem darin nachzufolgen, die paulinische Botschaft in der christlichen Diaspora zu verbreiten.“[36] Ein Mann, der mit der Lehre des Paulus vertraut ist („sein echtes Kind im Glauben“, 1 Tim 1,2)[37], der als Bischof in der Diaspora, d. h. wie Pseudo-Dionysius auch gegenüber den Heiden die christliche Lehre vertritt, könnte ein angemessener Briefpartner für den Bischof Dionysius von Athen sein. Auch inhaltlich passt der Schwerpunkt des ersten Timotheusbriefes (Kirchenleitung, Gebet, Frömmigkeit, vgl. 1 Tim 3,1–13) zu den Themen, die Pseudo-Dionysius in seiner Schrift *Über die kirchliche Hierarchie* behandelt. Die Ironie der Geschichte will jedoch, dass auch die beiden Timotheusbriefe des Paulus, an die Pseudo-Dionysius seine Pseudepigraphie unter anderem anlehnt, Pseudepigraphien sind.[38] Bei der konkreten Pseudepigraphie, die der Verfasser dieses Schriftcorpus wählte, handelt es sich also nicht nur um eine literarische Operation zur Steigerung des eigenen Ansehens. Sie reklamierte vielmehr für das eigene Unterfangen die geistige Erbschaft dessen, was im Neuen Testament mit dem Namen des Heidenapostels Paulus und seines hochgestellten athenischen Jüngers verbunden war.

In der Literatur ist es allgemein üblich, nach der kritischen Auflösung der mittelalterlichen Legendenfiktionen den Autor dieses Schriftcorpus Pseudo-Dionysius (Areopagita) zu nennen. Wenn im Folgenden durchgängig und einfach von Dionysius gesprochen wird, so halten wir uns dabei an W. Beierwaltes, der schreibt:

> „Da die Frage nach dem wahren Verfasser bisher nicht gelöst worden ist und vielleicht in einem über Vermutungen hinausgehenden Maße auch künftig gar nicht lösbar ist, möchte ich – gegen alle historische Vernunft – das ‚Pseudo‘ lassen

---

35 Vgl. Speyer 1971: 45: „Um den Schein literarischer Echtheit zu erwecken, haben die Fälscher die echten Werke erforscht und sie nachzuahmen versucht.“ Zimmermann (Zimmermann 2005: Sp. 1787) verweist auf die beiden Möglichkeiten. Personen aus dem NT oder dem apostolischen Zeitalter, von denen keine Schriften überliefert wurden, wurden sehr häufig als „Verfasser“ pseudepigraphischer Texte angegeben, vgl. Speyer 1969: 253 f.

36 Collins 2003: Sp. 989.

37 Timotheus wird mehrfach in der Apostelgeschichte und den Briefen erwähnt, wird von Paulus als „Bruder“ bezeichnet (1 Thes 3,2) und in einigen Paulusbriefen (1 Kor 1,1; Phil 1,1; 1 Thess 1,1; 2 Thess 1,1; Phlm 1) als Mitabsender der Briefe genannt. Zu den weiteren Stellen vgl. Ritter 1994b: Anm. 1, S. 81.

38 Collins 2003: Sp. 989: Vermutlich sind diese beiden Briefe sowie der Brief an Titus Jahrzehnte nach Paulus' Tod entstanden, als auch die Adressaten schon gestorben waren.

und dem ‚Dionysios' jene einzige sachliche Identität zugestehen, die sich etwa in der Einschätzung seiner Texte durch Eriugena, Thomas von Aquin, Bonaventura oder Nicolaus Cusanus dokumentiert: Theologorum maximus, culmen theologiae."[39]

3. Corpus Dionysiacum

Überliefert sind vier Traktate *Über die göttlichen Namen*, *Über die mystische Theologie*, *Über die Himmlische Hierarchie*, *Über die kirchliche Hierarchie* und zehn *Briefe*.[40] Hinzu kommen mehrere in den erhaltenen Werken als Ergänzung erwähnte, vermutlich nur fiktive Schriften, darunter *Theologische Grundbegriffe*, *Über die symbolische Theologie* und *Über das Geistige und das sinnlich Wahrnehmbare*: „l'œuvre fictive ou perdue de Denys se présente comme aussi étendue et aussi importante que l'ensemble des traités qui nous sont parvenus. [...] cette œuvre eût peut-être éclairé plusieurs points sur lesquels le CD est particulièrement sobre, la psychologie et l'anthropologie notamment."[41]

Zum Teil lässt sich eine Chronologie der überlieferten und fiktiven Schriften erstellen.[42] Die *Grundzüge* entstehen vor, die *Symbolische Theologie* nach *Über die göttlichen Namen* – so berichtet es die *Mystische Theologie*. Nach der *Symbolischen Theologie* anzuordnen ist die *Himmlische Hierarchie*, auf die die *Kirchliche Hierarchie* folgt, vor der der Traktat *Über das Geistige und das sinnlich Wahrnehmbare* anzusiedeln ist, dessen Verhältnis zu den anderen Schriften jedoch nicht genauer bestimmt wird. Wie sich die beiden *Hierarchien* im Verhältnis zur *Mystischen Theologie* verorten lassen, geht aus Dionysius' Andeutungen nicht hervor.[43] Roques scheint die Einordnung vor ihnen zu favorisieren.[44]

Der Traktat *Über die göttlichen Namen* befasst sich mit den Namen Gottes, wie sie in Schrift und Tradition überliefert sind, darunter Namen wie „der Gute", „Sein", „Leben", „Ewigkeit".[45] *Über die mystische Theologie* ist der kürzeste unter den vier Traktaten; hier geht es um den Eintritt in das göttliche Dunkel, den Weg der Reinigung von allem, um affirmative und negative

---

39   Beierwaltes 2001²a: 45.
40   Ediert in einer kritischen Ausgabe *Corpus Dionysiacum* I (hg. von Suchla) und II (hg. von Ritter und Heil); vgl. Bibliographie.
41   Vgl. Roques 1957a: 259–262.
42   Suchla 1989: 80 verweist darauf, dass die griechische Überlieferung der Schriften nur drei Varianten in der Anordnung kennt. MT ist immer der vorletzte Text, die Briefe stehen am Schluss, immer folgt EH auf CH.
43   Roques 1962: 132 f; Roques 1957a: 262 f.
44   Roques 1962: 122 werden die *Hierarchien* nach der *Mystischen Theologie* behandelt.
45   Vgl. Roques 1962: 118–121; Roques 1957a: 258.

Theologie und den Aufstieg über die Negationen.[46] Die *Himmlische Hierarchie* befasst sich mit den bildlichen und symbolischen Namen, mit denen die Bibel die geistige Welt der Engel bezeichnet.[47] Der Traktat *Über die kirchliche Hierarchie*, der im Zentrum der vorliegenden Arbeit steht, widmet sich den Sakramenten und Ständen der Kirche.[48] Die Briefe greifen unterschiedliche Themen der Traktate wieder auf.[49] Unter den fiktiven Schriften interessiert hier neben dem Traktat *Über das Geistige und das sinnlich Wahrnehmbare* vor allem die *Symbolische Theologie*, die als Pendant zur Schrift *Über die göttlichen Namen*, in der es um die intelligiblen Namen Gottes geht, die Gottesnamen aus dem Bereich des sinnlich Wahrnehmbaren wie z.B. Sonne, Wasser oder Fels behandelt.[50]

4. Rezeptionsgeschichte

Die große geschichtliche Resonanz, die das vergleichsweise schmale Werk des unbekannten spätantiken Autors gefunden hat, ist von dem großen Namen, dem es zugeschrieben wurde, nicht zu trennen, aber substantiell heftet sich die Rezeption doch an das, was darin geschrieben steht, und die außergewöhnliche Sprache, in der es artikuliert wird.

Die Rezeption der Schriften des Dionysius war im Osten etwas geringer als im Westen; zwar gibt es zahlreiche Handschriften, aber der Einfluss auf die Theologie selbst ist weniger ausgeprägt.[51] Eine ausführliche und detailreiche Übersicht über die reiche Rezeption im Westen bietet der Artikel „Denys l'Aréopagite" im *Dictionnaire de Spiritualité*, der das Nachwirken des Dionysius bis ins 18. Jh. verfolgt.[52]

---

46 Vgl. Roques 1962: 121 f.
47 Vgl. Roques 1962: 124 f.
48 Vgl. Roques 1962: 125–127.
49 Vgl. Roques 1962: 127 f.
50 Vgl. Semmelroth 1952; Pépin 1976.
51 Vgl. Ritter 1994c: 32–36. So wird Dionysius auch nicht in die Sammlung der *Philokalie* (1782) des Nikodemos Hagiorites aufgenomen. Zur Rezeption im Osten, vgl. Rayez 1954. Im Osten ist u. a. an Maximus Confessor und an den Byzantinischen Bilderstreit zu denken. Vgl. Rayez 1954 und verschiedene Artikel in de Andia 1997c, „IV. Denys en Orient", 227–357; Boiadjiev/Kapriev/Speer 2000: 3–158.
52 Chevallier/u. a. 1954. Ferner finden sich zahlreiche Studien zur Rezeption im Westen im Tagungsband „Denys l'Aréopagite", vgl. de Andia 1997c. Zu denken ist hier an „V. Denys en Occident" (361–515) und „VII. Humanisme et temps modernes" (583–650). Vgl. auch Boiadjiev/Kapriev/Speer 2000: „II. Lateinische Kommentatoren des *Corpus Dionysiacum*" (159–250), „III. Albertus Magnus und Thomas von Aquin" (251–391) und „IV. Nachwirkungen der Dionysius-Rezeption im lateinischen Mittelalter" (395–539).

Für die westliche Wirkungsgeschichte ist naturgemäß die Abtei St.-Denis als zentraler Kultort des Heiligen von erstrangiger Bedeutung.; „[s]eit dem frühen 12. Jahrhundert, unter König Ludwig VI. und Abt Suger von St. Denis, ist […] [die Abtei] sogar zu *dem* französischen Nationalheiligtum avanciert."[53] Abt Suger unternimmt im 12. Jh. bedeutende Erweiterungs- und Neubauten,[54] aus denen die Kirche hervorgeht, die wir heute kennen und die als eine der ersten oder gar die erste gotische Kirche gilt. Die französischen Könige lassen sich hier begraben, dem Abt von St.-Denis kommt im Königreich eine zentrale Bedeutung zu. Welche Rolle die Schriften des Dionysius für die Entstehung der Gotik selbst gespielt haben, ist in der kunstgeschichtlichen und philosophischen Forschung umstritten. Erwin Panofsky stellte in seinem berühmten Aufsatz über Abt Suger von St.-Denis[55] die These auf, dass Sugers Lektüre des *Corpus Dionysiacum* in engstem Zusammenhang mit der Entwicklung der Gotik stünde. Auch Otto von Simson sieht eine Beziehung zwischen „dionysischer Lichtmetaphysik und gotischer Lichtfülle"[56]. Neuere Autoren zeigen sich skeptischer; die Kontroverse bleibt offen.[57]

Die mittelalterliche Wirkungsgeschichte der Werke des Dionysius ist im Wesentlichen als Wirkungsgeschichte ihrer Übersetzungen ins Lateinische zu betrachten. Auf die oben erwähnte erste Übersetzung Hilduins, die kaum Einfluss hatte, folgte diejenige Eriugenas, die die Schriften eigentlich in die westliche Tradition einbrachte. Eriugena selbst wurde durch seine Dionysius-Lektüre tief beeinflusst und inspiriert,[58] zentrale Gedanken des *Corpus Dionysiacum* werden von ihm theologisch weiterentwickelt.

Auch in den folgenden Jahrhunderten wurde das *Corpus Dionysiacum* vielfach übersetzt.[59] Den Übersetzungen schlossen sich Kommentare und in-

---

53 Ritter 1994c: 3.
54 Hiervon berichtet er ausführlich in seinen Schriften *De consecratione* und *De administratione*.
55 Panofsky 1946, dt. Übers. Panofsky 1978.
56 von Simson 1968.
57 Nach Neuheuser 1994[2] kann man von einem Einfluß der Schriften des Dionysius auf das Denken und Schreiben Abt Sugers ausgehen. Markschies 1995 bestreitet einen Zusammenhang von Suger und Dionysius. Auch Speer hat Zweifel, vgl. Speer 2000: 32 f; Speer 1993; Speer 1998. Kritisch auch Kidson 1987. Vgl. auch Diemer 1995; Zinn 1987; Gerson 1986. Eine klug abwägende Studie von philosophischer Seite ist Beierwaltes 1976.
58 Vgl. Jeauneau 1997: 370–372; Jeauneau 1995; Roques 1967; zu seiner Weiterentwicklung des dionysischen Symbolbegriffs, vgl. Pépin 1976. Vgl. die Monographie zu Eriugena, Beierwaltes 1994.
59 Unter anderem von Johannes Saracenus (12. Jh.), dessen Übersetzung neben der des Eriugena großen Einfluss im Mittelalter hatte; Robert Grosseteste (~1235); A. Traversari (1436); Marsilio Ficino (1492). Vgl. die Zusammenstellung von P. Chevallier, *Dionysiaca*. Im 19. und 20. Jh. entstanden weitere Übersetzungen, u.a. von Mgr. Darboy (1845); Abbé Dulac (1865), die in ihren Übersetzungen die traditionelle Position der

tensive Auseinandersetzungen der großen scholastischen Theologen an, darunter Robert Grosseteste (gest. 1253), Albertus Magnus (gest. 1280), der das gesamte Corpus kommentierte,[60] Bonaventura[61], Thomas von Aquin[62], der als Student die Kommentare seines großen Lehrers Albertus Magnus hörte: „Saint Thomas écouta, à Paris, jusque'en 1248, le commentaire de CH et EH, et à Cologne celui des autres écrits du *corpus*."[63] Thomas selbst verfasste einen Kommentar zum Traktat *Über die göttlichen Namen* und zitiert Dionysius in seinem Werk so oft wie keinen anderen Theologen.[64]

Als zweites großes Auffangbecken der dionysischen Gedanken ist die Mystik anzusehen. Die Traditionslinie beginnt bei Hugo und Richard von St. Viktor (12. Jh.); sie geht weiter zu Meister Eckhart (gest. 1327), J. Tauler, H. Seuse, Dionysius der Kartäuser, Johannes vom Kreuz u. a.[65] Hier steht vor allem der Traktat *Über die mystische Theologie* im Zentrum der Aufmerksamkeit.

Die Wiederkehr platonischen Denkens in der Renaissance verschaffte auch Dionysius neue Aufmerksamkeit, z. B. bei Marsilio Ficino, Pico della Mirandola und Nicolaus Cusanus,[66] die in ihm die Möglichkeit, die „platonische Philosophie mit der Wahrheit des christlichen Glaubens"[67] zu vereinen, exemplarisch realisiert sehen. Der Cusaner knüpft vor allem an Dionysius' Überlegungen zur negativen Theologie an.[68]

Die von der humanistischen Kritik im Gefolge von Lorenzo Valla und Erasmus vorgebrachten Zweifel an der Apostelschülerschaft des Autors bleiben nicht ohne Einfluss auf die Rezeption. Vor allem auf protestantischer Seite wurde ihm nun eher Ablehnung oder zumindest geringeres Interesse entgegengebracht.[69] Besonders scharf äußert sich Luther:

„Doch um noch kühner zu sein: Mir passt es ganz und gar nicht, daß man jenem Dionysius, wer er auch immer war, so viel (Autorität) zugesteht ..., ... zeigt er sich (doch) höchst verderblich, indem er mehr als Platoniker denkt denn als Christ, so

---

Authentizität verteidigen, vgl. Roques 1957a: 246. Die neueste französische Übersetzung erstellte Maurice de Gandillac (1943). Neuere Übersetzungen ins Italienische stammen von P. Scazzoso (1981) und S. Lilla (1986,2002). Die erste deutsche Übersetzung verfasste Engelhardt (1823), darauf folgten u. a. Übersetzungen von R. Storf (1877) und J. Stiglmayr (1911/1933). Die neueste deutsche Übersetzung ist im Zusammenhang mit der Erstellung der Kritischen Ausgabe entstanden.

60 Vgl. Ritter 1994c: 39.
61 Beierwaltes 1997.
62 Vgl. Ritter 1994c: 37–40; Jeauneau 1997.
63 Chevallier/u. a. 1954: 350.
64 Thomas von Aquin, In librum.
65 Vgl. Ritter 1994c: 40; Leinkauf 1997.
66 Ritter 1994c: 41–44.
67 Ritter 1994c: 43.
68 Ritter 1994c: 41. Zu Nicolaus Cusanus vgl. de Gandillac 1997; Beierwaltes 2001²b: 130–171; Senger 2000.
69 Ritter 1994c: 46–49.

daß ich nicht wollte, daß eine gläubige Seele auch nur die geringste Mühe an diese Bücher wende. Dort lernst Du Christus so wenig kennen, daß du ihn wieder vergisst, wenn du ihn bereits kennst. Ich rede aus Erfahrung."[70]

Im Gefolge dieser historischen und theologischen Umwertung stelle sich in der frühen Neuzeit[71] ein nachlassendes Interesse ein: „der Nachweis des Anachronismus verschüttet anscheinend die theoretische Aussagekraft der Texte"[72]. Dennoch gibt es auch seit dem 16. Jh. eine weitergehende und z.T. intensive Rezeption der dionysischen Texte. Die Mystik der Epoche interessierte sich für die *Mystische Theologie*, und „die Schrift *De divinis nominibus* [bleibt] als Referenzpunkt theologisch-metaphysischer Spekulation" erhalten.[73]

Dass das *Corpus Dionysiacum* die wissenschaftliche Forschung, Theologie und Philosophie, im 20. Jh. beschäftigt, ist Voraussetzung der vorliegenden Arbeit und als solche im Folgenden näher ins Auge zu fassen. Dass die Faszination des Dionysius darüber hinaus auch ungewöhnliche Wege in der Moderne einschlägt, soll hier nur an einigen Beispielen demonstriert werden. Zuerst ist dabei an Edith Stein zu denken,[74] die seine Werke übersetzt und Studien dazu verfasst hat, mit großem Interesse an der Symbolischen Theologie.[75] Ein überraschender Einschlag findet sich bei Hugo Ball, der „zwischen seiner Dada-Zeit und der Konversion zum mystischen Christentum eine Verbindung gesehen"[76] hat: „Als mir das Wort ‚Dada' begegnete, wurde ich zweimal angerufen von Dionysius. D.A.-D.A."[77] In seiner Schrift *Byzantinisches Christentum* setzt sich Ball intensiv mit Dionysius auseinander.[78] Eine interessante Rezeption des Dionysius gibt es in der neueren französischen Philosophie. Zwischen Jacques Derrida und Jean-Luc Marion entwickelte sich über mehrere Jahrzehnte eine Kontroverse, die sich vor allem um das Verständnis der „negativen Theologie" und um sprach- und bildtheoretische Fragen drehte. Die Texte „Comment ne pas parler. Dénégations"[79] von Derrida und „L'idole et la distance"[80] von Ma-

---

70 Luther, De captivitate Babylonica, 562,3–12. Deutsche Übersetzung von Brons 1976: 9.
71 Vgl. den Überblick über die frühneuzeitliche Rezeption in: Leinkauf 1997.
72 Leinkauf 1997: 86.
73 Leinkauf 1997: 587–609.
74 Ritter 1994c: 50.
75 Stein 2003, wobei sie die Symbole in der Liturgie erwähnt, jedoch dort nicht behandeln möchte, Stein 2003: Anm. 64, S. 37.
76 Kobusch 1995: 98. De Andia 1997a: 15 erwähnt, dass Kurt Flasch auf der Tagung einen Vortrag mit dem Titel *Vom Dadaismus zum Areopagiten: Hugo Ball* gehalten habe, der jedoch leider im Tagungsband nicht veröffentlicht werde; ein anderer Artikel zu diesem Thema ist aber veröffentlicht: Flasch 1996. Zu Hugo Ball und Dionysius vgl. auch die verschiedenen Beiträge in Wacker 1996.
77 Ball 1946: 296.
78 Vgl. Ball 1923, Kap. 2 (61–247).
79 Derrida 1989. Vgl. u.a. Derrida 1976; Derrida 1993.

rion stellen die wichtigsten Anhaltspunkte dar.[81] Der Philosoph und Kunsthistoriker Georges Didi-Huberman wurde von Texten des Dionysius inspiriert, das anagogische Wesen der Kunst neu zu denken.[82]

Auf eine Spätwirkung in der Kunst selbst weist Beierwaltes hin: Zwei Bilder von Anselm Kiefer nähmen mit dem Titel „Die Ordnung der Engel" (1983/1984 u. 1984/1986) ausdrücklich Bezug auf Dionysius und sein Werk *Über die himmlische Hierarchie*, eines mit der Aufschrift „Dionysius Aeropagita [sic] die Ordnung der Engel".[83] Beierwaltes macht auch auf eine für die interkulturelle Reichweite des dionysischen Denkens bemerkenswerte Rezeption aufmerksam. Seinem Artikel „Dionysios Areopagites – ein christlicher Proklos?" ist die Widmung vorausgestellt: „Yoitiro Kumada amico dedicatum, qui Dionysium de Monte Martyrum ad Montem Fujiama transtulit."[84] Eine erneute Translation des Dionysius wird hier kommentiert, die dem japanischen Philosophen Y. Kumada zu verdanken ist, seiner Übertragung des Dionysius ins Japanische mit seiner besonderen Denkwelt.[85] Es ist die außergewöhnliche Sprachform mystischer Erfahrung, die die Affinität zur genuin japanischen Denktradition hervorruft: „Besonders durch den Zen-Buddhismus haben wir uns an die paradoxalen Ausdrücke für mystische Erfahrungen gewöhnt."[86] Die schöpfungstheologische Weiterentwicklung, die das dionysische Denken über die Namen bei Eriugena gefunden hat, scheint sich hier mit einer fernöstlichen Naturfrömmigkeit zu berühren:

> „Gott ist alle Seienden und doch nichts vom Seienden. Wenn wir diesen Satz ernst nehmen, müssen wir zuerst jedes Seiende als Gottes Erscheinung anerkennen. Wir müssen einen Stein so lange betrachten, bis uns der Stein wirklich als die Theophanie des Verborgenen erscheint."[87]

---

80 Marion 1977. Ferner sind zu nennen: Marion 1982; Marion 1989; Marion 1998² Marion 2005.

81 Vgl. den Band zu einem Colloquium (1997), Caputo 1999, wo Texte beider Autoren und eine Diskussion über die Gabe abgedruckt sind. Vgl. auch Marion 2001 (Bes. Kap. VI „Au nom ou comment le taire", das eine überarbeitete Fassung des Vortrags auf dem Colloquium von 1997 darstellt). Vgl. zu Derridas Verhältnis zur negativen Theologie Coward/Foshay 1992; vgl. auch Hart 1989. Zu Jean-Luc Marion gibt es eine theologische Dissertation Specker 2002, die die Bezüge auf Dionysius aber nur anreißt. Ein Artikel befasst sich mit der Debatte zwischen Marion und Derrida: Sneller 2000.

82 Vgl. Didi-Huberman 1995; Didi-Huberman 1990; Didi-Huberman 2003.

83 Beierwaltes 2001²a: Anm. 103, S. 78. Eine Fassung im „The Art Institute of Chicago", die andere im „Walker Art Center" in Minneapolis. Es existieren sogar noch weitere Bilder Kiefers zu diesem Thema.

84 Beierwaltes 2001²b: 212.

85 Kumada 1997 u. Kumada 2001.

86 Kumada 1997: 645.

87 Kumada 1997: 648.

II. Forschungsstand

1. Thematische Interessen

Die Ausführungen zur Rezeptionsgeschichte haben nicht nur die Schwankungen des Interesses am Werk des Dionysius erkennen lassen, sondern auch thematische Schwerpunkte, die bis in die zeitgenössische Dionysius-Forschung reichen. An erster Stelle ist hier die negative Theologie zu nennen, die Thema zahlreicher Studien ist. Ihre Grundlage ist die Annahme, dass man von Gott nur sagen kann, was er nicht ist (τί οὐκ ἔστιν)[88], und nicht, was er ist. Die von Dionysius repräsentierte *theologia negativa* hat Vorläufer in der neuplatonischen wie in der christlichen Tradition und eine starke Nachwirkung in der gesamten Rezeptionsgeschichte.[89] Eng verknüpft mit der Frage nach der negativen Theologie ist die nach der Mystik. Es ist in der Forschung umstritten, ob man bei Dionysius von mystischer Erfahrung sprechen kann. Diese Frage sowie komparatistische Untersuchungen zur Stellung des Dionysius in der Tradition der mystischen Theologie wie der Mystik stehen im Mittelpunkt vieler Studien.[90]

Aus der Frage nach negativer Theologie und Mystik ergibt sich das sprachphilosophische Problem, wie von etwas – Gott oder einer mystischen Erfahrung[91] – zu sprechen ist, das nicht aussagbar ist. Mit diesem Problem der Sprache befassen sich zahlreiche Autoren; als wichtig erweisen sich hierbei auch Vergleiche zu verschiedenen neuplatonischen Autoren.[92]

---

88 CH 12,16 f (140D).

89 Genannt sei nur eine kleine Auswahl: Breton 1997; de Andia 1997b; Lang, A. 1995; Jones 1996; Hochstaffl 1976, zu Dionysius vgl. 120–150; Douglass 1963; Corbin 1985; Mortley 1986; Jones 1996; Lossky 1939 zur negativen Theologie u. a. bei Dionysius, vgl. Kobusch 2002b; Solignac 1991; Carabine 1995. Steel hebt in seinen Studien zu Proklos und der negativen Theologie die Unterschiede zwischen der negativen Theologie des Proklos und der des Dionysius hervor; vgl. Steel 2000: 585; Steel 1999: 367 grenzt er die negative Theologie des Proklos gegen die des Meister Eckhart ab.

90 Ruh widmet Dionysius ein Kapitel in Ruh 2001²: 31–82; vgl. auch Ruh 1987. Puech 1938; Brontesi 1970; Albert 1999; Louth 1981; Lossky 1944; de Andia 1992a; Rorem 1980. Vanneste 1962 geht nicht von mystischer Erfahrung aus. Roques und de Andia hingegen schon.

91 Roques 1957b: 1112: „So liegen Widerspruch und Qual, denen keine mystische Theologie entgehen kann, darin begründet, daß die mystische Erfahrung, unaussprechlich, immateriell und schweigend in ihrem Vollzug notwendigerweise in Rede und Bild zurückfällt, sobald sie sich selbst interpretieren will."

92 Vgl. Suchla 1988b: 1–4; Mühlenberg 1993; Mortley 1986; Michel 1997: 45–49; Scazzoso 1958; Scazzoso 1964; Scazzoso 1967, bes. Kap. I, IV und V; Breton 1994; Engelhardt 1823; Lang, D. 1995; zum Neuplatonismus, vgl. auch die scharf kritisierte (Helmig/Steel 2004: 241–247) Monographie Rappe 2000.

Als weitere Themen zu nennen sind die Metaphysik, die beispielsweise in der Monographie von Brons „Gott und die Seienden"[93] zentrale Bedeutung erhält, und die symbolische Theologie.[94] Gegenüber der Ansicht von Völker, dass auch die Ethik Beachtung verdiene,[95] macht Roques darauf aufmerksam, dass im *Corpus Dionysiacum* die Termini fehlen, die bei christlichen Autoren wie Clemens von Alexandrien oder Origenes eine Rolle spielen, nämlich πρᾶξις und ἄσκησις oder ἀρετή, woraus er folgert: „Mais ni l'anthropologie ni la morale ne constituent, en elles-mêmes et pour elles-mêmes, un thème distinct et en quelque manière ‚autonome' de la pensée dionysienne."[96]

Fragen der Ästhetik spielen in der oben erwähnten Kontroverse um den möglichen Einfluss des dionysischen Werks auf die Entwicklung der Gotik eine Rolle.[97] Im weiteren Rahmen seiner unter dem Titel *Herrlichkeit* erschienen *Theologischen Ästhetik* widmet Hans Urs von Balthasar Dionysius ein ganzes Kapitel, das in dem Satz gipfelt: „kaum eine Theologie ist von ästhetischen Kategorien so durchherrscht gewesen wie des Areopagiten liturgische Theologie".[98] Ähnlich wie von Balthasar rühmt auch E. von Ivánka die „Nähe von Gotteserfahrung und Erfahrung der Urschönheit, die Nähe von Ästhetik und Religion"[99]: „Es gibt im Bereich kirchlicher Heiligkeit durchaus die Vertreter einer Faszination durch die ewige Schönheit"[100]. Auf die in neuplatonischer Tradition stehende Bedeutung des Bildes verweist H.-G. Beck: „das große und umfassende, den ganzen Kosmos durchwaltende Abbild-Denken etwa eines Dionysios Areopagites"[101]. Versuche, im *Corpus Dionysiacum* eine „Philosophie der Kunst" im eigentlichen Sinn zu finden,[102] gehen jedoch von einer falschen

---

93 Brons 1976.
94 Semmelroth 1952; Pépin 1976; Bernard 1978: 60–69; sie habe nur schlecht einen Platz neben den anderen Theologien gefunden, sich in Kunst und Liturgie zurückgezogen (67 f). Vgl. auch Bernard 1997: pass.
95 Völker 1958: 25–83.
96 Roques 1962: 236 f.
97 Vgl. S. 10. Vgl. auch Gage 1982.
98 von Balthasar 1962: 157; vgl. von Balthasar 1962: 147–214.
99 von Ivánka 1981²: 29.
100 von Ivánka 1981²: 29.
101 Beck 1959: 299.
102 Jeck 1996: 3: „Seine Hinweise auf Kunstwerke bleiben daher oft verschwommen und unscharf. Dionysios mied bewußt konkrete Beispiele.", vgl. auch ebd., 12: „Die Kunstwerke verhüllen als sinnlich erfahrbare Gebilde nicht nur in einzigartiger Weise geistige Inhalte hinter ihrer schönen Oberfläche, sondern beschleunigen auch durch ihr anziehendes Wesen die Entschlüsselung der in ihren verborgenen noetischen Inhalte."; ebd., 23: „Die verborgenen Hinweise des Areopagiten zeigen nämlich seinen konkreten Umgang mit Bildern. Und sie beweisen, daß ihm der Bildgebrauch im engeren Sinn, d. h. der Umgang mit Ikonen, nicht fremd war." Vgl. auch Jeck 1998. Zu einer ähnlichen Fehlannahme, vgl. Koutras 1995: 105, der Dionysius zum Verteidiger der Ikonen und ihres Kultes machen möchte, oder Riggi 1970. Sehr allgemein bleibt Fowler 1972.

Voraussetzung aus; wenn Dionysius von Bildern und Symbolen spricht, meint er keine Gemälde und Tafelbilder.

Gut erforscht ist die mittelalterliche und frühneuzeitliche Rezeption des Dionysius; wenig Aufmerksamkeit hat dagegen die neuere Rezeption erfahren. Die Forschungen zur Rezeptionsgeschichte reichen meist bis ins 17. Jh., für die Moderne fehlt eine Untersuchung.[103]

Zu den wichtigsten Dionysiusforschern im 20. Jh. zählt zweifelsohne René Roques; mit den *Dionysius*-Einträgen im *Dictionnaire de Spiritualité* und in der *RAC* hat er die maßgebenden Lexikonartikel zu Dionysius verfasst.[104] Neben zahlreichen Artikeln dokumentieren der Band *Structures théologiques* und die Monographie *L'univers dionysien* seine führende Stellung. Roques lässt den ganzen Aspektreichtum des dionysischen Werks zur Geltung kommen und setzt sich dafür ein, die verschiedenen Methoden der Theologie, die sich aus dem Corpus ergeben, die symbolische, affirmative, negative und mystische Theologie, nicht gegeneinander zu isolieren, sondern ihre intrinsische Verbindung zu bedenken.[105]

Ysabel de Andia hat mit ihrer Monographie *Henosis* eine der wichtigsten Arbeiten zu Dionysius in den letzen Jahren vorgelegt.[106] In dieser material- und detailreichen Studie stellt sie Vergleiche der dionysischen Konzeption zu denen anderer christlicher und neuplatonischer Denker an. Darüber hinaus hat sie zahlreiche weitere Artikel verfasst, in denen sie sich u. a. auch mit dem Symbolverständnis der *Kirchlichen Hierarchie* auseinandersetzt. Im Jahre 1994 organisierte sie einen großen Kongress, der sich vor allem mit der Rezeption des Dionysius befasste.[107]

Im deutschen Bereich ist vor allem Werner Beierwaltes zu nennen, der zwar keine größere Monographie zu Dionysius geschrieben hat, aber in seinen den ganzen neuplatonischen Denkraum umfassenden Arbeiten sich immer wieder auch mit diesem Theologen/Philosophen auf der Grenze von Christentum und Neuplatonismus befasst.[108]

---

103 Vgl. z. B. Chevallier/u. a. 1954, wo das Mittelalter ausführlich behandelt wird, während schon für das 17. und 18. Jh. weniger Bezugspunkte genannt werden und für das 19. und 20. Jh. keine. Leinkauf 1997 behandelt die Zeit vom 15. bis zum 17. Jh. Unter den Beiträgen des Colloquiums „Denys l'Aréopagite et sa posteriorité en orient et en occident" (de Andia 1997c) widmet sich nur der letzte Artikel moderner Rezeption des Dionysius, nämlich der schon erwähnte Artikel von Y. Kumada.
104 Roques 1957a; Roques 1957b; den Abschnitt zu Dionysius im Artikel „Contemplation", Roques 1953.
105 Vgl. u. a. Roques 1962; Roques 1983; Roques 1954; Roques 1949.
106 de Andia 1996. Vgl. hierzu auch de Andia 1995; de Andia 1992a; de Andia 2004.
107 de Andia 1997c.
108 Als wichtigste Werke seien genannt: Beierwaltes 1979²; Beierwaltes 1985; Beierwaltes 1994; Beierwaltes 2001²b.

2. Interpretatorische Tendenzen

In der neueren Forschung zu Dionysius, insbesondere in der zweiten Hälfte des 20. Jh. lassen sich Trennlinien ausmachen, entlang derer sich die Studien zu Dionysius gruppieren. Als Kriterien können insbesondere die Frage nach der Einheit des *Corpus* und diejenige nach dem Verhältnis von Neuplatonismus und Christentum gelten.

Was die konzeptionelle Einheit des *Corpus Dionysiacum* angeht, stehen holistische und divisionistische Auffassungen einander gegenüber. J. Vanneste vertritt in seinen Studien die Ansicht, dass sich das *Corpus* in zwei Teile aufteilt, und stellt dem theologischen und individuellen Weg in *Über die göttlichen Namen* und *Über die mystische Theologie* den Weg der Hierarchie in *Über die himmlische Hierarchie* und *Über die kirchliche Hierarchie* gegenüber.[109] Ähnlich unterteilt W. Völker.[110]

Keine Widersprüche zwischen verschiedenen Teilen gibt es für O. Semmelroth, der in seiner Dissertation zu Dionysius[111] festhält, er wolle „mit Hilfe seiner Philosophie die positiven Lehren der Offenbarung durchdringen"[112]. Auch Piero Scazzoso vertritt die These von der Einheit des Corpus;[113] ihm zufolge spielt die Liturgie in der *Mystischen Theologie* eine wichtige Rolle.[114] Hieran schließt Paul Rorem an, der jedoch, was die Verbindung von ‚Hierarchie' und mystischer Theologie angeht, vor allem die vermittelnde Rolle der *Himmlischen Hierarchie* hervorheben möchte. Ihm geht es um „a presentation of the Areopagite's biblical and liturgical material within a single framework, indeed one which reveals a certain unity to the entire corpus."[115] Gegen Vanneste hebt er ausdrücklich die Einheit des *Corpus* hervor.[116] Auch Roques und de Andia versuchen, in ihren Studien eine einheitliche Konzeption, die das gesamte *Corpus* umfasst, darzulegen, was sich im Falle von Roques schon im Titel *L'univers dionysien* zeigt und auch in der umfassenden Darstellung der

---

109 Vgl. Vanneste 1962: 408–411, die er als „théologie" und „théurgie" (409) bezeichnet; er spricht von einem „retour cosmique" auf der einen und „'conversion' individuelle" auf der anderen Seite (410). Vanneste 1959: 30–36. Vgl. auch Vanneste 1966: 467, wo er auf Unterschiede in den Aufstiegskonzeptionen hinweist.
110 Völker 1958: 23.
111 Semmelroth 1947.
112 Semmelroth 1947: 15.
113 Scazzoso 1967: 128.
114 Vgl. z.B. Scazzoso 1964: 42.
115 Rorem 1984: 9; vgl. Rorem 1984: I: „The writings of Dionysius the Pseudo-Areopagite (ca. 500AD) are here presented as a coherent synthesis."; Rorem 1984: 3: „it is not a potpourri of unrelated essays on these various topics, but a single framework of terse thought which embraces them all"; vgl. auch Rorem 1989. Auch Lilla unterstreicht die enge Verbindung von Symbolen der Schrift und der Liturgie.; vgl. Lilla 1982: 558.
116 Vgl. Rorem 1980; Rorem 1993

henôsis bei de Andia deutlich wird. Th. Leinkauf ist der Ansicht, dass das Werk selbst nicht in zwei Teile auseinanderfalle, wohl aber in der Wirkungsgeschichte einseitige Interpretationsinteressen diesen Eindruck befördert hätten:[117]

> „so kann dies doch in Vielem durchaus für seine Wirkungsgeschichte gelten, in der oft das Interesse der Interpreten Aspekte aus einem einheitlichen Ansatz herauslöste und zu einer Dominanz erhob, die eher auf den engagierten Leser als auf den Verfasser selbst verweist. So kann man immer wieder die Erfahrung machen, daß die etwa in dem Stichwort *Hierarchie* zusammenfaßbaren ontologisch-theologischen und kosmologischen Reflexionen des Dionysius von den mystischen Theoremen, die die Aufstiegsbewegung der Seele, den Begriff der Liebe oder die anagogische Kraft von Liturgie und Sakrament thematisieren, abgelöst werden"[118].

Wie das Verhältnis von Neuplatonismus und Christentum im *Corpus Dionysiacum* zu verstehen ist, gehört zu den umstrittensten Fragen der Dionysius-Forschung. Einige halten Dionysius für einen genuin christlichen Denker, andere für einen neuplatonischen, andere sehen nicht einmal eine Spannung zwischen neuplatonischem und christlichem Gedankengut. Exemplarisch für die erste Tendenz ist Rutledge, der der Ansicht ist, man könne Dionysius auch ohne Kenntnisse des Neuplatonismus verstehen:

> „It is, however, a fundamentally unsound practice to assume that because an author uses a particular phrase or concept from a pagan philosopher he is thereby committed to an acceptance of the complete philosophy. One should try rather to understand what the author meant and, in the case of an ambiguous phrase, assume that a Christian author meant it in a Christian sense. In this case, as I have suggested, it is not neccesary to know anything either of Plato or the Neo-Platonists in order to unterstand the work we are considering here"[119].

Völker untersucht in seiner Studie fast ausschließlich die patristischen Quellen; neuplatonische Einflüsse scheint er kaum annehmen zu wollen, die philosophischen Aspekte seien „über Gebühr betont" worden.[120] Für Lossky ist er ein „Christ in neuplatonischer Verkleidung […], ein Theologe, der seine Aufgabe genau kennt, die Aufgabe nämlich, das neuplatonische Gebiet dadurch zu erobern, daß er sich die philosophische Methode des Neuplatonismus zu eigen macht."[121] Mit Berufung auf Pera möchte er nicht von „genetische[r] Abstammung", sondern von „siegreiche[r] Gegnerschaft" des Dionysius gegenüber den Neuplatonikern sprechen.[122] Die Christlichkeit unterstreichen

---

117 Leinkauf 1997: 583.
118 Leinkauf 1997: 583.
119 Vgl. Rutledge 1965: 40; Platons Höhlengleichnis resümiert er gleichwohl als hilfreich für das Verständnis (40 f).
120 Völker 1958: 11, pass.
121 Lossky 1964: 95 f.
122 Lossky 1964: 96.

auch Golitzin[123] und in einer sehr persönlichen und polemischen Wendung Perl.[124] Stiglmayr, der die neuplatonischen Einflüsse auf Dionysius genau untersucht hat, hebt seine Christlichkeit hervor: „Mehr als einmal ist Dionysius ein Neuplatoniker in christlichem Gewande genannt worden. Mit mehr Recht würde man ihn als Christ im neuplatonischen Philosophenmantel bezeichnen."[125] „Allenthalben schimmern paulinische Grundgedanken aus der platonisierenden Sprache hervor; man hat beim Lesen dieser Schriften ein Gefühl, wie wenn man ein wohlvertrautes Lesestück von einem Ausländer, der seinen fremdländischen Accent noch nicht überwunden hat, vorgetragen hörte."[126]

Dieser Tendenz gegenüber stehen Autoren, die Dionysius eher auf der neuplatonischen Seite sehen. Sie nennen ihn einen „Christian Proclus"[127], einen „Christian Iamblichus"[128], „un néo-platonicien incomplètement converti"[129] oder betrachten ihn als Neuplatoniker, der den Neuplatonismus den Christen annehmbar machen will: „Dionysius aber ist ein systematischer Neuplatoniker, bestrebt den Neuplatonismus christlich umzumodeln und ihn so den Christen mundgerecht zu machen."[130] Brons hebt besonders die neuplatonischen Momente hervor, „seinem ganzen Denken [liege] ein christlich modifizierter neuplatonischer Aufriß zugrunde, dem er einzelne christliche Elemente eingepaßt hat"[131]. Seiner Ansicht nach sind Dionysius' Versuche, in die neuplatonische Konzeption christliche Elemente einzufügen, letztlich vergeblich; er ruiniere mit seinen Modifikationen nur „den metaphysischen Entwurf des Proklos".[132]

---

123 Golitzin 1994: 21–23: „Let us admit at once that ours is a Christianizing and personal approach to the *Areopagitica*. (21); Vgl. ebd., 30–43 zur Bewertung anderer Autoren. Vgl. auch Golitzin 1990: pass., bes. 316.

124 Vgl. Perl 1994: pass., vgl. bes. 311: „As Orthodox, we ..."; Anm. 5, S. 312 f: „the present writer, who came to these works as a non-believer and *learned* the Orthodox sacramental vision of reality *from* Dionysios (among others)." Seine Polemik richtet sich gegen den Protestantismus: „Protestantism, then, is right to reject Dionysios as fundamentally opposed to its perverted notion of Christianity: as opposed as light is to darkness, as truth is to error. But there can be no place for such a rejection in the true Church, ..." (S. 356).

125 Stiglmayr 1932: 10.

126 Stiglmayr 1898: Anm. 1, S. 279.

127 Sheldon-Williams 1964: 293.

128 Shaw 1999: 587.

129 Grondijs 1959: 438.

130 Koch 1895: 454.

131 Brons 1976: 325.

132 Brons 1976: 327. Diese Kritik wird im Schlussteil, 325–329 offenkundig. Zu Dionysius' Versuchen, das proklische System zu ändern und christliche Elemente einzubringen, schreibt er: „Und doch vermögen alle diese Anläufe bei kritischer Betrachtung nicht zu befriedigen. Der Areopagite gleicht in seinem Unternehmen einem Sisyphus, der den Stein der christlichen Tradition vom Grunde des Neuplatonismus in immer neuen

Für die Dionysius-kritische Grundhaltung dieser Monographie ist bezeichnend, dass die Einleitung mit dem oben angeführten Zitat Luthers beginnt und Brons es im *Schluss* wieder aufgreift.[133]

Hathaway sieht in der Umformung des christlichen Glaubens einen Grund für die Dunkelheit der Schriften; er spricht von „adaptations of Christian faith"[134] oder einer „metamorphosis of Christian faith which proves that the reason for Ps.-Dionysius' obscurity is not merely his obscure prose style"[135]. Wesche sieht in Dionysius' „thralldom to Neoplatonism" den Grund für sein mangelndes Verständnis des christlichen Glaubens.[136]

Angesichts dieser gegenläufigen Schwerpunktsetzung, merkt Roques an, dass Völker[137] zurecht auf den Einfluss der alexandrinisch-kappadokischen Tradition hinweise, man darüber die neuplatonischen Einflüsse aber nicht vernachlässigen dürfe.[138] Wie jedoch diese beiden Aspekte miteinander in Zusammenhang stehen, bleibt schwierig zu bestimmen. Roques selbst äußert mehrfach seine Zweifel, ob die Zusammenführung und Vereinheitlichung, die er als von Dionysius gewollte ansieht und die er in seiner Monographie *L'univers dionysien* darzustellen versucht, überhaupt gelingen kann:

> „On peut donc affirmer sans injustice que cet essai de systématisation se solde par un échec et qu'il ne s'accorde avec la réalité vivante de l'Église que par le jeu qu'il introduit lui-même dans ses propres articulations et par la liberté qu'il nous laisse d'être infidèles à ses cadres. Avec ou malgré ses cadres, circule-t-il encore une sève authentiquement chrétienne dans le système, et, si oui, jusque'à quel point?"[139]

Y. de Andia führt in ihren Schriften sowohl neuplatonische wie auch christliche Quellen des Dionysius auf. Auch E. von Ivánka unterstreicht zugleich die

---

Anstrengungen zu lösen versucht, doch immer aufs neue zieht ihn die Gravitation des Bodens, auf den er sich einmal begeben hat, wieder hinunter." (327).

133 Vgl. Brons 1976: 9.329. Zum Lutherzitat, vgl. oben S. 11 f.

134 Hathaway 1969: XIII: „Not only do the *Letters* reveal the author's precise technique in using later Neoplatonism, but they also reveal how the author's use of Neoplatonism leads to adaptations of Christian faith."

135 Hathaway 1969: XIV.

136 Wesche 1989: 68.

137 Völker 1958: 90.103.

138 Roques 1962: 229 f.

139 Roques 1983: 199. Vgl. ebd., 339: „Le syncrétisme et le concordisme dionysien décevront toujours parce qu'ils on retenu trop d'éléments radicalement inassimilables au platonisme, et trop d'autres éléments profondément étrangers au christianisme. Mais la confrontation généreuse pour laquelle Denys s'est passioné, la fermeté de ses positions essentielles, dans la pleine est loyale conscience des vrais désaccords, doivent l'imposer à notre attentions et à notre respect: ,Qu'on dise: il osa trop, mais l'audace était belle.'" – mit diesen Worten schließt das Buch!

Einheit des Corpus und seine Christlichkeit.[140] A. Louth hebt die Vereinung von neuplatonischem und christlichem Gedankengut als Ziel des Dionysius hervor:

> „Denys the Areopagite, the Athenian convert, stands at the point where Christ and Plato meet. The pseudonym expressed the authour's belief that the truths that Plato grasped belong to Christ, and are not abandoned by embracing faith in Christ."[141]

Zweifel an einer zu einfachen Synthese äußert Ritter unter Bezug auf Rorem und Louth, die er in den Spuren von Balthasars ansiedelt:

> „Wäre die ebenso irritierende wie stimulierende Kraft, die dem *CD* offensichtlich innewohnt(e), verständlich zu machen, wenn alles als so fertig, so eingängig, so ‚ganz und gar christlich' zu gelten hätte, wie es die genannten Dionysinterpretationen nahelegen? Läßt uns das nicht eher ‚zögern, wenn jemand eilig von ‚Synthese' zwischen Neuplatonismus und biblischem Christentum redet'; läßt es uns nicht ‚mißtrauisch bleiben, wenn jemand uns Dionysius vor allem als Bibelerklärer vorstellt und ihm nachrühmt, er habe das neuplatonische Denken mithilfe des Neuen Testaments ‚überwunden'; läßt es uns nicht viel eher mit Hypotheken, Aporien, *un*aufgelösten Spannungen rechnen?"[142]

Schäfer unterstreicht in seiner Studie zu *Über die göttlichen Namen* den philosophischen und theologischen, neuplatonischen und christlichen Charakter dieser Schrift, nicht ohne auf mögliche Spannungen hinzuweisen.[143] Auch Beierwaltes stellt sich in seinem Artikel *Dionysios Areopagites – ein christlicher Proklos?* die Frage: „Kann also die dionysische Theologie als eine gelungene

---

140 von Ivánka 1981²: 15: „Alle Momente der christlichen Religion: die geistige Welt der Engel, die hierarchischen Stufen der Kirche und ihrer Sakramente, das theologisch so wichtige Verhältnis zwischen Altem und Neuem Bund werden zu Elementen eines großartigen kosmisch-hierarchischen Stufenbaus, der von Gott über die Vielfalt der Engelchöre bis zur bloßen Abbildlichkeit des Materiellen herabführt, und über die Sinnhaftigkeit dieser Abbilder, die durch Symbole mitgeteilten Einweihungen und die Reinigung und Erhebung zum Geistigen wieder zu Gott emporführt." Vgl. von Ivánka 1990², 223–289 zu Dionysius Areopagita, vgl. z.B. 226, 266, 285 f.

141 Louth 1989: 11. Vgl. Ritter 1994c: 12; McEnvoy 1992, der schreibt, für Dionysius gebe es keinen Widerspruch zwischen dem Neuplatonischen und dem Christlichen, der aber auch hervorhebt, von christlichem Standpunkt könne dieses Werk neuplatonisch, vom neuplatonischen Standpunkt christlich wirken (170). Vgl. auch Lilla 2005: 182 f, wo er gegen Koch und Völker den Zusammenfluss der beiden Traditionen (Neuplatonismus, bzw. Autoren wie Clemens von Alexandrien, Origenes und Gregor von Nyssa) verteidigt: „Il problema non può essere però risolto in termini così netti e alternativi: nel *Corpus Dionysiacum* confluiscono entrambe le tradizioni, che non sono antitetiche tra loro.

142 Ritter 1994c: 30 f. Ritter zitiert einen Zeitungsartikel von K. Flasch.

143 Vgl. Schäfer 2006, insbesondere § 6 „The philosophical perspective" (123–130): „Dionysius therby succeeds in connecting (a task too painful for some of his contemporaries, as well as for many theologians nowadays) Christian theology and Platonic philosophy." (125).

Synthese oder gar Symbiose von griechischer Metaphysik und christlicher
Theologie betrachtet werden?"[144] und sucht sich in seiner Antwort abzusetzen
vom üblichen Schema, der Vorstellung nämlich,

> „die Übernahme griechischer Philosopheme, von deren Begrifflichkeit und der
> darin wirksamen Denkform, der Sprache im allgemeinen und der Metaphorik im
> besonderen sei lediglich ein formaler, den Inhalten äußerlich bleibender Vorgang;
> dieser leicht durchsichtigen Philosophie-Phobie, verbunden mit einer primär apo-
> logetischen Absicht, entspräche dann Dionysios als ein Proklos ‚in christlichem
> *Gewande*', seine Sprache als eine dem philosophischen Denken geborgte äußere
> ‚Hülle' um einen von eben dieser Philosophie wesenhaft unterschiedenen
> ‚Kern'."[145]

Beierwaltes versteht das Denken des Dionysius als von der proklischen Philosophie geprägte und geleitete Theologie.[146] Dionysius sei, wie Beierwaltes
Marsilio Ficinos Charakterisierung des Dionysius variierend schreibt: „Christianus simulque vere Platonicus"[147].

Grundsätzlich hält Beierwaltes die Denktradition des *Corpus Dionysiacum*
jedoch für philosophisch:

> „Die Überlegungen zum Verhältnis dionysischer und neuplatonischer Mystik
> verfolgen keineswegs die Absicht, die Theologie des Dionysius lediglich als eine
> mühsam und oberflächlich retouchierte griechische Philosophie, insbesondere des
> Proklos, zu deklarieren. Ich sehe sie vielmehr als eines der schwierigsten Para-
> digmen an, in dem christliche Theologie sie selbst zu werden versuchte und dafür
> sogar die pseudonyme Rückbindung an die früheste Zeit des Christentums als
> Hilfe einsetzte. Dennoch ist es als ein Faktum bewußt zu halten, daß trotz christ-
> licher Intention, trotz Anknüpfung ans Alte Testament und an die apostolische
> Zeit die wesentlichen Reflexionskategorien des Dionysius ursprünglich philoso-
> phischer Natur und Provenienz sind und auch im theologischen Kontext philoso-
> phisch bestimmend geblieben sind: Dionysius lebt als Theologe aus der philoso-
> phischen Reflexion, ob er dies deutlich macht oder nicht; sie wird für ihn produktiv
> in der Darstellung des eigenen Gedankens."[148]

Dass es sich bei dem, was denkgeschichtlich bei Dionysius wie überhaupt im
christlichen Neuplatonismus vor sich geht, um mehr als eine bloß äußerliche
Einkleidung des an sich immer gleichen christlichen Gehalts handelte, hat

---

144 Beierwaltes 2001²a: 49.
145 Beierwaltes 2001²a: 50.
146 Beierwaltes 2001²a: 50: „trotz einer durchs eigene Interesse geführten Selektion von
     Elementen aus der philosophischen Theorie im ganzen, trotz mancher Mißverständnisse
     und Verkürzungen der philosophischen Ausgangspunkte und trotz immanenter, ver-
     deckter (und offener) Kritik an manchen von ihm realisierten Philosophemen ist das
     Denken des Dionysius als eine von der neuplatonischen, insbesondere der *proklischen
     Philosophie* motivierte, geleitete, in ihrem Wesen geprägte und ihre eigene Sache von
     eben dieser Philosophie her aufschließende *Theologie* zu verstehen."
147 Beierwaltes 2001²a: 84. Ficino schrieb: „Platonicus primo ac deinde Christianus".
148 Beierwaltes 1985: 154.

Beierwaltes in der Einleitung seines Werkes *Platonismus im Christentum* unmissverständlich herausgestellt, dass nämlich

> „keine Übernahme und Umformung philosophischer Terminologie, Problematik, Motivik oder Methode durch die Theologie als bloß *formale* Applikation aufgefaßt werden kann: betroffen ist jeweils auch wesentlich die *Sache*, die erfaßt oder erläutert werden soll. Sie wird durch die in der Sprache zu Wort kommende Intention der Philosophie affiziert und erhält und behält zugleich einen unendlichen Hof möglicher philosophischer Assoziationen: so ist auch der Vorgang der Aufnahme und der Umformung griechischer Philosopheme in christliche Theologie durch die Zeiten hindurch nicht auf ein ‚Sprachproblem' reduzierbar, so daß Begriffe, Bilder Metaphern aus der griechischen Philosophie – wie von manchen immer wieder behauptet – nur ‚äußerlich' gebraucht würden (das sog. ‚sprachliche Gewand'!), aber nichts von ihrem ursprünglichen Gehalt mit sich brächten. Demgegenüber läßt sich mit Gründen zeigen, daß philosophische Terminologie und Metaphorik in der christlichen Theologie nicht nur beliebige Ornamente eines total anderen Gedankens, sondern deutliche Zeichen einer wesentlichen Mit-Bestimmung der theologischen Sache selbst sind."[149]

Durch die Verbindung mit der Philosophie erhält die Theologie nicht bloß ein Gewand; sie wandelt sich vielmehr, wenn sie mit den philosophischen Begriffen verknüpft wird, die eben auch die Sache beeinflussen. Das „Neue", das in dieser „intensiven Begegnung" entsteht, „eine freilich schwer errungene Synthese oder Symbiose" hält Beierwaltes zu Recht für interessanter als den Versuch, die beiden Aspekte gewaltsam zu trennen.[150]

Während Beierwaltes von einer Veränderung der Theologie durch die Philosophie spricht, hebt Gersh die Transformation des Neuplatonischen hervor, wenn er schreibt, „that he was a genuine Christian philosopher. His transformation of paganism is too thorough to be that of pagan writer expounding Christianity"[151]. Von Transformation lässt sich also in doppelter Hinsicht sprechen, von einer Transformation des christlichen Denkens durch die Begegnung mit der Philosophie und von einer Transformation philosophischer Konzepte durch ihre Verbindung mit christlichen Vorstellungen.

---

149 Beierwaltes 2001²b: 12.
150 Beierwaltes 2001²b: 17: „Bleibt Philosophie im neuen Kontext in ihrer ursprünglichen Intention wirksam? Wird die aufnehmende Seite (das Christentum) durch Philosophie irritiert oder gar verdeckt, verfremdet, destruiert? Oder ist das Neue, das aus einer intensiven Begegnung mit dem ‚Alten' (aber doch begrifflich Maßgebenden) Entstandene als eine freilich schwer errungene Synthese oder Symbiose das sachliche Interessantere als eine gewalttätig scheidende Apologetik?". Zur Idee einer christlichen Philosophie, vgl. auch Kobusch 2002a.
151 Gersh 1978: Anm. 1, S. 1.

3. Resümee

Sondiert man den Stand der Dionysiusforschung auf Desiderate hin, so zeigt sich historisch vor allem ein Bedarf an weiterer Erforschung der neuzeitlichen und modernen Rezeptionsgeschichte. Thematisch stellt sich die Frage, ob neben den bisher dominierenden Feldern der Metaphysik, Mystik und Sprachtheorie sich auch in der Perspektive anderer philosophischer Disziplinen (Ästhetik, Ethik usw.) gewinnbringende Untersuchungen anstellen lassen. Die Debatte um Einheit und Differenz im *Corpus Dionysiacum* hat gezeigt, wie sehr dabei Vorannahmen über das, was zu einem philosophischen Denkentwurf gehören kann, eine Rolle spielen. Diese Herausforderung könnte auch in der Richtung aufgenommen werden, die Spannweite philosophischen Interesses über bisher anerkannte Standards hinaus anzusiedeln. Die Forschungslage hinsichtlich der spezifischen Verbindung von Neuplatonismus und christlicher Religion führt zu der Einsicht, dass einseitige Zuordnungen zu dieser oder jener Seite wie auch spannungsmindernde Synthesen nicht nur dem Textbefund nicht gerecht werden, sondern auch daran hindern, aus dem Zusammendenken von Widersprüchen zu neuen Erkenntnissen zu gelangen. Das wäre denn freilich an eklatanten Spannungspunkten im einzelnen zu erproben. Die umsichtige Stellungnahme des mit dem Verhältnis von Neuplatonismus und Christentum wie kaum jemand sonst so vertrauten W. Beierwaltes hat zudem sichergestellt, dass die Befassung mit dem Werk des Dionysius Areopagita als genuin philosophische Aufgabe zu verstehen ist.

III. Plan

1. Kirchliche Hierarchie

Die vorliegende Arbeit trägt den Untertitel „Zur *Kirchlichen Hierarchie*" und widmet sich damit einer Schrift, in der einige Probleme und Aufgaben, die im vorangegangenen Kapitel im Allgemeinen resümiert wurden, exemplarisch zusammenkommen.

„Cetera desiderantur"[152],

schreibt Johannes Scotus Eriugena am Ende seines Kurzkommentars zu *Über die kirchliche Hierarchie*. Obwohl er selbst kaum mehr als eine Inhaltsangabe gibt, scheint er doch der Ansicht zu sein, dass dieses Werk einer genaueren Untersuchung bedürfte. Im Vergleich zu den drei anderen Traktaten hat die Schrift *Über die kirchliche Hierarchie* in der Rezeptionsgeschichte, insbesondere

---

152 Johannes Scotus Eriugena, Super ierarchiam, 268C.

von Seiten der Philosophie, deutlich geringere Aufmerksamkeit erfahren. Bisweilen wird sie einfach übergangen, sie wird seltener kommentiert und rezi-
piert,[153] und wenn sie behandelt wird, so geschieht dies zumeist in einem
theologischen oder liturgiegeschichtlichen Zusammenhang.[154] Als philosophische Schrift wird sie zumeist nicht begriffen. Bernard hebt ihren theologischen
Charakter hervor, indem er Dionysius als „âme sacerdotale" darstellt:

> „Qui lit la *Hiérarchie ecclésiastique*, découvre en son auteur le chrétien attentif à
> nourrir sa contemplation de tous les symboles et moindres textes liturgiques. Denys
> est une âme sacerdotale; double est la source de son inspiration: L'Écriture lue
> dans l'Église, et le monde liturgique auquel il participe et qui lui fait rejoindre
> Dieu."[155]

Die Liturgiegeschichte scheint den primären Ort abzugeben, in dem diese
Schrift wissenschaftliches Interesse finden konnte. Gegenüber den älteren ty-
pologischen Liturgiedeutungen wird der spekulative Charakter der dionysischen
herausgestellt, was Y. de Andia im Vergleich von Passagen aus der *Kirchlichen
Hierarchie* mit Texten von Johannes Chrysostomos und Cyrill von Jerusalem
aufzeigt.[156] Boularand untersucht das Eucharistieverständnis des Dionysius.[157]
Er ordnet ihn durch Vergleiche dem Bereich der syrischen Liturgie zu, sieht
aber keine Möglichkeit, dies lokalkirchlich näher zu bestimmen.[158] Hiermit

---

153 Thomas von Aquin erwähnt in der Aufzählung der Werke des Dionysius in seiner
   Einleitung zu seinem Kommentar von *De divinis nominibus* den Traktat *Über die
   kirchliche Hierarchie* gar nicht. Johannes Scotus Eriugena verfasst einen ausführlichen
   und inspirierten Kommentar zu *Über die himmlische Hierarchie*; zu dem Traktat *Über
   die kirchliche Hierarchie* schreibt er nur wenige Spalten, kaum mehr als eine Inhaltsangabe.
154 Albertus Magnus unterstreicht in seinen Kommentar zur *Kirchlichen Hierarchie* (*Super
   Dionysium de ecclesiastica hierarchia*), dass es sich bei diesem Text zwar um *scientia*
   handelt, allerdings nicht um Philosophie: „Concedimus quod haec doctrina ecclesias-
   ticae hierarchiae est scientia, et concedimus rationes ad hoc. Non tamen est scientia
   philosophica nec reducitur ad aliquam illarum, neque sicut particularis ad universalem,
   cum subiectum et principia eius non stabiliantur a primo philosopho nec ab aliquo alio,
   … sed est pars scientiae divinae." (1,56–2,5); vgl. insgesamt 1,14–2,43 zur Frage, ob es
   sich um eine *scientia* handelt und 2,44–3,38 zur Überlegung, was ihr Gegenstand ist –
   die *hierarchia* und damit zusammenhängend die Sakramente.
155 Bernard 1997: 513.
156 Den stärker spekulativen Charakter hebt auch Rorem hervor; vgl. Rorem 1984: 108.
   Dionysius Symbolismus sei nicht „typological, correlating features of the rite with
   events in Jesus' life and passion" wie z.B. bei Theodor von Mopsuestia, sondern
   „timelessly allegorical, relating the activities of the synaxis not primarily to past events
   but to eternal truths. The censing procession, to repeat just one example of those already
   discussed, is given a timeless interpretation as the eternal procession and yet remaining
   of the divine presence."
157 Boularand 1957 und Boularand 1958.
158 Boularand 1957: 208 f.

wendet er sich gegen Schepens, der die Liturgie nicht für syrisch hält und versucht, den Autor durch Vergleiche mit anderen Liturgien früher zu datieren.[159] Auch Scazzoso untersucht die Verbindung zu anderen Liturgiebeschreibungen.[160] Völker hebt den Einfluss der *Kirchlichen Hierarchie* auf die spätere Entwicklung von Liturgietraktaten hervor;[161] Switkiewicz untersucht den Einfluss der Schrift auf Maximus Confessor.[162] In den Anmerkungen zu seiner englischen Übersetzung der *Kirchlichen Hierarchie* geht Campbell vor allem auf theologische und liturgiewissenschaftliche Fragen ein.[163]

Mehr als eine Darstellung des Ritus und der Hierarchie der Kirche scheint der Text nicht zu sein; gerade genug, um Auskunft über den kulturellen Hintergrund des Verfassers des *Corpus Dionysiacum* zu geben. Hochstaffl wirft ihr sogar vor, sie lasse keinen Raum für Spontaneität und sei brav;[164] Vanneste hält sie für streng.[165] Es hat also den Anschein, als ob diese ausgesprochen kirchliche Schrift gegenüber dem Interesse an der mystischen und negativen Theologie oder den Spekulationen über die Gottesnamen, das die anderen Traktate bedienen, von vornherein im Hintertreffen ist. Doch es gibt auch Gegenstimmen.

Rutledge, der unter dem Titel *Cosmic theology* eine Übersetzung dieses Traktats veröffentlichte, hält sie für „the best approach to the author's thought"[166]; Louth zufolge ist er „a commentary of the liturgy, deeple sensitive to the value of ritual and symbol"[167]. Rorem regt an, neben den patristischen Einflüssen auch den neuplatonischen Aufmerksamkeit zu widmen, die bislang zu wenig berücksichtig worden seien.[168] O'Daly beklagt, dass dieser Text zu selten behandelt worden ist:

---

159 Schepens 1949: 359. Vgl. Boularand 1957: 211–213.
160 Scazzoso 1965.
161 Völker 1977: 24.
162 Switkiewicz 2000; vgl. auch Bornert 1970.
163 Campbell 1981.
164 Hochstaffl 1976: 150 f: „In einer hierarchischen Ordnung, wie der Areopagite sie versteht, ist für Spontaneität oder Kritik wenig Raum. Deren Wirkung wäre für diese Ordnung verhängnisvoll. [...] Apophatische Theologie, die in ihrer prinzipientheoretisch-mystagogischen Bedeutung sogar offenbarungskritisch zu sein schien, legitimiert in ihrem hierarchologisch-spekulativen Begriff im kirchlichen Leben kritiklose Bravheit."
165 Vanneste 1966: 463:„nous nous sentons plus d'une fois gênés par cette extrême rigueur, où sa conception de l'univers, si fortement impregnée du néoplatonisme, l'a pu mener."
166 Rutledge 1965: IX.
167 Louth 1981: 178. „His *Ecclesiastical Hierarchy* is the first example, so far as I know, of a genre very characteristic of Byzantine theology: a commentary on the liturgy, deeply sensitive to the value of ritual and symbol, that represents the interpenetration of the divin and human in the worship of God."
168 Rorem 1982: 456: „In general the Pseudo-Areopagite's liturgical material should still be considered in the context of basically patristic precedents, including sacramental and catechetical traditions which already reflected complicated inter-relationships with Hellenistic religious practices, and also the possibility that the author applied Alexan-

„Die Untersuchung der Liturgie des *Corpus Dionysiacum* ist einer der frucht-barsten Wege zur Bestimmung von dessen Umwelt und Absichten. Sie gehört immer noch zu den am meisten vernachlässigten Gebieten der Dionysius-For-schung"[169].

Der Wert der Untersuchung liegt in seinen Augen aber offenbar vor allem in der historischen Frage nach der Verortung des *Corpus Dionysiacum*, nicht in möglichen philosophischen Aspekten. Höher als O'Daly scheint Roques die Möglichkeiten zu bewerten, durch eine intensive Studie zu *Über die kirchliche Hierarchie* philosophischen Gewinn zu erzielen:

> „…la voie sacramentelle, qui est, elle aussi, génératrice de connaissance et de sainteté. On n'a pas assez souligné l'importance de la doctrine des sacrements pour l'intelligence du symbole, de la théologie négative et de leurs rapports. On y a vu trop exclusivement la justification d'une pratique et d'une institution. En réalité il y a bien plus, et la description proprement dite des rites matériels y occupe une place bien réduite en comparaison de la contemplation de ces rites (θεωρία) qui suit leur description."[170]

In Roques' Äußerung, die eine Verknüpfung zur negativen Theologie herstellt und die Bedeutung des Sakramentsverständnisses für das Symbolverständnis hervorhebt, klingt die Möglichkeit an, dass dieser Text entgegen der vorherr-schenden Meinung doch von Interesse für die Philosophie sein könnte.

Aber die zweifelnden Stimmen scheinen doch das Übergewicht zu haben. Louth meint, dieser Traktat sei nicht primär als philosophischer geschrieben, sondern „intended to serve the needs of a Christian community"[171]. Ähnlich schätzt Sheldon-Williams ihn seiner religiösen, nicht seiner philosophischen Bedeutung wegen:

> „Although the *Ecclesiastical Hierarchy* is philosophically the least interesting of Dionysius's major works, it is the one which most closely concerns man in his present life, is the most explicitly Christian, and throws an interesting, if tantalising flickering light on Christian faith and worship at a time and in a place (which I take to be Syria in the fifth century) when they were considered a proper, and impor-tant, subject for philosophical study. It is most unfortunate, therefore, that, espe-cially in England, it is the most neglected of the Dionysian treatises."[172]

---

drian biblical hermeneutics to the visual symbols of ecclesiastical rites. Nevertheless, since the Iamblichean tradition of ritual interpretation was probably not unknown to our mysterious author's milieu, inquiries into his liturgical method might profit from further application of the maxim basic to over-all Pseudo-Dionysian scholarship: the background is both patristic and Neoplatonic."; vgl. ebd. Anm. 77. Lilla möchte in seiner Übersetzung zumindest eine „blasse Idee" des philophischen Kontextes geben (Lilla 2002: 39 f), seine nicht sehr zahlreichen Hinweise auf neuplatonische Autoren in den Kommentaren bieten dementsprechend auch nur einen ersten Anhaltspunkt.

169 O'Daly 1981: 773.
170 Roques 1962: 175.
171 Louth 1989: 18.
172 Sheldon-Williams 1965: 25.

W. Beierwaltes, der sich so stark vom philosophischen Charakter des *Corpus Dionysiacum* überzeugt zeigt, äußert sich, was die philosophische Bedeutung dieses Textes angeht, auffallend zögerlich. In der Theologie sieht er eine großes Nähe des Dionysius zu Proklos, in der ‚Hierarchie' jedoch eine größere Eigenständigkeit.[173] Was die Liturgie angeht, erscheint ihm daher nicht plausibel, warum diese auch mit proklischen Begriffen und Konzepten dargelegt wird:

> „Dennoch ist auch die Bestimmung der Stände, des liturgischen Ritus und der Sakramente in proklischen Termini und Konzepten vollzogen, die nicht unmittelbar plausibel machen, daß in diesem Bereich die Adaption der philosophischen Theorie notwendig und für die spezifisch christliche Ausprägung der Sachverhalte förderlich gewesen sein soll."[174]

Ist diese Schrift *Über die kirchliche Hierarchie* in der Tat zu kirchlich und zu kultbezogen, als dass sie im Rahmen der Philosophie, gar einer vollkommen säkularen wie der Philosophie der Moderne, eine Rolle spielen könnte? Dass diese und nur diese Schrift aus dem Interesse der Philosophie an Dionysius auszuscheiden sei, ist jedoch eine Entscheidung, die von der Philosophie selbst noch einmal zu reflektieren oder zu revidieren wäre. Denn die anderen Schriften des *Corpus Dionysiacum*, die ihre deutlich religiöse Prägung keineswegs verleugnen, z.B. durch den dezidierten Bezug auf das Sprachrepertoire der Hl. Schrift, finden ohne Bedenken philosophisches Interesse, was wohl damit zusammenhängt, dass die darin verhandelten erkenntnis- und sprachtheoretischen, metaphysischen und mystischen Fragen nicht nur zu dem heidnische und christliche Autoren des Neuplatonismus übergreifenden Gemeingut gehören und als solche philosophisch legitimiert sind, sondern auch, dass genau diese Fragen der neuen subjektivitätstheoretisch orientierten Philosophie von vornherein thematisch plausibel erscheinen, während Phänomene eines gemeinschaftlichen Rituals in ein anderes Feld zu gehören scheinen. Suspendiert man aber das in diesem Sinne seit langem festgelegte Interesse am Neuplatonismus in dem Sinne, dass man auch Aspekte einer ästhetischen Handlungstheorie oder politischen Philosophie zulässt, so ist nicht mehr von vornherein auszuschließen,

---

173　Er sieht Dionysius, was die Versuche angeht, „das Wesen des Gottes durch eine philosophische Analyse der Aussagen über ihn – philosophisch *und* biblisch – zu umschreiben, sich ihm in Symbol, Metapher und Allegorie zu nähern und letztlich seine Unerkennbarkeit und Unsagbarkeit durch Negationen auszugrenzen und bewusst zu halten" in der Nähe des Proklos. „Im Bereich der Wirkung des göttlichen Ursprungs konstituiert er gemäß dem philosophischen Modell der Entfaltung des Einen die Ordnung der *Engel* und bestimmt die Ordnung der *Kirche* von der Funktion der sie tragenden Stände her. Hierin und in dem bewußt gesetzten Bezug des Stufenmodells – der ‚Hierarchien' – auf die Ordnung einer Gemeinde und auf die Begründung einer Liturgie hin, in deren Zentrum die Sakramente stehen, geht Dionysius seinen eigenen Weg." Beierwaltes 2001²a: 52.

174　Beierwaltes 2001²a: Anm. 13, S. 52.

dass eine Schrift wie *Über die kirchliche Hierarchie* nicht nur ein möglicher, sondern auch ein ergiebiger Gegenstand der Philosophie sein könnte.

Dabei ist nicht das Ziel, *das* philosophische Konzept des Dionysius oder der *Kirchlichen Hierarchie* zu erarbeiten. Es soll vielmehr gezeigt werden, inwiefern dieser Traktat wie die anderen Schriften des *Corpus Dionysiacum* auch in philosophischer Tradition steht und erhellende Erkenntnisse zu Fragen verschiedener Disziplinen der Philosophie beitragen kann. Gefragt wird nach verschiedenen Aspekten und Momenten, die eine Einordnung in die philosophische Tradition ermöglichen. Kein normatives Verständnis von Philosophie wird dabei zugrundegelegt; hierunter wird vielmehr global all das gefasst, was die Philosophie im Laufe ihrer Geschichte an Themen behandelt hat. Folgt nicht, wäre zu überlegen, im Grunde auch Albertus Magnus einer traditionsorientierten Bestimmung dessen, was Philosophie ist, wenn er zur Begründung, dass die *Kirchliche Hierarchie* kein philosophischer Text sei, anführt, dass die dort behandelte Thematik nicht „a primo philosopho nec ab aliquo alio"[175] behandelt werde; die Bestimmung der Philosophie, die sich für ihn daraus ergibt, sieht eine solche Thematik nicht vor, was sich aber auch verändern kann und im 20. Jh. auch verändert hat, einschließlich der Entdeckung, dass auch ausgewiesene antike Philosophen wie die späten Neuplatoniker sich an Fragen des Rituals interessiert gezeigt haben.

2. Theurgisches Denken

Der Haupttitel der vorliegenen Untersuchung, „Theurgisches Denken", gibt eine Fragerichtung an, unter der der Traktat *Über die kirchliche Hierarchie* philosophierend angegangen werden soll. Der Begriff „Theurgie" verweist auf eine Entwicklung im späten Neuplatonismus, in der die Ausübung von rituellen Praktiken in das philosophische Denkgeschäft einbezogen wird.

In der Forschung wird die wachsende Bedeutung der religiösen Praxis der Theurgie im späten Neuplatonismus zumeist als Zeichen des Niedergangs der antiken Philosophie gewertet, als Abfall von der reinen und klaren Höhe, die sie in Plotin einmal gehabt hätte. Theurgische Rituale erscheinen als eine Verunreinigung der Philosophie durch magische Praktiken, nach Plotin habe ein „Depravationsprozeß" eingesetzt, in dem der Aufstieg über die Philosophie durch den Aufstieg über Zauber und Theurgie ersetzt worden sei.[176] Bei C. Zintzen findet sich das harsche Urteil: „Die Platoniker selbst nahmen dem einst blühenden Baum der platonischen Philosophie das klare Licht, indem sie die rationale Erkenntnis zunächst begrenzten, durch die mystische Ekstase über-

---

175 Vgl. oben Anm. 154.
176 Zintzen 1977b: 408 f.

höhten und schließlich durch Magie ersetzten; sie brachten ihn so zum Ab-
sterben."[177] H. Koch nennt den Theurgen einen „Hexenmeister"[178], sieht also
keinen Unterschied zwischen Theurgie und Magie. Zu Jamblich, dem Haupt-
vertreter der Theurgie im späten Neuplatonismus, schreibt E. R. Dodds:

> „'De mysteriis' ist ein Manifest des Irrationalismus; es gipfelt in der Behauptung,
> daß der Weg zum Heil nicht in der Vernunft, sondern im Ritual zu finden sei."[179]

Zum Erstarken der Theurgie im späten Neuplatonismus schreibt er:

> „Wie die gemeine Zauberei gewöhnlich die letzte Zuflucht der persönlich Ver-
> zweifelten ist, derer also, denen sich Mensch und Gott in gleicher Weise versagt
> haben, so wurde die Theurgie zum Asyl der verzweifelnden Intelligenz, die schon
> *la fascination de l'abîme* verspürte."[180]

Auch René Roques spricht von einer „décadence philosophique", was die Be-
deutungszunahme der Theurgie angeht.[181] Beierwaltes befasst sich in seiner
Monographie zu Proklos zwar kaum mit der Theurgie, macht jedoch deutlich,
dass es der heutige Blick ist, für den die Theurgie als Gefahr für die Philosophie
erscheint.[182]

Gegenüber dieser Auffassung lässt sich in nun in neueren Studien eine
bemerkenswerte Veränderung erkennen.[183] Die philosophischen Elemente der

---

177 Zintzen 1977b: 426. Vgl. auch Zintzen 1977a: IX: „und hat nicht selten die von grie-
      chischer Rationalität gestützte Mystik Plotins zu einem zweifelhaften Mystizismus
      werden lassen."
178 Koch 1900: 214.
179 Dodds 1970: 154. Anhang II „Theurgie" dieses Bandes ist die leicht veränderte Fassung
      von Dodds 1947. Zitiert wird im Folgenden die deutsche neuere Ausgabe.
180 Dodds 1970: 155.
181 Roques 1983: 71: „Avec Jamblique, le néoplatonisme présente deux nouveaux cara-
      ctères, dont l'importance croissante précipitera la décadence philosophique du Vᵉ et
      VIᵉ siècles: l'envahissement progressif de la théurgie et la multiplication des in-
      termédiaires."
      Saffrey möchte zwar nicht von einer „décadence" sprechen, sondern von „change-
      ment de mentalité", jedoch stellt auch er scharf Irrationalismus und Rationalismus
      gegeneinander; vgl. Saffrey 1990b: 48 f.
182 Vgl. Beierwaltes 1985: 158: „Eine für die philosophische Intention des Proklos de-
      struktive *Gefahr* ist – zumindest für uns – eher in den *theurgischen* Elementen seines
      Denkens zu erkennen – das Erbe insbesondere der als religiöse Autorität geachteten
      ,Chaldäischen Orakel' und Iamblichs. Proklos selbst allerdings hat weder theurgische
      Theorie noch theurgische oder magische Praktiken als eine Gefahr für den philoso-
      phischen Gedanken diagnostiziert – unter *diesem* Aspekt seines Denkens, sofern man
      ihn *isolierte*, gehörte er zu den mythische Denkenden (μυθικῶς σοφιζόμενοι), mit denen
      nach Aristoteles nicht zu reden ist –, sondern hat beide Möglichkeiten des Bewußtseins
      als sinnvolle Einheit gedacht. Dies erscheint als ein wesentlicher Differenzpunkt zu
      Plotin."
183 Zur negativen Bewertung u.a. von Dodds, vgl. Bussanich 2002: 39.43; Vgl. auch
      Sheppard 1982: 212; Stäcker 1995: 21.

Theurgie, genauerhin der Schrift *De mysteriis* von Jamblich, finden zunehmend
Beachtung,[184] so dass Stäcker schon befürchtet, die theurgische Praxis selbst
könnte als „Randphänomen abgewertet" werden.[185] Er möchte deshalb versuchen, „sie im Horizont einer wesentlich anderen Aufgabe und Vernunft unbeschadet der Wirklichkeit heutiger Wissenschaftlichkeit" zu erkennen und zu
würdigen.[186]

Die sich hier abzeichnende Neubewertung der neuplatonischen Theurgie
schlägt sich auch in der Verhältnisbestimmung zwischen Dionysius und neuplatonischer Theurgie nieder. Anhand einiger Wortverwendungen glaubt E. des
Places Dionysius' über die Neuplatoniker vermittelte Kenntnis der *Chaldäischen Orakel*, die sozusagen die heilige Schrift der Neuplatoniker bilden,
feststellen zu können.[187] Einen Vergleich zwischen neuplatonischer Theurgie
und christlicher Liturgie bei Dionysius stellen P. Rorem, A. Louth, G. Shaw und
D. Burns an. Bei den beiden erstgenannten Autoren standen, möglicherweise
auch begründet durch Missverständnisse der neuplatonischen Theurgie, die
Unterschiede im Fokus der Aufmerksamkeit. Anders stellt sich die Lage bei
Shaw und Burns dar. Beide zeigen eine genauere Kenntnis der neuplatonischen
Theurgie und setzen sich deutlich gegen ältere Fehldeutungen zur Wehr. An
einigen Stellen wird Dionysius, gerade mit seiner Schrift *Über die kirchliche
Hierarchie*, so nah an die neuplatonische Theurgie herangerückt, dass die Frage
auftauchen kann:

> „Why are Christian theologians reluctant to admit that Dionysius was a theurgist?
> Why do they resist seeing the liturgy as a theurgical rite?"[188]

In der Erforschung des heidnischen Neuplatonismus zeichnet sich, wenn auch
bisher nur vereinzelt, eine Rehabilitierung dessen ab, was die auf metaphysische
und noetische Fragen konzentrierte philosophische Tradition als Dekadenz
ausgeschieden hatte. Ob sich damit auch eine fruchtbare Erweiterung des philosophischen Horizonts auftut, muss sich noch zeigen. Von Stäcker wird sie wie
folgt ins Auge gefasst: „Der Streit zwischen wissenschaftlich-kritischer und
theurgischer Einstellung kann aber nur dadurch geschlichtet werden, daß entweder wie bisher die Theurgie als dem Aberglauben verpflichtetes Afterdenken
verworfen wird, dem bestenfalls ein historisches Interesse etwas abzugewinnen
vermag, oder sie im Horizont einer wesentlich anderen Aufgabe und Vernunft
unbeschadet der Wirklichkeit heutiger Wissenschaftlichkeit erkannt und ge-
würdigt wird. Die Geschichte der Metaphysik gewönne eine Dimension, die

---

184 Nasemann 1991.
185 Stäcker 1995: 22.
186 Stäcker 1995: 24 f.
187 des Places 1977.
188 Shaw 1999: 573.

einerseits das Urteil unserer Welt von ihr freisetzte, andererseits die Geschichte in ihrer Vernünftigkeit erkennen und anerkennen ließe."[189]

Die hier anvisierte Weiterentwicklung der zeitgenössischen Philosophie stützt den Versuch, Dionysius' Schrift *Über die kirchliche Hierarchie* philosophisch zu interpretieren. Der grammatische Doppelsinn des Titels der Arbeit „Theurgisches Denken" sucht diese Absicht zu artikulieren. Man kann ihn in prädikativem Sinn so verstehen, dass die Theurgie selbst als eine der The*ologie* beigeordnete Form des Denkens verstanden wird, oder im Sinnes einer Aufforderung und eines Ausspruchs, das Theurgische, die Theurgie zum Gegenstand des Denkens zu machen. Bei dem damit angedeuteten Versuch werden sich Gemeinsamkeiten und Differenzen zwischen dem, was im späten Neuplatonismus und was bei Dionysius mit Theurgie gemeint ist, herausstellen müssen.

3. Verfahren

Die Durchführung des Vorhabens im Hauptteil dieser Arbeit gliedert sich in zwei Teile, die „Kommentar" und „theôria" überschrieben sind. Diese Aufteilung knüpft an ein Verfahren an, das Dionysius in der Schrift *Über die kirchliche Hierarchie* selbst anwendet. In jedem einzelnen Kapitel folgt da auf eine kurze Einleitung die Beschreibung des Ritus und dann die *theôria*, die Betrachtung. In dieser Strukturierung greift Dionysius ein Verfahren Gregor von Nyssas auf, der in seiner Schrift über das Leben des Moses zwei Teile unterscheidet, ἱστορία und θεωρία. Bei Gregor von Nyssa kommt dem Begriff der θεωρία eine zentrale Bedeutung zu. J. Daniélou unterscheidet neben der generellen Bedeutung im Sinne physischer Schau oder Untersuchung einer Frage drei Hauptbedeutungen dieses Wortes: die wissenschaftliche Erkenntnis, die mystische Kontemplation und die exegetische Betrachtung.[190] Immer sei es ihr Ziel, die „ἀκολουθία, c'est-à-dire la loi intérieure du développement en chacun des domaines"[191] hervorzuheben. In der Schrift *Über die kirchliche Hierarchie* handelt es sich nicht um Schriftexegese wie in Gregor von Nyssas *Leben des Moses*; vielmehr wird die

---

189 Stäcker 1995: 24 f.
190 Vgl. Daniélou 1972: 130: „Si on laisse de côté les cas où le mot a le sens purement concret de vision physique [...], ou celui général d'examen d'une question, il se réfère à trois domaines principaux. Le premier est celui de la connaissance scientifique du réel; il concerne un aspect souvent méconnu de Grégoire, son intérêt pour la science et sa curiosité d'esprit. Le second concerne la mystique: comment Grégoire conçoit-il la contemplation, la θεωρία, qui en est le terme. Le troisième est celui de la méthode exégétique: comment situer la θεωρία de Grégoire par rapport à celle d'Antioche et à celle d'Alexandrie. Entre ces divers domaines, il y a communication."
191 Daniélou 1972: 145.

Liturgie einer Auslegung unterzogen. Das grundlegende Ziel einer tieferen Erkenntnis ist aber auch bei Dionysius gegeben.

Wenn die Unterscheidung von *historia* und *theôria* für die vorliegende Arbeit methodisch aufgegriffen wird, ist bei der *theôria* an die erste, nachrangig auch an die dritte von Daniélou aufgeführte Bedeutung zu denken. Im Zentrum steht die philosophische Betrachtung.

Der Sinn dieser Einteilung ergibt sich aus dem zu behandelnden Thema. Das Interesse ist ein philosophisches; in der *theôria* geht es um Herausarbeitung philosophischer Motive, Konzeptionen und Ideen. Der Text, in dem diese philosophischen Aspekte gesucht werden, behandelt jedoch ein ausgesprochen christliches Thema, nämlich die Sakramente Taufe, Eucharistie und die Weihe des wohlriechenden Salböls Myron, sowie die Stände der Kirche.[192] Wenn das Interesse an diesem Text hier auch kein liturgiewissenschaftliches oder kirchenhistorisches ist, so ist doch eine genaue Kenntnis dieser Inhalte Voraussetzung für ein tieferes Verständnis. Der Kommentarteil dient daher der Einführung und Hinführung; er bildet die Grundlegung für die tiefere Reflexion und beginnt diese schon, wenn philosophische Implikationen und Ideen angerissen werden.

Die Art der Kommentierung orientiert sich an diesem Interesse: es soll zum einen der Text in der Gesamtheit seiner Themen vorgestellt werden. Zum anderen soll der Leser in eine ihm fremde Welt hineinführt werden, die auf den ersten Blick oftmals nicht nur fremd, sondern auch obskur erscheinen mag. Nicht zuletzt sollen dem Leser jedoch auch schon Anhaltspunkte gegeben werden, an die die philosophische Reflexion anknüpfen kann. Ein philologischer Kommentar, der genau, streng und systematisch den Text durcharbeitet, ist nicht beabsichtigt; die Form ist offener und freier. Die Inhalte sollen für den Leser aufgeschlossen werden, sollen ihm eine Einführung in den Kosmos der Schrift geben. Nur im Blick auf diesen gesamten Kosmos und auf seine Details können die philosophischen Aspekte, aber auch die besondere Verknüpfung von christlichen und neuplatonischen Elementen herausgestellt werden. Eine zusammenfassende Inhaltsangabe könnte dies nicht leisten. Die einzelnen As-

---

192 Die Begriffe „Hierarchie" und „kirchlich", aber dann auch „Taufe", „Eucharistie" usw. sind aus dem Gebrauch in der Gegenwartssprache und möglicher lebensweltlicher Erfahrungen mit Vorverständnissen verbunden, die eine angemessenes Verständnis der spätantiken Schrift des Dionysius im Wege stehen können. Schon aus diesem Grunde ist eine genaue Beschreibung dessen, was in diesem Werk darunter zu verstehen ist, unumgänglich. Wie in der religionsgeschichtlichen und ethnologischen Forschung und ihren social and ritual studies üblich, ist das in dieser Schrift vorgestellte soziale und rituelle System samt dem besonderen indigenen Verständnis, das der Autor vorträgt, genau zu beschreiben. Das philosophisch Bedenkenswerte ist ganz und gar eingebunden in die kleinteiligen Faltungen des Rituals und seiner Trägerschaft und nur daraus zu erheben.

pekte und Themen der Schrift sollen vor der genaueren Reflexion im zweiten Teil hier zunächst nicht isoliert, sondern in ihrem ursprünglichen Zusammenhang betrachtet werden.

Im zweiten, *theôria* betitelten Teil werden auf der Basis des Kommentars philosophisch relevante Aspekte der Schrift systematisch herausgearbeitet. Als Anknüpfungspunkte dienen Leitbegriffe, die als begriffsgeschichtliche Anhaltspunkte für die Erörterung der Schrift im neuplatonischen Denkraum dienen sollen. Da man sie zugleich als Indikatoren heutiger philosophischer Disziplinen ansehen kann, lässt sich mit ihrer Hilfe auch anfangshaft konturieren, wo die zeitgenössische Philosophie Interesse an dieser Schrift des Dionysius finden könnte. So soll im ganzen der Nachweis erbracht werden, dass dieser in der Rezeption bisher deutlich vernachlässigte, marginalisierte oder einfach der Theologie überlassene Traktat genuin philosophisches Interesse verdient, historisch wie systematisch.

Zunächst soll unmittelbar anknüpfend an das im Kommentar zu Prolog und Epilog Gesagte die literarische Form der Schrift als ganze ins Auge gefasst werden. Nach dem Adressaten ist zu fragen, nach den supponierten Verständnisvoraussetzungen und nach der seltsamen Lage, in die ein Leser gerät, der einen Text liest, den er eigentlich nicht verstehen kann. Hier kommen Fragen ins Spiel, die in der neueren Philosophie vermehrtes Interesse gefunden haben; es geht um die Rolle, die stilistischen, rhetorischen und (rezeptions-)ästhetischen Qualitäten eines philosophischen Textes zukommt.[193]

In den darauf folgenden Kapiteln 2–7 soll das Interesse herausgearbeitet werden, das dieser Traktat im Blick auf unterschiedliche Disziplinen (politische Philosophie, Ethik, Religionsphilosophie, Ästhetik, Erkenntnistheorie, Sprachphilosophie) verdient. Zentrale Begriffe des Traktats dienen dabei als Anhaltspunkte. Zunächst ist hier an den Begriff der *politeia* zu denken, d.h. an die umfassende Frage nach der Gemeinschaft derer, die Träger des Ritus sind. Untersucht werden soll, mit Blick auf die platonisch-neuplatonische Tradition, das dionysische Verständnis der *hierarchia* und der *politeia* (Kap. 2). Anschließend ist nach dem einzelnen Menschen und seiner Haltung (*hexis*) zu fragen, die in der ‚Hierarchie' stufenweise ausgebildet wird, bzw. als Zugangsbedingung verlangt wird (Kap. 3). Der darauf folgende Schritt soll sich dem zuwenden, was das Hauptcharakteristikum dieser *politeia* ist, nämlich das göttliche Wirken (*theourgia*) und die heilige Handlung (*hierourgia*). Nicht zuletzt ist hier der Zusammenhang zwischen dem dionysischen Verständnis der heiligen Handlung und der spätneuplatonischen Theurgie zu erörtern (Kap. 4). Hieran anschließen

---

193 Die sprachphilosophische Frage nach dem Zusammenhang von Sprache und Denken, die bei Dionysius generell eine wichtige Rolle spielt, ist, was die Schrift *Über die kirchliche Hierarchie* angeht, weniger zentral als in bezug auf die anderen Texte und wird daher in diesem Zusammenhang nicht behandelt; vgl. dazu aber Stock 2008.

wird sich die Frage nach der Erkenntnis, nach der Rolle, die dabei den Sinnen und dem Körper wie der Sprache zukommt (*cheiragôgia*, Kap. 5). Ferner müssen Fragen erörtert werden, die schon im kommentierenden Durchgang durch den Text aufgeworfen wurden, nämlich die nach verschiedenen Emporführungs- und Partizipationsweisen (*anagôgia*, Kap. 6). Zum Schluss ist die Einung (*henôsis*) zu behandeln, das höchste Ziel des Neuplatonismus, das Dionysius mit der christlichen Liturgie verbindet und transformiert (Kap. 7).

A. Kommentar

I. Prolog und Epilog

Die Abhandlung, die unter dem Titel „Über die kirchliche Hierarchie" bekannt ist, gibt sich als Brief des Dionysius Areopagita an Timotheus, den Bischof von Ephesos, der wie Dionysius vom Areopag von Paulus bekehrt wurde und mehrfach im Neuen Testament erwähnt wird. Mit den Worten „Heiligster der geheiligten Söhne"[194] wendet Dionysius sich schon in den ersten Worten dieses Textes an ihn. Im Epilog spricht er ihn mit den Worten „oh Sohn"[195] nochmals direkt an und bittet ihn, ihm nun seinerseits seine Erkenntnisse mitzuteilen, fordert ihn also gleichsam zu einer Korrespondenz auf. Folgt man der Fiktion, wäre es sogar möglich, dass diese Korrespondenz schon besteht, denn man könnte die Worte „wie Du sagst"[196] im letzten Kapitel des Textes als Antwort auf einen Einwand oder eine Frage des Timotheus aus einem früheren Brief begreifen.

Dionysius ist, wo er im Epilog auf seine Schrift zurückkommt, von der Schönheit seiner Darstellung vollkommen überzeugt[197] und dennoch nicht der Ansicht, das, was er vorgetragen habe, sei schlechterdings der Weisheit letzter Schluss: „Von anderen, scharfsichtigeren Geistern vielleicht wurde nicht nur dies geschaut, sondern viel Klareres und Gottähnlicheres."[198] Nicht nur, dass andere anderes zum gleichen Thema geschrieben haben könnten, meint Dionysius, sondern es könnte möglicherweise noch hellsichtiger sein. Der Bescheidenheitstopos ist hier mehr als nur höfliches Understatement, er scheint durch die Sache selber bedingt, der man nur in einem ständigen Komparativ sich nähern kann. So werden auch dem Empfänger des Briefes die Betrachtungen nicht als abschließende Einsichten mitgeteilt, sondern als Anleitung zu eigener Einsicht: „Auch Dir werden, wie ich glaube, in jedem Fall noch mehr weithin leuchtende und göttlichere Schönheiten einleuchten, wenn Du das Gesagte als Sprossen einer Leiter zu höherem Licht benutzt."[199] Alles hat den Gestus des anregenden Komparativs, des Ansporns zu eigenständigem Aufstieg. Der Brief ist als Denkanregung gedacht, soll „Funken des göttlichen Feuers"[200], die in

---

194 EH 63,3 (369A) (WMS).
195 EH 131,30 (568D) (WMS).
196 EH 130,15 (565D) (WMS).
197 Vgl. EH 131,30 f (568D).
198 EH 131,31 f (568D) (Heil).
199 EH 131,32–132,2 (568D-569A) (Heil).
200 EH 132,6 (569A) (Heil).

Timotheus schlummeren, wecken und in seinem Empfänger Ideen hervorrufen und ihn zu weiterem Nachdenken anregen. Dionysius präsentiert seine Vorstellungen und Überlegungen in dem Wunsch, es möge sich zwischen ihm und seinem Briefpartner ein Gedankenaustausch entwickeln: „Gib also, mein Freund, auch Deinerseits mir Anteil an vollkommenerer Erleuchtung und zeige meinen Augen, was für noch prächtigere und dem Einen mehr verwandte Schönheiten Du etwa schauen kannst."[201]

Die hier entwickelte Fiktion des Briefkontaktes versteht die vorgetragenen Betrachtungen als Moment einer lebendigen, auf immer angemessenere Erfassung des Gegenstandes gerichtete geistige Bewegung. An ihr sich zu beteiligen, wird dem späteren, auch heutigen Leser geradezu angeboten.

Thema des Briefes ist die „uns entsprechende Hierarchie", das irdische Pendant und Abbild der himmlischen Hierarchie der Engel, die Dionysius in seiner Abhandlung *Über die himmlische Hierarchie* behandelt. Während dieser letztgenannte Text die Ordnungen der Engel, ihre Namen und Eigenschaften, wie sie aus der biblischen Überlieferung zu fassen sind, untersucht, wendet sich die zweite Hierarchienschrift der irdischen Einrichtung der Kirche zu. In den auf den Prolog folgenden Kapiteln befasst sich Dionysius mit den Sakramenten und Ordnungen/Ständen der Hierarchie; im Prolog jedoch spricht er zunächst gar nicht von derlei Ordnungen, sondern beginnt vielmehr mit einer allgemeinen Bestimmung dieser „uns entsprechenden Hierarchie":

> „Dass die uns entsprechende Hierarchie […] zu dem gotterfüllten, göttlichen und gottwirkenden/theurgischen Wissen, Wirksamkeit und Vollendung (τῆς ἐνθέου καὶ θείας ἐστὶ καὶ θεουργικῆς ἐπιστήμης καὶ ἐνεργείας καὶ τελειώσεως) gehört…"[202]

Mit drei Substantiven und drei Adjektiven spannt Dionysius schon in seinem ersten Satz den weiten Bereich auf, in den ,unsere Hierarchie' gehört. Es geht um Wissen (*epistêmê*), Wirksamkeit (*energeia*) und Vollendung (*teleiôsis*), d. h. um genuin philosophische Fragen: um Wissen, d. h. das höchste Anliegen der Philosophie, Wirksamkeit, d. h. eine Verwirklichung von Möglichkeiten sowie Vollendung, d. h. um ein Ziel dieses Denkens und Wirkens. Dieses Wissen und diese Vollendung stammen von Gott/sind gotterfüllt (*entheou*), sie sind göttlich (*theios*) und gottwirkend/vergöttlichend (*theourgikos*).

Die epistemische Ausrichtung der „uns entsprechenden Hierarchie", die prominent am Anfang dieses Textes steht, durchzieht den gesamten Brief und ist als zentral zu betrachten. Das philosophische Grundthema der Erkenntnis und des Wissens findet sich in der Gesamtanlage der ,Hierarchie' wieder.[203] Es ist

---

201 EH 132,2–4 (569A) (Heil).
202 EH 63,3 f (369A) (WMS).
203 Vgl. zur Verbindung von Ordnung und Erkenntnis, Schmidt-Biggemann 1998: 389.

jedoch kein feststehender Wissensbestand, vielmehr ein dynamischer Vorgang, da es mit der *energeia* und der *teleiôsis* zusammengedacht wird.

Um die Zugehörigkeit der „uns entsprechenden Hierarchie" zu diesem göttlichen Wissen und Wirken nachzuweisen, will Dionysius sich auf die „überkosmischen und heiligen Schriften/Überlieferungen/Worte (ἐκ τῶν ὑπερκοσμίων καὶ ἱεροτάτων [...] λογίων)"[204] beziehen. Durch die unübliche Wahl des Begriffs *logia* für die Hl. Schrift unterstreicht Dionysius deren geheimnisvollen Charakter, denn mit diesem Begriff bezeichneten die Neuplatoniker die *Chaldäischen Orakel.* Ein Buch, die Hl. Schrift, stellt die Grundlage der ‚Hierarchie' und zugleich den Fundus dar, aus dem jede Erkenntnis über sie schöpfen muss. Schriften, heilige, geheimnisvolle Texte bilden die Basis für das Wissen, von dem zuvor die Rede war.

Dieses Wissen darf allerdings nicht allen zugänglich gemacht werden, sondern nur denjenigen, die schon durch die Mysterien und Lehren[205] in die ‚Hierarchie' eingeweiht sind: „Also sieh Du nun zu, wie Du vermeidest, das Allerheiligste preiszugeben, Dich vielmehr hütest und die Geheimnisse des verborgenen Gottes durch gedankliche, nicht aus der sichtbaren Welt abgeleitete Erkenntnisse ehrst und dabei unzugänglich und unbefleckt vor den Uneingeweihten bewahrst"[206]. Die Arkandisziplin, für die Dionysius hier nur ein Argument liefert, nämlich den Schutz vor Befleckung des Allerheiligsten, wird im Folgenden immer wieder thematisiert und dort auch ausführlicher begründet. Es handelt sich um ein Wissen, das nicht jedem unterschiedslos gegeben werden kann. Vielmehr muss der, der es erlangen will, Voraussetzungen erfüllen, er muss sich einweihen lassen in die ‚Hierarchie' und Teil von ihr werden. Worin eine solche Einweihung besteht und was sie voraussetzt, bleibt hier zunächst unausgesprochen, aber es wird deutlich, dass das Wissen an Bedingungen geknüpft ist und nicht frei allen zukommen kann. Erst die Einweihung in die ‚Hierarchie' macht den Eingeweihten dieses Wissens würdig und fähig.

Das Prinzip und der Anfang der himmlischen wie der irdischen ‚Hierarchie' ist eine Person, Jesus. Er, den Dionysius den „gottursprünglichsten und überseienden Geist"[207] nennt, sei Anfang (ἀρχή), Wesen (οὐσία) und gottursprünglichste Kraft (θεαρχικωτάτη δύναμις) jeder Hierarchie, Heiligung (ἁγιαστεία) und Gottwirkung (θεουργία)[208]. Wiederum wählt Dionysius Dreiergruppen von

---

204 EH 63,4 f (369A-372A) (WMS).
205 Vgl. EH 63,6 f (372A).
206 EH 63,7–10 (372A) (Heil). Vgl. die Übersetzung von Stiglmayr: „Aber siehe zu, daß du nicht das Allerheiligste ausplauderst."; vgl. auch seinen Hinweis (Stiglmayr 1911a: Anm. 1, S. 92), dass es sich bei dem Ausdruck ἐξορχεῖσθαι („austanzen") um einen Ausdruck aus der Mysteriensprache handelt, der sich auf „die Profanierung der heiligen Tänze" bezieht.
207 EH 63,12 (372A) (WMS): ὁ θεαρχικώτατος νοῦς καὶ ὑπερούσιος.
208 EH 63,12–64,2 (372A).

Substantiven, um die Stellung Jesu zur ‚Hierarchie' zu kennzeichnen. Er ist ihr Anfang und Ursprung, d. h. sie geht aus ihm hervor, er ist ihr Wesen, d. h. sie ist ganz und gar von ihm bestimmt, von ihm gekennzeichnet und auf ihn bezogen, und schließlich ist er ihre Kraft, d. h. sie ist ganz von ihm durchwirkt. Neben der ‚Hierarchie' spricht Dionysius von „Heiligung" und „Gottwirkung". Die Heiligung ist Ziel der ‚Hierarchie'. Die Gottwirkung aber wird als Umbildung und Nachgestaltung nach „seinem eigenen Licht" verstanden.[209]

Ziel des Wirkens Jesu ist die Einheit. Die menschlichen Vielfältigkeiten sollen mittels der „Liebe zum Schönen" zur Einheit zusammengefaltet werden.[210] Die Idee von der Mittlerkraft des Schönen und des Eros, die hier angedeutet wird, geht auf Platons *Symposion* zurück.[211] Zudem werden ‚Schönheit' und ‚Einheit' einander angenähert. Der Mensch soll in der ‚Hierarchie' zu einem „eingestaltigen und göttlichen Leben, Habitus und Wirken"[212] gelangen. Sowohl sein Leben allgemein, seine Haltung und Verfassung als auch seine Handlungen und sein Wirken sollen auf diese göttliche Einheit hin ausgerichtet und von ihr bestimmt sein. Die ethische Formung und Gestaltung des Menschen, seines Habitus, d. h. seiner Haltung, Verfassung, seines Lebenswandels, seines Charakters und seines ganzen Handelns und Tuns ist notwendig für die Hingestaltung des Menschen zum Einen. Das Wissen, um das es in der ‚Hierarchie' geht, ist nicht ohne entsprechende ethische Vorbereitung zu erlangen.

Die Hinführung des Menschen zur Einheit ist zugleich auch eine Annäherung an die Ordnungen der Engel, die den Menschen übergeordnet sind.[213] Die „uns entsprechende Hierarchie" ist derjenigen der Engel nachgeordnet und soll sich dieser nach Möglichkeit angleichen.

Diese Angleichung und diesen Aufstieg beschreibt Dionysius als Schau. In seinem Aufstieg schaue der Mensch den „Strahl Jesu" und werde durch das „mystische Wissen (μυστικὴν ἐπιστήμην)" erleuchtet.[214] Das Wissen wird hier als ‚mystisch', d. h. als geheimnisvoll beschrieben, was der Tatsache entspricht, dass es nicht allen zugänglich gemacht werden darf, sondern nur denjenigen, die eingeweiht sind. Zudem handelt sich um eine Erfahrung des Wissens, die dem Menschen von außen zufließt.

Durch diese Erkenntnis werde der Mensch geheiligt und bewirke Heiligung, er werde lichtgestaltig und gottwirkend, vollendet und Vollendung bewirkend.[215] Deutlich wird hier, dass es sich bei der ‚Hierarchie' um ein Mitteilungssystem

---

209 EH 64,3 f (372AB) (Heil).
210 EH 64,4 f (372B) (WMS).
211 Die Rede der Diotima, die Sokrates erzählt, Platon, Symp. 202a-212c.
212 EH 64,5 f (372B) (WMS): εἰς ἐνοειδῆ καὶ θείαν […] ζωὴν ἕξιν τε καὶ ἐνεργείαν.
213 Vgl. EH 64,8 f (372B).
214 EH 64,10–12 (372B) (WMS).
215 Vgl. EH 64,12 f (372B): ἀφιερώμενοι καὶ ἀφιερωταὶ φωτοειδεῖς καὶ θεουργικοὶ τετελεσμένοι καὶ τελεσιουργοί.

der Erkenntnis und der Vollendung handelt. Wer vollendet ist und die Erkenntnis erlangt hat, gibt sie an diejenigen weiter, die weniger weit in ihrer Vollendung fortgeschritten sind. Der Erwerb der Erkenntnis ist weder Selbstzweck noch individuelles Ziel eines Einzelnen, sondern er ist eingebaut in ein System der Erkenntnis. Nicht nur die individuelle Vervollkommnung und Vollendung ist damit Ziel des Erkenntnisstrebens, sondern die Vollendung der gesamten ‚Hierarchie'.

Jede Hierarchie, die himmlische wie die ‚unsere' sei durchwaltet von ein und derselben Kraft (*dynamis*)[216]. Dionysius bestimmt ‚Hierarchie' als „gesamter Ausdruck/Sinn (*logos*) der zugrundeliegenden heiligen Dinge" und als „allgemeinste Zusammenfassung der heiligen Dinge irgendeiner oder dieser ‚Hierarchie'".[217] ‚Unsere Hierarchie' ist ein System von Vollzügen, aber auch von Personen. Sie umfasst dementsprechend die heiligen Dinge und Akte, die in ihren Bereich fallen. An ihrer Spitze steht der Hierarch, der „der Hierarchie seinen Namen" gibt oder der „von der Hierarchie seinen Namen hat"[218], der also die ‚Hierarchie' verkörpert und ihr zentrales Glied ist. Er ist „der gotterfüllte und göttliche Mann, der alles heilige Wissen kennt, in dem sich die ihm entsprechende Hierarchie rein vollendet und erkannt wird"[219]. Wiederum hebt Dionysius auch in dieser Charakterisierung des Hierarchen die Erkenntnis und das Wissen deutlich hervor. Er hat die größtmögliche Vollendung erreicht und gibt nun den ihm Untergeordneten je nach ihrer Stellung an der Vergöttlichung (*theôsis*) Anteil.[220] Diese Untergeordneten müssen sich zum einen nach oben, d.h. der Vergöttlichung entgegen wenden, zum anderen müssen auch sie wiederum die ihnen Untergeordneten nach oben führen. Jeder, der die Erkenntnis oder auch nur ein bestimmtes Maß an Erkenntnis und Heiligung erlangt, hat die Verpflichtung dieses wiederum an die weiterzugeben, die noch nicht so weit fortgeschritten sind wie er. Die Anteilgabe (μεταδοῦναι) ist hierbei ein Nach-oben-Ziehen (ἀνατείνειν).[221] Wer nach Vergöttlichung strebt, aber noch ganz am Anfang steht, muss langsam an diese höchste Erkenntnis herangeführt werden. Dieses System der Heils- und Erkenntnismitteilung gestaltet sich als eine (bewegte) Harmonie[222], und jeder Teilnehmer hat am Schönen, Weisen und Guten

---

216 Vgl. EH 65,1 (372D).
217 EH 23 f (373C) (WMS): ὁ πᾶς τῶν ὑποκειμένων ἱερῶν λόγος, ἡ καθολικωτάτη τῶν τῇσδε τυχὸν ἱεραρχίας ἢ τῇσδε ἱερῶν συγκεφαλαίωσις.
218 EH 66,2 (373C): ἱεραρχίας ἐπώνυμος. Während Heil in seiner Übersetzung die aktivische Übersetzung wählt, entscheiden sich Stiglmayr und Campbell für die passivische Übersetzung.
219 EH 66,4–6 (373C) (WMS).
220 EH 65,2–4 (372D).
221 EH 65,3.5 (372D-373A).
222 Vgl. EH 65,7 (373A).

Anteil.[223] Das Höchste wird an dieser Stelle nicht als Einheit charakterisiert, sondern als das Schöne, Weise und Gute. Wenn jeder nach Maßgabe seiner Fähigkeiten hieran Anteil erhält, so ist auch die ,Hierarchie' schön, weise und gut, d. h. auf das Erkennen, die Liebe (zum Schönen) und die ethische Vervollkommnung ausgerichtet.

In der Art und Weise, in der sich diese Teilhabe vollzieht, unterscheiden sich himmlische und irdische ,Hierarchie'. Die Engel sind körperlos, und ihre Hierarchie ist geistig (*noêtos*) und steht über der Sinnenwelt (*hyperkosmios*)[224]. „Die einen denken, da sie Gedanken sind, nach ihrem eigenen Gesetz, wir aber werden durch sinnliche Bilder zu Einsichten in das Wesen Gottes geführt, soweit dies möglich ist."[225] *Noes*, d. h. Gedanken oder Geister, sind die Engel, die eben aufgrund ihrer Körperlosigkeit einer direkten Erkenntnis fähig sind. Die Menschen hingegen sind Körperwesen und bedürfen der sinnlichen Bilder (αἰσθηταῖς εἰκόσιν) zu ihrer Erkenntnis. Daher ist ,unsere Hierarchie' „vervielfältigt durch die Vielfarbigkeit sinnlicher Symbole"[226]. Symbole oder Bilder sind Erkenntnismittel für die Menschheit, die einer Hilfe bedarf, um zur Erkenntnis zu gelangen. Diese Mittel der Erkenntnis bezeichnet Dionysius als sinnlich wahrnehmbar, vervielfältigt und vielfarbig, wodurch er sie klar der Einheit und Einfachheit des Höchsten, das geistig ist, entgegenstellt. Doch obwohl sie diesem einfachen, geistigen Ursprung entgegenstehen, werden sie weder verachtet, herabgewürdigt oder abgelehnt, weil gerade durch sie der Mensch zur Erkenntnis gelangen kann.

„Eines (ἕν) ist es zwar, wonach alle dem Einen Artverwandten streben. Aber sie haben nicht auf einerlei Weise (ἑνιαίως) an dem Einen und Selben teil (ταὐτοῦ τε καὶ ἑνός)"[227]. Dionysius spielt hier mit dem neuplatonischen Begriffe des Einen (τὸ ἕν), verwendet ihn jedoch adjektivisch ohne Artikel, die Einheit wird betont, ohne dass er explizit von *dem* Einen spricht. Über diese gestufte Anteilnahme am Einen, die der Würde und Fassungskraft des Einzelnen entspricht, habe er in seiner Schrift *Über das Geistige und das sinnliche Wahrnehmbare* (Περὶ νοητῶν τε καὶ αἰσθητῶν)[228] geschrieben. Diese nicht überlieferte, vermutlich fiktive Schrift hätte also eine Erkenntnistheorie darstellen müssen, eine Theorie der geistigen und sinnlichen Erkenntnis, der Erkenntnis durch sinnliche Bilder und der Emporführung zum Einen.

---

223 Vgl. EH 657 f (373A): τοῦ ὄντως ὄντος καλοῦ καὶ σοφοῦ καὶ ἀγαθοῦ μετέχειν ἕκαστον ὅση δύναμις.
224 Vgl. EH 65,9 f (373A).
225 EH 65,13–15 (373AB) (Heil).
226 EH 65,11 f (373A) (WMS): τῇ τῶν αἰσθητῶν συμβόλων ποικιλίᾳ πληθυνομένην.
227 EH 65,15 f (373B) (Heil).
228 EH 65,18 (373B) (WMS).

Ziel dieser Schrift sei es nun, Anfang/Prinzip (ἀρχή) und Wesen (οὐσία) ‚unserer Hierarchie' zu bestimmen[229]. Zuvor jedoch wendet er sich an Jesus, Anfang/Prinzip und Vollendung aller Hierarchien.[230] Er ist zugleich erwünschter Helfer auf dem Weg zu dieser Erkenntnis wie auch Inhalt dieser Erkenntnis, da er, wie hier und auch schon oben gesagt, eben Prinzip und Wesen dieser, wie aller Hierarchien ist. Ihn ruft Dionysius an, um ihn als Leiter auf dem Weg der Erkenntnis zu gewinnen. Die philosophische Reflexion mit einem Gebet zu beginnen, ist eine Praxis, die sich auch in anderen Texten des Dionysius, sowie bei vielen neuplatonischen und christlichen Autoren wiederfindet. Nicht selten scheint es sich dabei um konventionelle Formeln zu handeln.[231] Hier aber an dieser Stelle der Schrift *Über die kirchliche Hierarchie* ist der Gebetsanruf inhaltlich genau auf den Inhalt des Textes bezogen.

Nachdem Dionysius zuvor Jesus als Anfang/Prinzip der ‚Hierarchie' bestimmt hat, nennt er nun die „Quelle des Lebens", die Ursache alles Seienden, die Trias als ihr Prinzip.[232] Mit dieser Trias, bzw. der einzigen und dreifachen Glückseligkeit[233] kann Dionysius, anders als Heil annimmt, nur die Trinität meinen,[234] die hier in zweifacher Weise als Ursprung benannt ist: als Schöpfer und als Erlöser. Sie strebe danach, alle Wesen „durch das Wort" zu retten (λογικὴ σωτηρία)[235]. Diese Rettung muss in einer „Vergöttlichung (θέωσις)" bestehen, die bestimmt wird als „Anähnlichung und Einung mit Gott (ἀφομοίωσίς τε καὶ ἕνωσις)".[236]

Als Ziel der ‚Hierarchie' bestimmt Dionysius daher: „Die unverwandte Liebe zu Gott und zum Göttlichen, die in gotterfüllter und einheitstiftender Weise in geheiligter Praxis gewirkt wird, und davor die vollständige und unwiderrufliche Abkehr von allem Entgegenstehenden, die Erkenntnis des Seienden, wie es wirklich ist, die Schau und Kenntnis der geheiligten Wahrheit, die gotterfüllte Teilhabe an der eingestaltigen Vollendung, die Bewirtung mit der Schau des Ureinen selbst, die geistig nähert und jeden vergöttlicht, der sich zur ihr emporreckt."[237]

---

229 EH 65,19 (373B).
230 Vgl. EH 65,20 f (373B): τὴν πασῶν ἱεραρχιῶν ἀρχήν τε καὶ τελείωσιν Ἰησοῦν ἐπικαλεσάμενος.
231 Zum Gebet und zu weiterführender Literatur, vgl. unten Kap. „Bitte und Kette" (S. 190–197).
232 EH 66,6–8 (373CD) (Heil).
233 Vgl. EH 66,9 (373D).
234 Heil 1986b: Anm. 11 u. 12 verweist ausschließlich auf den neuplatonischen Zusammenhang von *monas* und *trias*. Es stimmt sicherlich, dass bei Dionysius dieser Zusammenhang im Hintergrund steht, dennoch scheint mir hier die christliche Trinitätslehre wichtiger zu sein, da zuvor schon von Jesus die Rede war. Auch das berühmte Gebet am Anfang der Mystischen Theologie wendet sich an die *trias*.
235 EH 66,10 f (373D) (Heil).
236 EH 66,12 f (376A) (WMS).
237 EH 66,14–19 (376A) (Heil, leicht verändert).

Dionysius fügt hier zu den schon bekannten Momenten wie der Erkenntnis, Einung und Vollendung noch weitere hinzu. So spricht er von der Liebe zu Gott, verwendet aber nicht den platonisch-neuplatonischen Begriff ἔρως (*erôs*), sondern das christlich geprägte ἀγάπη (*agapê*). Die Schau, die Ziel dieses Emporstrebens ist, wird als „Bewirtung" charakterisiert, wobei Dionysius auf Platon anspielt.[238] Die höchste Schau wird bestimmt als Mahl, als etwas, das den Menschen auf geistige Weise erfüllt und nährt.

Dionysius greift im darauf folgenden Abschnitt des Prologs noch einmal den Unterschied zwischen der himmlischen Hierarchie, die über der Sinnenwelt steht, und der irdischen Hierarchie auf und präzisiert, was er bereits zur Erkenntnismittlung in der menschlichen Hierarchie gesagt hat. War zuvor allgemein von sinnlichen Bildern oder Symbolen die Rede, nennt er hier die Hl. Überlieferung, die er wieder mit dem neuplatonischen Ausdruck *logia*, Orakel, bezeichnet und die im Sprachgebrauch dieser Stelle nicht nur die Hl. Schrift, sondern auch heilige mündliche Überlieferung umfasst.[239] Die „gottüberlieferten Worte (θεοπαράδοτα λόγια)" seien das „Wesen (οὐσία) der uns entsprechenden Hierarchie"[240], d.h. sie erhalten als Gotteswort denselben Rang, den Dionysius zuvor schon Jesus zugesprochen hat. Die schriftliche Überlieferung entspricht dem Alten Bund, die mündliche dem Neuen. Letztere stamme wie die schriftliche von den heiligen Männern, sie stehe aber schon der himmlischen Hierarchie mit ihrer direkten Gedankenübertragung näher, sei zwar noch körperlich, aber doch weniger materiell, da nicht mehr an Schrift gebunden.[241] Zwar ist auch sie körperlich, denn der Mensch muss sie mit dem Mund sprechen und mit dem Ohr hören, jedoch ist sie weniger materiell und greifbar, weniger fassbar und haltbar.

Diese mündliche Überlieferung mit Anweisungen für die heilige Handlung (ἱερουργία) sei nicht unverhüllt, sondern verwende „heilige[] Symbole[]"[242]. „Denn es ist nicht jeder geheiligt und ‚nicht allen eignet die Erkenntnis'"[243]. Die Überlieferung durch Symbole bringt Dionysius in Zusammenhang mit der Arkandisziplin. Nicht jedem entspreche eine große Heiligkeit, und nicht jeder sei einer tiefen Erkenntnis fähig. Dies betriff zum einen die völlig Uneingeweihten und Unheiligen – was auch dem Verweis auf 1 Kor 8,7 entspricht –, zum anderen

---

238 Zu denken ist hier an die Bewirtung durch die Schau des wahrhaft Seienden, Platon, Phdr. 247e. Vgl. auch 247d, 248b. Zu diesem Bild bei Dionysius, vgl. auch CH 31,13 (212A) wo es um die Schau der Engel geht.

239 Vgl. EH 67,5 f (376B): ἐκ τῶν θεοπαραδότων λογίων ὡς ἡμῖν ἐφικτὸν ἐν ποικιλίᾳ καὶ πλήθει διαιρετῶν συμβόλων δεδώρεται.

240 EH 67,6 f (376B) (WMS).

241 Vgl. EH 67,7–12 (376BC).

242 EH 67,13–15 (376C) (WMS).

243 EH 67,14 f (376C) (Heil). Dionysius gibt hier frei einen Vers aus dem 1. Korintherbrief (1 Kor 8,7) wieder.

diejenigen, die zwar eingeweiht sind, aber der höchsten Erkenntnis nicht oder noch nicht fähig. Diese Überlieferung durch Symbole ist also der Notwendigkeit (Ἀναγκαίως)[244] geschuldet. Die „ersten Lehrer unserer Hierarchie" – d. h. vermutlich die Apostel – seien vom Geschenk Gottes erfüllt und von Gott dazu bestimmt, dieses an die ihnen nachgeordneten Stände weiterzuleiten; sie begehrten (ἐρῶντες[245]) aber auch selbst danach, diese vorbehaltlos/neidlos (ἀφθόνως) emporzuführen (ἀναγωγῆς) und Gott anzugleichen (θεώσεως).[246] Kein Neid lenkt sie, dieses Wissen für sich zu behalten und sich auf diese Weise dauerhaft von den anderen absetzen zu können. An eine Elite, die sich bewusst allen anderen verschließt und diese möglichst fern hält, ist hier nicht gedacht. Die Nachgeordneten sollen emporgeführt und vergöttlicht, d. h. Gott angeglichen werden.

Sowohl die schriftlichen wie auch die schriftlosen Überlieferungen zeigten das Überhimmlische in sinnlichen Bildern, in Vielfarbigkeit und Vielfalt das Einfache, in menschlichen Formen das Göttliche, in materiellen Formen das Immaterielle und in der uns entsprechenden Form das Überseiende.[247] Ausführlicher als an der oben zitierten Stelle wird hier die Vielfalt der Symbole, das Materielle und Menschliche dem Einfachen und Göttlichen gegenübergestellt. Die Vermittlung durch Symbole beruht auf der Arkandisziplin, die sich sowohl auf die vollkommen Unheiligen bezieht als auch auf die, die zwar eingeweiht sind, aber zu den höheren Erkenntnissen dennoch nicht fähig. Die „uns entsprechende Hierarchie" ist „symbolisch", was uns entspricht (ἀναλόγως ἡμῖν).[248] Die Erkenntnis muss immer der Erkenntnisfähigkeit des Erkennenden entsprechen. Da die Menschen körperlich sind, bedürfen sie der Erkenntnisvermittlung durch Symbole. Den „göttlichen Mystagogen/Weiheführer (τοῖς θείοις ἱεροτελεσταῖς)"[249], die den Sinn der Symbole (οἱ τῶν συμβόλων λόγοι)[250] erkennen, eben das Geistige, Vernünftige der Symbole, das, was sie bedeuten, kommt die Aufgabe zu, denjenigen, die diese Erkenntnis noch nicht erlangt haben, so viel an Wissen zukommen zu lassen, dass sie auf ihrem Weg der Vollendung weitergebracht werden.

Am Ende des Prologs zeigt sich der Verfasser der Schrift sehr darauf bedacht, dass seine Darlegungen, das „gotterfüllte[] Geschenk"[251], das er Timotheus weitergibt, nicht in falsche Hände geraten. Er erinnert den Adressaten

---

244 EH 67,16 (376D).
245 Vgl. EH 67,19 (376D).
246 EH 67,16–20 (376D) (Heil).
247 Vgl. EH 67,20–23 (376D).
248 EH 67,23–68,4 (377A) (Heil).
249 EH 68,5 (377A) (WMS). Lampe (671) nennt neben Dionysius (376B; 516A) nur Theodor von Studion.
250 EH 68,4 (377A).
251 EH 68,8–15 (377AB) (WMS).

ausdrücklich an sein Versprechen, was er empfängt und erfährt, nur solchen weiterzugeben, die er wiederum als würdige, d. h. dem Rang der mitgeteilten Sachverhalte geistig gewachsene Empfänger ansieht. Das bringt den späteren Leser, wie bei allen mit der Auflage der Arkandisziplin versehenen und doch allgemein zugänglich veröffentlichten Bücher in ein eigentümliches Rezeptionsparadox. Erfährt er, was er eigentlich nicht erfahren sollte und eigentlich auch nicht verstehen kann, und weil er es nicht verstehen, nur belächeln kann? Die heutige philosophische Interpretation einer solchen Schrift ist jedenfalls vor keine einfache hermeneutische Aufgabe gestellt.

Der Hauptteil der Schrift *Über die kirchliche Hierarchie* beginnt mit einem Kapitel über die Taufe, darauf folgen Betrachtungen über die Eucharistie, die Myronweihe, die Ordnungen und Stände, die Bestattungsriten und die Kindertaufe.

II. Taufe

Im zweiten Kapitel seines Briefes behandelt Dionysius die Taufe. Nach einer kurzen Einführung, gibt er zunächst eine Beschreibung des Ritus, um dann zur *theôria*, der Betrachtung, zu kommen, in der er den Sinn der Riten auslegt. Diese Vorgehensweise wendet Dionysius auch in seinen Analysen der anderen Sakramente und Weihen an, die er in späteren Kapiteln behandelt. Zumeist ist die Beschreibung des Ritus sehr knapp gehalten, jedoch ergänzen die Ausführungen in der *theôria* diese Beschreibung, so dass es sich anbietet, beide Teile im Kommentar zusammenzufassen.

Das Kapitel beginnt mit einem Rückgriff auf das Einleitungskapitel und benennt als Ziel der ‚Hierarchie' die „Anähnlichung an Gott" und die „Einung".[252] Um dies zu erreichen, seien „Akte der Liebe (ἀγαπήσεσι)" sowie „heilige Handlungen (ἱερουργίαις)" notwendig.[253] Wie im Prolog verwendet Dionysius den christlich konnotierten Begriff der *agapê*, um die tätige Liebe zu bezeichnen, die von den Mitgliedern der ‚Hierarchie' gefordert wird. Neben diesem ethischen Aspekt ist die Durchführung der heiligen Handlungen, d. h. das Praktizieren des Rituals, der Liturgie notwendig. Beide Aspekte – Ethik und Ritus – sind nicht nur heilsnotwendig, sondern werden hier sogar als allein hinreichend für die Erlangung des Heils dargestellt. Außerhalb der ‚Hierarchie' kann es keinen Weg zur Vergöttlichung geben. Dionysius zitiert als Beleg einen Vers aus dem Johannesevangelium, wo es heißt, dass der Vater denen, die Christus lieben und seine Gebote halten, eine Bleibe bereiten wird (Joh 14,23). Der Ausdruck Bleibe (μονή) hat in Dionysius' Text einen neuplatonischen

---

252 EH 68,17 (392A): ἀφομοίωσις, ἕνωσις.
253 EH 68,18 f (392A) (Heil, WMS).

Beiklang, da mit diesem Wort das Verbleiben in der Einheit gemeint ist oder „das In-sich-Ruhen als [das] grundlegenden Element[] der Triade, das die Identität schafft"[254], so dass das Finden einer Bleibe im johanneischen Sinne der Einung gleichkommt.

Dionysius fragt im Folgenden nach dem „Anfang des geheiligten Vollzugs (ἀρχὴ τῆς [...] ἱερουργίας) der hochehrwürdigen Gebote, der unsere seelische Verfassung (ἕξεις) zu höchster Empfänglichkeit (ὑποδοχήν) für die anderen heiligen Worte und Handlungen (ἱερολογιῶν καὶ ἱερουργιῶν) formt, der uns den Weg bereitet (ὁδοποίησις) zum Aufstieg (ἀναγωγήν) in die Ruhestätte jenseits des Himmels"[255].

Wenn hier nach dem „Anfang des geheiligten Vollzugs", dem Anfang der heiligen Handlung (*hierourgia*) gefragt wird, meint Dionysius die erste Zeremonie oder den ersten Akt, der den Menschen in die ‚Hierarchie' und ihre heiligen Handlungen einführt. Dieser erste Akt soll den Menschen empfänglich für die Teilnahme an weiteren heiligen Worten und Handlungen, d.h. anderen Sakramenten und ihren Feiern, machen, indem er seine seelische Verfassung, seine Haltung, seinen Habitus formt. Die enge Verbindung von Ethik und Ästhetik wird in diesem Kapitel besonders evident, wobei vor allem an die Ausbildung des Habitus/der Verfassung (ἕξις) zu denken ist.

Dieser erste Akt der heiligen Handlung ist die „Wiedergeburt (ἀναγεννήσεως)"[256], die Dionysius als die „Herstellung der göttlichen Existenz"[257] bezeichnet, da erst das, was Dasein hat, überhaupt einer Bewegung fähig ist, und nur das, was eine bestimmte Existenz hat, auch die entsprechenden Akte praktizieren kann. Nur der, dessen göttliche Existenz eingerichtet ist, kann weitere Schritte auf dem Weg der Vergöttlichung gehen, auf den ihn dieser erste Akt stellt. Die „Gottgeburt (θεογενεσία)", wie er die Taufe auch nennt, ist so gedacht als Geburt hinein in die göttliche Existenz, die den ersten Schritt zur Gottwerdung darstellt.

Wenn er im Folgenden die „göttlichen Symbole der Geburt in Gott" betrachten werde, dürfe kein Uneingeweihter zuschauen.[258] Wie auch schon im Prolog verweist Dionysius, kurz bevor er beginnt, sich mit dem Ritus zu befassen, auf die Notwendigkeit, dieses Wissen geheimzuhalten, was er vor allem mit der Gefährlichkeit der Selbstüberschätzung zu schwacher Geister begründet und mit biblischen Zitaten belegt.[259] Durch solche metasprachlichen Interven-

---

254 Heil 1986b: Anm. 1, S. 161.
255 EH 68,21–692 (392A) (Heil).
256 EH 69,3 (392A) (Heil).
257 EH 69,6 f (392B) (Heil).
258 EH 69,14 f (392B) (Heil).
259 Vgl. EH 69,15–19 (392C).

tionen wird der Leser immer wieder an die eigentümliche Problematik dieser Lektüre erinnert.

Unter dem Titel *Mysterium der Erleuchtung* (Μυστήριον φωτίσματος)[260] beschreibt Dionysius den rituellen Vorgang der Taufe. Mit der Wahl des kirchlich durchaus geläufigen Begriffes *Erleuchtung* für die Taufe unterstreicht Dionysius die zentrale epistemische Funktion, die sie in seinen Augen hat, nämlich den Täufling zu erleuchten und ihn in das Wissen der ,Hierarchie' einzuführen.

Vor der Behandlung der einzelnen Elemente der Liturgie, ist zunächst zu fragen, wie Dionysius die *theôria* überhaupt begreift. Die ersten Worte der *theôria* der Taufe lauten:

> „Dies also ist gleichsam in Symbolen (ἐν συμβόλοις) die Weihezeremonie der ge-
> heiligten Geburt aus Gott (ἡ τῆς ἱερᾶς τελετὴ θεογενεσίας), die auch in ihren
> sinnlich faßbaren Bildern (τῶν αἰσθητῶν [...] εἰκόνων) nichts Anstößiges und
> Unheiliges an sich hat, wohl aber Rätsel für eine Gottes würdige Betrachtung
> (ἀξιοθέου θεωρίας αἰνίγματα) enthält in Form von Bildern in natürlichen und
> menschengemäßen Spiegeln (φυσικοῖς καὶ ἀνθρωποπρεπέσιν ἐσόπτροις ἐνεικονι-
> ζόμενα)."[261]

Die Zeremonie der Taufe gestaltet sich in Symbolen, die schon in ihrer äußeren Form dem Heiligen gemäß sind. Zugleich bieten sie Rätsel, Bilder, Spiegel für eine Betrachtung Gottes. Die Formulierung erinnert an Paulus' berühmten Ausspruch: „Denn wir sehen jetzt mittels eines Spiegels in rätselhafter Gestalt, dann aber von Angesicht zu Angesicht." (1 Kor 13,12), der die Sehbedingungen des Göttlichen auf der Erde beschreibt und der zusammengehört mit dem weiteren Ausspruch „Denn unser Erkennen ist Stückwerk" (1 Kor 13,9). Unter den irdischen Bedingungen ist keine vollständige Erkenntnis, keine direkte, unvermittelte Erkenntnis möglich. Symbole und Rätsel sind Spiegel, die das Urbild brechen, unschärfer werden lassen und doch auch weitergeben. Die Erkenntnis des Urbildes wird gerade eben hierdurch erst ermöglicht.

Zu unterscheiden sind die äußere Form dieser Symbole und ihr Sinn, den Dionysius *logos* nennt.[262] Auch für die, die diesen tieferen, göttlicheren Sinn nicht kennten, enthielte die symbolische Form eine geheiligte Lehre und wäre ein angemessene Emporführung, eine einführende Seelenführung (εἰσαγωγικὴ ψυχαγωγία) für die Uneingeweihten (ἀτελέσιν)[263]. Ob Dionysius mit den Ungeweihten ausschließlich die noch nicht Getauften meint oder auch weitere Gruppen innerhalb der ,Hierarchie', die weniger weit in ihrer Erkenntnis fortgeschritten sind, ist an dieser Stelle offen. Viel spricht dafür, diese äußere Sicht

---

260 EH 70,1 (393A) (Heil).
261 EH 73,12–15 (397A) (Heil).
262 Vgl. EH 73,15 (397B).
263 EH 73,15–74,3 (397BC).

auf die symbolische Handlung nicht nur den Ungetauften zuzusprechen, denn
Dionysius bedenkt auch in späteren Kapiteln unterschiedliche Grade der Aufnahmefähigkeit in der ‚Hierarchie' und reflektiert auch dort eine äußere Betrachtung, wo wie bei Eucharistie und Myronweihe nur Getaufte zugelassen
sind.

Unter Uneingeweihten muss man vermutlich also die einfachen Gläubigen
verstehen, die Laien oder zumindest einen großen Teil von ihnen. In den tieferen Sinn eingeweiht sind die Hierarchen (Bischöfe) und Priester, vielleicht
auch Mönche und zum Teil möglicherweise auch der Laienstand. Für die Uneingeweihten bietet die Liturgie der Taufe, auch ohne dass sie einen Einblick in
ihren tieferen Sinn hätten, eine Lehre der Reinigung und des geordneten Lebens.[264] Schon die äußere Form führt sie zu einem tieferen Verständnis, belehrt
sie und regt sie an zu einem reineren Leben. Dass die Taufe eine „Reinigung"
ist, sieht auch der, der keine tiefergehenden Erklärungen kennt. Die Handlungen, Gesten und die ganze Sichtbarkeit des Ritus sind für diese Uneingeweihten von zentraler Bedeutung, da diese sie bereits belehren. Die tiefer
Eingeweihten hingegen („wir") sehen nicht nur die Bilder, sondern erkennen
auch, worauf diese Bilder verweisen: „auf welche Stempel sich die Prägungen
und auf welche unsichtbaren Gegenstände die Abbilder (τίνων χαρακτήρων τὰ
ἐκτυπώματα καὶ τίνων ἀφανῶν αἱ εἰκόνες)" beziehen.[265] Sie erkennen nicht allein
die äußere Form der Riten und deren oberflächliche Belehrung, sondern die
Urbilder dieser Bilder, ihren Sinn (*logos*).

Für eine genauere Analyse dieses Verhältnisses verweist Dionysius wiederum auf seine vermutlich fiktive Schrift *Über das Geistige und das sinnlich
Wahrnehmbare:* „denn es ist [...] das sinnlich Heilige Bild des Geistigen und zu
diesem Handreichung und Weg, das Geistige aber ist Prinzip/Anfang und Erkenntnis der sinnlichen hierarchischen Elemente (Ἔστι γάρ [...] τὰ μὲν αἰσθητῶς
ἱερὰ τῶν νοητῶν ἀπεικονίσματα καὶ ἐπ᾽ αὐτὰ χειραγωγία καὶ ὁδός, τὰ δὲ νοητὰ τῶν
κατ᾽ αἴσθησιν ἱεραρχικῶν ἀρχὴ καὶ ἐπιστήμη)."[266] Diese fiktive Schrift hätte also
nicht nur allgemein eine Theorie der (sinnlichen) Erkenntnis liefern müssen,
sondern auch Erkenntnisse über das Verhältnis von sinnlich Wahrnehmbaren
und Geistigen im Bereich des Heiligen, in der ‚Hierarchie'. Dionysius begreift
das sinnlich Wahrnehmbare und insbesondere das sinnliche Heilige als Handreichung und Weg zum Geistigen, dessen Abbild es ist. Geführt von diesem
sinnlich Wahrnehmbaren und vermittelt durch es, vermag der Mensch zum
Geistigen zu gelangen. Der Erkenntnis durch das Sinnliche und damit auch der
gesamten irdischen ‚Hierarchie' ist eine starke Dynamik und Bewegung einge-
schrieben. Dem sinnlich wahrnehmbaren Heiligen kommt hierdurch eine

---

264 Vgl. EH 73,16–74,1 (397BC).
265 EH 74,6 f (397C) (Heil, leicht verändert).
266 EH 74,7–11 (397C) (WMS).

wichtige Rolle zu, da es für den Menschen als Körperwesen den einzig mögli-
chen Zugang zu dieser höheren Erkenntnis darstellt, wie Dionysius es in seinem
Prolog dargelegt hat. Auf der anderen Seite stellt das Geistige jedoch den
Anfang/das Prinzip dieses sinnlich Wahrnehmbaren dar, es ist das Urbild
(χαρακτήρ) dieser Abbilder und es wird auch zu seiner „Erkenntnis". Aus dem
Wissen um das Geistige heraus lassen sich erst die Symbole der heiligen
Handlung richtig verstehen. Sinnlich Wahrnehmbares und Geistiges bedingen
einander, wobei dem Geistigen der Vorrang gebührt. Das Sinnliche ist der Weg
zum Geistigen, und das Geistige schließt das Sinnliche auf.

Aus diesen Überlegungen heraus wird deutlich, dass es unterschiedliche
Möglichkeiten der Teilhabe an der Liturgie geben kann. Nicht nur derjenige, der
ihre tiefsten Geheimnisse verstanden hat, sondern auch derjenige, der wenig
mehr als die äußere Form der Riten sieht, hat an ihr teil.

Den Anfang des Taufgeschehens verortet Dionysius, seinem Prinzip der
‚Hierarchie' als Mitteilungssystem entsprechend, beim Hierarchen, der alle zur
Verähnlichung an Gott bringen will und ihnen deshalb „die frohe Botschaft"
verkündet, um sie zur Einswerdung mit Gott anzuregen.[267] Eine Vorbereitung
der Katechumenen auf die Taufe wird von Dionysius nicht explizit erwähnt, es
muss sie jedoch geben, denn es gibt einen Stand der Katechumenen, der an
einigen Akten der ‚Hierarchie' schon Anteil erhält und der offenbar noch
darauf wartet, die Taufe zu erhalten.

In der *theôria* zu dieser Textstelle kommt die Bezeichnung der Taufe als
„Erleuchtung" zu ihrem Recht. Die „Güte der göttlichen Seligkeit" strahle „die
Gutes wirkenden Strahlen des ihr eigenen Lichtes vorbehaltlos in alle Augen
des Denkens"[268]. Die göttliche Güte gibt vorbehaltlos, neidlos allen, sie wählt
nicht aus, bemisst das Licht nicht nach den Taten und Fähigkeiten des Einzelnen, gibt es vielmehr allen gleichermaßen, als liege ein ganzer Lichtteppich über
den Menschen. Wenn dennoch einige dieses Licht nicht aufnehmen, so ist das
darauf zurückzuführen, dass sie sich von diesem Licht abwenden. Sie haben die
Entscheidungsfreiheit, die in ihnen liegenden Kräfte zum Erleuchtetwerden
auszuschalten und sich dem Bösen zuzuwenden. Dionysius hebt deutlich hervor,
dass das Gute sich dennoch nicht von ihnen abwendet, sondern weiter ihnen
zuleuchtet, obschon sie sich abwenden.[269] Der Mensch ist gut geschaffen und hat
in sich Kräfte, die ihn zum Guten leiten, jedoch ist es möglich, dass er aus
„Liebe zum Bösen (κακίας ἔρωτι)"[270] abweicht, er hat die Freiheit, diese Ab-
weichung zu vollziehen. In dieser seiner Freiheit kann der Mensch neben der
Abwendung vom Licht noch einen weiteren Fehler begehen: Er kann seine

---

267 EH 70,2–7 (393A) (Heil).
268 EH 74,12–14 (397D) (Heil).
269 Vgl. EH 74,15–19 (400A).
270 EH 74,16 (400A) (WMS).

Grenzen überschreiten und in die Strahlen schauen, die seine Sehkraft übersteigen. Dann kann sein unvollkommener Blick das Vollkommene, auf das er
trifft, nicht erfassen und muss scheitern.[271] Das, was dieser Mensch zu schauen
versucht, übersteigt seine Fähigkeiten, so dass er es auch nicht erfassen wird. Er
wird in dieser Selbstüberschätzung dann aber auch nicht das zu sehen bekommen, was ihm entspricht und was ihn in seiner Erkenntnis vorangebracht hätte.
Sowohl die Abwendung als auch die Selbstüberschätzung berauben den Menschen des Lichtes, das ihm entgegenleuchtet. Doch es ist da (παρόντος) und zur
Weitergabe (μετάδοσιν) bereit, und es liegt in den Kräften der Menschen, es zu
erfassen.[272]

    Der Hierarch bildet dies ab, er lehrt alle, ohne auf früheres Missverhalten zu
schauen, wie auch das Licht allen entgegenstrahlt. „Vielmehr lässt er, von Gott
erfüllt, das Licht seiner Einführungen zur Erleuchtung in hierarchischer Abstufung allen leuchten, die herzutreten, in guter Ordnung und der Reihe nach
und entsprechend dem richtigen Verhältnis eines jeden zu dem Heiligen (ἐν
εὐκοσμίᾳ καὶ τάξει καὶ ἀναλογίᾳ τῆς ἑκάστου πρὸς τὰ ἱερὰ συμμετρίας).“[273] Die
Begrenzung der Erkenntnis durch den Hierarchen zielt nicht darauf, jemandem
eine Erkenntnis vorzuenthalten, sondern ist ein Schutz, der gerade die Vermittlung erst garantieren kann; die Begrenzung der Erkenntnis dient gerade
ihrer Weitergabe.

    Wenn einer aufgrund der Belehrung durch den Hierarchen vom Wunsch
erfüllt wird, sich taufen zu lassen, sucht er sich zunächst einen Paten, der ihn zur
Taufe führen und in der Gestaltung seines Lebens leiten und ihn gewissermaßen
an die Hand nehmen soll (χειραγωγόν)[274]. Dies sei das Abbild der angemessenen
Scheu (αἰδώς)[275] des Taufkandidaten, der erkennt, dass er noch nicht zur „Einung mit und Teilhabe an Gott“[276] gelangen kann. Dieses Bewusstsein ist die
erste Voraussetzung für die Anagogie, da es zur Motivation wird, zur Einung
und Teilhabe mit Gott stufenweise aufzusteigen.

    Der Taufpate führt ihn zum Hierarchen. Nach einem gemeinsamen Gesang
mit der Gemeinde fragt der den Katechumenen nach dem Grund seines
Kommens. Dieser gibt die „Gottlosigkeit, die Unkenntnis des wahrhaft Schönen, das Schlummern des gotterfüllten Lebens (τὴν ἀθεότητα, τὴν ἀγνωσίαν τοῦ
ὄντως καλοῦ τὴν τῆς ἐνθέου ζωῆς ἀνενεργησίαν)“ an und bittet um Anteil an
Gott und dem Göttlichen.[277] Die Nähe des Göttlichen zum Schönen wird an
dieser Stelle erkennbar.

---

271 Vgl. EH 74,19–75,1 (400A).
272 EH 75,1–3 (400AB).
273 EH 75,7–9 (400B) (Heil, leicht verändert).
274 EH 76,7 (401A).
275 EH 75,20 (400C).
276 EH 75,15 f (400C) (WMS).
277 EH 71,11–13 (396A) (Heil).

Daraufhin erläutert der Hierarch ihm die „gotterfüllte/gottgegebene *Politeia* (τὴν ἔνθεον [...] πολιτείαν)" und fragt ihn, ob er so *als Bürger* leben möchte (εἰ οὕτω πολιτεύσαιτο).[278] Die „uns entsprechende Hierarchie" wird dargestellt als eine Art *civitas Dei*, ein Staat, der von Gott erfüllt ist und nach dessen Regeln funktioniert. Der Täufling bittet um Aufnahme in diese Gemeinschaft und wird daher gefragt, ob er bereit ist, sich ihren Geboten zu unterwerfen und nach ihren Regeln zu leben. Wenn er zustimmt, wird er mit dem Kreuzzeichen besiegelt, in ein Register eingetragen und hiermit als Bürger dieses Staates verzeichnet. Die Versiegelung mit dem Kreuzzeichen und die Eintragung in das Register sind Symbol der Zugehörigkeit zur ‚Hierarchie' und der Teilhabe am Licht, das Kreuzzeichen ist ein Lichtsiegel.[279]

Die gotterfüllte *politeia* erwähnt Dionysius in seiner *theôria* nicht, jedoch knüpft er an diesen Gedanken an, wenn er die Notwendigkeit hervorhebt, nicht ein geteiltes, sondern ein einförmiges Leben zu führen. Dionysius betont die Einheit und das Eine in diesem Abschnitt und setzt sie ab gegen die Geteiltheit. Das frühere Leben des Täuflings, das noch nicht auf das Eine ausgerichtet war, ist ein solches geteiltes Leben, in dem verschiedene Wünsche, Begehren und Handlungen wirken.[280]

Dass der Täufling seinem früheren Leben abschwören und ein neues beginnen muss, zeigt sich in den entsprechenden Riten. Nach einem Gebet werden dem Täufling die Schuhe und Kleider ausgezogen, danach muss er sich gegen Westen stellen, „gegen den Satan blasen" und „die Formel der Absage" sprechen. Nach dreimaliger Absage wendet er sich gen Osten und muss sich wiederum dreimal zu Christus bekennen.[281] Es fällt auf, dass die Betonung der Drei, der *Trias*, die in der Beschreibung des Ritus bestimmend ist, in der *theôria* nicht kommentiert wird.

Der Taufkandidat legt sein altes Gewand ab, wie er sein altes Leben ablegen muss. Er wendet sich gegen Westen, in die Richtung des Sonnenuntergangs, d. h. der Dunkelheit und muss die Gemeinschaft mit dem Bösen verneinen, „die in ihn eingedrungene Verfassung der Unähnlichkeit gleichsam ausatmen[] (τὴν ἐγγενομένην αὐτῷ τῆς ἀνομοιότητος ἕξιν ὥσπερ ἐκπνέοντα)"[282] und sich gegen das Gott Widersprechende aussprechen. Das Blasen gegen den Satan erscheint in dieser Deutung weniger als „Zeichen des Abscheus"[283], wie Heil es vermutet, sondern als ein tiefes Ausatmen, mit dem alle Schlechtigkeit aus dem Körper herausgeatmet werden soll, ein Ausatmen, das den Körper reinigt. Nach dieser

---

278 EH 71,15 f (396A) (WMS).
279 Vgl. EH 76, 21 – 76,7 (400C-401A).
280 Vgl. EH 76,8 – 11 (401A).
281 EH 71,19 – 72,8 (396AB); vgl. 76,11 – 21 (401AB).
282 EH 76,15 f (401B) (Heil, leicht verändert).
283 Heil 1986b: Anm. 15, S. 162.

Abwendung vom alten Leben wird der Taufkandidat nach Osten gewandt, in die Richtung der aufgehenden Sonne, d. h. des Lichtes. Er wendet sich hinauf, richtet sich aus nach dem Einen und wird diesem ähnlich.[284] Nach der Entkleidung beginnt der Hierarch die Salbung mit dem einfachen Salböl (ἔλαιον) und einem Kreuzzeichen, die Priester führen sie zu Ende.[285] Die Salbung, in der Beschreibung nur erwähnt, erhält eine ausführliche Deutung. Einmal sich vom Bösen abzuwenden, genüge keinesfalls, vielmehr sei es notwendig, sich ohne Unterlass zum Einen hin zu wenden und all die Einflüsse, die in die andere Richtung weisen, zu vernichten. Die Ausrichtung nach dem Einen gestaltet sich als regelrechter Kampf, ohne Furcht und kraftvoll gegen all das, was den Aufstieg zum Einen hindert.[286] Dionysius knüpft hier an eine Vorstellung des Apostels Paulus an, der im 1. Korintherbrief fordert, so auf der Rennbahn zu laufen, dass man den Preis gewinne (1 Kor 9,24), oder im Epheserbrief von einem Kampf gegen die Mächte der Finsternis spricht (Eph 6,11–17); von einem Wettkampf ist auch im Hebräerbrief die Rede (Hebr 12,1). Es ist ein agonales Leben, das hier vom Menschen gefordert wird, und da er gleichsam in den Kampf zieht, wird er, wie in der Antike die Athleten vor den Wettkämpfen, gesalbt.[287]

Christus, unter dessen „Kampfleitung (ὑπ ἀθλοθέτῃ)" diese Kämpfe stattfinden, kommt eine mehrfache Funktion zu, was diese heiligen Kämpfe angeht. „Christus hat nämlich als Gott (ὡς θεός) die Einrichtung der Kämpfe geschaffen, als Wissender (ὡς σοφός) hat er ihnen die Gesetze gegeben, als Schöner (ὡς καλός) hat er den Siegern die angemessenen Kampfpreise ausgesetzt, und was noch göttlicher ist (θειότερον): Als Guter hat er sich unter die Kämpfer eingereiht und hat in geheiligter Weise mit ihnen für ihre Freiheit und ihren Sieg gegen die Gewalt des Todes und der Vernichtung gekämpft (ὡς ἀγαθὸς ἐν τοῖς ἀθληταῖς ἐγεγόνει μετ' αὐτῶν ἱερῶς ὑπὲρ τῆς αὐτῶν ἐλευθερίας καὶ νίκης πρὸς τὸ τοῦ θανάτου καὶ τῆς φθορᾶς ἀγωνιζόμενος κράτος)."[288] Das gesamte Leben ist als Kampf verstanden, den der Mensch bestehen muss. Christus ist hierbei zugleich – wiederum drei Bestimmungen – der Schöpfer, der Gesetzgeber und der Kampfrichter. In einem zweiten Schritt spricht Dionysius Christus dann eine weitere, göttlichere Funktion zu, nämlich seine Teilnahme an diesem Kampf, d. h. seine Menschwerdung, die zu einem Kampf gegen den Tod wird. Die stufenweise Einführung in die ‚Hierarchie', die den Menschen immer näher zum Einen bringt, könnte man an diese Vorstellungen anknüpfend als stufenweises

---

284 Vgl. EH 76,17–21 (401B).
285 Vgl. EH 71,19–72,9 (396ABC).
286 Vgl. EH 76,22–77,8 (401BC).
287 Im griechisch-römischen Altertum wurden die Athleten vor dem Wettkampf mit Öl gesalbt. In der Bibel wurde dieses Bild nicht aufgegriffen, wohl aber bei einigen Kirchenvätern, vgl. Cothenet 1982: 789
288 EH 77,12–17 (401D–404A) (Heil).

Training begreifen, das den Menschen Schritt für Schritt auf die kommenden Herausforderungen vorbereitet.

Während der Täufling gesalbt wird, weiht der Hierarch das Wasser im Taufbecken mit einer dreifachen Besprengung in Kreuzesform mit Myron. Die Dreiersymbolik wird im eigentlichen Akt der Taufe, dem Untertauchen, fortgeführt. Dreimal wird der Name gerufen, dreimal wird dieser getauft, indem er dreimal untertaucht und wieder hervorkommt.[289] Die Namensnennung interpretiert Dionysius nicht, vielmehr stellt er die Verbindung zwischen der Taufe und dem Tod in den Vordergrund seiner Überlegungen. Dies betrifft die Frage, wie christlich der Tod zu verstehen ist, nicht als „Nichtexistenz des Seins (τῆς οὐσίας ἀνυπαρξία)", sondern als eine „Trennung von Vereintem (ἡ τῶν ἡνωμένων διάκρισις), durch die die Seele in einen für uns unsichtbaren Zustand (ἀφανές) geführt wird, weil sie keinen Körper mehr hat (ἐν στερήσει σώματος) und ihre Sichtbarkeit verliert (ἀειδῆ), während der Körper in der Erde verborgen wird (καλυπτόμενον) oder auf eine andere Art der körperlichen Veränderungen aus dem menschlichen Gesichtskreis verschwindet"[290]. Sterben ist ein Verschwinden, der Tod ein Unsichtbarsein. Möglicherweise knüpft Dionysius mit dieser ungewöhnlichen Deutung an stoische Vorstellungen an, denn nach „der stoischen Allegorese bedeutet Ha(i)des ‚unsichtbar' nach ἀ-ιδής"[291]. Eben gerade in dieser Hinsicht verbindet Dionysius Tod und Taufe, das Verschwinden des Täuflings im Taufwasser wird als Bild des Verschwindens im Tode und im Grab gedeutet.[292] Das dreimalige Untertaufen des Täuflings ist in einem weiteren Schritt dann Nachahmung (μιμεῖσθαι) der dreitägigen Grabesruhe Christi.[293] Die Verbindung zwischen Tod und Taufe ergibt sich bei Dionysius aus der anschaulichen Form des Ritus. Ein *Tod* ist die Taufe nicht, weil der Mensch sein altes Leben verlassen und ein neues beginnen soll, sondern weil er innerhalb des Taufritus vor den Augen der Anwesenden verschwindet. Dionysius verweist in diesem Abschnitt ausdrücklich auf die Angemessenheit der Symbole[294] gegenüber ihrem Sinn und knüpft damit an die oben zitierten Überlegungen zu unterschiedlichen Möglichkeiten der Teilnahme am Ritus an. Die Deutung der Taufe als Tod richtet sich gerade in ihrer Anschaulichkeit besonders an diejenigen, die keinen Einblick in tiefere Inhalte haben und denen doch die äußere Form der Symbole schon eine angemessene Einführung bietet.

---

289 Vgl. EH 72,12–73,2 (396CD).
290 EH 77,25–78,4 (404B) (Heil).
291 Heil 1986b: Anm. 41, S. 164.
292 Vgl. EH 78, 5 f (404B): ἡ δι' ὕδατος ὁλικὴ κάλυψις εἰς τὴν τοῦ θανάτου καὶ τοῦ τῆς ταφῆς ἀειδοῦς εἰκόνα παρείληπται.
293 Vgl. EH 78, 6–9 (404B).
294 Vgl. EH 77,24 (404B).

Nach der Taufe erhält der Täufling ein neues Gewand[295], genauer gesagt „lichtgestaltige Gewänder (φωτοειδεῖς ἐσθῆτας)“[296], die den Erleuchtungscharakter der Taufe und das neue eingestaltige Leben anzeigen. „Denn durch die mannhafte und gottgemäße Unempfindlichkeit (ἀπαθείᾳ) gegen die Versuchungen des Entgegengesetzten und durch die beständig durchgehaltene Ausrichtung nach dem Einen wird das Unordentliche ordentlich und das Ungestaltete gewinnt Gestalt, da es ganz von lichtartigem Leben erhellt ist (τὸ ἄκοσμον κοσμεῖται καὶ τὸ ἀνείδεον εἰδοποιεῖται τῇ φωτοειδεῖ καθόλου ζωῇ λαμπρυνόμενον).“[297]

Zum einen wird hier eine „Unempfindlichkeit“, eine *apatheia* gegenüber den Versuchungen, hervorgehoben, das heißt eine Formung des ethischen Charakters des Menschen, der gestärkt wird für die Kämpfe, die ihn erwarten, zum anderen liegt der Schwerpunkt auf der Gestaltung und der Formwerdung. Der Begriff des Formlosen ist hier negativ besetzt[298] und repräsentiert die Zerstreuungen eines Lebens, das nicht auf das Eine hin ausgerichtet ist. Diese Formgebung und Ordnung – oder Schmückung in einer anderen Übersetzung[299] – wird durch das neue Gewand dargestellt, das hell ist und damit dem Licht gleicht.

Zum Schluss salbt der Hierarch den Täufling mit Myron in Form eines Kreuzzeichens und erlaubt ihm, solcherweise besiegelt, von nun an die Teilnahme an der Eucharistie.[300] Die Myronsalbung mache den Geweihten wohlriechend und vereine ihn mit dem Hl. Geist, der den Menschen Wohlduft schaffe und den Menschen vollende.[301] Der Wohlgeruch wird von Dionysius hier, mehr aber noch im Kapitel zur Myronweihe, mit dem Vorgang der Er-

---

295 Vgl. EH 73,2–5 (396D).

296 EH 78,11 (404C) (WMS).

297 EH 78,11–14 (404C) (Heil).

298 Der Begriff *aneideos* wird von Dionysius auch an anderen Stellen als negative Bestimmung verwandt (EH 91,2 (441B); DN 46,7.9 (697A); 162,8 (716A); 174,6 (726A)). An anderer Stelle ist der Begriff jedoch positiv als Eigenschaft Gottes genannt, DN 134,12 (648C). Ähnliches gilt für *akosmos*, vgl. als Belege zu *akosmos* oder *akosmia*, DN 206,18 (897B); EH 74,23 (400A); Ep. 8 176,2 (1088C); 183,4 (1093B).

299 Stiglmayr interpretiert in seiner Übersetzung *to akosmon kosmeitai* als ‚Schmückung des Schmucklosen‘.

300 Vgl. EH 73,5–7 (396D).

301 Vgl. EH 78,14–17 (404C). Hierbei handelt es sich um einen syrischen Brauch, es gibt zwei Salbungen, eine mit „l'huile des catéchumènes, après la profession de foi, mais avant l'immersion; l'autre avec l'onguent sacré, μύρον, mais après la collation du baptême" (Leclercq 1935: 2117). Zur Verbindung der Salbung mit der Verleihung des Hl. Geistes, vgl. z.B. Cyrill von Jerusalem, Cat. myst. 3,1–3.

kenntnis in Verbindung gebracht.[302] Er hält unter Hinweis darauf, dass andere dazu mehr sagen könnten, seine Ausführungen an dieser Stelle sehr kurz.[303]

III. Eucharistie

Als „Weihe der Weihen (τελετῶν τελετή)"[304] bezeichnet Dionysius unter Berufung auf „unseren berühmten Lehrer"[305] die Eucharistie und stellt sie als den Gipfel der Weihen dar.

Gottwerdung (θέωσιν), Gemeinschaft mit dem Einen und Einung (τὴν πρὸς τὸ ἓν κοινωνίαν καὶ ἕνωσιν) sind Ziel einer jeden heiligen Handlung der ‚Hierarchie'.[306] In besonderem Maße komme diese Funktion jedoch der Eucharistiefeier zu, die daher *koinônia* (κοινωνία) oder *synaxis* (σύναξις) genannt werde,[307] denn ohne die Teilnahme an der Eucharistie sei das Ziel der Einung nicht zu erreichen. Erst diese führe den Teilnehmer zum Einen und vollende die Gemeinschaft mit Gott (τὴν πρὸς τὸ θεὸν κοινωνίαν)[308]. Das traditionell neuplatonische Thema der Einung wird von Dionysius in diesem Kapitel mit dem christlichen Ritus der Eucharistie verbunden und in christlicher Perspektive gedeutet. Anders als in der Perspektive der heidnischen Neuplatoniker ist die Einung hier nicht nur als Einung mit dem Göttlichen, sondern auch als Einung der Teilnehmer untereinander zu verstehen.

Der Ritus der Eucharistie wird im Unterschied zur Taufe auffällig knapp beschrieben. Die Elemente des Ritus werden als „Bilder (εἰκόνας)" bezeichnet und der „Wahrheit der Urbilder (ἀρχετύπων ἀλήθειαν)"[309] gegenübergestellt. Wie in der *theôria* zur Taufe verweist Dionysius auch hier wieder darauf, dass diese „geheiligte formenreiche Zusammenstellung der Symbole (τῶν συμβόλων ἡ ποικίλη καὶ ἱερὰ σύνθεσις)"[310] für diejenigen, die noch nicht vollendet sind, sondern sich noch auf dem Weg dorthin befinden, durchaus nützlich ist zur „Seelenführung (ψυχαγωγίαν)"[311]. Die Gesänge und Lesungen lehren sie ein

---

302 Die Verbindung von Wohlgeruch, Christus, Erkenntnis stellt 2 Kor 2,14 her: „Gott aber sei Dank, der uns in Christus allezeit triumphieren lässt und den Geruch seiner Erkenntnis durch uns an jedem Ort offenbart.
303 Vgl. EH 78,17–19 (404D).
304 EH 79,3 (424C) (Heil).
305 Vermutlich meint er Hierotheos, auf den er sich auch an anderer Stelle in seinem Werk (DN 139,18 (681A); 143,8 (648D)) bezieht, wahrscheinlich eine fiktive Gestalt.
306 EH 79,10–12 (424C).
307 EH 79,9 (424C).
308 EH 79,18 (425A).
309 EH 81,15 f (428A).
310 EH 81,17 f (428AB) (Heil).
311 EH 81,17 (428A) (WMS).

„tugendhaftes Leben" und „Reinigung"[312]. „Der in höchstem Sinn göttliche gemeinsame, friedvolle Empfang des einen und selben Brotes und Kelches gibt ihnen das Gesetz gotterfüllter Einmütigkeit im Verhalten, weil sie ja einunddieselbe Nahrung genossen haben"[313]. Das gemeinsame Essen desselben Brotes (ὁμοτρόφοις) soll sie zu einer einheitlichen Lebens- und Verhaltensweise (ὁμοτροπίαν) führen. Dionysius ‚zitiert' hier Platon, kehrt jedoch den Sinn des platonischen Gedankens um. Während bei Platon die Seele im Leben mit dem Körper dieselbe Nahrung genießt und an derselben Lebensweise Anteil hat wie er und deshalb so mit dem Körper behaftet sein wird, dass sie nicht frei in die Unterwelt eingehen kann,[314] kehrt sich bei Dionysius die Situation um. Gerade das gemeinsame Essen, der gemeinsame Verzehr des Brotes mit anderen zusammen führt hier die Seele zur Einheit mit den anderen Teilnehmenden und mit Gott.[315]

Diese Feier ruft das „göttliche Mahl (θειοτάτου δείπνου)" ins Gedächtnis (μνήμην ἄγει) als „Ursymbol (ἀρχισύμβολον)". Das Wort *archisymbolon*, ein *hapax legomenon* im *Corpus Dionysiacum*, bezeichnet hier das letzte Abendmahl,[316] das als die Urszene, das Vorbild der Eucharistie zu verstehen ist und in dem eben Jesus den Jüngern aufträgt: „Tut dies zu meinem Gedächtnis (τοῦτο ποιεῖτε εἰς τὴν ἐμὴν ἀνάμνησιν)" (Lk 22,19). Es fällt auf, dass dieses *Ur*bild (*archi-*) nicht in einer jenseitigen geistigen Welt angesiedelt ist wie üblicherweise die Urbilder, sondern in der Zeit. Ein Ereignis der (Heils-)Geschichte und keine Idee ist Urbild dieser liturgischen Handlung. Wenn das letzte Abendmahl das *archisymbolon* der Eucharistie ist, so ist Christus, der es eingesetzt hat, der „Verfertiger der Symbole (ὁ τῶν συμβόλων δημιουργός)"[317]. Auch den Ausschluss dessen, der nicht in angemessener Weise an der Eucharistie teilnimmt, führt Dionysius auf Christus zurück.[318]

---

312 EH 81,20 f (428B) (Heil).
313 EH 81,21–23 (428B) (Heil).
314 Platon, Phd. 83d.
315 Vgl. Roques 1983: S. 261, Anm. 264, der auf 1 Kor 10,14–16 verweist und weitere christliche Parallelen zum Thema der Einheit in der Eucharistie anführt.
316 Es bezeichnet nicht, wie Switkiewicz 2000: 8 fälschlicherweise annimmt, die Eucharistie selbst.
317 EH 82,1 (428B) (Heil).
318 EH 82,1 f (428B). Die übliche Deutung dieser Passage knüpft an die Scholien an (137BC) und verweist auf eine Tradition, in der angenommen wurde, Judas habe nicht am Abendmahl teilgenommen. Verbindet man die Überlieferung von Joh 13 und Mt 26/ Mk 14, so ist die Schlussfolgerung möglich, dass Judas nach der Ankündigung des Verrats (Joh u. Mt/Mk) weggeht (Joh) und bei der Einsetzung des Abendmahls nach dieser Ankündigung (Mt/Mk) nicht mehr dabei ist. Nach Lk 22 findet die Ankündigung des Verrats erst nach der Einsetzung des Abendmahls statt, so dass nach dieser Überlieferung davon auszugehen ist, dass Judas daran teilnimmt. Vgl. hierzu Heil 1986b: Anm. 18, S. 167 u. vor allem Campbell 1981: Anm. 122, S. 157, der auch weiterführenden

Diese Symbole, die auch von denen geschaut werden, die nicht vollendet sind, vergleicht Dionysius mit schönen Darstellungen in der Vorhalle zum Allerheiligsten (τὰ τῶν ἀδύτων προπύλαια καλῶς διαγεγραμμένα), die er den Unvollendeten (ἀτελέσιν) zur Betrachtung überlassen möchte.[319] Vermutlich denkt er nicht an konkrete Heiligtümer, sondern bezieht sich auf eine neuplatonische – heidnisch wie christlich – Sprachtradition.[320]

Da zum eigentlichen Ritus der Eucharistie nur Getaufte zugelassen sind, kann Dionysius, wenn er in diesem Zusammenhang von den noch nicht Vollendeten spricht, nur Mitglieder des Laienstandes meinen. Diese haben unterschiedliche Einweihungsstufen erreicht und nehmen zumindest zum Teil in einer ganz einfachen Form an der Weihe teil, indem sie nur die äußere Form betrachten und daraus Belehrung empfangen. Diejenigen, die der tieferen Erkenntnis fähig sind, sollen hingegen nicht bei diesen Bildern stehen bleiben, sondern zur Schau des Geistigen (τῶν νοητῶν […] θεορίαν) gelangen, in der „sichtbar die selige Schönheit der Urbilder aufleuchtet".[321] Mit der Idee, dass den Urbildern Schönheit zukommt, steht Dionysius in platonisch-neuplatonischer Tradition. Wahrheit und Schönheit werden einander angenähert, es ist an ein Einleuchten der Wahrheit zu denken.

Bevor Dionysius zur eigentlichen Auslegung kommt, ruft er die τελετή mit den Worten „göttlichste und geheiligte Weihe (ὦ θειοτάτη καὶ ἱερὰ τελετή)" an und bittet sie, sich zu enthüllen, die Rätsel abzulegen und sich „strahlend" zu zeigen, die „geistigen Augen mit dem einheitlichen, unverhüllten Licht" zu erfüllen.[322] Erstaunlicherweise ruft er, der an anderen Stellen Christus oder die Dreifaltigkeit anruft, hier das Sakrament selbst an.

Im Folgenden beginnt Dionysius seine Betrachtung der einzelnen „Bilder (ἀγαλμάτων)"[323]. Das Wort ἄγαλμα verwendet er hier synonym mit εἰκών, es bezeichnet einen Teil der Liturgie, die gleichsam in verschiedene Szenen aufteilt wird, die nacheinander durchgesprochen werden. Dionysius möchte nun „den gedanklichen Gehalt des ersten der Bilder herausschälen (τὸ νοητὸν τοῦ πρώτου τῶν ἀγαλμάτων ἀπογυμνώσαντες)" und „die in ihm enthaltene gottartige Schönheit ins Auge fassen".[324] Das Geistige (τὸ νοητὸν) herauszulösen und die

---

Literatur zu diesem Thema anführt. Trotz der starken Tradition, die für diese Deutung spricht, und der Tatsache, dass sich Dionysius hier direkt auf den „Verfertiger der Symbole", d. h. Jesus beim Abendmahl, bezieht, favorisiert Heil eine Anspielung auf Mt 22,1 ff, die Parabel vom Hochzeitsmahl, bei der der Gast ohne Hochzeitsgewand ausgeschlossen wird; er ist der Ansicht ist, dass die erste Deutung zu kompliziert sei und die andere einfacher.

319 EH 82,5 f (428C).
320 Vgl. unten Anm. 1067.
321 EH 82,9 (428C) (Heil).
322 EH 82,9–12 (428C) (Heil).
323 EH 82,14 (428D).
324 EH 82,13–15 (428D) (Heil).

„Schönheit" zu erfassen, scheint ein und derselbe Erkenntnisakt zu sein, ein Akt, der als ein Entkleiden, Aufschließen, Reinigen, ein Erfassen des Inneren, des Geistigen und als eine feste, unverwandte Schau zu verstehen ist.

Das erste „Bild", das Dionysius betrachtet, ist der Räuchergang des Hierarchen zu Beginn der Liturgie. Der Hierarch beginnt die Feier mit einem Gebet und schreitet dann mit Weihrauch den Kirchenraum ab und kehrt zum Altar zurück.[325] Während das Gebet und auch der Geruch des Weihrauchs keine Aufmerksamkeit in der *theôria* erfahren, wird der Gang mit Weihrauch von Dionysius als dreifaches Bild einer triadischen Struktur von Hervorgang, Bleiben und Rückkehr gedeutet. Das Gottesprinzip tritt aus sich hervor, wobei es sich nicht bewegt, sondern in sich ruht.[326] Die Weihe der Eucharistie, der „Versammlung" hat einen einfachen Ursprung, sie „vervielfältigt sich aber menschenfreundlich zur geheiligten Mannigfaltigkeit der Symbole" und wird „wieder aus dieser Vielfalt zu ihrer eigenen Einheit versammelt und macht auch die in geheiligter Weise zu ihr Emporgeleiteten zum (unteilbaren) Einen".[327] In gleicher Weise tritt auch der Hierarch „zu den unter ihm Stehenden herab unter Verwendung der Menge geheiligter Rätselformen", kehrt dann aber, ohne sich mit ihnen zu verbinden, zu seinem Ausgangspunkt, dem Einen zurück, wo er „untergetrübt den einheitlichen Sinn der Riten" sieht. Der „Endpunkt seines menschenfreundlichen Hervortretens unter die Geringeren" ist der „Punkt der – noch mehr Gott entsprechenden – Umkehr zu den ersten Prinzipien".[328]

Nach diesem Umgang stimmt der Hierarch den Psalmengesang an und die Gemeinde singt mit ihm die Psalmen,[329] darauf folgen die Lesungen.[330] Der Psalmengesang zeichnet sich dadurch aus, dass er „Worte und Werke Gottes" – also *theologiai* und *theourgiai* – preist und die „geheiligten Worte und Werke der göttlichen Männer" – also *hierologiai* und *hierourgiai* – lobt, mithin alles, was von Gott ausgeht an Wort und Tat und was ihn betrifft, was über ihn gesagt und zu seinen Ehren getan wird. Sie sind „Gesang" oder Lobpreis und „Erzählung" zugleich.[331] Hiermit bilden die Psalmen tatsächlich eine „umfassende[]" Darstellung des Göttlichen überhaupt. In denen, die sie singen, sollen sie einen richtigen „Habitus" („Verfassung"/„Einstellung", *hexis*) für den Empfang und die Weitergabe der Weihe hervorbringen, d.h. sie sollen Laien, Priester und Bischof auf die Teilnahme, bzw. Teilgabe der Weihe vorbereiten. Eine Tätigkeit, die von sich aus keine ethische Funktion hat, erhält eine solche, und es wird deutlich, dass Ethik und Ästhetik eng miteinander verknüpft sind. Dionysius

---

325 Vgl. EH 80,8–10 (425B).
326 Vgl. EH 82,17–21 (429A).
327 EH 82,22–83,3 (429A) (Heil).
328 EH 83,3–10 (429AB) (Heil).
329 Vgl. EH 80,10–12 (425B).
330 Vgl. EH 80,12 f (425BC).
331 EH 84,1–6 (429D-432A).

unterstreicht in den folgenden Zeilen noch einmal die Wirkung des Gesanges auf die „Einstellung"/„Verfassung" (*hexis*):

> „Wenn also der die hochheiligen Inhalte umfassende Gesang unsere seelische Verfassung eingestimmt hat auf die gleich folgenden heiligen Handlungen und durch das gemeinsame Singen (ὁμοφωνία) der göttlichen Lieder die innere Gemeinschaft (ὁμοφροσύνη) mit den Gaben Gottes und mit uns selbst und untereinander angeordnet hat, als ob es gälte, die heilige Botschaft in einem einzigen Reigentanz im gleichen Rhythmus darzustellen, wird der mehr verdichtete und dunkle Gedankengehalt der Psalmenrezitation durch reichlichere, klarere Bilder und Bekanntmachungen in den über alles geheiligten Lesungen von Passagen heiliger Schrift breiter entfaltet."[332]

Das gemeinsame Singen hat einheitstiftende Kraft, die über die Inhalte dieses Gesangs hinausreicht, es wirkt intensiv auf die seelische Verfassung und spricht nicht bloß den Intellekt an, dem es um das Erfassen des Inhalts der Texte geht.

Der Anordnung von Psalmen und Lesungen liegt als Ordnungsprinzip die Folge von Altem und Neuem Testament zugrunde, das Verhältnis von Ankündigung und Erfüllung, von bildlich dargestellter und gegenwärtig gezeigter Wahrheit. „Die Summe von Gottes Wort ist Gottes Tat."[333] Wiederum ist der Begriff *theourgia* an dieser Stelle als Genitivus subjectivus und Komplement zu *theologia* zu verstehen. Die Ordnung der ‚Hierarchie' und die Liturgie bilden das Verhältnis von Altem und Neuem Testament ab, indem sie diese in Gesang wie Lesung aufeinanderfolgen lassen.

All denjenigen, die nicht den entsprechenden Einweihungsgrad besitzen, bleibt es verwehrt, an der eigentlichen Eucharistiefeier teilzunehmen, sie müssen nach den Lesungen den Raum verlassen. Hierzu zählen die Katechumenen und die „Umgetriebenen und die Büßer (οἱ κατηχούμενοι; οἱ ἐνεργούμενοι; οἱ ἐν μετανοίᾳ ὄντες)".[334] Grund für ihren Ausschluss ist die Anpassung der Teilgabe an das jeweilige Wissen des Teilnehmenden. „Denn voll geheiligter Gerechtigkeit ist die gottartige Hierarchie und gewährt jedem in heilsamer Weise das ihm Zukommende, insofern sie die abgestimmte Teilhabe eines jeden an den göttlichen Gnaden (τὴν ἐναρμόνιον ἑκάστου τῶν θείων μέθεξιν) in richtigem Verhältnis und richtiger Entsprechung zum rechten Zeitpunkt (ἐν συμμετρίᾳ καὶ ἀναλογίᾳ κατὰ καιρόν) in der geheiligten Weise schenkt."[335]

Diejenigen, die noch gar keine Verbindung zur ‚Hierarchie' haben, dürfen an keinem Teil der Liturgie teilnehmen; diejenigen, die sich auf die Taufe vorbereiten, und diejenigen, die zwar eingeweiht, aber wieder abgefallen und auf dem Weg befindlich sind, dürfen hingegen an den einweihenden Gesängen und Lesungen teilnehmen, weil ihnen hier die angemessene Belehrung zuteil

---

332 EH 84,7–14 (432AB) (Heil).
333 EH 84,15–21 (432B) (Heil).
334 EH 80,13–16 (425C) (Heil).
335 EH 85, 3–6 (432C) (Heil).

wird. Auf der untersten Stufe der ‚Hierarchie' stehen die Katechumenen, die noch an keinerlei Weihe Anteil bekommen haben. Da erst die Taufe ihnen „Existenz" verleiht, gleichen sie ungeborenen Kindern, die noch auf den Moment der Geburt hin vorbereitet werden müssen. Wovon sie sich nähren sollen, um ihrer Geburt näher zu kommen, ist die „einführende Kost der bildenden und lebenerweckenden Worte (τῇ τῶν μορφωτικῶν καὶ ζωοποιῶν λογίων εἰσαγωγικῇ τροφῇ)"[336]. Die zweite Stufe nach den Katechumenen, die noch gar keinen Anteil an den Sakramenten erhalten haben, bilden die Energoumenen, die „Umgetriebenen", die „einmal an den hochgeheiligten Mysterien in bestimmtem Maß Anteil bekommen" haben, „aber noch in gegensätzlichen Verlockungen und Verwirrungen befangen" sind.[337] Sie sind zwar in die ‚Hierarchie' eingeweiht worden, haben aber die erforderliche Reinheit und Einheit nicht erreichen oder bewahren können, haben sich wieder den Verlockungen der Vielheit zugewandt. Sie sind nicht vollständig aus der ‚Hierarchie' ausgeschlossen, befinden sich vielmehr in einer Situation, die der abwartenden der Katechumenen gleicht. Um wieder den vollkommenen Zugang zu den Mysterien zu erreichen, müssen sie sich von diesen Verlockungen und Verwirrungen lösen. Dies ist, wie der Ritus der Taufe anschaulich gemacht hat, als ein Kampf zu begreifen.[338] Die Umgetriebenen haben die Gemeinschaft mit den Dämonen gewählt, den Schein statt des wahrhaft Seienden und sind von den Leidenschaften bestimmt.[339] Eine Stufe über diesen Umgetriebenen stehen die „Büßer"[340], die sich schon, anders als die Umgetriebenen, wieder auf dem Weg der Einswerdung befinden. Doch auch sie sind nicht vollständig rein und werden daher von der Teilnahme an der eigentlichen Eucharistie ausgeschlossen.

Nach diesem Ausschluss beginnt der für die Eingeweihten bestimmte Teil der Weihe mit dem „Lobgesang"[341]: „Die heilig Vollziehenden und Schaulustigen des vollkommen Heiligen besingen, während sie die allerheiligste Weihehandlung in geziemendem Respekt vor dem Heiligen schauen, in einem umfassenden Lobgesang den Gutes schaffenden und Gutes schenkenden Urgrund (οἱ πανίεροι τῶν πανιέρων ἱερουργοὶ καὶ φιλοθεάμονες τὴν ἁγιωτάτην τελετὴν ἁγιοπρεπῶς ἐποπτεύοντες ὑμνοῦσιν ὑμνολογίᾳ καθολικῇ τὴν ἀγαθουργὸν καὶ ἀγαθοδότιν ἀρχήν)"[342]. In seiner Beschreibung der Liturgie schreibt Dionysius, wie die ganze Gemeinde diese *katholikê hymnologia* singt, was bedeutet, dass er sich auch an der zitierten Stelle mit den Ausdrücken *hierourgoi* (Vollziehende) und *philotheamones* (Schaulustige) auf alle Vollmitglieder der Gemeinde be-

---

336 EH 85,18 f (433A) (Heil).
337 EH 86,3–5 (433B) (Heil).
338 Vgl. EH 86,12–14 (433C).
339 Vgl. EH 86,17–24 (433D-436A).
340 EH 87,3–11 (436AB) (Heil).
341 EH 80,21 (425C) (WMS).
342 EH 87,20–23 (436C) (Heil, leicht verändert).

ziehen muss und nicht bloß auf die Priester, wie es der Ausdruck *hierourgoi* andeuten könnte.[343] „Dieses Loblied nennen die einen gemeinsames Bekenntnis, die anderen Kultsymbol, die anderen – gottnäher, wie ich glaube – hierarchisches Dankgebet, weil es die von Gott auf uns gekommenen Gaben zusammenfaßt."[344]. Die Frage, welchen Text Dionysius mit diesem Ausdruck bezeichnet, ist nicht eindeutig gelöst, jedoch spricht viel dafür, dass das Credo gemeint ist, wie es auch schon in seinen Scholien vermerkt wird. Autoren, die Dionysius früher datieren möchten, deuten es hingegen als nicht näher bestimmten Lobgesang oder als das Gloria.[345]

Hiernach stellen die Liturgen und Priester Brot und Kelch auf den Altar, der Hierarch spricht ein Gebet, und es folgen der Friedensgruß und die Verlesung der Diptychen.[346] Den Friedensgruß deutet Dionysius als Zeichen der Einheit und der Einswerdung: „Es ist nämlich nicht möglich, daß die, die untereinander getrennt sind, sich zu dem Einen versammeln und der friedensstiftenden Einswerdung, die vom Einen ausgeht, teilhaftig werden."[347] Schon die hohe Präsenz dieses Wortes und seiner Ableitungen in wenigen Zeilen unterstreicht die Bedeutung dieser Einung. Einheit und Frieden werden einem geteilten, materiell- und affektbestimmtem Leben entgegengestellt. Metaphysische Grundsätze von der Gründung des Gleichen im Gleichen führt Dionysius ebenso an, wie er mögliche Feindseligkeiten in einem affektbestimmten Leben

---

343 Die Bezeichung *philotheamones* wird hier von Dionysius in positiver Bedeutung verwandt. Vgl. Platons Bezeichnung der Philosophen: „Τοὺς τῆς ἀληθείας [...] φιλοθεάμονας" (Rep. 475e). Zur negativen Bedeutung dieses Wortes, vgl. Anm. 1002.

344 EH 87,24–88,1 (436C): Τὸν ὕμνον δὲ τοῦτον οἱ μὲν ὁμολογίαν καλοῦσιν, οἱ δὲ τῆς θρησκείας τὸ σύμβολον, ἄλλοι δὲ ὡς οἶμαι θειότερον ἱεραρχικὴν εὐχαριστίαν ὡς περιεκτικὴν τῶν εἰς ἡμᾶς θεόθεν ἀφικομένων ἱερῶν δώρων.

345 Vgl. Heil 1986b: Anm. 40, S. 169: Dionysius spricht von einer *hymnologia*, einem *hymnos*, den der Autor als *symbolon, eucharistia*, d.h. Danksagung oder – und hier gibt es zwei Überlieferungen – *homologia*, bzw. *hymnologia* erklärt. Heil zufolge ist nur *homologia* sinnvoll. Heil zitiert das Scholion (144B) und schreibt: ,'Beachte, daß (der Vf.) den Hymnos Symbol und Homologie und Dankgebet genannt hat'. Gemeint ist das Credo, das 476 von Petrus Fullo, dem Patriarchen von Antiochien, erstmals in die Liturgie der Messe aufgenommen wurde." Zu weiteren Informationen und Literaturhinweisen, vgl. Stiglmayr 1895a: Anm. 1, S. 276; Campbell 1981: Anm. 103, S. 146 f. Zur Frühdatierung, vgl. auch de Gandillac 1943: Anm. 5, S. 264, S. 224.
Was Dionysius zum Inhalt dieses Lobgesangs andeutet, den er vor allem als Danksagung (*eucharistia*) verstanden wissen will, passt zur Annahme, es handele sich um das Credo. „Denn mir scheint die Ausführung der gepriesenen Gottestaten unseretwegen geschehen zu sein (Δοκεῖ γάρ μοι τῶν ὑμνουμένων ἁπασῶν θεουργίων ἡ πραγματεία περὶ ἡμᾶς γεγονέναι)." EH 88,1 f (436C) (Heil, leicht verändert). Das Credo, das in Kürze wichtigste Stationen der Heilsgeschichte, d.h. Schöpfung, Inkarnation, Passion, Auferstehung, zusammenfasst, könnte somit auch als Danksagung für eben diese Heilstaten verstanden werden.

346 Vgl. EH 80,18–81,2 (425CD); 88,10–13 (437A).

347 EH 88,13–15 (437A) (Heil).

andeutet.[348] Die darauf folgende Lesung nennt die Toten, die nach einem heiligen Leben in die Seligkeit eingegangen wären. Derartige Lesungen (Diptychen) waren verbreitet und wurden zu unterschiedlichen Momenten in der Liturgie vollzogen;[349] sie führten Dionysius zufolge zu einer „seligen Verfassung (μακαρίστην ἕξιν)" und dienten so als Handreichung (χειραγωγοῦσα).[350]

Wenn Hierarch und Priester zur Handwaschung vor die auf dem Altar stehenden Symbole Brot und Wein treten,[351] kommt mit diesem Ritus das mit der Einigung verbundene Moment der Reinigung in den Blick; diejenigen, die die heiligen Handlung ausführen wollen, müssen „ihre Seele auch von den letzten Wahnvorstellungen (τὰς ἐσχάτας τῆς ψυχῆς φαντασίας) gereinigt haben".[352] Eben diese Reinheit von allen die Seele herrschenden Trugbildern ist Voraussetzung für die Empfänglichkeit gegenüber den Gotteserscheinungen (τὰς θεοφανείας); die Seelen müssen reinen Spiegeln gleichen, in die der göttliche Glanz klarer eingehen kann.[353]

Das Hochgebet der Eucharistie selbst beschreibt Dionysius mit den folgenden Worten: „Jetzt besingt der Hierarch die geheiligten Werke Gottes, dann vollzieht er in geheiligter Handlung das Göttlichste und stellt, was er besungen, vor Augen in Form der in geheiligter Weise ausgestellten Symbole (Καὶ τὰς ἱερὰς θεουργίας ὁ ἱεράρχης ὑμνήσας ἱερουργεῖ τὰ θειότατα καὶ ὑπ' ὄψιν ἄγει τὰ ὑμνημένα διὰ τῶν προκειμένων συμβόλων). Er stellt die Geschenke der göttlichen Werke (θεουργιῶν) vor, schreitet selbst zur geheiligten Gemeinschaft mit ihnen und lädt die anderen dazu ein"[354] Die Wandlung ist hier in verhüllenden Worten ausgedrückt, kein Satz oder Gebet wird genau bezeichnet, wie es bei Dionysius üblich ist. Mit dem Ausdruck ‚vor Augen führen' muss Dionysius die Elevation von Brot und Wein meinen. Die Gottestaten (*theourgiai*) können also nicht bloß mit Worten gepriesen, sondern auch in der Verdichtung von Brot und Wein regelrecht vor Augen gestellt und angeschaut werden. Bevor er seine Ausführungen zur Bedeutung von *theourgia* beginnt, möchte Dionysius die „hierar-

---

348 Vgl. EH 88,13–21 (437AB).
349 Zu den Diptychen, vgl. Wildt 1999; vgl. auch zu weiterführender Literatur, Campbell 1981: Anm. 110, 150–152.
350 EH 88,24 (437B) (WMS).
351 Vgl. EH 81,3 (425D).
352 EH 89,12–90,8 (440AB) (Heil).
353 Vgl. EH 90,1–3 (440B).
354 EH 81,5–9 (425D). In der *theôria* (EH 90,9 f (440B) (Heil) heißt es: „So eines Wesens mit den göttlichen Gegenständen geworden, besingt der Hierarch die geheiligten Werke Gottes und vollzieht in geheiligter Handlung das Göttlichste. Dann führt er den Inhalt seines Gesangs der Gemeinde vor Augen (Οὕτω τοῖς θείοις ὁ ἱεράρχης ἑνοῦται καὶ τὰς ἱερὰς θεουργίας ὑμνήσας ἱερουργεῖ τὰ θειότατα καὶ ὑπ' ὄψιν ἄγει τὰ ὑμνημένα)." Vgl. auch EH 92,17 (444A), wo er ein weiteres Mal dieselbe Formulierung wählt: ἱερουργεῖ τὰ θειότατα καὶ ὑπ' ὄψιν ἄγει τὰ ὑμνημένα.

chische Inspiration (τὴν ἱεραρχικὴν ἐπίπνοιαν)" als Helfer anrufen,[355] nachdem er zuvor schon Christus und das Sakrament selbst angerufen hat. Die Taten Gottes (*theourgiai*), die in der Eucharistiefeier mit Worten gepriesen werden, sind eine Erinnerung der Heilsgeschichte.[356] Es geht um den Sündenfall oder Abfall des Menschen von Gott, Gottes Menschenfreundlichkeit, seine Menschwerdung und die Befreiung und Erlösung des Menschen.[357]

Das Geschenk, das der Mensch durch diese Teilhabe des Göttlichen am Menschlichen erhält, ist die „Gemeinschaft (κοινωνίαν)" am Göttlichen und Anteil (μετόχους) am Schönen, Befreiung (ἠλευθέρωσεν) von den Leidenschaften (παθῶν); sie „zeigt uns eine Anagogie in das Überkosmische und eine gotterfüllte *politeia* in unseren heiligen auf sie ausgerichteten Angleichungen, soweit das möglich ist (ἀναγωγὴν ἡμῖν ὑπερκόσμιον ὑποδείξασα καὶ πολιτείαν ἔνθεον ἐν ταῖς πρὸς αὐτὴν ἡμῶν ἱεραῖς κατὰ τὸ δυνατὸν ἀφομοιώσεσιν)".[358] Begriffe wie „Gemeinschaft", „Befreiung", „Anagogie" und „Angleichung" sind zentral für das dionysische Denken und tauchen auch in anderen Kapiteln auf. Teilzugeben und teilzuhaben, emporzuführen und emporgeführt zu werden ist das Zentralmotiv des dionysischen Hierarchiemodells; die Befreiung durch Christus wurde schon in der *theôria* zur Taufe thematisiert, ebenso wie die *politeia*, der der Täufling in seiner Taufe beitritt. All diese Grundelemente der ‚Hierarchie' führt Dionysius an dieser Stelle auf das Wirken Gottes selbst, insbesondere auf die Inkarnation zurück und knüpft hierdurch ein enges Band zwischen *Theurgie* und *Hierourgie*.[359] Die Gottestaten, insbesondere die Gottestaten Jesu, also die Menschwerdung müssen in Erinnerung gerufen werden, um zur Gottnachahmung zu gelangen. Diese Erinnerung ist praktisch, sie ist eine Erneuerung in den hierarchischen *Hierologien* und *Hierourgien*, eine Wiederholung und erneute Durchführung in heiligen Worten und heiligen Taten im Rahmen der ‚Hierarchie', der kirchlichen Ordnung, der Liturgie. Die Erinnerung muss aktualisiert werden, dadurch dass die entsprechenden Riten vollzogen werden, wie Dionysius in Anspielung auf Jesu Wort beim Abendmahl (Lk 22,19) sagt; und durch ebendiese Wiederholung im Ritus kann der Mensch sich zunehmend Gott angleichen.

---

355 EH 90,14 f (440C) (WMS).

356 Vgl. Campbell 1981: Anm. 177, S. 166. Die folgenden Ausführungen zur *theourgia* stellen sich weniger als Exkurs über die Willensfreiheit dar, wie Heil 1986b: Anm. 49, S. 169 meint, denn als eine Darstellung der Heilsgeschichte, die man als Paraphrase der Gebete, die Dionysius nicht wiedergibt, begreifen kann.

357 Vgl. EH 90,16–92,1 (440C-441C).

358 EH 91,13–92,1 (441BC) (WMS).

359 EH 92,2–4 (441C) (WMS): „Wie könnte das Gottnachahmende für uns anders (gebildet) werden als durch die Erinnerung der hochheiligen Gotteswerke (*theourgiai*), die immer wieder in den hierarchischen heiligen Worten (*hierologiai*) und heiligen Handlungen (*hierourgiai*) erneuert wird?"

An dieser Stelle bezeichnet Dionysius die Wandlung als „ihre symbolische heilige Handlung (τὴν συμβολικὴν αὐτῶν ἱερουργίαν)"[360]. Die Symbole repräsentieren Christus[361], und zugleich sind sie Christus. Dionysius hat nicht die Vorstellung von Realpräsenz, wie sie später entwickelt wird,[362] dennoch sind Brot und Wein nicht bloße Zeichen, die nur auf das Bezeichnete verweisen. Vielmehr ist in diesem alten Symbolverständnis das Symbolisierte im Symbol da.[363] Die Symbole bezeichnen Christus, und wer an ihnen teilhat, hat an ihm teil.[364]

Zurschaustellung und Verteilung von Brot und Wein deutet Dionysius christologisch, im Vordergrund der Deutung steht die Menschwerdung und nicht wie in der westlichen Kirche die Passion. Der Akzent dieser Deutung liegt auf der Sichtbarwerdung des Verborgenen, der Verteilung des Einen und der Einung des Verteilten; die Verteilung von Brot und Wein an alle Teilnehmer ist als symbolische Vervielfältigung der Einheit zu verstehen, die in Christus gegründet ist, insofern er „durch den Eingang in unser menschliches Wesen (ἐνανθρωπήσει) aus Güte und Menschenliebe in das Zusammengesetzte und Sichtbare hervorgetreten [ist], ohne sich zu verändern"[365]. Hierdurch hat er eine Gemeinschaft mit den Menschen hergestellt, so dass diese nun „wie die Glieder mit einem Körper mit ihm verbunden werden"[366]. Die Anteilhabe an dem einen Brot – ein Körper – stellt die Einheit wieder her, wie ähnlich auch die Teilnahme am Psalmengesang. Dies bringe der Hierarch zum Ausdruck, wenn er die Verteilung der Eucharistie vollziehe. Christus selbst wird in der Eucharistiefeier den Teilnehmenden vor Augen gestellt, die Zurschaustellung von Brot und Wein ist Darstellung der Menschwerdung selbst, insofern Jesus darin in das sichtbare Menschenleben hineintritt.[367]

---

360 EH 92,10 (441D) (WMS). Die Übersetzung von Heil („zu ihrer symbolischen Darstellung in der heiligen Handlung") ist ungenau, da von einer Darstellung bei Dionysius nicht gesprochen wird.

361 Vgl. EH 90,5 (440B) (Heil): „vor den hochheiligen Symbole als wie vor Christus".

362 Zu dieser Frage, vgl. u. a.. Switkiewicz 2000: 8; dort auch weitere Literatur.

363 Wie Golitzin (Golitzin 1990: 319) und Perl (Perl 1994: 340) richtig gegen Wesche (Wesche 1989: 67) hervorheben.

364 Vgl. EH 89,6–8 (437C) (Heil): „Wenn die verehrungswürdigen Symbole, durch die Christus bezeichnet und empfangen wird, auf den göttlichen Altar gelegt werden (τῶν σεβασμίων συμβόλων, δι' ὦ ὁ Χριστὸς σημαίνεται καὶ μετέχεται)".

365 EH 92,22–93,1 (444A) (Heil).

366 EH 93,3 (444B) (Heil).

367 Vgl. EH 93,14–17 (444C) (Heil, leicht verändert): „Er zeichnet nämlich damit, indem er Jesus den Christus sinnlich vor Augen stellt, unser geistiges Leben wie in einem Bild, ihn, wie er aus der Verborgenheit im göttlichen Bereich durch vollständigen Eintritt in unser Menschenleben, ohne sich jedoch damit zu vermischen, aus Menschenliebe eine Gestalt von uns annimmt (Διαγράφει γὰρ ἐν τούτοις αἰσθητῶς ὑπ' ὄψιν ἄγων Ἰησοῦν τὸν Χριστὸν τὴν νοητὴν ἡμῶν ὡς ἐν εἰκόσι ζωὴν ἐκ τοῦ κατὰ τὸ θεῖον κρυφίου τῇ παντελεῖ καὶ ἀσυγχύτῳ καθ' ἡμᾶς ἐνανθρωπήσει φιλανθρώπως ἐξ ἡμῶν εἰδοποιούμενον)".

Bei der Austeilung erhält zuerst der Hierarch Anteil an den Gaben, worauf er wiederum den anderen Anteil geben kann.[368] Da in diesem Mitteilungssystem nur derjenige Anteil geben kann, der selbst empfangen hat, weil die Erkenntnis- und Heilmitteilung stufenweise abläuft, muss zunächst er selbst von den Gaben nehmen.[369] Die Teilhabe und Teilgabe der eucharistischen Gaben gleicht der Ausstrahlung der Sonne. Feinere, durchsichtigere Substanzen füllten sich mit dem Licht und leiteten dies dann an weniger durchsichtige weiter.[370] Die Anforderung an die Leiter der ,Hierarchie' sind hoch; nur wenn sie selbst ganz rein sind, können sie ihre Vermittlungsfunktion ausüben; ihre *hexis* spielt eine entscheidende Rolle.[371]

Der letzte Akt des Gottesdienstes ist eine Danksagung; die „Gaben der Gottestaten" werden erkannt und besungen (τὰς τῶν θεουργιῶν ἀναλόγως ἐπιγνοῦσα καὶ ὑμνήσασα χάριτας). Erkenntnis und Lobpreis gehören Dionysius zufolge zusammen; wer zu dieser Erkenntnis gelangt, kann nicht anders als danken. Dieser Danksagung verweigern sich diejenigen, die die Gnadengaben Gottes nicht kennen wollen. Weil sie sich dieser Danksagung entziehen, bleiben sie auch „unzugänglich für die unendlichen Gaben der Gottestaten"[372]

> „'Kostet und sehet', sagt die Schrift. Denn durch die geheiligte Einweihung in die göttlichen Geheimnisse werden die Eingeweihten die reichlichen Gnadengaben erkennen, in der Teilhabe die in höchstem Maß göttliche Erhabenheit und Größe in völliger Heiligung erschauen und dankbar die überhimmlischen Wohltaten der Urgottheit/des Gottesprinzips besingen."[373]

Der eucharistische Ritus ist in der Sicht des Dionysius nicht nur ein tiefsinniger, sondern auch ein *viel-sinniger* Handlungsvollzug in dem Sinne, dass an der Wahrnehmung des Göttlichen der Mensch mit allen seinen Sinnen beteiligt wird. Kosten und sehen dürfen die Eingeweihten, und hierin erkennen sie die Gaben, sie haben Anteil, sie schauen und preisen Gott. Neben dem an dieser Stelle herausgestellten Gesichts- und Geschmackssinn kommt das Gehör und seine Wirkung vor allem in den einführenden Teilen der Liturgie zum Tragen. Der Gesichtssinn spielt auch in der Myronweihe neben dem Geruchssinn eine wichtige Rolle. Die Bedeutung des Geschmackssinns ergibt sich hier indirekt aus der Form des Ritus, in dem Brot gegessen und Wein getrunken wird. Die verschiedenen Sinne wirken nicht getrennt. Wenn von den ,Bildern' die Rede ist, so sind sie zugleich Schau-, Hör- und Kostbilder. Diejenigen, die von „diesen

---

368 In EH 81,12 (428A) ist von einer beseligenden Gedankenschau des Hierarchen die Rede.
369 Vgl. EH 93,23–94,35 (444D-445A).
370 Vgl. EH 94,5–8 (445A).
371 Vgl. EH 94,8–10 (445AB).
372 EH 94,13–18 (445BC) (Heil).
373 EH 94,18–22 (445C) (Heil, leicht verändert).

heiligen Weihen" „überhaupt nichts läuten"[374] hören, „sehen nicht einmal ihre bildlichen Darstellungen"[375]. Gehör und Gesichtsinn werden in einen engen Zusammenhang gebracht: wer nicht hört, sieht auch nichts. Ein weiterer Zusammenhang der Sinne ist der zwischen „Schau" (θέα oder ἐποψία) und „Teilnahme" (κοινωνία)[376]. Zuzuschauen und teilzuhaben, das heißt Brot und Wein zu sehen und zu empfangen, gehört zusammen, und beides wird gegenüber den Uneingeweihten eingeschränkt. Die Eucharistie ist ein Vollzug der Einung, auch insofern sie die Teilnehmer mit Geist und Sinnen in die gemeinsame Wahrnehmung des Göttlichen hineinführt.

IV. Myronweihe

Als letztes der drei Sakramente betrachtet Dionysius die Myronweihe, das μυστήριον τελετῆς μύρου[377], eine Weihe, die von gleichem Rang sei wie die Eucharistiefeier.

Myron ist ein wohlriechendes Öl, das in der Ostkirche[378] zu besonderen Salbungen und Weihen verwandt wird. Im Orient spielen Öl und Salbungen generell eine wichtige Rolle[379], Salbungen als Zeichen der Gastfreundschaft oder als Mittel der Körperpflege waren verbreitet und fanden auch Eingang in die Texte des Alten Testament und der Kirchenväter.[380] Eine tiefere Bedeutung als das einfache Öl hat das wohlriechende heilige Öl, das vor allem zu Salbungen heiliger Gegenstände und zur Salbung des Königs, der Propheten und Priester verwandt wurde.[381] So verlangt im Buch Exodus Gott von Moses, dass er ein „heiliges Salböl" aus Olivenöl und zahlreichen Spezereien, u. a. Myrrhe[382] herstellen soll, um mit diesem Öl das heilige Zelt, die Bundeslade und weitere Gerätschaften zu salben.[383]

---

374 Lampe, 184: ἀπερισάλπιγκτος anaroused by the trumpet; unsummoned to the mysteries, uninitiated, ignorant; einziger Nachweis ist diese Stelle.

375 EH 84,22 f (432C) (Heil).

376 EH 86,6 (433C); 87,10 f (436B).

377 Kap. IV; EH 95,1–104,2 (472D-485B).

378 Auch die Westkirche kennt ein besonderes Salböl, das jedoch nicht wie im Osten mit wohlriechenden Substanzen versetzt ist.

379 Vgl. Cothenet 1982: 788 f: „La place tenue par l'huile dans l'alimentation, la toilette et la médecine explique que les rites d'onction jouent un rôle important dans la vie sociale et religieuse de l'ancien Orient". Vgl. Lesêtre 1908: 2163.

380 Vgl. Cothenet 1982: 789; Lesêtre 1908: 2167.

381 Vgl. Cothenet 1982: 790–793.

382 Ein aromatisches, bitteres Gummiharz.

383 „Du aber nimm dir wohlriechende, auserlesene Spezerei: fünfhundert Lot von selbst ausgeflossene Myrrhe, halb so viel Zimmet, also 250 Lot, ferner 250 Lot Würzrohr und fünfhundert Lot Kassia, nach heiligem Gewicht, dazu ein Hin Olivenöl, und mache

Anders als viele Autoren es vermuten,[384] behandelt das 4. Kapitel der *Kirchlichen Hierarchie* nicht die Firmung; ein von der Taufe getrenntes Sakrament der Firmung kennt Dionysius nicht. Salbung und Verleihung des Geistes finden direkt im Anschluss an die Taufe und vor der ersten Teilnahme an der Eucharistie statt. In diesem 4. Kapitel geht es hingegen um die Weihezeremonie des Myron selbst und um einige seiner Verwendungen.

Die Beschreibung, die Dionysius von dieser Weihe gibt, ist noch knapper als die der Eucharistie, mit der sie in weiten Teilen übereinstimmt.[385] Am Anfang steht der „wohlriechende Umgang des Hierarchen", d. h. ein Umgang des Bischofs mit Weihrauch vom Altar ausgehend durch den Raum zum Altar zurück. Darauf folgen Psalmengesänge und Schriftlesungen, nach denen die Uneingeweihten den Kirchenraum verlassen müssen. Zur eigentlichen Weihe des Myron schreibt Dionysius nur, dass der Hierarch das Myron „verhüllt von zwölf geheiligten Flügeln"[386] auf den Altar stelle, während alle „das geheiligte Lied" sängen, und dass er ein Gebet spreche.[387]

Diese Bilder (εἰκόνας) möchte Dionysius in ihrer Ordnung ins Auge fassen und sich „durch die hierarchischen Betrachtungen der Teile zu dem Einen an ihr" „emporführen" lassen (πρὸς τὸ ἓν αὐτῆς διὰ τῶν μερῶν ἱεραρχικαῖς θεωρίαις ἀναχθησόμεθα).[388] „Bilder" sind die genannten Teile und einzelnen Szenen der Liturgie. Ihre Betrachtung soll emporführen, und zwar emporführen, wie Dionysius schreibt, zu *ihrem* Einen, das heißt dem Einen der Zeremonie, mit andern Worten ihrem geistigen Gehalt und ihrer Bedeutung.

In der *theôria* der Myronweihe steht wie bei der Eucharistie, in einem einführenden Schritt die äußere Form der Liturgie im Blick,[389] so wie sie die einfachen Teilnehmer der Liturgie wahrnehmen. Was sie wahrnehmen, ist eine

---

daraus ein heiliges Salböl, ein Gemisch von Würzwerk, wie es der Salbenmischer bereitet; ein heiliges Salböl soll es sein. (καὶ ποιήσεις αὐτὸ ἔλαιον χρῖσμα ἅγιον, μύρον μυρεψικὸν τέχνῃ μυρεψοῦ· ἔλαιον χρῖσμα ἅγιον ἔσται)" (Ex 30,23–25) – Mit diesem Salböl soll Moses das heilige Zelt, die Lade und weitere Gerätschaften salben (Ex 30,26–29).

384 Vgl. z.B. Stiglmayr 1895a: 282 f; Stiglmayr 1911b: Anm. 1 zu EH, S. 146; Campbell 1981: 196, S. 170.

385 Vgl. EH 95,9–17 (473A).

386 Hierzu vgl. Stiglmayr 1911b: Anm. 2 zu EH, S. 146 f, der auf eine Abbildung bei Kraus verweist (vgl. Kraus 1882: 530, Abb. 188): „Ähnlich dem hier abgebildeten Flabellum, das am Ende eines Holzschaftes einen Engelkopf mit sechs Flügeln zeigt und als Fächer diente, um bei der Feier der Eucharistie die Fliegen zu verscheuchen und die Hitze zu mildern, dürften die figurenartig gebildeten Deckel gewesen sein, mit denen nach D. das Myron zugedeckt war." Vgl. Leclercq 1923: 1610–1625, Abb. 4473 zeigt ein Flabellum, mit dem Bild eines Seraphs. Vgl. hierzu auch die Hinweise bei Campbell 1981: Anm. 198, S. 170 f.

387 EH 95,9–17 (473A) (Heil, leicht verändert).

388 EH 95,5–7 (472D) (WMS).

389 Vgl. EH 95,19–97,3 (473B-476A).

Verborgenheit. Denn das Myron steht verhüllt von zwölf Flügeln, die, wie es später heißt, die Seraphim bezeichnen,[390] auf dem Altar. Um diesen stehen Priester, evtl. einige Liturgen (Diakone)[391], während die Laien in größerer Entfernung teilnehmen; anders als in der Eucharistiefeier wird ihnen das Symbol nicht vor Augen gestellt. Sie sehen nur die Hülle, in der das Myron verborgen ist. Und sie riechen es.

Auf diese Anordnung nimmt Dionysius in seiner Betrachtung Bezug. Die „schönen und wohlriechenden Ähnlichkeiten des verborgenen Gottes", bzw. das „entsprechend dem Geist Heilige[] und Wohlriechende[]" sollen von den „heiligen" oder „göttlichen" Männern verborgen werden.[392] Es ist anzunehmen, dass Dionysius mit ihnen die Priester und den Bischof meint, die das Myron vor den Blicken der Uneingeweihten schützen, indem sie sie aus dem Raum weisen, und vor denen der Laien, indem sie ihnen keinen ungehinderten Blick auf das Myron gestatten.

Dionysius spricht von der „unverwandte[n] und nicht abgelenkte[n] Schau auf die wohlriechende und verborgene Schönheit"[393]. Im Kontext der Myronweihe kann mit dieser Schau nur eine konzentrierte Betrachtung des Myron auf dem Altar gemeint sein, dem Schönheit zukommt und Wohlgeruch und das – „von zwölf Flügeln" – verborgen ist. Genauer gesagt wird also nicht das Myron selbst betrachtet, sondern das geflügelte Gefäß, in dem es verborgen ist. Der Begriff der „Schau" (*theôria*) bezeichnet an dieser Stelle nicht nur, bzw. nicht primär eine Reflexion oder geistige Betrachtung, er wird jetzt nicht übertragen, sondern in der Grundbedeutung von Schau mit den Augen verwandt. Es handelt sich um ein konzentriertes Sehen, eine Aufmerksamkeit in der Konzentration auf das Geschehen auf dem Altar. Eine solch konzentrierte Schau auf das Myron wird von allen Teilnehmern der Weihe verlangt. Die Laien schauen aus der Entfernung auf das verhüllte Myron auf dem Altar, seinen Duft empfangen sie nur abgeschwächt. Die Priester und der Bischof hingegen stehen direkt um das Myrongefäß, riechen es also intensiver als die Laien. Folgt man dieser Deutung, so richtet sich der Text an die ganze Gemeinde, nicht an den Klerus allein. Alle sollen konzentriert das Geschehen auf dem Altar anschauen und sich in unabgelenkter Schau darin versenken.

Obwohl sie nur indirekt, durch Schau und Geruch, mit dem Myron in Verbindung kommen, erfahren sie eine Verwandlung, genauerhin eine Bildwerdung ihrer Seele. Um diese Bildwerdung, diese Bildung der Seele geht es im Malergleichnis, das im Zentrum des ersten Abschnitts der *theôria* steht. Eingeleitet wird es mit den Worten:

---

390 Vgl. EH 99, 23 (480B): ἐν τῇ τῶν πτερῶν δυοκαιδεκάδι σημαίνεται.
391 Wenn der Ablauf dem der Eucharistiefeier entspricht.
392 EH 95,20–22 (473B) (WMS).
393 EH 96,9 f (473C) (WMS).

„Unbefleckt sind nämlich die verborgenen und übergeistig wohlriechenden Schönheiten/Harmonien Gottes, und geistig erscheinen sie allein den Denkenden, gleichförmig wollen sie die durch Tugend in der Seele entstandenen unverdorbenen Bilder haben."[394]

Die Gleichförmigkeit zwischen der Seele und der geistigen Schönheit, von der Dionysius hier spricht, ist platonisch-neuplatonisches Erbe, die Idee nämlich von der Erkenntnis des Gleichen durch das Gleiche.[395] Dionysius geht jedoch einen Schritt weiter und verbindet diese Vorstellung mit dem christlichen Gedanken vom Menschen als Bild Gottes. Dem Schöpfungsbericht aus dem Buch Genesis (Gen 1,26 f) zufolge ist der Mensch nach dem Bilde Gottes geschaffen. Dionysius spricht daher vom *agalma:*

„Wenn das Bild (ἄγαλμα) nämlich das Unbeschreibliche der gottförmigen Tugend gut nachgeahmt hat, schaut es auf jene geistige und wohlriechende Schönheit und prägt (τυποῖ) und bildet sich (διαπλάττει) hin auf die schönste Nachahmung (μίμημα)."[396]

Unterschieden wird zwischen *agalma* und schönstem *mimêma* und nicht zwischen *nach dem Bilde* und *nach dem Gleichnis*, wie es in der Tradition der Genesis-Stelle üblich ist. Das von Gott geschaffene Bild (*agalma*), sein Selbst, soll sich zum Bild (*mimêma*) ausbilden. Der erste Schritt dieser Bildwerdung ist die Nachahmung der göttlichen Tugend; Ausbildung der Tugend und ethische Formung bilden die Grundlage der weiteren Angleichung an Gott. Dionysius hebt die Ausbildung in der Tugend dadurch hervor, dass er sie zu einer Nachahmung „des Unbeschreibliche[n] der gottförmigen Tugend" erhöht.

Auf die Gestaltung der Tugend folgt in einem zweiten Schritt die Ausbildung zur „schönsten Nachahmung". Vorbild dieser Ausformung ist die „wohlriechende geistige Schönheit", auf die der Mensch blicken und nach der er sich gestalten muss. Seine nachahmende Tätigkeit kennzeichnet Dionysius mit Ausdrücken, die an bildhauerische Tätigkeit erinnern (*typoi, diaplattei*), führt die Analogie zum Bildhauer, die vor allem durch Plotin ihre bekannte Formulierung erhalten hat,[397] jedoch nicht weiter aus, sondern konzipiert die Seelenbildung als Malerei.

„Und gleichwie bei den sinnlichen Bildern, wenn der Maler auf das Urbild unverwandt hinsieht und sich nichts anderem Sichtbaren zuwendet oder sich auf irgend etwas hin zerstreut, er das zu malende, was es auch sei, wenn man so sagen darf, verdoppelt und das eine im anderen zeigt abgesehen vom Unterschied im Wesen, so schenkt den das Schöne liebenden Malern im Geiste die unverwandte

---

394 EH 95,2396,2 (473B) (WMS).
395 Vgl. zu diesem Grundsatz Müller 1965; Merki 1952.
396 EH 96,2–5 (473B) (WMS).
397 Vgl. Plotin, Enn. I 6 [1] 9,7–15.

und nicht abgelenkte Schau auf die wohlriechende und verborgene Schönheit das beständige und gottförmigste Bild (ἴνδαλμα)."[398]

Zwei Momente der Malertätigkeit hebt Dionysius besonders hervor. Ungeteilte Aufmerksamkeit muss der Maler seinem Gegenstand widmen und darf sich keinen anderen Dingen zuwenden. Was er dann auf der Tafel schafft, ist gewissermaßen eine Verdopplung seines Objekts, das ein weiteres Mal zu sehen ist, jedoch nicht in gleicher Weise wie das Urbild. Ein Unterschied der *ousia*, des Wesens bleibt zwischen Bild und Urbild bestehen, da in dem einen Fall der Mensch aus Fleisch und Blut und im anderen aus Farben und Holz besteht.

Für den Maler der Seele folgt hieraus, dass er nicht von der „Schau auf die wohlriechende geistige Schönheit" ablassen und seinen Blick von etwas anderem einfangen lassen darf. Ganz konzentriert – „unabgelenkt", „unverwandt" – muss er auf das Vorbild seiner nachahmenden Tätigkeit schauen. Bildwerdung ist das Ergebnis dieser Schau, Anähnlichung an das Vorbild, die Herstellung eines Bildes, das so sehr nach Gottes Gestalt ist, wie es möglich ist (θεοειδέστατον)[399].

Zuletzt konzentriert sich Dionysius auf die Schau der Priester und des Bischofs, wenn er schreibt: „Vielmehr erschauen sie in geheiligter Weise wie in einem Bild in dem göttlichen Öl die heiligsten Geheimnisse der Kirche." Sie achten nicht auf den „Schein", „sondern auf das, was wirklich ist".[400] Die Schau auf das Öl eröffnet ihnen Einblicke in die Geheimnisse, in das Göttliche. In eben dieser Konzentration auf die Geheimnisse und das Verborgene finden sie auch das wahrhaft Seiende und Gute, und sie wenden sich vom Schein ab. Darin seien sie „göttliche Abbilder (ἀγάλματα)" und „wahre Bilder (εἰκόσιν)"[401], d. h. in ihnen ist das höchste Maß an Gottebenbildlichkeit erreicht.

Nach der Betrachtung dieser äußeren Form, möchte Dionysius zur göttlicheren Schönheit gelangen, denn die Teilnahme an der Liturgie ist gestuft, und nicht allen Teilnehmenden ist der gleiche Zugang möglich:

> „Nachdem wir die äußere Harmonie der ganzen schönen heiligen Handlung betrachtet haben, wollen wir den Blick auf ihre noch göttlichere Schönheit lenken und schauen, was sie für sich ist, wenn die Vorhänge zurückgezogen sind, und wie sie ihren beseligenden Glanz sichtbar ausstrahlt und uns mit dem Wohlgeruch erfüllt, der denkenden Wesen nicht verhüllt ist."[402]

---

398 EH 96,5–11 (473BC) (WMS).
399 Die Übersetzung als „gottgleich" von G. Heil erweckt den Eindruck, als könne die Differenz zwischen Gott und Mensch aufgehoben werden.
400 EH 96,15–22 (473D-476A) (Heil).
401 EH 96,23. 97,2 (476A) (WMS).
402 EH 97,4–8 (476B) (Heil): Φέρε δὴ λοιπὸν ἐπειδὴ τὴν ἐκτὸς εὐπρέπειαν ἐθεασάμεθα τῆς ὅλης καλῆς ἱερουργίας, εἰς τὸ θειότερον αὐτῆς ἀποβλέψωμεν κάλλος, αὐτὴν ἐφ' ἑαυτῆς ἀποκαλυψαμένην τὰ παραπετάσματα, θεώμενοι τὴν μακαρίαν ἀποστίλβουσαν ἐμφανῶς αἴγλην καὶ τῆς ἀπερικαλύπτου τοῖς νοεροῖς ἀποπληροῦσαν ἡμᾶς εὐωδίας.

Es ist eine platonische und neuplatonische Vorstellung, die sinnliche Schönheit
als Abbild oder Abglanz der eigentlichen, wahren, geistigen Schönheit zu begreifen. So führt ein Weg von der sinnlichen Schönheit zur geistigen Schönheit,
indem die Seele von den schönen Dingen und schönen Körpern über schöne
Taten und Erkenntnisse zum Verständnis einer schönen Seele und schließlich
zur Erfahrung der eigentlichen Schönheit gelangt.[403]

Zu einer solch göttlicheren Schönheit möchte Dionysius gelangen, jedoch
findet sich diese bei ihm in der heiligen Handlung, die sichtbar ist:

> „Denn die sichtbare Handlung der Ölweihe (ἡ φαινομένη τοῦ μύρου τελεσιουργία)
> ist auch der Umgebung des Hierarchen nicht unzugänglich oder ihren Augen
> entzogen. Im Gegenteil: Bis zu ihnen kommt sie durch und gewährt ihnen Einsicht
> über das hinaus, was der Masse faßlich ist."[404]

Es wird nicht die geistige Schönheit und geistige Deutung gegen eine äußere
Schönheit gestellt, vielmehr stehen zwei Grade der Schau einander gegenüber.
Den Laien bleibt das Myron durch „Rätselfiguren mit Flügeln"[405] verborgen, die
Priester hingegen sehen die ganze heilige Handlung und das Myron in seinem
Gefäß. Eben gerade die Schau desjenigen, was den anderen verborgen bleibt,
verschaffe ihnen tiefere Einsichten. Einerseits wird hier die gestufte Teilnahme
an der ‚Hierarchie' unterstrichen und andererseits hervorgehoben, dass auch für
die höchste Art der Teilnahme die Schau der sichtbaren Form und Schönheit
entscheidend ist. In dieser sichtbaren Schönheit kommt den Schauenden eine
tiefere Einsicht zu. Ihre Wirkung wird von Dionysius als ‚Erfüllung' mit
Wohlgeruch und „beseligende[r] Glanz" bezeichnet, was die Frage nach der Art
dieser Schönheitserfahrung oder -erkenntnis aufwirft.

Die Myronweihe gehöre wie die Eucharistie zu den Vollendungszeremonien
und sei daher mit den gleichen Bildern (εἰκόσιν) ausgestattet worden, denn sie
habe den gleichen Rang und sei wirkungsgleich (ὁμοταγῆ καὶ ταὐτουργὸν).[406]
Dionysius erwähnt nur kurz den Umgang des Hierarchen mit Weihrauch und
wendet sich dann den Psalmengesängen und Schriftlesungen zu, die den Uneingeweihten „Hebammendienste" leisteten, sie reinigten und zur Umkehr
bewegten. Nicht nur auf die Uneingeweihten, sondern auch auf die Eingeweihten und weit in der Reinigung und Erleuchtung Fortgeschrittenen haben
diese Lesungen und Gesänge eine eindrückliche Wirkung, sie gestalten die *hexis*
und führen zu Schau und Einung,[407] sind also nicht bloß ein pädagogisches
Mittel für die einfachen Mitglieder der ‚Hierarchie'.

---

403 Vgl. Plotin, Enn. I 6 [1].
404 EH EH 97,8–11 (476B) (Heil).
405 EH 97,16 f (476C) (Heil).
406 EH 97,21 f (476C).
407 Vgl. EH 97,28–98,13 (476D-477B).

Auf den Ausschluss der Unreinen, den Dionysius bei der Betrachtung der Eucharistie ausführlich besprochen hat,[408] geht er in diesem Zusammenhang nicht näher ein, wendet sich vielmehr gleich der eigentlichen Weihe des Öls zu:

> „Wir wollen also sagen, dass die Zusammensetzung des Myron eine Sammlung wohlriechender Stoffe ist, die in sich selbst in reichlichem Maße wohlriechende Eigenschaften hat, durch die die Teilnehmenden wohlriechend werden gemäß der Entsprechung der Quantität der ihnen gewordenen Teilhabe am Wohlriechenden"[409].

Die Teilhabenden (οἱ μετασχόντες) nehmen das Myron durch den Geruchssinn oder die Haut auf, d. h. über ihre Sinne, sei es dass sie gesalbt werden, sei es dass sie es bei der Weihe riechen. Auch Altar und Wasser, die mit diesem Öl gesalbt werden, werden durch direkte Berührung mit ihm verwandelt.

Das Symbol des Myron hat für Dionysius sowohl eine christologische als auch eine erkenntnistheoretische Dimension:

> „Nun sind wir aber überzeugt, daß der gotturprünglichste Jesus überwesenhaft wohlriechend ist und unser Denkorgan durch Austeilung von Denkbarem mit göttlicher Lust erfüllt. Wenn nämlich die Wahrnehmung sinnlicher Wohlgerüche Wohlbefinden verursacht und bei gleichzeitiger reichlicher Lustempfindung unseren Geruchssinn (τὸ τον ὀσφραντῶν ἡμῶν διακριτικόν) speist – vorausgesetzt, das Geruchsorgan ist ungeschädigt und spricht auf Wohlduftendes entsprechend an –, entsprechend könnte man sagen, daß auch die Kräfte unseres Denkens, wenn sie nicht von einer Neigung zum Minderwertigen geschwächt sind, in der natürlichen Stärke des Unterscheidungsorgans in uns – in dem Maß, in dem Gotteswirkung in uns möglich wird und unser Denken sich entsprechend zum Göttlichen hingewandt hat – den Wohlgeruch des Gottesprinzips wahrnehmen und sowohl mit geheiligtem Wohlbefinden als auch mit allergöttlichster Speisung erfüllt werden."[410]

Wohlgeruch verursacht Lust, sofern der Geruchssinn dafür empfänglich ist. Die Empfänglichkeit des Geruchssinns und das Lustempfinden durch Wohlgeruch vergleicht Dionysius mit der Kraft des Denkens und der Lust, die durch die Gotteserkenntnis erlangt wird. Wie der Geruchssinn intakt sein muss, so darf auch das Denken nicht geschwächt, d. h. zum Niederen und von Gott abgewandt sein. Ist der Sinn dafür gegeben, verursache die Gotteserkenntnis ein geheiligtes „Wohlbefinden" und sogar „Speisung", eine „geistige Nahrung (τροφῇ νοητῇ)"[411]. Derjenige, der erkennen möchte, muss die entsprechende Aufnahmefähigkeit besitzen, d. h. er muss bereit und willens sein, Gott zu erkennen.

---

408 EH 98,14–19 (477BC).
409 EH 98,23–26 (477C) (WMS). Λέγωμεν τοίνυν, ὡς ἡ τοῦ μύρου σύνθεσις συναγωγή τίς ἐστιν εὐπνόων ὑλῶν ἐν ἑαυτῇ πλουσίως ἔχουσα ποιότητας εὐόσμους, ἧς οἱ μετασχόντες εὐωδιάζονται κατὰ τὴν ἀναλογίαν τοῦ ποσοῦ τῆς ἐγγενομένης αὐτοῖς τοῦ εὐώδους μεθέξεως.
410 EH 98,26–99,8 (477CD) (Heil, leicht verändert).
411 EH 99,13 (480A) (WMS).

Christus wiederum beschreibt er als „überwesenhaft wohlriechend", das heißt als den, der eben dem menschlichen Denken diese höchste Erkenntnis und ihren Genuss zukommen lässt.[412] Wie Brot und Wein in der Eucharistie ist auch das Myron Bild Christi. Die Verbindung zwischen Wohlgeruch und Christus stellt schon Paulus her,[413] ohne dies jedoch in irgendeinen Zusammenhang mit Salbungen oder dem Myron zu bringen.[414] Bei Dionysius heißt es:

> „So zeichnet (ὑπογράφει) uns also die symbolträchtige Zusammensetzung (σύνθεσις) des Öls sozusagen in Gestaltung des Gestaltlosen (ἐν μορφώσει ἀμορφώτων) ihn, Jesus, als Fülle, aus der die göttlichen Wohlgeruchsempfindungen quellen, der nach den Verhältnissen des Gottesprinzips in die Gott am nächsten stehenden denkenden Wesen die göttlichen Duftausstrahlungen verbreitet."[415]

Mit der „Gestaltung des Gestaltlosen (ἐν μορφώσει ἀμορφώτων)" meint Dionysius zum einen die sichtbare Gestalt des unsichtbaren Duftes, zum anderen ist diese Gestaltung des Gestaltlosen aber auch ein Bild Christi, dessen unsichtbare göttliche Natur in seiner sichtbaren menschlichen Natur eine Gestalt findet. Der Charakter des Myron erlaubt es Dionysius, es als ein Bild der Inkarnation aufzufassen. In diesem christologischen Zusammenhang wird somit auch verständlicher, weshalb Dionysius die „Zusammensetzung (σύνθεσις)" und „Versammlung (συναγωγή)" des Öls hervorhebt.[416] Was das Myron angeht, so handelt es sich um die Zusammensetzung von Verschiedenem, woraus sich eine Harmonie ergibt, die Wohlgeruch verströmt. Übertragen auf Jesus kann dies nur seine erleuchtende und erlösende Kraft meinen, die aus seiner Überfülle dem Menschen zukommt.

Sodann wird das flügelförmige Gefäß, in dem das Myron verborgen auf dem Altar steht, in die Deutung einbezogen. Die Flügel stellen die Seraphim dar, die Christus umgeben, da sie als Engel dem göttlichen Wohlgeruch näher stehen als die Menschen und für ihn empfänglicher sind.[417] Sie bilden gewissermaßen das

---

412 Das Ausströmen des Geruchs und sein Genuss verwendet Plotin nicht als Bild der Erkenntnis, sondern als das des Ausströmens des Seins, vgl. Plotin, Enn. V 1 [10] 6,31–38.

413 „Gott aber sei Dank, der uns in Christus allezeit triumphieren lässt und den Geruch seiner Erkenntnis (τὴν ὀσμὴν τῆς γνώσεως) durch uns an jedem Ort offenbart. Denn wir sind für Gott ein Wohlgeruch Christi (Χριστοῦ εὐωδία) unter denen, die gerettet werden, und unter denen, die verloren gehen, den einen ein Geruch aus Tod zum Tod, den anderen ein Geruch aus Leben zum Leben" (2 Kor 2, 14–16).

414 Vgl. auch Gregor von Nyssa, In canticum canticorum I (GNO 34,15–18; Homilien: 144, 22–25): „Ebenso ist auch der Duft der göttlichen Salböle kein Duft, der durch die Nase empfunden wird, sondern durch ein geistig zu verstehendes, immaterielles Vermögen, das mit dem Einziehen des Geistes zugleich den Wohlgeruch Christi mit einzieht." Auch hier wird keine Verbindung zur Myronweihe gezogen.

415 EH 99,8–12 (480A) (Heil, leicht verändert).

416 EH 98,23 (477C) (Heil).

417 Vgl. EH 99,15–24 (480B).

Gefäß Christi. An dieser Stelle fügt Dionysius in seine Überlegungen eine längere Reflexion über die Eigenschaften der Seraphim ein, wie er sie in *Über die himmlische Hierarchie* behandelt. Ihr ständiger Lobpreis Gottes, ihre sechs Flügelpaare und ihr feuriges Wesen finden Erwähnung.[418] Die Feurigkeit der Seraphim bringt er in Zusammenhang mit dem Myron:

> „Wenn also wirklich, wie die Übersetzer aus dem Hebräischen sagen, die göttlichen Seraphim von der Gotteskunde Entzünder und Erhitzer genannt werden, mit einem Namen, der die in ihrem Wesen begründete Verfassung zeigt, dann haben diese nach der symbolischen Bildersprache Kräfte, das göttliche Öl in Bewegung zu versetzen, womit sie es in Erscheinung treten lassen und wirksamere Duftaus-strahlungen hervorrufen (τοῦ θείου μύρου κατὰ συμβολικὴν εἰκονογραφίαν ἀνακι-νητικὰς ἔχουσι δυνάμεις εἰς ἔκφανσιν αὐτὸ καὶ δραστικωτέρων ἀτμῶν διάδοσιν ἐκκαλουμένας)."[419]

Ihre Wärme rege das Öl an, setze es in Bewegung und verstärke seine Duft-strahlung. In Form des Flügelgefäßes umgeben die Seraphim das Myron, und da sie Entflammer sind, erhitzen sie auch das Myron. Es stellt sich die Frage, ob diese Deutung nur von der bildlichen Bedeutung der Seraphim ausgeht, oder ob das Myron tatsächlich in ein erhitztes Gefäß gegeben wurde, um eine höhere Duftwirkung zu erzielen.[420] Auf jeden Fall verhüllen die Engel das Myron und lassen es riechbar werden. Damit kommen sie ihrer Mittlerfunktion nach, denn sie verbergen es und machen es zugleich wahrnehmbar. Sie sind Gefäß und Vermittler Christi.

Nach der Betrachtung des Myrongefäßes kommt Dionysius auf die Funk-tion des Öls zu sprechen. Das Myron werde zu jeder Weihe verwandt, da das, was heilig ist, heilige.[421] Das Taufwasser wird mit Myron geweiht, nach der Taufe wiederum der Täufling. Durch die Taufwasserweihe stelle der Hierach „den betrachtenden Augen dar (ὑπ' ὄψιν ἄγει τοῖς θεωρητικοῖς ὀφθαλμοῖς)", dass Jesus bis in den Tod hinabsteigt, „eintaucht" und die Getauften aus dem Ab-grund des Todes mit sich heraufzieht. Das Eingehen des Öls in das Wasser, wird

---

418 Vgl. EH 99,25–101,12 (480C-481C).

419 EH 101,10–15 (481D-484A) (Heil).

420 Zur Vorstellung einer von Cherubim und Seraphim bei der Eucharistiefeier, vgl. Jo-hannes Chrysostomos, On repentance, Homily 9, S. 127: „When the priest says: ‚Let us lift up our mind and our hearts,' [...]. The Mystical Table is prepared, the Lamb of God is sacrificing Himself for you, the priest is struggling on your behalf, spiritual fire is gushing forth from the undefiled Table, the Cherubim are standing by and the Seraphim are flying, the six-winged creatures are covering their faces, all the bodiless powers together with the priest are interceding on your behalf, the spiritual fire is descending, the blood from the Immaculate Side is emptying into the vessel for your purification, and you are not afraid, you do not blush, and you are found a liar at that terrible moment?"

421 Vgl. EH 102,4–7 (484A).

als Hineintauchen Jesu in den Tod gedeutet, aus dem er die Getauften daraufhin mit sich herausziehen könne.[422]

Die Salbung des Täuflings nach der Taufe versteht Dionysius als Verleihung des Hl. Geistes. Das Myron steht im christlichen Denken seit jeher in enger Verbindung zum Heiligen Geist, insbesondere, was die Salbung nach der Taufe angeht – ein Gedanke, der im späteren Sakrament der Firmung ins Zentrum gerückt wird.[423] Schon im AT bedeutete die Salbung und Weihe eines Menschen, dass dem Geweihten der Geist Gottes verliehen wurde. Dionysius betont an vielen Stellen die enge Verbindung des Myron zu Christus; auch dort, wo er von der Verleihung des Geistes spricht, führt er dies auf Christus zurück, der selbst „nach Menschenart geheiligt wurde" und nun den „Geist (πνεύματι)" auf die Menschen herableitete.[424] Christus ist im griechischen Wortsinn der *Gesalbte* (χριστός).

Auch der Altar wird mit Myron geweiht und geheiligt. Die Worte „heilig" und „göttlich" und verschiedenste Ableitungen (Heiligung, Heiligkeit, geheiligt, vollkommen heilig, allerheiligst, gotterfüllt, Gotteswirkung, göttlichst etc.) begegnen in diesem Textabschnitt auffällig häufig. Unterstrichen wird so in eindringlicher Weise die Heiligungswirkung des Myron.[425] Der Frage, wie es zu verstehen sei, dass der Altar, der Christus ist, mit dem Myron, das auch Christus ist, geweiht wird, geht Dionysius nicht aus dem Wege: „Der vollkommen heilige Jesus heiligt sich für uns und erfüllt uns mit Heiligkeit, weil die an ihm vollzogenen Weihen nach dem Heilsplan weiter auf uns als Gottes Kinder nach dem Prinzip der Güte übergehen."[426] Die Heiligungswirkung und die Weitergabe der Heiligung stehen im Zentrum aller Weihen. Nicht nur die Taufe, sondern auch die Eucharistie ist eng mit der Myronweihe verbunden, insofern die Weihe von Brot und Wein nur auf dem vorher geweihten Altar möglich ist. Die Weihewirkung des Myron wird somit auch zur Grundlage der anderen Sakramente

---

422 EH 102,8–16 (484B) (WMS).

423 Vgl. Wolinski 1982: 807. Vgl. z. B. Origenes, De princ. II, 6,4: „Car être oint ‚avec l'huile de l'allégresse' ne signifie rien d'autre qu'être rempli de l'Esprit saint".

424 EH 102,17–22 (484C).

425 EH 102,23–103,9 (484D-485A) (Heil): „Auch das bedenke im Sinn der Hierarchie, daß auch die geheiligte Weihe des göttlichen Altars nach der Ordnung der allerheiligsten Weihen durch die vollkommen heiligen Besprengungen mit geheiligtem Öl vollzogen wird. Es kommt aber die göttliche Wirksamkeit von jenseits des Himmels und des Seins; sie ist der Ursprung und das Wesen und die weihewirkende Kraft jeder Heiligung durch Gotteswirkung bei uns. Denn wenn unser göttlichster Altar Jesus ist, die Heiligung der göttlichen Gedanken im Namen des Gottesprinzips, auf (bzw. in) dem wir, heilig gemacht und als Opfer verbrannt, wie das WORT sagt, den Zugang haben, dann laßt uns mit über die Sinnenwelt hinausdringenden Augen betrachten, was es zu bedeuten hat, daß eben der göttliche Altar, auf dem, was geweiht werden soll, geweiht und geheiligt wird, von eben dem göttlichen Öl geweiht wird."

426 EH 103,4–12 (484D-485A) (Heil).

und Weihen. Alles, was geheiligt und geweiht werden soll, muss mit dem wohlriechenden Öl geweiht werden. Mittler der Weihewirkung ist das wohlriechende Myron, es stiftet sozusagen eine Zirkulation der Sakramente.[427]

Wenn bei der Eucharistie neben der überall wirksamen Tätigkeit des Gehörs, das Zusammenspiel von Gesicht und Geschmack (Schauen und Kosten) im Zentrum steht, so kommen mit der Myronweihe der Geruchs- und der Tastsinn (Salbung) ins Spiel. Nimmt man die von Dionysius besprochenen Sakramente zusammen, so handelt es sich also um eine *viel-sinnige* Wahrnehmung der Gottheit, eine Erkenntnis des Einen, die die ganze Vielfalt der fünf Sinne des Menschen (theologisch und theurgisch) in den Dienst nimmt und zur Geltung kommen lässt.

V. Einweihende Hierarchie

Nachdem Dionysius mit den drei Sakramenten die ‚Hierarchie' als System heiliger Handlungen behandelt hat, wendet er sich in den Kapiteln V und VI dem Aufbau der kirchlichen Gemeinschaft zu. Erst also nachdem er das für dieses Gemeinwesen konstitutive Handlungssystem dargelegt hat, werden die es tragenden Organe eigens zum Thema gemacht. Die *politeia*, in die der Täufling Eingang findet, wird in diesen Kapiteln ihrer Struktur und Funktion nach erläutert. Die Gliederung der kirchlichen ‚Hierarchie' in Analogie zur himmlischen spielt hierbei eine wichtige Rolle; „Unordnung, Disharmonie, Verwirrung" soll die kirchliche ‚Hierarchie' ausschließen und stattdessen „Harmonie, Ordnung und Stabilität" aufweisen.[428]

Untersucht werden sollen die „Ränge der Priester und ihre Bestimmungen, ihre Kräfte, Wirksamkeiten und Vollendungen (τὰς ἱερατικὰς τάξεις τε καὶ ἀπο-κληρώσεις δυνάμεις τε αὐτῶν καὶ ἐνεργείας καὶ τελειώσεις)"[429].

Bevor er sich dieser Frage widmet, reflektiert Dionysius die Dreiteilung der ‚Hierarchie', die auch Strukturmerkmal der himmlischen Hierarchie mit ihren dreimal drei Engelordnungen ist. An oberster Stelle stehen in der kirchlichen ‚Hierarchie' die Weihen, d.h. die Sakramente, die Dionysius in den drei vorangegangenen Kapiteln behandelt hat. Den mittleren Rang nehmen die Eingeweihten und Einweihenden ein, den dritten Rang jene, die eingeweiht werden. Es handelt sich hierbei um die schon aus der Behandlung der Sakramente bekannten Ordnungen der einweihenden ‚Hierarchie', d.h. Hierarch (Bischof), Priester, Liturg (Diakon), und die der einzuweihenden ‚Hierarchie', d.h. Ka-

---

427 Vgl. EH 107,23–25 (505B).
428 EH 104,6–10 (500D) (Heil).
429 EH 104,4 f (500D) (Heil, leicht verändert).

techumenen, Energoumenen, Büßer, heiliges Volk und darüber hinaus die Mönche, die bislang noch nicht als eigener Stand erwähnt worden sind.

Als Ziel der ‚Hierarchie' wird auch hier wieder das Denken (νόησιν) Gottes und die gottnachahmende Verfassung (ἕξιν) genannt.[430] Wissen und Formung des Verhaltens gehören in dieser Gestaltung des Menschen zusammen. Als Vermittler, d. h. „Führer zum Licht und Geleiter zu dieser geheiligten Vollendung" fungieren die himmlischen Ordnungen, die zuerst Erkenntnis in das Göttliche erhalten und diese an die ihnen Untergeordneten weiterleiten.[431] Himmlische und kirchliche ‚Hierarchie' bilden zusammen einen Kosmos der Heils- und Erkenntnismitteilung, die von Gott ausgehend über die Stufen der himmlischen Hierarchie bis hin zur kirchlichen geleitet wird und diese wiederum zu einer größeren Gottähnlichkeit emporführt.

Unter der himmlischen Hierarchie gibt es Dionysius zufolge zwei irdische Hierarchien. Zeitlich an erster und unterster Stelle steht die „Hierarchie nach dem Gesetz", die dem Alten Bund entspricht, während die „Hierarchie bei uns" eine höhere Stufe der Einweihung darstellt. Sie entspricht dem Neuen Bund. Die historische Aufeinanderfolge der beiden Hierarchien durchbricht das Hierarchienschema insofern, als die gesetzliche ‚Hierarchie' nicht im eigentlichen Sinne unter der kirchlichen ‚Hierarchie' steht, da diese sie ablöst. Die beiden Hierarchien sind in diesem Fall, anders als die Engelhierarchien, nicht zeitunabhängig.

Das Bild, das die gesetzliche ‚Hierarchie' vom Urbild darbietet, ist ein entferntes, dunkles und rätselhaftes.[432] In ihrem Ziel jedoch verweist diese ‚Hierarchie' schon auf die kirchliche ‚Hierarchie', denn sie dient der Emporführung zu einer geistigeren Form der Gottesverehrung: „Das Weiheziel dieser Gesetzeshierarchie besteht in der Hinführung zum geistigen Gottesdienst (ἡ πρὸς τὴν πνευματικὴν λατρείαν ἀναγωγή)."[433]

Die kirchliche ‚Hierarchie' nimmt eine Mittelstellung zwischen der gesetzlichen und der himmlischen ein: „Sie hat mit der einen die geistigen Schauungen gemein, mit der anderen, dass auch sie durch sinnlich wahrnehmbare Symbole vielfarbig/vielfältig wird und durch diese in geheiligter Weise zum Göttlichen emporgeführt wird (τῇ μὲν κοινωνοῦσα ταῖς νοεραῖς θεωρίαις, τῇ δὲ ὅτι καὶ συμβόλοις αἰσθητοῖς ποικίλλεται καὶ δι' αὐτῶν ἱερῶς ἐπὶ τὸ θεῖον ἀνάγεται)."[434] Die kirchliche ‚Hierarchie' ist gekennzeichnet durch geistige Schau und durch die Verwendung sinnlicher Symbole. In dieser ihrer Mittlerstellung entspricht sie der Natur des Menschen, der als Körperwesen der sinnlichen Vermittlung

---

430 EH 104,17 f (501A).
431 EH 104,18–20 (501AB) (Heil).
432 Vgl. EH 105,5–9 (501BC).
433 EH 105,9 f (501C) (Heil).
434 EH 105,20 f (501D) (WMS).

der Erkenntnis bedarf und der als Geistwesen zur Schau gelangen soll. Emporführen sollen auch hier die Symbole, die kirchliche ‚Hierarchie' führt die Emporführung der gesetzlichen ‚Hierarchie' fort.

Nicht nur die gesamte ‚Hierarchie' ist dreigeteilt, sondern auch die drei Stufen sind jeweils wieder in drei Ordnungen geteilt. Auf der Ebene der heiligen Handlung (ἱερουργία) nennt Dionysius hier in aufsteigender Reihenfolge „Reinigung (κάθαρσιν)", „erleuchtende Einweihung (φωτιστικὴν μύησιν)" und „Vollendung (τελείωσιν)".[435] Die Zuordnung dieser drei Tätigkeiten zu den drei Sakramenten ist schwierig, da Dionysius der Taufe Reinigung und Erleuchtung zuordnet und Eucharistie und Myronweihe als Vollendungszeremonien bezeichnet.[436] Hier jedoch ordnet er diese drei Tätigkeiten klar den drei Ordnungen der einweihenden und der einzuweihenden ‚Hierarchie' zu. Die jeweils untersten Stufen sind reinigend, bzw. werden gereinigt, die mittleren erleuchten oder werden erleuchtet und die obersten vollenden oder werden vollendet.[437]

Das eigentliche Thema dieses Kapitels ist die Organisationsstruktur der einweihenden ‚Hierarchie'. Die Gliederung der ‚Hierarchie' in verschiedene Stufen begründet Dionysius zunächst noch einmal damit, dass die Weitergabe des Wissens und der Erkenntnis stufenweise verlaufen muss, beginnend bei denen, die dem Göttlichen näher stehen. „Verständlicherweise entlässt also der Ursprung und Grund aller unsichtbaren und sichtbaren guten Ordnung die Strahlen mit göttlicher Wirkung zuerst in die mehr gottartigen Geister, und durch diese hindurch, weil sie durchsichtiger und zum Empfang und zur Weitergabe von Licht speziell von ihrer Natur aus geeignet, leuchtet er in die niedriger Stehenden hinein und zeigt sich ihnen ihrer Aufnahmefähigkeit entsprechend."[438]

Die oberste Ordnung ist die der Hierarchen. Es gibt in diesem System nicht nur einen Hierarchen, auf den die gesamte kirchliche ‚Hierarchie' ausgerichtet ist, sondern viele einzelne, denen jeweils eine ‚Hierarchie' zugeordnet ist. Offenbar denkt Dionysius hier nicht an eine zentral organisierte Kirche, sondern an kleinere Gemeinschaften, selbstständige Ortskirchen, die jeweils einem Bischof unterstehen. Alle diese Hierarchien sind auf Jesus hin ausgerichtet, eine oberste irdische Instanz – z. B. ein Papst – gibt es nicht.[439]

Vom Hierarchen geht alle Heiligungswirkung aus, die in der ‚Hierarchie' wirksam wird. Insbesondere wird diese Heiligungswirkung durch das Myron übertragen, da dieses vom Hierarchen geweiht und danach zur Altarweihe und

---

435 EH 106,4–8 (504AB) (Heil).
436 EH 106, 18–20 (504BC) (Heil): „daß zur Neugeburt aus Gott Reinigung und erhellende Erleuchtung gehören, zu Versammlung und Ölweihe vollkommen machendes Wissen und Erkenntnis der Heilstaten Gottes."
437 Vgl. EH 106,8–16 (504B).
438 EH 107,2–6 (504D) (Heil).
439 Vgl. EH 107,13–17 (505AB).

zur Taufwasserweihe verwandt wird. So wird auch den Priestern ermöglicht, die Riten der Taufe und der Eucharistie zu vollziehen. Ferner weiht der Bischof die Priester, so dass auch auf diesem Wege die Heiligungswirkung fortgetragen wird.[440] Zusammenfassend schreibt Dionysius: „Der Rang der Hierarchen ist mit vollendender Kraft erfüllt (τῆς τελειωτικῆς δυνάμεως ἀναπεπλησμένη) und weiht nur, was Vollendung in der Hierarchie wirkt (τὰ τελεσιουργὰ τῆς ἱεραρχίας ἐκκρίτως τελετουργοῦσα), und weiht offenbarend in die Erkenntnis des Heiligen ein (τὰς ἐπιστήμας τῶν ἱερῶν ἐκφαντορικῶς μυοῦσα) und lehrt die diesen entsprechenden heiligen Verhaltensweisen und Kräfte (ἐδιδάσκουσα τὰς ἀναλόγους αὐτῶν καὶ ἱερὰς ἕξεις τε καὶ δυνάμεις)."[441] Der Hierarch überträgt die Heiligung durch den sinnlichen Kontakt der Salbung, und er weiht in das Wissen ein, vermittelt dieses den ihm untergeordneten Stufen, und er lehrt auch den diesem Wissen entsprechenden Habitus (*hexis*). Wiederum stehen ethisches Verhalten und Gestaltung des Menschen in engen Zusammenhang mit der Erlangung von Wissen. Das Wissen ist ohne die entsprechende Haltung nicht zu gewinnen.

Der Rang der Priester führt zum Licht (Ἡ δὲ τῶν ἱερέων φωταγωγικὴ τάξις), er führt die Laien zur Schau der Weihen und vollzieht diese auch selbstständig durch die heiligen Symbole, zu deren Schau und Gemeinschaft die Teilnehmer geführt werden sollen. Wer nach weitergehender Vollendung strebt, d. h. die Mönche, wird zum Hierarchen weitergeschickt.[442] Die dritte Ordnung ist die der Diakone, der Liturgen (Ἡ δὲ τῶν λειτουργῶν τάξις), deren Aufgabe die Reinigung ist und denen die Stände zugeordnet sind, die auf die Taufe, bzw. auf die Wiederzulassung zur Eucharistie vorbereitet werden.

Auf die Betrachtung der Stände folgt die der dazugehörigen Weihen, die anders als die Sakramente nicht τελετή (*teletê*) genannt werden, sondern τελείωσις (*teleiôsis*).[443] Es geht also um die für jede Ämterhierarchie wichtige

---

440 Vgl. EH 107,23–108,1 (505BC) (WMS, Heil): „Denn wenn auch von den Priestern einige der heiligen Symbole vollzogen werden, so wird der Priester doch niemals die heilige Gottesgeburt ausführen/wirken ohne das göttlichste Öl und wird nicht die Geheimnisse der göttlichen Gemeinschaft vollenden, wenn nicht die Gemeinschaftssymbole auf den göttlichsten Altar gelegt sind. Aber auch der Priester selbst wird nicht Priester sein, wenn ihn nicht die Weihe durch den Hierarchen in dieses Amt berufen hat." Εἰ γὰρ καὶ πρὸς τῶν ἱερέων τελοῦνται τινα τῶν σεβασμίων συμβόλων, ἀλλ᾽ οὔποτε τὴν ἱερὰν θεογενεσίαν ὁ ἱερεὺς ἐνεργήσει τοῦ θειοτάτου μύρου χωρὶς οὐδὲ τὰ τῆς θείας κοινωνίας τελέσει μυστήρια μὴ τῷ θειοτάτῳ θυσιαστηρίῳ τῶν κοινωνικῶν ἐπιτεθέντων συμβόλων. Ἀλλ᾽ οὐδ᾽ αὐτὸς ἱερεὺς ἔσται μὴ πρὸς τῶν ἱεραρχικῶν τελειώσεων εἰς τοῦτο κεκληρωμένος.

441 EH 108,5–8 (505CD) (Heil, verändert).

442 Vgl. EH 108,8–16 (505D-508A).

443 EH 110,9 f (509A). Der Begriff *teletê* bezeichnet eines Ritus, insbesondere einen Einweihungsritus und wird in eben dieser Hinsicht auch für die christlichen Sakramente verwandt (Lampe, 1389 f). Der Ausdruck *teleiôsis* hingegen bedeutet „Vollendung", „Vervollkommung", „Weihe".

Frage der Auswahl der Weiheträger, die nur als Ritus gedacht werden kann. Allen drei Weihen ist gemein, dass die Weihekandidaten vor dem Altar vor dem Hierarchen knien, der ihnen die Hand auflegt. Jeder wird mit dem Kreuzzeichen bezeichnet, sein Name wird ausgerufen, und er erhält den Friedenskuss. Unterschiede bestehen in der Art der Kniebeuge. Während der Hierarch beide Knie beugt und die Bibel auf dem Kopf hat, beugen die Priester nur beide Knie und die Liturgen (Diakone) bloß eines.[444] Wer sich tiefer beugt, wird tiefer eingeweiht. Da der Altar Christus symbolisiert oder *ist*, treten sie gleichsam zu Christus hin und zeigen so ihren Entschluss zu einem reinen und gottgeweihten Leben.[445] Die Handauflegung bezeugt zum einen den Schutz Gottes, unter den die Geweihten gestellt werden, zum anderen stellt sie die Geweihten unter den „Befehl" Gottes, nach dem sie ihre priesterlichen Handlungen vollziehen sollen. Schutz und Auftrag in einem ist diese Handauflegung.[446] Das Kreuzzeichen markiert die Geweihten als Gleichartige Christi. Es ist „das Bild seiner eigenen Sündlosigkeit" und fordert die Bezeichneten zu einem Leben auf, das sündlos und frei von fleischlichen Begierden ist und das sich nach dem „menschlichen göttlichsten Leben Jesu" richtet.[447] In der Lebensgestaltung wird von den Weihekandidaten ein vollkommen reines Leben verlangt, wie es auch das Hintreten zum Altar zum Ausdruck bringt. Dieses reine Leben wird als Nachgestaltung des Lebens Jesu begriffen, dem die Kandidaten ähnlich werden sollen. Grund für die Forderung nach besonderer Reinheit ist die Vorstellung von der Weitergabe von Heil und Erkenntnis. Nur wer rein ist, kann diese empfangen und dann wiederum weitergeben, er ist wie ein reiner Spiegel.

Der Ritus der Namensanrufung lehrt laut Dionysius, „daß der von Gott geliebte Weihespender Sprachrohr [Offenbarer] der Erwählung durch das Gottesprinzip ist und nicht aus eigener Gnade von sich aus die Kandidaten zur Priesterweihe führt, sondern zu allen Weiheakten in der Hierarchie von Gott bewogen wird."[448] Die Wahl und Weihe eines Kandidaten in ein bestimmtes Amt wird nicht als menschliche Entscheidung, sondern als göttliche Wahl begriffen.[449] Unser „gotturspünglichster erster heiliger Weihespender (ὁ θεαρχικὸς ἡμῶν καὶ πρῶτος ἱεροτελεστής)" ist Jesus, der „größte Menschenfreund (ὁ

---

444 Vgl. EH 110,10–24 (509AC).
445 Vgl. EH 111,10–15 (509D).
446 EH 111,16–21 (512A) (Heil).
447 EH 111,21–26 (512AB) (Heil, WMS).
448 EH 112,2–4 (512B) (Heil, leicht verändert).
449 Dionysius führt hier mehrere Beispiele aus der biblischen Tradition an, nämlich die Weihe Aarons durch Moses, die Weihe der Jünger durch den Hl. Geist und die Wahl des Matthias als Ersatz für Judas. Moses warte mit der Wahl seines Bruders Aaron, bis Gott ihn dazu aufforderte, Christus weihe die Jünger nicht selbst, sondern überlasse dieses Gottvater und dem Hl. Geist, und Matthias werde durch göttliches Los bestimmt; vgl. EH 112,4–23 (512B-513A).

φιλανθρωπότατος)", der sich nicht selbst verherrlicht, sondern von Gott verherrlicht wird und der eben um der Menschen willen dieser Weihespender wird.[450] Auf Christus, den ersten *hierotelestês*, lässt sich somit jede Weihewirkung zurückführen, bzw. auf den Vater, dem Christus es überlässt, durch den Geist die Jünger zu weihen. Hierdurch werden sie zu den ersten Hierarchen.[451] Von ihnen ausgehend kann die Weihewirkung fernerhin weitergegeben werden; die Weihe wird durch die Zeit weitergetragen, denn jeder Hierarch wird durch einen Hierarchen geweiht, also durch den Bischof einer anderen Ortskirche, der wiederum von einem anderen Hierarchen geweiht worden ist. Die ganze Sukzessionskette aber ist durch Christus in Gott selbst aufgehängt.

Der Friedenskuss, die letzte heilige Handlung der Weihe, offenbart die Gemeinschaft (κοινωνίαν) der gleichartigen Geister und ihre gemeinsame Freude an der göttlichen Schönheit, zu dem der Geweihte gelangt ist.[452] In Dionysius' Deutung des Friedenskusses fließen offenbar neuplatonische Elemente mit ein, insbesondere, was die Bedeutung der Schönheit und den Zusammenhang zwischen Liebe und Schönheit angeht.[453]

Nach der Deutung der Elemente, die allen drei Weihen gemeinsam sind, kommt Dionysius zu den Besonderheiten der einzelnen Weihen.

Der Hierarch trägt bei seiner Weihe die Hl. Schrift auf dem Haupt, denn er „wird uneingeschränkt Anteil haben an jeder Kraft, die in der Hierarchie wirksam ist, zugleich auch in das wahre, von Gott selbst überlieferte Wissen über alle geheiligten Worte und Handlungen im Rahmen der Hierarchie (πασῶν δὲ τῶν ἱεραρχικῶν ἱερολογιῶν τε καὶ ἱερουργιῶν τὴν ἀληθῆ καὶ θεοπαράδοταν ἐπιστήμην) eingeweiht werden" und er wird den anderen im entsprechenden Maß hieran Anteil geben.[454] Die Schrift ist das Zeichen des Wissens um alle heiligen Handlungen und Worte, d. h. das Wissen all dessen, was in der Liturgie vollzogen und gesprochen wird. Darüber hinaus offenbart die Schrift (*logia*) „jedes Gotteswort, Gottestat, Gotteserscheinung, heiliges Wort, heilige Handlung, mit einem Wort alle göttlichen und heiligen Werke und Worte (πάσης θεολογίας θεουργίας θεοφανείας ἱερολογίας ἱερουργίας, ἑνὶ λόγῳ πάντων τῶν θείων καὶ ἱερῶν ἔργων τε καὶ λόγων)"[455]. Mit der Schrift auf seinem Haupt trägt der Hierarch das Wissen um alle göttlichen und heiligen Werke und Taten. Die Schrift umfasst hiermit nicht nur die eigentliche Überlieferung der Bibel, d. h.

---

450 EH 112,8–11 (512C) (Heil, leicht verändert) mit Bezug auf Hebr. 5,5.
451 Vgl. EH 112,18 f (512D), wo er von Petrus und der hierarchischen Zehnzahl spricht.
452 Vgl. EH 113,6–15 (513B).
453 Vgl. hierzu Plotin, Enn. I,6 [1], aber auch Dionysius' Überlegungen zur Schönheit in DN 150,15–159,20 (701C-712B). Heil (Heil 1986b: Anm. 29, S. 176) verweist ferner auf eine Parallele zu Proklos, In Parm. 679, 15 ff („final welcome, which signifies the union, the indivisible contact and fellowship in the divine joy").
454 EH 113,24–114,4 (513CD) (Heil).
455 EH 113,21–23 (513C) (WMS).

Altes und Neues Testament, sondern auch die weitere Überlieferung, insofern sie die Liturgie betrifft, denn sonst könnte Dionysius hier nicht von heiligen Worten und Handlungen sprechen. Die Liturgie selbst wird auf die Schrift zurückgeführt, denn göttliche und heilige Handlungen werden in eine enge Verbindung gebracht. Über dem Hierarchen, der an der Spitze der ‚Hierarchie' steht, liegen die *logia*, die eben all dieses Wissen enthalten, das der Hierarch kennen muss, um zur größtmöglichen Gottähnlichkeit zu gelangen und seine Mittlerfunktion erfüllen zu können.

VI. Einzuweihende Hierarchie

Im 6. Kapitel befasst sich Dionysius mit den Ordnungen der einzuweihenden ‚Hierarchie'. Politologisch gesprochen geht es hier nicht mehr um die Organe der Verwaltung dieses Gemeinwesens, sondern um das Volk, die Gemeinde, die in einem hierarchisch gestuften System aber wiederum als gestufte Ordnung von Ständen zu verstehen ist.

Die unterste Gruppe bilden diejenigen, die sich im Stand der Reinigung befinden, darüber steht das heilige Volk und an oberster Stelle die Mönche, die bislang im Text noch keine Erwähnung fanden. Bei der Unterscheidung zwischen der untersten Gruppe und dem heiligen Volk handelt es sich zunächst um eine Zweiteilung, wie sie sich aus der Anlage der Liturgiefeier ergibt. Diejenigen die vor der eigentlichen Weihehandlung – Eucharistie oder Myronweihe – den Kirchenraum zu verlassen haben, werden unterschieden von denjenigen, die daran teilnehmen dürfen. Binnendifferenzierungen der einzelnen Ordnungen werden nicht nach äußerlichen Merkmalen gefällt, sondern nach dem Grad der Einweihung und Erkenntnis. Stände wie die Witwen oder die Jungfrauen, die es in der Kirche gab, erwähnt Dionysius nicht. Es kommt ihm nicht auf ein äußeres Merkmal (verheiratet, verwitwet) an, sondern auf den Grad der Erkenntnis, wie es unter anderem seine Überlegungen zu der Wirkung der Lesungen erkennen lassen. Der Vorwurf mancher Autoren, Dionysius ignoriere bestehende Ordnungen der Kirche, um sie in sein Triadenschema zu pressen, ist in diesem Fall zumindest unbegründet, da sein Fokus nicht auf dem bürgerlichen Lebensstand, sondern auf dem Grad der Einweihung liegt.

In der Unterteilung der untersten Gruppe, die von den eigentlichen Weihehandlungen ausgeschlossen bleibt, nennt Dionysius wiederum die Gruppen, die er schon in seiner Analyse der Eucharistie erwähnt hatte: zuunterst die Katechumenen, dann die Energumenen und schließlich die Büßer, die unterschiedliche Grade der Abwendung von und der Rückkehr zu Gott darstellen. All diese verschiedenen Gruppen sind der Reinigungsarbeit der Liturgen

(Diakone) zugewiesen, die sie auf die Taufe, bzw. auf die erneute Teilnahme an den Weihen vorbereiten sollen.[456]

Der mittlere Stand ist das „heilige Volk (τὴν τοῦ ἱεροῦ λαοῦ τάξιν)", das zu Schau und Gemeinschaft der lichtvollsten Weihen zugelassen ist (τῆς ἱερᾶς τῶν φανοτάτων τελετῶν ἐποψίας καὶ κοινωνίας).[457] Dieser Stand ist den Priestern zur Erleuchtung zugeordnet und soll „in den Zustand und die Kraft der Schau durch die heiligen Handlungen überführt" werden und „an den ihr gemäßen göttlichen Symbolen" teilnehmen (ἐπὶ τὴν θεωρητικὴν ἕξιν καὶ δύναμιν ἱερουργικῶς μετάγεται καὶ κοινωνεῖ τοῖς κατ' αὐτὴν θειοτάτοις συμβόλοις).[458] Der Habitus, die *hexis* des heiligen Volkes, ist *theoretisch*, d.h. auf die Schau ausgerichtet, die Priester sollen es zu diesem Zustand und dieser Kraft führen. Ferner soll in ihnen eine göttliche Liebe zum Wissen (πρὸς τὸν θεῖον τῆς ἐπιστήμης αὐτῶν ἔρωτα)[459] geweckt werden; der Stand ist also keineswegs statisch, sondern dynamisch bewegt.

Das an der Liturgie orientierte Schema dieser Einteilung wird durchbrochen durch die Ordnung der Mönche. Nur mit einer komplizierten Konstruktion vermag Dionysius, sie in sein Schema zu integrieren. Sie stellen die höchste der drei Ordnungen der einzuweihenden ‚Hierarchie' dar. Da er sich in seinen bisherigen Ausführungen auf die Liturgie und ihre Teilnehmer beschränkt hatte und die Mönche dort keine besondere Rolle spielen, war bislang im Text von ihnen nicht die Rede.

> „Sie [d.h. die Ordnung der Mönche] ist in denkende Betrachtung und in die Gemeinschaft mit jeder heiligen Handlung, die sie schauen darf, eingetreten und wird den vollendenden Kräften der Hierarchen überwiesen, von deren gottvollen Erleuchtungen und den Hierarchen vorbehaltenen Überlieferungen belehrt über die von ihr geschauten Riten der geheiligten Weihehandlungen in ihrem Bereich und (wird) von deren geheiligter Wissenschaft ihrem Rang entsprechend zur höchsten Stufe der Vollkommenheit emporgeführt."[460]

Was für das heilige Volk gilt, gilt für sie in vollkommener Weise: Schau und Gemeinschaft (νοερᾷ θεωρίᾳ καὶ κοινωνίᾳ) mit den heiligen Handlungen. Sie werden von den Hierarchen selbst betreut und geleitet und scheinen diesen in ihrer Vollkommenheit fast gleichzukommen, Ziel ist die gottgeliebte Vollendung (φιλόθεον τελείωσιν).[461]

Zentral für sie ist das Moment der Einheit, das sich u.a. auch in ihrem Namen Mönche ‚*monachoi*, ‚Einzige' (μοναχούς) spiegelt, den Dionysius neben dem Namen *therapeutai* (θεραπευτάς) erwähnt. Ihr Leben soll ungeteilt und

---

456 Vgl. EH 115,4–17 (532AB).
457 EH 116,4–6 (532C) (WMS).
458 EH 115,22–116,1 (532BC) (Heil, leicht verändert).
459 EH 116,2 f (532C).
460 EH 116,9–14 (532D) (Heil).
461 EH 116,19 (533A).

einheitlich sein (ἀμερίστου καὶ ἑνιαίας ζωῆς) und sich so der höchsten Einheit Gottes (θεοειδῆ μονάδα) so weit wie möglich annähern.[462] Den Vielfältigkeiten des irdischen Lebens müssen die Mönche widerstehen.

Die Weihe der Mönche wird wie die der Priester mit dem Begriff *teleiôsis* und nicht *teletê* bezeichnet und so deutlich von den Sakramenten unterschieden. In ihrem Ritual beugen die Mönche die Knie nicht, sondern stehen bei der Weihe neben den Priestern. Sie sind nicht in das System eingebaut, sie kommen nur selbst zur Vollendung, befinden sich in einem „einförmigen und heiligen Zustand (ἐν μοναδικῇ καὶ ἱερᾷ στάσει)", führen aber nicht ihrerseits andere zur Vollendung.[463]

Der Mönchskandidat wird vom Priester gefragt, „ob er allen Zerstreuungen nicht nur im Leben, sondern auch in seinen Vorstellungen eine Absage erteilt (εἰ πάσαις ἀποτάσσεται ταῖς διαιρεταῖς οὐ μόνον ζωαῖς ἀλλὰ καὶ φαντασίαις)".[464]

> „Die Absage an die Zerstreuungen nicht nur des Lebens, sondern auch der Vor-stellungen zeigt die Höchststufe der Philosophie bei den Mönchen, die im Wissen von den einheitsstiftenden Geboten wirksam wird (Ἡ δὲ τῶν μεριστῶν οὐ μόνον ζωῶν ἀλλὰ καὶ φαντασιῶν ἀποταγὴ τὴν τελεωτάτην ἐμφαίνει τῶν μοναχῶν φιλοσο-φίαν ἐν ἐπιστήμῃ τῶν ἑνοποιῶν ἐντολῶν ἐνεργουμένην)."[465]

Die Mönche müssen ein einfaches Leben führen, sie dürfen sich nicht dem geteilten Leben und den vielfältigen Phantasien und Vorstellungen hingeben, die vor allem die Mitglieder des untersten Standes, aber auch zum Teil noch den mittleren Stand betreffen. Schon die Reinigung des untersten Standes bestand in der Reinigung von Phantasien, die notwendig für die (Wieder-)zulassung zu den Sakramenten ist. Hier ist ein noch größerer Zustand der Reinheit und der Freiheit von Phantasien gefordert. Vieles nämlich, was dem mittleren Stand erlaubt ist, ist den Mönchen verboten; in Enthaltsamkeit und Abkehr von Genüssen und Zerstreuungen stehen sie letztlich den Priestern näher als dem heiligen Volk. Diese Abkehr von einem weltlichen Leben wird als Einswerdung begriffen, wie sehr wird deutlich, wenn Dionysius kurz nacheinander von den „geeinten/einzigen Mönchen (τοῖς ἑνιαίοις μοναχοῖς)", der Ausrichtung auf das Eine (πρὸς τὸ ἕν), der Einswerdung (ἑνοποιεῖσθαι) und der Einzigkeit (πρὸς ἱερὰν μονάδα) spricht.[466] Die christliche Vorstellung von einem einfachen Leben der Mönche verbindet sich mit der neuplatonischen Idee der Einung.

Das Kreuzessiegel ist wie bei den Priesterweihen Zeichen dieser Abkehr von allen „fleischlichen Bedürfnissen"[467]. Und der folgende Ritus weist in eine

---

462 EH 116,16–18 (533A).
463 EH 117,3–6.17–20 (533ABC) (WMS).
464 EH 117,7 f (533B) (Heil).
465 EH 11723–25 (533D) (Heil).
466 EH 118,2 f (533D).
467 EH 118,6 f (536A) (Heil); 117,8–11 (533B).

ähnliche Richtung. Nach dem Kreuzessiegel schneidet der Priester dem Mönch unter Anrufung der Dreifaltigkeit die Haare ab,[468] was Dionysius als Bild nimmt für die Abkehr von äußeren Schönheiten, die eine Leere im Geist verdecken könnten. Ein „reines und einfaches Leben (τὴν καθαρὰν καὶ ἀσχημάτιστον ζωήν)", wie es der Mönch führen soll, bedarf keiner äußeren Schmückungen, denn er wird „nicht durch menschliche, sondern durch geeinte/einheitliche und einzige Schönheiten zum Gottähnlichsten emporgeführt (οὐκ ἀνθρωπικοῖς κάλλεσιν ἀλλ᾽ ἑνιαίοις καὶ μοναδικοῖς εἰς τὸ θεοειδέστατον ἀναγωμένην)"[469]. Jegliche Mittlerkraft des sinnlich wahrnehmbaren Schönen, wie Dionysius sie an anderen Stellen anzuerkennen scheint, lehnt er in diesem Zusammenhang ab. Nur die dem Einen entsprechende und damit geistige Schönheit leitet den Mönch empor, von aller sinnlichen Schönheit wendet er sich ab.

Der Ritus des neuen Gewandes, mit dem der Mönch bekleidet wird,[470] unterstreicht die Parallele der Mönchsweihe zur Taufe. Sie ist gewissermaßen eine zweite Taufe, zweite Wiedergeburt.[471] Alle heiligen Männer geben ihm als Zeichen der „Gemeinschaft (κοινωνίαν)" den Friedenskuss.[472]

Zum Schluss wird er geweiht „zum Teilhaber an den Geheimnissen des Gottesprinzips (κοινωνὸν [...] τῶν θεαρχικῶν μυστηρίων)"[473], und der Hierarch ruft ihn zur „Gemeinschaft (κοινωνίαν)", d. h. zur Eucharistie. In seiner Teilnahme unterscheidet der Mönch sich von den Mitgliedern des heiligen Volkes, denn er ist nicht nur zu Schau und Teilnahme an den Symbolen (οὐ θεωρητικὸς μόνον ἔσται τῶν κατ᾽ αὐτὸν ἱερῶν οὐδὲ κατὰ μέσην τάξιν ἐπὶ τὴν κοινωνίαν ἥξει τῶν ἱερωτάτων συμβόλων) zugelassen, sondern kommt „mit einer göttlichen Erkenntnis des Heiligen, an dem er Anteil hat (μετὰ θείας τῶν ὑπ᾽ αὐτοῦ μετεχομένων ἱερῶν γνώσεως), [...] auf andere Weise als das heilige Volk zur Teilnahme an der gottursprünglichen Gemeinschaft (ἐπὶ τὴν μετάληψιν ἥξει τῆς θεαρχικῆς κοινωνίας)".[474] Die Mönche gelangen zu einer tieferen, göttliche Erkenntnis vermittelnden Teilhabe. Sie kennen die Symbole der Riten, die Symbole von Brot und Wein, und wissen, was diese bedeuten und darstellen. Nicht nur der Priester, sondern auch der Mönch erhält nach seiner Weihe Anteil an der Eucharistie. Denn die Eucharistie ist nicht nur die wichtigste Weise der Teilhabe an der ‚Hierarchie', sondern auch diejenige, die alle Stände der ‚Hierarchie' verbindet.

In der ‚Hierarchie' bilden die Mönche gewissermaßen einen Seitenzweig, denn sie geben, obwohl im Unterschied zu den Laien geweiht, die Weihe nicht

---

468 Vgl. EH 117,11 f (533B).
469 EH 118,8–11 (536AB) (WMS).
470 Vgl. EH 117,12 f (533B).
471 Vgl. EH 118,12–15 (563B).
472 Vgl. EH 117,13 f (533B); 118,15–18 (536B).
473 EH 117,14 f (533C) (Heil).
474 EH 118,21–25 (536C) (WMS).

weiter, sondern kommen nur selbst zur Vollendung. Der Vorstellung der ,Hierarchie', wie sie Dionysius in seinem Prolog geschildert hat, in der jeder, der die Vollendung erlangt, diese weiterzugeben hat, entsprechen sie also nicht. Dennoch wird der Rang der Mönche von ihm hoch gepriesen als der vollkommene Stand (τετελεσμένη)[475], so dass sich die Frage stellt, ob Dionysius selbst Mönch war. Darüber hinaus ist zu fragen, ob der Mönch die Figur eines eigenständigen Weges zur Vollendung neben dem Hauptweg der ,Hierarchie' ist, etwa so wie er in Dionysius' Schrift *Über die mystische Theologie* vorgestellt wird.

Nach einem Kurzresümee der Stufen der ,Hierarchie' verweist Dionysius anschließend darauf, dass diese ,Hierarchie', „weil sie durch die von Gott überlieferten Ordnungen in geheiligter Weise gegliedert ist, den himmlischen Hierarchien gleichgestaltig (ταῖς θεοπαραδότοις τάξεσιν ἱερῶς εὐθετουμένη ταῖς οὐρανίαις ἱεραρχίαις ὁμοειδής)" ist und „deren Gott nachahmende, gottähnliche Züge, soweit es unter Menschen geht (τοὺς θεομιμήτους αὐτῆς ὡς ἐν ἀνδράσιν ἀποσώζουσα καὶ θεοειδεῖς χαρακτῆρας)" bewahrt.[476] Die Ordnung und die Triadenstruktur zeichnen die kirchliche ,Hierarchie' als Bild der himmlischen aus. Die irdische ,Hierarchie' ist an der himmlischen orientiert, ohne ihr vollkommenes Abbild zu sein. Gottähnlich und gottnachahmend ist diese ,Hierarchie' in eben dem Maße, wie es den Menschen möglich ist.

VII. Bestattung und Kindertaufe

Das letzte Kapitel der Schrift wirkt auf den ersten Blick angehängt und heterogen. Dionysius behandelt zunächst die Bestattungszeremonien, darauf folgt ein Epilog, dann aber setzt die Überlegung nocheinmal mit einer Reflexion auf die Kindertaufe an, um dann in einem zweiten Epilog zu schließen. Auf den ersten Blick zusammengestückelt, ist diese Verbindung von Bestattung und Kindertaufe jedoch aufschlussreich für das dionysische Verständnis religiöser Riten.

Die Riten der Bestattung nennt Dionysius τελούμενα.[477] Bevor er sich jedoch diesen Riten selbst zuwendet, befasst er sich mit christlichen und nichtchristlichen Vorstellungen von Leib und Seele und dem Leben nach dem Tod.

Ausführlich setzt sich Dionysius in diesem Kapitel mit anderen Meinungen auseinander, er geht argumentierend und diskursiv vor wie sonst nur selten und führt eine philosophische Diskussion. In diesem Kapitel ist die Sicht von außen gegenwärtiger als sonst, was möglicherweise darauf zurückzuführen ist, dass die

---

475 EH 119,12 (536D).
476 EH 119,12–15 (536D-537A) (Heil).
477 EH 120,14 (532D).

Bestattungsriten eine größere öffentliche Wirkung hatten als die Sakramente, in denen die Geheimhaltung einen größeren Stellenwert hat. Diese Außenwirkung der Riten thematisiert Dionysius, wenn er zu Beginn der *theôria* ihre mögliche Wirkung auf Nichteingeweihte beschreibt: „Wenn die Nichtgeheiligten sähen oder hörten, wie diese Riten von uns vollzogen werden, würden sie, glaube ich, breit lachen und uns wegen unserer Verirrung bemitleiden."[478]

In seiner Argumentation für das christliche Verständnis von Körper, Seele, Tod und Auferstehung grenzt Dionysius sich von anderen Lehren ab. Genannt werden diejenigen, die glauben, nach dem Tod folge die Nichtexistenz (ἀνυπαρξίαν), ferner die, die an eine definitive Trennung der Seele vom Körper glauben,[479] daraufhin die, die an eine Wiedergeburt in einem anderen Köper glauben[480] und zuletzt jene, die vom jenseitigen Leben allzu materielle Vorstellungen haben.[481]

Denjenigen, die meinen, nach dem Tod müsse die Seele vom Körper getrennt werden, da dieser dem gottförmigen Leben nicht entspreche, entgegnet Dionysius überraschend, „daß das gottähnliche Leben in Christus bei uns schon begonnen habe (ἀρχθεῖσαν ἤδη τὴν καθ᾽ ἡμᾶς ἐν Χριστῷ θεοειδεστάτην ζωήν)"[482]. Unausgesprochen bleibt die Schlussfolgerung, die hieraus zu ziehen ist: Wenn das irdische Leben der Seele mit dem Körper gottähnlich ist, lässt sich nicht begründen, weshalb der Körper ein Hindernis für ein gottähnliches Leben nach dem Tod sein sollte.

Gegen die Lehre von einer Wiedergeburt der Seele wendet er sich mit dem Vorwurf, dies sei eine Ungerechtigkeit (ἀδικοῦντες) gegenüber den Körpern. Schließlich hätten sich diese „mit den göttlichen Seelen [...] zusammen gemüht" und man dürfe sie daher nicht „nach ihrer Ankunft am Ziel der göttlichen Rennen unheilig um ihre geheiligten Belohnungen bringen".[483] Die Vorstellung eines gemeinsamen Kampfes greift Dionysius schon einige Zeilen zuvor auf: „Die mit den geheiligen Seelen jedoch durch das gleiche Joch verbundenen Weggefährten, die reinen Körper, die mit ihnen in die Liste der Getauften eingetragen wurden und in göttlichen Kampfesmühen mit ihnen zusammen gekämpft haben, werden, wenn sich die Seelen im göttlichen Leben unwandelbar einrichten, dabei gleichzeitig ihre eigene Auferstehung empfangen (Τὰ δὲ καθαρὰ τῶν ἱερῶν ψυχῶν ὁμόζυγα καὶ ὁμοπόρευτα σώματα συναπογραφέντα καὶ συναθλήσαντα κατὰ τοὺς θείους αὐτῶν ἱδρῶτας ἐν τῇ τῶν ψυχῶν ἀτρέπτῳ κατὰ τὴν θείαν ζωὴν ἱδρύσει συναπολήψεται τὴν οἰκείαν ἀνάστασιν)."[484] Zusammen

---

478 EH 123,17 f (556D-557A) (Heil).
479 Vgl. EH 121,10–12 (533BC).
480 Vgl. EH 121,14 f (533C).
481 Vgl. EH 121,17–21 (533C).
482 EH 121,12–14 (553C) (Heil).
483 EH 121,15–17 (553C) (Heil).
484 EH 121,1–4 (553AB) (Heil).

mit der Seele (συν-) wird der Körper „eingetragen", kämpft er und erlangt seine Auferstehung. Dionysius knüpft an seine Überlegungen zur Taufe an, wenn er das Leben des Getauften als einen Kampf begreift. Dieser Kampf wird nicht nur von der Seele allein bestritten, sondern auch von ihrem „Weggefährten", wie er den Körper anschaulich nennt. Dieser Kampf, das Streben nach einem einförmigen Leben und die Abkehr von den Phantasien und Vorstellungen, gestaltet sich also nicht notwendig als ein Kampf der Seele gegenüber dem Körper, sondern als ein gemeinsames Bestreben beider. Nicht der Asket, der gewaltsam seine Versuchungen niederringt und seinen Körper peinigt, sondern ein rein, aber ausgeglichen und im Einklang mit seinem Körper lebender Mensch scheint sich hier als Idealbild abzuzeichnen.

Das „Ziel der göttlichen Kämpfe (τὸ τῶν θείων ἀγώνων [...] πέρας)" ist die „gottähnliche, unvergängliche, unsterbliche und selige Ruhe (τὴν θεοειδῆ καὶ ἄφθαρτον ἀθάνατόν τε καὶ μακαρίαν [...] λῆξιν)"[485], die „christusähnliche Ruhe (τὴν Χριστοειδῆ λῆξιν)"[486]. Wer daher ein reines Leben gelebt hat, wird diesem Zustand freudig entgegentreten, mit Angst hingegen diejenigen, die zwar getauft worden sind, sich aber wieder vom reinen Leben abgewandt haben, da sie keinen seligen Zustand erwarten können.

Bestattung und Taufe werden in einen engen Zusammenhang gerückt. Verbunden sind sie durch das Motiv der Kampfesmühen. Während die Taufe die Salbung und Bereitung für den Kampf darstellt, ist die Bestattung die Zeremonie am Ende dieses Kampfes. Dem entspricht die Bezeichnung „Wiedergeburt (τῆς ἱερᾶς παλιγγενεσίας)"[487], mit der Dionysius den Tod beschreibt. Wenn der Verstorbene glücklich gepriesen wird, da er „zum sieghaften Ziel (τὸ νικηφόρον [...] τέλος)" gelangt ist, seine Angehörigen im geistigen Sinn „Dankgesänge zum Urheber des Sieges (τῷ τῆς νίκης αἰτίῳ)" schicken und ihn „zum Hierarchen wie zur Verleihung geheiligter Siegerkränze (ὡς ἐπὶ στεφάνων ἱερῶν δόσιν)" bringen, zeigt sich deutlich,[488] wie sehr der Tod als Sieg am Ende der Kampfesmühen und damit Erfüllung des Lebens, das in der Taufe begann, verstanden wird. Der „Urheber des Sieges" ist natürlich auch hier wieder Jesus.

Der Bestattungsritus vollzieht sich in der Kirche, in der sich Priester und Gemeinde versammeln. Die Toten werden entsprechend ihrer Ordnung aufgebahrt, die Mitglieder des Priesterstandes wie bei ihrer Weihe vor dem Altar, die Mönche und das Volk hingegen vor dem Altarraum beim Priestereingang. Jeder behält auch im Tod seinen Ort bei, die Belohnungen nach dem Tod entsprechen dem Leben auf Erden, und es gibt Unterschiede zwischen denen, die ein vollkommen geheiligtes Leben und denen, die ein geheiligtes Leben gelebt

---

485 EH 121,6–9 (553B) (Heil).
486 EH 121,22 f (553D) (Heil).
487 EH 122,15 (536B) (Heil).
488 EH 122,14–20 (556B) (Heil).

haben.[489] So bildet die Raumgestaltung im Kirchenraum den Raum der ‚Hierarchie' und den himmlischen Raum ab, indem sie den verschiedenen Gruppen verschiedene Orte zuweist.

Das Dankgebet preist die Gerechtigkeit dieser Belohnungen und dankt für die Befreiung von tyrannischer Gewalt.[490] Die Verbindung zur Taufe wird auch in diesem Punkt offenkundig, da Dionysius auch in der *theôria* zur Taufe auf die Überwindung tyrannischer Macht verweist und die Befreiung des Menschen durch Christi Kampf hervorhebt.

Auf das Dankgebet folgen Schriftlesungen und Psalmengesänge, die die Auferstehung verheißen.[491] „Die Gesänge und Lesungen von den Verheißungen des Gottesprinzips lassen [...] die seligen Ruhestätten schauen (Αἱ δὲ τῶν θεαρχικῶν ἐπαγγελιῶν ᾠδαὶ καὶ ἀναγνώσεις ἐκφαντορικαὶ μέν εἰσι τῶν μακαριωτάτων λήξεων), in die diejenigen in Ewigkeit eingewiesen werden, die göttliche Vollendung erreicht haben"[492]. Die Lesungen und Gesänge, die der Mensch über den Gehörsinn aufnimmt, sind *ekphantorikoi*, d.h. sie lassen schauen und offenbaren dem Zuhörer, was sie sagen. Hiernach werden, anders als bei Eucharistie und Myronweihe, nur die Katechumenen entlassen, während die anderen ‚Reinigungsstände' bleiben dürfen. Ihre Teilnahme an den Begräbnisriten begreift Dionysius wie die Schriftlesungen vor Eucharistie und Myronweihe als eine willkommene Belehrung, die sie von der Angst vor dem Tod befreien soll und die ihnen die zukünftigen Belohnungen, bzw. Qualen vor Augen führen soll. Hierdurch angeregt sollen sie sich dann an das „Wissen der Liturgen (τῆς λειτουργικῆς ἐπιστήμης)" wenden, um von diesen belehrt zu werden.[493]

Der Hierarch spricht ein Gebet über den Verstorbenen, gibt ihm und nach ihm alle Anwesenden den Friedenskuss.[494] Im Gebet bittet der Hierarch, dem Verstorbenen die Sünden zu erlassen und ihn an den „Ort der Lebenden (χώρᾳ ζώντων)" zu bringen, wo es kein Leid mehr gibt. Die Betrachtung dieses Gebetes nimmt in der *theôria* einen überraschend großen Raum ein[495] und ist diskursiv gestaltet. Dionysius greift dabei einen möglichen Einwand auf. Wenn jeder von der göttlichen Gerechtigkeit nach seinem Tod erhalte, was er sich in seinem Leben verdient habe, stelle sich die Frage, was eine Bitte des Hierarchen nach Abschluss seines Lebens noch bewirken solle, wo doch seine verdiente Ruhestätte schon feststehen müsste.[496] Es geht um die grundlegende Frage nach der Funktion des Gebets, insbesondere des Gebets für andere. Unter Berufung

---

489 Vgl. EH 122,23–123,2 (556C); 123,21–124,3 (557A).
490 Vgl. EH 124,3–7 (557AB).
491 Vgl. EH 123,3–6 (556C).
492 EH 124,8–10 (557B) (Heil).
493 EH 124,23–125,7 (557D–560A) (WMS).
494 Vgl. EH 123,9–12 (556DE); 125,8–10 (560A).
495 Vgl. EH 125,24–129,11 (560C–564D).
496 Vgl. EH 125,24126,5 (560CD).

auf die Hl. Schrift wird dem Bedenken entgegnet, dass „die Gebete der Ge-
rechten in diesem Leben, erst recht nach dem Tod allein für die wirken, die der
geheiligten Gebete würdig sind (Ὅτι δὲ καὶ τῶν διακαίων αἱ προσευχαὶ κατὰ τὸν
τῇδε βίον, μήτι γε μετὰ θάνατον, εἰς τοὺς ἀξίους ἱερῶν εὐχῶν ἐνεργοῦσι
μόνον)"[497]. Samuels Gebet für Saul oder die Gebete der Propheten für das Volk
Israel hatten keinen Nutzen, da ihre jeweiligen Empfänger ihrer nicht würdig
waren.[498] Wer die Gebete der Heiligen fordert, aber in einer Weise handelt, dass
er „ihre ihrer Natur gemäß geheiligten Wirkungen vertreibt", darf nicht hoffen,
die Gebete erfüllt zu sehen.[499]

Gegen die denkbare Konsequenz eines solchen Arguments, das Gebet sei
schließlich doch nutzlos, da es nur auf das rechte Verhalten ankäme, verteidigt
Dionysius den Nutzen der Gebete der Heiligen für die Lebenden. Die Heiligen
werden als Vermittler begriffen. Wer sie, „der Beschränktheit seiner Kräfte
bewußt", um Hilfe bittet und sich zugleich durch heiliges Verhalten auszeichnet,
wird erhalten, worum er bittet „wegen seiner aus ihm kommenden bescheidenen Selbsterkenntnis und seines Respekts vor den Heiligen und seines lobens-
werten Begehrens nach Vollzug geheiligter Fürbitten und seiner angemessenen,
gottförmigen Verfassung (τῆς τε οἰκείας εὐλαβοῦς ἐπιγνωμοσύνης καὶ τῆς ἐπὶ τοῖς
ὁσίοις αἰδοῦς καὶ τῆς τῶν αἰτηθεισῶν ἱερῶν αἰτήσεων ἐπαινετῆς ἐφέσεως καὶ
καταλλήλου καὶ θεοειδοῦς ἕξεως)."[500] Gerade die Scheu, sich nicht direkt, sondern über einen Vermittler an Gott zu wenden, sowie die Einsicht in den eigenen Grad der Heiligkeit, und nicht zuletzt die entsprechende Verfassung sind
Voraussetzung für die Erfüllung eines Gebets. Die Angemessenheit von Gebet
und Verfassung, von Selbsteinschätzung und Hilfegesuch und die Ordnung in
der ‚Hierarchie' bestimmen also diese Vorstellung vom Gebet.

Dionysius verlässt sich in diesem Punkt jedoch nicht ausschließlich auf diese
seine eigenen Analysen, sondern möchte ferner noch die Tradition befragen.[501]
Hiernach „offenbare" der Hierarch „die gottursprünglichen Satzungen/Urteile
(ἐκφαντορικός ἐστιν […] τῶν θεαρχικῶν δικαιωμάτων)".[502] Da er wisse, dass nur
diejenigen, die ein heiliges Leben gelebt haben, das erlangen werden, was er in
seinem Gebet erbittet, spricht er dieses Gebet nur über die, von denen er weiß,
dass es auf sie zutreffen werde. Der Hierarch betet also nur für die, bei denen
aufgrund ihres Lebens klar ist, dass sie das, worum er bittet, auch erreichen
werden. Hierdurch zeige er „dem das Gute liebenden Gott" seine „eigene
gutartige Verfassung"[503]. Wenn der Hierarch nun manche ausschließt, spricht er

---

497 EH 126,8–10 (561A) (Heil).
498 Vgl. EH 126,10–12 (561A).
499 EH 126,15–18 (561A) (Heil).
500 EH 126,19–127,8 (561B) (Heil, leicht verändert).
501 Vgl. EH 127,14–16 (561C).
502 EH 127,16 f (561C) (WMS).
503 EH 128,12 f (564B) (Heil, leicht verändert).

gleichsam als Prophet der göttlichen Entscheidungen und keinesfalls als jemand, der diese Entscheidung selbst trifft.[504]

Nach dem Friedenskuss, der damit begründet wird, dass der heilig Entschlafene „süß und verehrungswürdig (Ἡδὺς γὰρ ἐστι καὶ τίμιος)" sei,[505] gießt der Hierarch auf den Verstorben das Öl (ἔλαιον).[506]

> „Erinnere Dich, daß bei der geheiligten Geburt aus Gott vor der göttlichsten Taufe als erste Teilhabe an einem geheiligten Symbol (πρώτη μέθεξις ἱεροῦ συμβόλου) dem Kandidaten nach der vollständigen Ablegung des früheren Gewands das Salböl gespendet wird. Am Ende von allem nun wird jetzt über den Entschlafenen Öl ausgegossen. Und zwar rief seinerzeit die Salbung mit dem Öl den Kandidaten zu geheiligten Kämpfen (ἡ τοῦ ἐλαίου χρῖσις ἐπὶ τοὺς ἱεροὺς ἀγῶνας ἐκάλει), jetzt dagegen bezeichnet das ausgegossene Öl, daß der Entschlafene in eben diesen geheiligten Kämpfen gerungen und durch sie die Vollendung erlangt habe (τὸ ἐπιχεόμενον ἔλαιον ἐμφαίνει κατὰ τοὺς αὐτοὺς ἱεροὺς ἀγῶνας ἀθλήσαντα καὶ τελειωθέντα)."[507]

Die Salbung mit dem einfachen Öl vor der Taufe wird als erste „Teilhabe an einem geheiligten Symbol" verstanden. Diese erste Teilhabe korrespondiert mit der letzen im Bestattungsritus, die wieder eine Salbung mit Öl ist: Geburt und Tod, Anfang und Ende der Kampfesmühen, die die Taufe einleitet und die der Tod beendet.

Auch im Tod werden die Leiber der Verstorbenen mit anderen Verstorbenen gleichen Ranges aufbewahrt und zwar „in einem würdigen Haus (ἐν οἴκῳ τιμίῳ)".[508] Offenbar denkt Dionysius hier an Gemeinschaftsgräber oder -grabanlagen, in denen die jeweiligen Stände ihre Mitglieder bestatten. Wie die Seele im Himmel die ihr entsprechenden Glückseligkeiten erlangt, so gelangt auch der Leib an den ihm entsprechenden Ort. Die irdische Ordnung wird auch im Tod gewahrt.

Wie in diesem Kapitel deutlich wird, kommt den Mühen des Leibes zusammen mit der Seele eine wichtige Rolle zu.

> „Wenn nämlich der Entschlafene sein gottgefälliges Leben in Seele und Leib gelebt hat, wird neben der heiligen Seele auch der Leib verehrungswürdig sein, der mit ihr gemeinsam gerungen hat in den geheiligten Kampfesmühen. Daher gewährt die göttliche Gerechtigkeit ihr zusammen mit ihrem Leib die verdienten Ruhestätten, weil er ihr Weggefährte und Teilhaber an dem geheiligten, bzw. entgegengesetzten Leben war."[509]

---

504 Vgl. EH 128,15–19 (564B).
505 EH 129,11–14 (564D-565A) (Heil).
506 Vgl. EH 123,12 f (556D); 129,14 f (565A).
507 EH 129,15–22 (565A) (Heil, leicht verändert).
508 EH 129,23 (565B) (Heil).
509 EH 129,24–28 (565B) (Heil).

Der Schluss dieses Abschnitts stellt eine Zusammenfassung und einen Rückblick auf alle drei Sakramente dar. Neben der schon genannten Taufe werden
Myronweihe und Eucharistie erwähnt. Die Teilhabe an diesen Mysterien wendet sich vor allem an den Körper, der so geheiligt wird, während der Seele die
geistige Schau zukommt. Um den ganzen Menschen zu heiligen, bedarf es somit
sowohl der praktischen Durchführung wie der geistigen Betrachtung:

> „Aus demselben Grund schenkt die göttliche Gesetzgebung beiden die Teilnahme
> an den heiligen Gaben des Gottesprinzips, der Seele in Form der einen Schau und
> Erkenntnis der heiligen Handlungen, dem Leib abbildhaft in Form des über alles
> göttlichen Öls und der heiligsten Symbole der vom Gottesprinzip gewährten Ge-
> meinschaft. Damit heiligt sie den ganzen Menschen und wirkt in geheiligter Weise
> seine Rettung als Ganzes und verkündet seien künftige Auferstehung in ganzer
> Vollendung durch die umfassenden Heiligungszeremonien."[510]

Nur die Zeremonien, die sich an den ganzen Menschen wenden, an den Leib in
Form der Symbole und an die Seele in Form der Schau, können sein Heil
wirken. Was Erkenntnistheorie, Anthropologie und vor allem die Religionsphilosophie angeht, ist dieser Abschnitt aufschlussreich, er formuliert die
Grundlage für jede sakramentale Wirksamkeit. Die Hochbewertung der Körperlichkeit und die Lehre von der Auferstehung des Leibes werden hiermit zur
Grundlage der sakramentalen Einrichtung überhaupt.

Der folgende Abschnitt VIIa wirkt wie ein Epilog. Was in den Weihehandlungen gesprochen werde, dürfe nicht schriftlich mitgeteilt werden. Sie
werden vielmehr durch Einweihung erlernt und dann praktiziert. Hierdurch
erreiche man eine „göttlichere Verfassung (θειοτέραν ἕξιν)" und werde letztlich
vollendet.[511] Dionysius spricht sich hier vor allem für die liturgische Praxis aus,
weniger für eine losgelöste Theorie.

Auf diesen vermeintlichen Epilog folgt jedoch ein weiterer Abschnitt, in
dem es um die Kindertaufe geht.

Zum dritten Mal in diesem Kapitel wird auf die Meinung der Unheiligen
Bezug genommen. Nach den Lehren von der Auferstehung, dem Bestattungsritus verweist Dionysius nun auf das Lachen der Unheiligen bei der Kindertaufe. Als habe Timotheus in einem früheren Brief hierauf hingewiesen, schreibt
Dionysius: „wie Du sagst".[512] Über diese fiktive Begründung hinaus lässt sich
aber auch eine inhaltliche Begründung erkennen. Auch in diesem Abschnitt
geht es um die Rolle des Körpers.

Lächerlich könnte erscheinen, dass das Kind vom Hierarchen belehrt und
ihm die Tradition übermittelt wird, dass ein anderer an seiner Stelle die Absa-

---

510 EH 129,29–130,5 (565BC) (Heil, leicht verändert).
511 EH 130,6–12 (565C) (WMS).
512 EH 130,13–15 (565D) (Heil).

gen und Zusagen spricht.[513] Dionysius spricht sich dafür aus, den diesem Lachen zugrundeliegenden Irrtum vorsichtig und milde zu widerlegen mit der Begründung, dass die Menschen vieles nicht erkennen könnten, was den Mitgliedern der himmlischen ‚Hierarchie' bekannt sei, ja dass es sogar auch vieles gäbe, was nicht einmal jene himmlischen Ordnungen verstünden.[514] Die Grundaussage der negativen Theologie, nach der Gott unerkennbar ist, findet an dieser Stelle Eingang in die kirchliche ‚Hierarchie'. Dionysius, der in der *theôria* in der *Kirchlichen Hierarchie* größte Mühe darauf verwendet, den Sinn auch der fremdartigen Riten zu erläutern, und auf ihrer Verständlichkeit insistiert, der sich an anderer Stelle entschieden gegen die Unverständlichkeit von Gottesnamen wendet,[515] gibt an dieser Stelle zu, dass es vieles geben mag, was der Mensch nicht versteht und Riten möglich sind, die sich dem Menschen nicht erschließen, obwohl sie in Gott begründet sind.

Die Eltern des Täuflings wählen einen Paten, der das Kind zum Hierarchen bringt und dort die Absagen und Zusagen spricht und so zum Ausdruck bringt, dass er sich dafür einsetzen werde, das Kind emporzuführen und zu einem heiligen Leben anzuleiten. Zuerst nimmt das Kind an den Mysterien teil, dann folgen Erziehung und Erkenntnis. Zum Ritus der Taufe gehört die Salbung mit Myron und die Teilnahme an der Eucharistie, was in der ostkirchlichen Liturgie auch zur Kindertaufe hinzugehört.

> „Anteil gibt aber der Hierarch dem Kind an den geheiligten Symbolen zu dem Zweck, daß es in ihnen aufwachse und nicht ein anderes Leben als ein solches der ständigen Anschauung der göttlichen Gegenstände annehme, durch geheiligte Fortschritte in Gemeinschaft mit ihnen tritt, durch das Verweilen in ihnen einen geheiligten Charakter erwirbt und dabei auf dem Weg nach oben in heiligmäßiger Weise von dem Gott abbildenden Bürgen geleitet wird."[516]

Die Anteilhabe an den Symbolen, die das Kind mangels Verständnis nur körperlich vollziehen kann, führt es schon in die ‚Hierarchie' ein. Der Leib kommt hier zuerst, das Verständnis all dieser Riten folgt erst viel später. Es handelt sich um eine rein körperliche Teilhabe/Beteiligung des Kindes, der die Seele später folgen soll. Die Ausbildung der *hexis*, die bei den erwachsenen Mitgliedern der ‚Hierarchie' Voraussetzung ihrer Teilnahme an den Mysterien ist, können die Kinder erst später erwerben.

Beide in diesem Kapitel verhandelten Aspekte betreffen somit die Frage nach der sinnlichen Erkenntnis sowie nach der Rolle der Symbole und des

---

513 Vgl. EH 130,15–18 (565D-568A).
514 Vgl. EH 130,19–131,5 (568A).
515 Vgl. DN 156,8–10 (708C).
516 EH 131 25–29 (568C) (Heil): Μεταδίδωσι δὲ τῷ παιδὶ τῶν ἱερῶν συμβόλων ὁ ἱεράρχης, ὅπως ἐν αὐτοῖς ἀνατραφείη καὶ μηδὲ σχοίη ζωὴν ἑτέραν εἰ μὴ τὴν τὰ θεῖα θεωροῦσαν ἀεὶ καὶ κοινωνὸν αὐτῶν ἐν προκοπαῖς ἱεραῖς γινομένην ἕξιν τε ἱερὰν ἐν τούτοις ἴσχουσαν ἀναγομένην τε ἱεροπρεπῶς ὑπὸ τοῦ θεοειδοῦς ἀναδόχου.

Körpers. Sowohl der Ritus zur Bestattung wie die Taufe der Kinder richten sich nicht oder nicht in erster Linie an Geist oder Seele, sondern an den Körper. Während der Bestattungsritus die vergangenen Mühen des Körpers honoriert und einen Ausblick auf die Auferstehung des Leibes gibt, beginnt in der Kindertaufe die Ausbildung eines reinen Menschen mit der ‚Behandlung' seines Körpers. Die rein körperliche Einführung ohne jedes Verständnis stellt den Anfangspunkt einer weiteren Einführung und Belehrung dar, die das schon eingeweihte und getaufte Kind schrittweise zu einem Verständnis der Riten und zu einem angemessenen Verhalten (*hexis*) bringt. Neben der Bedeutung, die dem Körper zukommt, fällt auf, dass das Kind in dieser christlichen Konzeption eine wichtige Rolle spielt. Heidnisch-neuplatonischen Vorstellungen, in denen ein hohes, elitäres Wissen erst nach großer und langer Mühe erworben werden kann und in denen die Einführung in die Mysterien an eben dies Wissen geknüpft ist, läuft eine Praxis, in der ein unwissendes Kind eingeweiht wird, zuwider. Von christlicher Seite hat es, nicht zuletzt vermutlich motiviert durch ein Jesuswort[517], eine Aufwertung des Kindseins gegeben, die sich in Dionysius' Begründung für die Kindertaufe möglicherweise widerspiegelt.

---

517 Mt 19,14: „Lasset die Kinder, und wehret ihnen nicht, zu mir zu kommen; denn solchen gehört das Reich der Himmel."

B. theôria

I. Literarische Form

1. Das Lachen der Uneingeweihten

Ein Protreptikos, verfasst zur Heranführung der Uneingeweihten, ist Dionysius' Traktat wohl nicht. Sein Empfängerkreis wird vielmehr schon in den ersten Zeilen des Textes genau eingegrenzt:

> „Also sieh Du nun zu, wie Du vermeidest, das Allerheiligste preiszugeben, Dich vielmehr hütest und die Geheimnisse des verborgenen Gottes durch gedankliche, nicht aus der sichtbaren Welt abgeleitete Erkenntnisse ehrst und dabei unzugänglich und unbefleckt vor den Uneingeweihten bewahrst, während Du den Geheiligten allein unter dem Beistand geheiligter Erleuchtung an den geheiligten Überlieferungen in der dem Heiligen gemäßen Form teilgibst."[518]

Es muss geheiligt sein, wer Anteil an diesen Geheimnissen haben soll, und der Weg dieser Erkenntnis ist die Erleuchtung. Zu Beginn seines Textes warnt Dionysius seinen Adressaten Timotheus, die Geheimnisse den Uneingeweihten preiszugeben.[519] Was in diesem Brief verhandelt wird, ist nur für die Augen und Ohren derer bestimmt, die selbst schon eingeweiht, d.h. geheiligt sind. Dies wird begriffen als angemessene Ehrung der Geheimnisse, die sonst befleckt werden könnten. Dass die Geheimhaltung auch dem Schutz der Uneingeweihten dient, da sie sie vor zu hoher Erkenntnis bewahrt, kommt an dieser Stelle noch nicht zur Sprache.[520]

Den heutigen Leser, der diese Einweihung nicht vorweisen kann, bringt die Eingrenzung der Leserschaft auf die „Geheiligten" in eine seltsame Rezeptionshaltung, da er liest, was vom Verfasser des Textes nicht für ihn bestimmt ist. Im Laufe der Überlieferungsgeschichte ist der geheimzuhaltende Text einem breiteren Leserkreis geöffnet worden, der nun nicht jene Voraussetzungen erfüllt, die Dionysius hier verlangt. Der von Dionysius vorgesehene Adressat des Briefes ist ein Eingeweihter der ‚Hierarchie', dem die Riten, um die es geht, selbstverständlich bekannt sind. Der Kosmos der liturgischen Feier, ihre Gesten und Handlungen, die Gebete und Anrufungen sind ihm vertraut, so dass er die

---

518 EH 63,7–11 (372A) (Heil).
519 Stiglmayr 1911b: S. 92, Anm. 91. Der Ausdruck, den Dionysius hierbei verwendet (ἐξορχεῖσθαι, „austanzen"), stammt aus der Mysteriensprache und bedeutet „die Profanierung der heiligen Tänze".
520 Zu diesem mitteilungstechnischen Aspekt der Arkandisziplin, vgl. unten S. 118.

Anspielungen auf bestimmte Gebetstexte sofort entschlüsseln und die Reflexionen an die rituellen Handlungen anbinden kann.

Von ganz anderer Art ist der heutige, insbesondere der heutige philosophische Blick auf diese Texte. Die wissende Innenperspektive, die ihm den
Horizont lieferte, vor dem der Inhalt zu betrachten wäre, ist ihm verschlossen,
vielmehr ist es ein Blick von außen in mehrfacher Hinsicht, aus zeitlicher und
räumlicher Distanz und aus der Distanz des Außenstehenden, der nicht in die
‚Hierarchie' eingeweiht ist. Aus dieser Distanz heraus muss der heutige Leser
den Text grundlegend anders lesen, als es der von Dionysius vorgesehene
Empfänger hätte tun können. Die vielfache Distanz des heutigen Blicks auf den
dionysischen Text führt, verbunden mit der Abgeschlossenheit dieses Textes
gegen die Uneingeweihten, zu einem Interpretationsparadoxon. Was soll ein
heutiger Leser verstehen können, wenn die explizite Voraussetzung des Verständnisses die Einweihung ist, die er nicht aufweisen kann? Muss er nicht
notwendigerweise scheitern, wenn er diesen Verstehensversuch unternimmt?
Was er versteht, kann niemals das sein, was Dionysius seinem Adressaten
mitteilen wollte, denn er hat nicht die entsprechenden Voraussetzungen für
dieses Verständnis; er ist nicht ‚geheiligt': ihm fehlt der Glaube: „Denn, wenn
sie nicht glauben, wie die Schrift sagt, werden sie auch nicht verstehen (Ἐὰν γὰρ
μὴ πιστεύσωσιν, ὡς τὰ λόγιά φασιν, οὐδὲ μὴ συνήσουσιν)."[521] Wer nicht glaubt,
wird Dionysius zufolge nicht begreifen können, um was es in den Riten geht und
wovon er spricht. Der Glaube an Gott, Inkarnation, Erlösung, Auferstehung
usw. ermöglicht erst das angemessene Verständnis all der verschiedenen Riten
und ihrer *theôria.* Es beruht auf einer bestimmten Haltung des Verstehenden
und ist nicht durch Darlegung und Beweis zu erreichen.

Wer die entsprechende Haltung nicht hat und das entsprechende Verständnis nicht erlangen kann, müsste eigentlich – so vermutet Dionysius – angesichts der ihm unverständlichen Riten und der Vorstellungen, die diese zum
Ausdruck bringen, in Lachen ausbrechen.[522] Die Apostelgeschichte berichtet
von der Rede des Apostels Paulus auf dem Areopag, dass einige seiner Zuhörern spotten, als er von der Auferstehung der Toten spricht.[523] Dass Dionysius,
der ja der Fiktion zufolge bei diesem Anlass anwesend war und bekehrt wurde,
das Lachen der Uneingeweihten erwähnt, an der Stelle, an der er die Bestattungsriten und die christliche Vorstellung von der Auferstehung behandelt,
könnte als Bezugnahme auf seinen ‚Lehrer' Paulus erscheinen. Das Christentum
vor dem Spott der Ungläubigen zu schützen, ist Dionysius insgesamt ein wich-

---

521 EH 123,19 f (557A) (Heil, leicht verändert).
522 Was die Bestattung (EH 123,17 f (556D-557A)) oder die Kindertaufe (EH 130,13–18
     (565D-568A)) angeht.
523 Apg. 17,32.

tiges Anliegen.[524] Er greift hiermit eine Sorge des frühen Christentums auf, die Befürchtung nämlich, von den Heiden verspottet zu werden, weil ihr Glaube sich der Theorie der Philosophen nicht gewachsen zeigte. Dionysius versucht in allen seinen Schriften aufzuweisen, dass sich das christliche Denken auf der intellektuellen Höhe der Philosophie bewegt. Er erläutert die Riten und erklärt auch diejenigen, die fremdartig erscheinen, er legt dar, inwiefern auch die seltsam anmutenden Gottesnamen der biblischen Überlieferung tiefe Erkenntnisse verraten und zeigt in der Verbindung der christlichen Überlieferung mit neuplatonisch-philosophischen Vorstellungen auf, dass das Christentum nicht hinter der heidnisch-neuplatonischen Philosophie zurückstehen muss. Wenn jedoch die Grundlage des Verständnisses der Glaube ist, genügen solche Darlegungen nicht, um die Unverständigen zu überzeugen. Um deren Spott zu entgehen, kann Dionysius sie nur von dem fernhalten, was sie verlachen würden, und will daher die Inhalte seiner Schrift nur an diejenigen weitergegeben wissen, die ein angemessenes Verständnis aufbringen können.

Bei der Rezeption einer solchen Schrift stellt sich die Frage, welche Position ein heutiger Leser in dieser Konstellation überhaupt einnehmen kann. Die Auseinandersetzungen des frühen Christentums mit der heidnischen Philosophie betrachtet er aus einer Distanz, die es ihm erlauben könnte, sie mit Interesse und ohne Spott zu betrachten, er könnte eine abwartende, interessiert-distanzierte Haltung einnehmen, die ihm einen dritten Weg der Bezugnahme eröffnet, eine Rezeptionshaltung, die im dionysischen Text nicht vorgesehen ist. Wenn er auch nicht in Lachen ausbricht, so bleibt seine Perspektive doch eine Außenperspektive, und das, was Dionysius als Verständnisvoraussetzungen verlangt, fehlt ihm, d.h. besonders die religiöse Praxis der Liturgie als Hintergrund, vor dem oder in dem die Reflexionen des Dionysius zu verstehen und in den sie einzubetten sind.

Die subjektiven Verständnisbedingungen, die Dionysius verlangt, kann er also nicht erbringen und darf es – heutigen Wissenschaftsstandards zufolge – auch nicht. Jedoch muss er diese Bedingungen nachvollziehen und begreifen, um somit die dionysische Verständnishaltung als mögliche, sozusagen als Modell zu rekonstruieren.

---

524 Thomas von Aquin nimmt hierauf Bezug, wenn er den dunklen Stil des Dionysius auf dessen Wunsch zurückführt, die heiligen Dogmen vor dem Spott der Ungläubigen zu schützen; vgl. Thomas von Aquin, In librum, 1: „Est autem considerandum quod beatus Dionysius in omnibus libris suis obscuro utitur stilo. Quod quidem non ex imperitia fecit, sed ex industria ut sacra et divina dogmata ab irrisione infidelium occultaret."

2. Brief

„Um auf unser Ausgangsbeispiel der Komplementarität von theoretischer und äs-
thetischer Betrachtung zurückzukommen, ist eine Trennung beider dann unmöglich,
*wenn erst eine ästhetische Analyse des philosophischen Werkes ein korrektes Verstehen
der entscheidenden Argumente ermöglicht.* Derartiges gilt für verschiedene Werke
der Philosophie, die ganz unterschiedlichen Genres angehören. Stilistische Mittel
werden etwa benutzt, um bestimmte Gedanken als zentral hervorzuheben; sie sind
oft Ausdruck einer bestimmten Einstellung, eines Lebensgefühls, vor deren Hintergrund allein gewisse Argumente richtig verstanden werden können."[525]

Vittorio Hösle verweist in seiner Untersuchung zum philosophischen Dialog mit
diesem Zitat auf eine Dimension der Philosophie, die bei der Erörterung
theoretischer Konzepte nicht selten übersehen oder übergangen wird, nämlich
die der Sprachform, in der sie entwickelt werden. Ist aber der Stil und das
literarische Genus, die ein Autor wählt, nicht unerheblich für die vorgetragene
Argumentation, so ist die ästhetische und rhetorische Analyse eines philosophischen Werks über der logischen nicht zu vergessen. Dass diese Dimension
gerade beim *Corpus Dionysiacum* von Bedeutung ist, ist beachtenswerterweise
schon Thomas von Aquin im Prolog zu seinem De divinis nominibus-Kom-
mentar aufgefallen, wenn er von Dionysius sagt: „obscuro utitur stilo"[526]. Auf
die semantische und syntaktische Eigentümlichkeit des dionysischen Denkstils
soll im vorliegenden Zusammenhang nicht die Aufmerksamkeit gerichtet werden – sie spielt für die anderen Schriften eine größere Rolle[527] – aber auf die
literarische Gattung.

In seiner Monographie zum philosophischen Brief unterscheidet V. Hösle
drei „unterschiedliche[] Genres der Philosophie", die er an den „grundlegenden
philosophischen Kategorien Objektivität, Subjektivität und Intersubjektivität"
festmacht:

„Die unterschiedlichen Genres der Philosophie haben nämlich damit zu tun, auf
welche dieser drei Eigenschaften der Akzent gesetzt wird. Dementsprechend mag
man von ,Genre der Objektivität', ,Genre der Subjektivität' und ,Genre der Intersubjektivität' reden, je nachdem, ob der Gegenstand der Philosophie, die pro-
duzierende Subjektivität oder ein anderes Subjekt im Vordergrund steht."[528]

Das *philosophische System, Lehrgedicht, Traktat* oder *Abhandlung* zählen zum
„Genre der Objektivität", wobei in der *Abhandlung* der subjektiven Kompo-
nente größere Bedeutung zukommt. Das Hauptgenus des „Genres der Sub-
jektiviät" ist die *Meditation*: „Von der Selbstvergessenheit des Systems sind die
,Meditationes' ebenso weit entfernt wie von der Werbung um den Mitmenschen,

---

525 Hösle 2006: 14f
526 Thomas von Aquin, In librum, 1.
527 Vgl. Stock 2008.
528 Hösle 2006: 22.

die das dritte Genre kennzeichnet." Beispiele für dieses dritte Genre sind *Rede,
Predigt, Brief* oder *Dialog.*[529] Die Analyse der literarischen Form eines philosophischen Textes gibt über den Status seiner Aussagen Aufschluss; erst in der Analyse der Form lässt sich erkennen, welche Zielrichtung der Autor seinem Text gegeben hat, welche Wirkung er damit bezwecken will, an welche Adressaten er sich wendet und wie er den Vorgang philosophischer Erkenntnis überhaupt begreift.

Der Traktat *Über die kirchliche Hierarchie* gibt sich wie alle Texte des Dionysius als Brief; alle vier Traktate *Über die göttlichen Namen, Über die mystische Theologie, Über die himmlische Hierarchie* und *Über die kirchliche Hierarchie* sind an Timotheus adressiert, der wie Dionysius vom Areopag von Paulus bekehrt wurde und der Überlieferung nach erster Bischof von Ephesus war.[530] Der Fiktion nach schreibt hier ein Bischof an einen anderen Bischof, einen Amtskollegen also. Die zehn weiteren Briefe richten sich in aufsteigender Reihenfolge an Mitglieder der ‚Hierarchie', deren Namen z.T. aus der frühchristlichen Literatur bekannt sind. Die ersten vier sind an einen Mönch mit dem Namen Gaius adressiert, womit Ritter zufolge entweder ein Adressat eines Briefs des Apostels Johannes (3 Joh) oder ein anderer, im Neuen Testament erwähnter Gaius gemeint sein könnte.[531] Der fünfte Brief ist an einen Diakon gerichtet, der sechste an einen Priester, nämlich den aus dem Neuen Testament bekannten So(si)patros[532], der siebte an den Bischof Polykarp, bei dem der Leser vermutlich an den etwa zur Apostelzeit lebenden Bischof von Smyrna denken sollte.[533] Der achte Brief unterbricht die aufsteigende Reihenfolge der Adressaten und richtet sich noch einmal an einen Mönch. Da jedoch das Thema dieses Briefes die unerlaubte Überschreitung der dem eigenen Rang gemäßen Pflichten ist, ist die Durchbrechung der Hierarchie in der Reihe der Adressaten möglicherweise gewollt.[534] Der neunte Brief richtet sich wiederum an einen Bischof, nämlich Titus, der mehrfach in den Paulusbriefen erwähnt wird und Adressat eines der (unechten) Paulusbriefe ist.[535] Der zehnte und letzte Brief richtet sich an den Apostel Johannes.[536]

---

529 Vgl. Hösle 2006: 22–29. Vgl. generell zu diesem Thema auch Gabriel 1991, der für eine Erweiterung des Erkenntnisbegriffes plädiert und die literarische Form eines philosophischen Textes nicht bloß für rhetorisch hält (Xf). Vgl. auch Gabriel 1990: 1 und Schildknecht 1990, die die Erweiterung des Erkenntnisbegriffs auf nicht-propositionale Erkenntnis hervorhebt (13–16).
530 Vgl. Ritter 1994b: Anm. 2, S. 81.
531 Ritter 1994a: Anm. 2, S. 118.
532 Ritter 1994a: Anm. 27, S. 123.
533 Ritter 1994a: Anm. 30, S. 123.
534 Vgl. Ritter 1994c: 22; Hathaway 1969: 64–66.
535 Ritter 1994a: Anm. 124, S. 134.
536 Hathaway 1969: 61 ist der Ansicht, dass diese Briefüberschriften sich schon in der originalen Handschrift fanden, da sie in den Scholien erwähnt werden.

Die Wahl der Briefform und des fiktiven Empfängerkreises dient vermutlich zuallererst der Verortung des *Corpus Dionysiacum* in der apostolischen Zeit. Dionysius konnte auf diese Weise zahlreiche Personen dieser Zeit als seine eigenen Zeitgenossen vorstellen. Außerdem knüpft er an die neutestamentliche Brieftradition[537] an, insbesondere natürlich an die seines angeblichen Lehrers Paulus, der zwei Briefe an eben den genannten Timotheus schreibt.[538] Die Zahl der Briefe (vierzehn insgesamt) stimmt zudem mit der des Corpus paulinischer Briefe überein.[539] In der kirchlichen Kommunikation der Spätantike spielten Briefe eine herausragenden Rolle; von Basilius von Caesarea, Gregor von Nazianz und Johannes Chrysostomos im Osten und Ambrosius, Hieronymus und Augustinus im Wesen sind zahlreiche Briefe überliefert.[540] Eine geringere Rolle spielt das Briefgenus in der neuplatonischen Philosophie. Die üblichen Textgattungen sind hier der Kommentar und die Abhandlung. Dennoch sind auch aus diesem Bereich Briefe bekannt, so z. B. Jamblichs *De mysteriis*, das sich als briefliche Antwort des Ägypters Abamon auf einen Brief des Porphyrios an Anebon gibt.[541]

Briefe zeichnen sich im Allgemeinen dadurch aus, dass sie sowohl die persönliche Situation des Verfassers zu erkennen geben als auch eine Anrede an den Empfänger enthalten; grammatisch dominieren die erste und zweite Person. Die zehn kleineren Briefe des Dionysius folgen diesem rhetorischen Muster; Dionysius weist seinen Briefpartner zurecht (Ep 6 u. 8), berichtet von seiner Betrachtung der Sonnenfinsternis (Ep 7), bezieht sich auf Texte, die er vorgibt, geschrieben zu haben,[542] und belehrt den Leser. Zum Teil weisen die Texte eine verbreitete Frage-Antwort-Form auf, entsprechen Hathaway zufolge aber nicht den Brieftypen im strengen Sinne, die in den Handbüchern als Muster aufgeführt werden.[543]

Die vier großen Schriften des *Corpus Dionysiacum* geben sich, vor allem in den Eingangs- und Schlusspassagen, als Briefe, deren charakteristische Genusmerkmale insgesamt jedoch deutlich zurücktreten. Der Verfasser spricht kaum von sich in der ersten Person, berichtet nicht von seiner Situation oder einem gemeinsamen Lebenshintergrund, redet seinen Briefpartner auch nur selten an. In Anlehnung an Kategorien wie „Brief-Essay" oder „Dokumentarbrief"[544]

---

537 21 der 27 Schriften des NT sind Briefe, vgl. Mitchell 1998: 1760 f.
538 Der heutigen Forschung zufolge handelt es sich um unechte Paulusbriefe, vgl. oben S. 7.
539 Der Hebräerbrief wurde zu den echten Paulusbriefen gezählt, nicht nur nach syrischer Tradition, wie Ritter 1994c: 24 meint; vgl. hierzu Attridge 2000.
540 Mitchell 1998: 1761.
541 Jamblich, dM, Scholion préliminaire.
542 Ep 9 193,5 (1104) mit bezug auf die fiktive Schrift *Über die symbolische Theologie*.
543 Hathaway 1969: 6–8.
544 Mitchell 1998: 1758.

könnte man bei dieser besonderen Handhabung der Briefform von „Brief-traktaten" sprechen.[545]

Während die meisten der zehn Briefe des *Corpus Dionysiacum* von gerin-gem Umfang sind,[546] handelt es sich bei den Brieftraktaten, ausgenommen *Über die mystische Theologie*, um umfangreiche Texte. Aus diesem Grund ist eher an Abhandlungen als an Briefe zu denken, was auch die klare Gliederung in ein-zelne Teile unterstreicht. Von dem Werk *Über die göttlichen Namen* und den fiktiven Texten *Theologische Entwürfe* und *Symbolische Theologie* spricht Dionysius in dem Traktat *Über die mystische Theologie*, als seien es Werke und keine Briefe. Dennoch hat Dionysius sie als Briefe konzipiert, was zumindest zeigt, dass er auf das Genus Brief als kommunikative Rahmenform seiner Darlegung nicht verzichten wollte, auch wenn diese sich aufgrund ihrer Länge und Komplexität diesem Genus eigentlich entzieht. Wenn man die genannten Schriften nicht einfach als „Pseudo-Briefe" bezeichnen möchte, d. h. als Trakate, denen diese Form „äußerlich aufgestülpt"[547] ist, bleibt zu fragen, welche Funktion der Briefform in diesem besonderen Fall der *Brieftraktate* zukommt.[548]

Die Brieftraktate des Dionysius lassen sich in einer Schnittmenge der Genres der Objektivität, der Subjektivität und der Intersubjektivität situieren. Traktate gehören zum Genre der Objektivität, betonen jedoch die Subjektivität stärker als dies große Systementwürfe tun. Sie haben systematischen Anspruch, sind am Thema orientiert und geben der Situation des Verfassers oder des Empfängers geringen Raum. Subjektiv und intersubjektiv sind die Brieftraktate hingegen in ihrer Komposition als Briefe. Im Genus des Briefes kommt in der Behandlung eines gegebenen Themas sowohl der Individualität des Verfassers wie auch dem Adressaten eine größere Bedeutung zu. Wenn Dionysius einen Text wie den Traktat *Über die kirchliche Hierarchie*, der sich nur in wenigen Passagen als Brief zu erkennen gibt, dem übliche Anfangs- und Schlussformeln weitgehend fehlen[549] und der in seinem größten Teil eher einem Traktat gleicht, dennoch als Brief komponiert, verfolgt er damit vermutlich Ziele, die über den

---

545 Anders z. B. der längere 7. Brief Platons oder Jamblichs *De mysteriis.*

546 Die Briefe 8 und 9 sind länger als der Traktat *Über die mystische Theologie.*

547 Hösle 2006: Anm. 23, S. 28 Hösle verweist auf Demetrios Phalereus (Demetrius 1999: 228: „La lunghezza di una lettera deve essere misurata, come peraltro la sua forma espressiva. Lettere troppo lunghe e, per di più, piuttosto ponderose nello stile non possono essere vere e proprie lettere ma piuttosto trattati che cominciano con un ‚Caro amico…'. Tale è il caso di molto lettere de Platone e di quella di Tucidide.") und auf Sigonio 1993: 130/131.

548 Hathaway 1969 erwähnt weder, dass auch die vier Traktate Briefform haben, noch reflektiert er die Bedeutung dieser literarischen Form. Auch Roques erwähnt, wo er von den Briefen an Dionysius ‚Bischofskollegen' spricht, die vier Traktate nicht (Roques 1983: 179). Heil erwähnt in seiner Einleitung zu den beiden Hierarchietraktaten deren Briefform ebenfalls nicht, Heil 1986c.

549 Vgl. zu üblichen Anfangs- und Schlussformeln im antiken Brief Mitchell 1998: 1758 f.

Wunsch, sich über die neutestamentlichen Empfänger in die apostolische Zeit zu datieren, noch hinausreichen.

Ein Text, der sich als Brief an einen bestimmten Adressaten gibt, ist zunächst nicht für einen weiteren, prinzipiell offenen Empfängerkreis bestimmt, wie dies etwa für Abhandlungen oder Kommentare gilt. Verfasst ein Autor seinen Text in Briefform, so legt er, wenn der Adressat z. B. als ein bestimmter Amtsträger erscheint, auch fest, welche Art von Leser seinen Text lesen soll. Die Briefe des Dionysius richten sich ausschließlich an Mitglieder der Hierarchie und hierunter nur an Mitglieder der einweihenden Hierarchie, bzw. an die Mönche, die in ihrer Vollendung den Priestern näher stehen als den Laien. Als Lehre für die Laien sind die Inhalte dieser Briefe offenbar nicht gedacht, vielmehr dienen sie dem Fortgang der Erkenntnis innerhalb der höheren Ordnungen der ‚Hierarchie'.

Aussagen, die innerhalb eines Briefes getroffen werden, erheben nicht den gleichen Systemanspruch wie Aussagen in einem Traktat oder einer Abhandlung. Dies entspricht der bescheidenen Haltung, die Dionysius gegenüber seinem Thema im Traktat *Über die kirchliche Hierarchie* einnimmt. Er unterstellt nicht, abschließende Aussagen zu diesem Thema getroffen zu haben. Der Adressat wird als Mitdenkender in Anspruch genommen. In diesem Punkt besteht eine Nähe zwischen Dialog und Brief und ein Unterschied zu dem „Genre der Objektivität", was die Beteiligung des Lesers an der Gedankenarbeit angeht.[550]

Die literarische Gattung, in der das Denken schriftliche Form annimmt, ist kein bloßes Ornament, von dem das Gedachte im Sinne einer Lehre ohne weiteres abstrahiert werden kann. Sie gehört zur Vollzugsform des jeweiligen Denkens hinzu. So sind der Dialog für die platonische Weise des Erkenntnisgewinns, der Kommentar für die neuplatonische und die *quaestio* für die scholastische Philosophie, der Aphorismus für die Gedankenführung Nietzsches selbst konstitutiv. Wenn in der Gegenwart im Unterschied zum Anfang des 19. Jh. nicht das System, sondern die Abhandlung, Traktate, Essays, Aufsätze und Aufsatzsammlungen die dominierende Literaturgattung sind, so ist das als symptomatisch anzusehen für eine Denkweise, die Autoren unterschiedlicher inhaltlicher Ausrichtung verbindet.

Der Brieftraktat, wie er bei Dionysius vorliegt, erinnert in seiner literarischen Form an etwas, das in der argumentativen Logik einer Abhandlung latent

---

550 Vgl. Hösle 2006: 48: „Der Leser des Dialogs sieht, wie die Gesprächspartner allmählich zur Wahrheit geführt werden; er ist nicht mit einer fertigen Theorie konfrontiert, die zwar eventuell leichter auswendiggelernt werden kann, die aber einem ebendeswegen auch fremder bleibt, weil sie nicht das Resultat eigener Anstrengung ist." Vgl. auch Schildknecht 1990: 17: „Im Platonischen Dialog als einer offenen, nicht das Resultat, sondern den Prozeß selbständiger Wissensbildung, nicht die dogmatische Rede, sondern das gemeinsame Gespräch abbildenden Form…".

bleibt, dass nämlich auch dieser Text ein bestimmtes geschichtliches Subjekt zum Urheber hat, dass es auch hier um die Sendung eines individuellen Autors an einen mehr oder minder konkret gedachten Adressaten geht und dementsprechend über der unerlässlichen Prüfung der logischen Konsistenz einer Argumentation die latente Rhetorik nicht einfach außer Acht zu lassen ist.

3. Korrespondenz

In mehreren seiner Briefe, in den kürzeren wie auch in den Traktaten *Über die göttlichen Namen* und *Über die kirchliche Hierarchie* erweckt Dionysius den Eindruck, er antworte auf Anfragen seiner Briefpartner. Das einleitende „Nun aber" des Traktats *Über die göttlichen Namen* dient Ritter zufolge „der Fiktion [...], als werde der schriftliche Dialog mit dem von Paulus bekehrten und zum Bischof von Ephesus eingesetzten Timotheus aus Lystra fortgesetzt", im 11. Kapitel führt er die Anfragen seines Adressaten genau auf.[551] Koch zufolge handelt es sich dabei um eine in neuplatonischen Kreisen übliche „Schriftstellermethode, die Erörterungen an wirkliche oder fingierte, schriftliche oder mündliche Anfragen [...] zu knüpfen. Die Neuplatoniker hatten diese Form aus der peripatetischen Schule herübergenommen."[552] In dieser Tradition wendet sich der Verfasser eines Briefes an seinen Briefpartner wie an einen Adepten, der eingeführt werden soll. Laut Koch geht Dionysius ebenso vor, der Anfragen fingiere und sie selbst beantworte, der als „geistlicher Vater erscheinen [wolle], an welchen sich die Kinder in ihren Bedenken und Zweifeln wenden"[553]. Gegenüber den Mönchen, dem Priester oder dem Diakon überrascht eine solche Haltung insofern nicht, als diese in der ‚Hierarchie' unter dem Bischof stehen und ihm daher an Wissen und Erkenntnis unterlegen sind. Gegenüber den Bischöfen und dem Apostel Johannes kann Dionysius jedoch nicht als überlegener „geistlicher Vater" auftreten. Da es in der Gestaltung der Kirche, wie Dionysius sie darlegt, keine höchste menschliche Autorität gibt, sind die Bischöfe, die ihrer jeweiligen Ortskirche vorstehen, von gleichem Rang. Wenn Dionysius seine Schriften an Timotheus richtet, schreibt er also an einen gleichrangigen Bischofskollegen. Da Dionysius Timotheus auffordert, die Inhalte nur an Geheiligte weiterzugeben, ließe sich der Adressatenkreis auf die Bischöfe allgemein ausdehnen; ob auch andere Mitglieder der Hierarchie unter die Geheiligten zu zählen sind und hieran Anteil bekommen dürfen, ist nicht eindeutig zu klären.

Anders als in dem Traktat *Über die göttlichen Namen*, wo Dionysius eine vorausgehende Anfrage des Timotheus fingiert, wird eine entsprechende Frage

---

551 DN 221,13–17 (953BC). Vgl. Ritter 1994c: 24
552 Koch 1900: 13; vgl. Ritter 1994c: 63.
553 Koch 1900: 15; vgl. Ritter 1994c: 64.

des Timotheus in dem Traktat *Über die kirchliche Hierarchie* nur an einer Stelle im letzten Kapitel des Textes angedeutet, wo Dionysius schreibt: „wie Du sagst"[554]. Die Besonderheit hier liegt darin, dass Dionysius im Epilog Timotheus auffordert, ihm nun seinerseits seine Erkenntnisse mitzuteilen. Dionysius tritt hier nicht als „geistlicher Vater" auf, der den Empfänger seines Briefes belehrt, sondern schreibt an diesen als gleichberechtigten Weggefährten auf der Suche nach Erkenntnis. Dionysius glaubt nicht, selbst schon alles zu diesem Thema gesagt zu haben, meint vielmehr, andere könnten dazu mehr und noch Hellsichtigeres mitteilen; er will daher eine Korrespondenz mit Timotheus in Gang setzen oder weiterführen, die beide Briefpartner in ihrer Erkenntnis voranbringen soll. Dionysius möchte seinen Brief als Hilfsmittel der Erkenntnis für Timotheus verwandt sehen:

> „Auch Dir werden, wie ich glaube, in jedem Fall noch mehr weithin leuchtende und göttlichere Schönheiten einleuchten, wenn Du das Gesagte als Sprossen einer Leiter zu höherem Licht benutzt."[555]

Ein Text, der als „Sprossen einer Leiter" dient oder der „Funken des göttlichen Feuers"[556], die in Timotheus schlummerten, weckt, ist als Etappe einer fortschreitenden Erkenntnis verstanden, die auf eine immer größere Annäherung an den Gegenstand der Erkenntnis zielt. Dionysius greift hier ein Bild der Erkenntnis aus Platons 7. Brief auf, nämlich das des Feuers, das, „von einem übergesprungenen Funken entfacht", in der Seele entsteht und sich dann aus sich heraus weiter nährt. Platon ist der Ansicht, diese Erkenntnis ließe sich gar nicht verschriftlichen, sondern könne nur in gemeinsamer „Bemühung" oder „aus dem gemeinsamem Leben" entstehen.[557] Dionysius will jedoch Funken in Timotheus wecken, indem er ihm schreibt.

Timotheus seinerseits soll wiederum Dionysius seine Erkenntnisse mitteilen und ihm Anregungen auf dem Weg der Erkenntnis vermitteln:

> „Gib also, mein Freund, auch Deinerseits mir Anteil an vollkommenerer Erleuchtung und zeige meinen Augen, was für noch prächtigere und dem Einen mehr verwandte Schönheiten Du etwa schauen kannst."[558]

---

554 EH 130,15 (565D) (WMS).
555 EH 131,32–132,2 (568D-569A) (Heil).
556 EH 132,6 (569A) (Heil).
557 Platon, Ep. 7, 341cd: „Es gibt ja auch von mir darüber keine Schrift und kann niemals eine geben; denn es läßt sich keineswegs in Worte fassen wie andere Lerngegenstände, sondern aus häufiger gemeinsamer Bemühung um die Sache selbst und aus dem gemeinsamen Leben entsteht es plötzlich – wie ein Feuer, das von einem übergesprungenen Funken entfacht wurde – in der Seele und nährt sich dann schon aus sich heraus weiter."
558 EH 132,2–4 (569A) (Heil).

Würde diese Korrespondenz fortgeführt, so würde der eine den anderen schrittweise auf dem Weg der Erkenntnis weiterbringen, indem er ihm seine Erkenntnisse und Erleuchtungen mitteilt, ihn so stufenweise auf dem Erkenntnisweg weiter führt, ihn zu eigenem Denken animiert, dessen Ergebnisse wiederum dem ersten zukommen sollen.

Die beiden Korrespondenten dieses imaginierten Briefwechsels sind Bischöfe/Hierarchen, d.h. gleichrangige Vorsteher von Gemeinden.[559] Der Hierarch tauscht sich mit einem Kollegen aus, teilt ihm seine Erkenntnisse mit und möchte wiederum von ihm angeleitet werden. Obwohl er als Hierarch vollendet ist, scheint seine Erkenntnis nicht so vollkommen zu sein, dass kein Fortschritt möglich ist. Vielmehr wendet er sich an seinen Kollegen mit dem Wunsch, von diesem wiederum in seiner Erkenntnis vorangebracht zu werden. Das Bild des quasi göttlichen, vollkommenen Hierarchen wird ergänzt durch das Bild eines Gemeindevorstehers, der zwar mehr weiß und tiefer eingeweiht ist als die anderen Mitglieder der Hierarchie, der sich aber mit seinem Kollegen austauschen möchte, um in der Erkenntnis weiterzugehen. Als Teil einer Korrespondenz zwischen Hierarchen, die sehr weit in ihrer Erkenntnis gekommen sind und die mit der Hilfe des anderen versuchen, noch einen Schritt weiter zu gelangen, gibt sich also der Traktat *Über die kirchliche Hierarchie*.[560] Von dem Bild des „geistlichen Vaters", der aus überlegenem Wissen heraus seine Schüler belehrt, wie es Ritter und Koch zeichnen, ist dieser Traktat weit entfernt.

Das Bild der Erkenntnis, das eine solche Korrespondenz unter Eingeweihten ergibt, unterscheidet sich deutlich von anderen Formen der Philosophie. Philosophisches Denken als Korrespondenz zu begreifen, heißt, es sowohl als das einsame Geschäft eines Einzelnen als auch als die Frucht des gemeinschaftlichen Austausches zu verstehen. Textgattungen wie Abhandlung, Lehrgedicht, Meditation etc. heben die einsame Denkarbeit hervor, da sie Frucht der Überlegungen eines einzelnen sind. Der Dialog hingegen inszeniert das gemeinsame Erarbeiten einer Erkenntnis im Gespräch. Frage und Antwort, Rede und Gegenrede treiben die Erkenntnis weiter.

Die Form der Korrespondenz hat mit der des Dialogs gemein, dass beide die Gemeinschaftlichkeit betonen, die jedoch in unterschiedlicher Weise realisiert wird.[561] Im Dialog wechseln Rede und Gegenrede unmittelbar. In der Korrespondenz kommt dem einsamen Nachdenken und Streben des Einzelnen zentrale Bedeutung zu. Die Öffnung auf die Meinung des anderen in der Lektüre des Briefes, steht der Konzentration auf das eigene Denken und Fortschreiten in

---

559 Ein Verhältnis, das Probst nicht anführt. Probst 1991: 63f
560 Insofern lassen sich, anders als Roques meint (Roques 1983: 179), doch aus dem *Corpus Dionysiacum* Erkenntnisse über das Verhältnis von Bischöfen untereinander gewinnen.
561 Teichert 1990: 71.

der Erkenntnis gegenüber. Die Phase der einsamen Denkarbeit mündet in die Abfassung eines Briefes, der wiederum die Öffnung auf das Gegenüber erlaubt.

> „Der explizite Adressatenbezug des philosophischen Briefs ist daher auch als Ausdruck der Notwendigkeit eines intersubjektiven Austauschs zu sehen. Er ist ein Zeichen für die Angewiesenheit auf den realen oder vorgestellten Anderen, durch den das Philosophieren zu einem therapeutischen Geschehen wird"[562].

Gerade wenn es keine Antwortbriefe gibt, ist die Öffnung zum Leser besonders groß, da diesem keine geschlossene Form präsentiert wird.[563] Teichert bezieht sich auf Senecas Briefe an Lucilius; im Unterschied zu Senecas' Briefen stellen die Briefe des Dionysius keine geschlossene Reihe von Briefen an einen Adressaten dar, aus der man eine Korrespondenz rekonstruieren könnte. Dionysius' Briefe suggerieren jedoch eine Korrespondenz, die einige wenige heterogene Briefe zu unterschiedlichen Themen enthält. Die Öffnung zum Leser und der Einbezug des Lesers wird hierdurch noch stärker.

Wird in der Literatur nach der Bedeutung der literarischen Form für das Verständnis eines philosophischen Textes gefragt, wird die Korrespondenz und ihre Besonderheit nicht erwähnt.[564] Bezogen auf den Text des Dionysius spielt diese Form insofern eine wichtige Rolle, als sie über sein Verständnis von Philosophie und Erkenntnis Auskunft gibt. Erkenntnis kann sich nicht bloß im Dialog entwickeln, sondern bedarf der zurückgezogenen Anstrengungen eines einzelnen. Ein einzelner kann und darf jedoch diese Erkenntnis nicht für sich behalten. Er bedarf der Anleitungen und Anregungen der anderen, hat aber zugleich in der gemeinschaftlich ausgerichteten ‚Hierarchie' die Pflicht, Erkenntnis weiterzugeben und nicht in sich zu verschließen. Ein Text, der keine endgültigen Aussagen – der Weisheit letzter Schluss – liefern will, sondern den Leser anleiten und anregen will, ohne den Anspruch zu erheben, ihn schon bis zum Ziel der Erkenntnis selbst führen zu können, setzt sich und seinen Adressaten so in einen offenen Erkenntnisprozess.

Solche prinzipielle Offenheit des Denkens dürfte einem geschlossenen Systementwürfen gegenüber skeptischen Denkhabitus, wie er die Moderne kennzeichnet, gelegen kommen. Die von Dionysius unterstellte Unabgeschlossenheit ist jedoch mit einem modernen Relativismus in Bezug auf die Wahrheitsfrage nicht zu verwechseln. Wenn Dionysius für das in seiner Schrift *Über die kirchliche Hierarchie* Dargelegte keinen definitiven Anspruch erhebt, so

---

562 Teichert 1990: 70.
563 Teichert 1990: 72.
564 Vgl. z.B. Schildknecht 1990: 13: „Dialog, Aphorismus, (echter oder fiktiver) Brief, Essay, Traktat, Gebet, Autobiographie, Meditation, Fragment, Lehrgedicht, Lehrbuch, …". Vgl. auch den Sammelband Gabriel/Schildknecht 1990, wo die einzelnen Genres – Dialog, quaestio, Brief, Meditation usw. – an jeweils einem oder mehreren Beispielen abgehandelt werden.

nicht deswegen, weil er es als subjektive Meinung (*doxa*) relativieren möchte. Was er über die Hierarchie darlegt, erhebt den Anspruch, wahr zu sein, aber die Wahrheit selbst ist etwas, was in einen weitergehenden Aufstieg („Sprossen einer Leiter") hineinzieht. „Relativierung" wäre äußerstenfalls zu verstehen als eine mit dem erreichten Stand nicht zufrieden zu stellende Steigerungsbewegung, wie sie dem Aufstiegsgedanken des Neuplatonismus entspringt.

Der so aufgefasste Briefwechsel wäre sozusagen die Übersetzung des ὑπέρ, der komparativischen und superlativischen Steigerung, die die Sprache des Dionysius in ihren semantischen und syntaktischen Konstruktionen betreibt, in den Vollzug eines im Hin und Her der Korrespondenz sich steigernden gemeinsamen Bemühens. Die *via eminentiae*, die die Sprache in ihren Eskalationsformen in sich beschreibt, würde auf die Ebene brieflicher Kommunikation übertragen.

Briefwechsel, die darauf zielen Erkenntnisse und Urteile auszutauschen, abzuwägen, Unterschiede zu markieren und Gemeinsamkeiten herauszufinden, operieren im Horizont einer Konsenstheorie der Wahrheit. Der bei Dionysius anvisierte Korrespondenztyp sucht Wahrheit nicht als vernünftigen Konsens, sondern als wechselseitige Anfeuerung, den Aufstieg zum dunklen Licht der Wahrheit fortzusetzen.

4. Irenik und Polemik

Im seinem Traktat *Über die kirchliche Hierarchie* äußert sich Dionysius kaum zu abweichenden und widersprechenden Meinungen. Nur dadurch, dass er vom ‚Lachen der Uneingeweihten' spricht, wird der Blick auf eine Umgebung gerichtet, die auf die christlichen Riten verständnislos reagiert. Ihr möchte Dionysius mit strenger Beachtung der Arkandisziplin begegnen. Neben dieser Abschottung gegen die Nichtgeheiligten taucht aber in seinen Überlegungen zur Kindertaufe noch ein weiteres Moment auf, nämlich das einer nachsichtigen Haltung gegenüber den Irrenden:

> „Dein Verständnis als Glied der Hierarchie braucht sich aber über die Irrenden nicht zu empören. Vielmehr soll es vorsichtig und zugleich um ihrer Erleuchtung willen liebevoll die von ihnen vorgebrachten Einwände abwehren"[565].

Denen gegenüber, die kein Verständnis für den tieferen Sinn der Riten haben, die Einwände äußern und möglicherweise sogar in Lachen darüber ausbrechen, empfiehlt Dionysius eine milde Haltung; ohne Empörung soll man gegen die Irrtümer vorgehen, weil es auch um die Erleuchtung dieser Irrenden geht; ihr

---

565 EH 130,19–21 (568A) (Heil).

Irrtum ist nicht allzusehr zu verurteilen, da es vieles gibt, was selbst die tiefer Eingeweihten nicht begreifen.[566]

Das Motiv der Milde und Gelassenheit greifen der 6. und 7. Brief wieder auf und führen es aus. Der 6. Brief lautet:

> „Halte nicht das für einen Sieg, ehrwürdiger Sopater, eine Religion oder eine Anschauung (θρησκείαν ἢ δόξαν), die Dein Mißfallen erregt, in den Schmutz zu ziehen. Und glaube nur ja nicht, wenn Du sie in überlegener Manier ihres Irrtums überführen wirst, dann schlage das bereits für die Sache des Sopater positiv zu Buche. Es kann ja sein, daß Dir (genau so) wie anderen inmitten der vielerlei Irrtümer und (äußeren) Erscheinungen die Wahrheit, die doch nur eine ist und verhüllt, verborgen bleibt. [...] Wünschst Du, meinem Beispiel zu folgen, dann halte es so: Du hörst auf damit, gegen andere zu polemisieren; dafür sprichst Du wirklich zugunsten der Wahrheit, so daß alles, was Du sagst, vollkommen unwiderleglich ist.“[567]

Andere Religionen oder andere religiöse Bräuche (θρησκείαν) und andere Meinungen (δόξαν) sollen nicht verhöhnt und verspottet werden, auch dann nicht, wenn man der Meinung ist, dass es sich hierbei um Irrtümer handelt.[568] Dionysius bezieht sich hiermit in allererster Linie auf die Religion der Heiden; dafür spricht zum einen seine historische Situation, zum anderen die Ausführungen im 7. Brief, in dem er sich ganz explizit auf die Hellenen/Griechen/ Heiden (Ἕλληνας) bezieht.[569] Eine fortlaufende Diskussion mit den Heiden und eine Widerlegung ihrer Auffassungen hält Dionysius für nutzlos:

> „Widerlegst Du jedoch diesen einen, so wird der andere und danach ein Dritter über dieselbe Sache einen Streit anzetteln.“[570]

Ein weiterer Streitliebender, der die Argumentation fortführt, ist immer zu finden, so dass sich eine endlose Diskussion ergeben müsste, in der Dionysius offenbar keinen Sinn erblickt. Im 6. Brief sieht Dionysius die Gefahr, dass sich bei Auseinandersetzungen dieser Art eine herablassende, überlegene Haltung einstellen könnte, die der Verbreitung der Wahrheit nicht zuträglich ist; denn der herablassend Behandelte wird sich nicht gleich zur Meinung desjenigen bekehren, der ihn derart behandelt. Statt einer herablassenden Haltung und eines endlosen Diskussionseifers wünscht sich Dionysius eine Haltung, die den ‚Irrenden' ernst nimmt, indem sie ihm unterstellt, er werde sich schon zur

---

566 EH 130,21–131,5 (568A).
567 Ep 6 164,3–10 (1077AB) (Ritter).
568 Dionysius bezeichnet diese Bräuche/diese Religion als *thrêskeia* – worship, religion, creed – ein Ausdruck der laut Lampe (654) zumeist für die christliche Religion verwandt wurde, z.B. von Gregor von Nyssa, Clemens von Alexandrien, aber auch von Dionysius selbst (EH 87,25 (436C): τῆς θρησκείας τὸ σύμβολον), und der daher keinen abwertenden Beiklang hat.
569 Ep 7 165,3 (1077B); vgl. Ep 7 166,4.8 (1080A).
570 Ep 7 165,11f (1077C-1080A) (Ritter).

Wahrheit bekehren, wenn diese nur klar dargelegt werde.[571] Eine solche gelassene Darlegung der Wahrheit müsste Dionysius zufolge letztlich Früchte tragen; von der Überzeugungskraft der Wahrheit ist er fest überzeugt:

> „Gehe ich doch davon aus, rechtschaffenen Leuten genüge es, die Wahrheit in sich selbst erkennen und aussprechen zu können, so wie sie tatsächlich ist. Sofern diese nämlich, was immer es mit ihr auf sich hat, der Wahrheitsregel entsprechend einwandfrei bewiesen wird und klar vor Augen steht, wird alles, was sich anders verhält, von selbst als bloße Vortäuschung von Wahrheit entlarvt".[572]

Gehört der Irrende also zu den „rechtschaffenen Leuten", wird ihm die Wahrheit von selbst einleuchten, wenn sie ihm dargelegt wird, ohne dass der Versuch unternommen wird, ihm jeden seiner Irrtümer einzeln nachzuweisen.

Dionysius ist natürlich, wenn er es auch nicht explizit sagt, überzeugt, dass das Christentum die wahre Religion ist. Eine fanatische Verteidigung seines eigenen Glaubens liegt ihm aber fern. Irrtümlichen Formen von Religion erkennt er ihre Existenz und Freiheit zu. Selbst wenn die Überzeugungskraft der Wahrheit nicht alle erreichte, wenn weniger „rechtschaffene Menschen" bei ihren eigenen Überzeugungen blieben, wäre dennoch ihnen gegenüber kein Spott oder Druck erlaubt.

Ein schärferer Ton gegenüber den Heiden findet sich hingegen im Brief an den Bischof Polykarp, wo sich Dionysius wohl gegen Polemiken, die sich gegen ihn selbst richten, verteidigt:

> „Du aber weißt zu berichten, der Sophist Apollophanes schmähe mich und nenne mich einen ‚Vatermörder', weil ich von den Errungenschaften der Heiden unfairen Gebrauch mache, um sie wider die Heiden zu nutzen. Nun, es käme der Wahrheit bedeutend näher, wenn wir ihm entgegenhielten: es sind Heiden, die sich in unfairer Weise der göttlichen Gaben als Waffen wider das Göttliche bedienen, indem sie nämlich die Weisheit, (die doch) von Gott (kommt), zu dem Versuch benutzen, die Ehrfurcht gegenüber Gott auszutreiben."[573]

Dionysius hebt mit Nachdruck hervor: „Was mich betrifft, so habe ich meines Wissens niemals gegen Heiden oder andere polemisiert."[574] Gerade dies, nämlich ihre „Errungenschaften" gegen sie zu verwenden, oder in anderen Worten, ein „Vatermörder" zu sein, wurde ihm aber offenbar zum Vorwurf gemacht. Dieser Vorwurf könnte sowohl auf den neutestamentlichen Dionysius vom Areopag, der sich zum Christentum bekehrt, zutreffen, als auch auf den Verfasser des *Corpus Dionysiacum*, der seine tiefen Kenntnisse des späten Neuplatonismus in den Dienst des Christentums stellt und der sich möglicherweise

---

571 Vgl. hierzu auch Platon, Rep. 499e, wo auch eine milde Haltung gefordert und eine rechthaberische abgelehnt werden.

572 Ep 7 165,3–7 (1077BC) (Ritter).

573 Ep 7 166,7–11 (1080AB) (Ritter).

574 Ep 7 165,3 (1077B) (Ritter); vgl. Ep 7 166,4.8 (1080A).

nach dem sorgfältigen Studium der neuplatonischen Lehren zum Christentum bekehrte. Gegen diesen Vorwurf, der seiner Konzeption von Irenik widerspricht, geht Dionysius mit einem Gegenangriff vor. Die Nähe seiner Schriften zu heidnischem Gedankengut leugnet Dionysius nicht, interpretiert diese Nähe jedoch nicht als Abhängigkeit. Er kehrt die tatsächliche Abfolge um, indem er den Heiden vorwirft, sie hätten sich unrechtmäßig dieser gottgegebenen Erkenntnisse bedient. Dies könnte gleichermaßen auf Dionysius vom Areopag wie auf den Verfasser des *Corpus Dionysiacum* zutreffen. Der Verfasser des *Corpus* besitzt sehr gute Kenntnisse der neuplatonischen Lehren, möchte aber die Lehren, die er in seine Reflexionen zum Christentum aufnimmt, nicht als fremdes Leihgut verstanden wissen. Vielmehr hält er all das, was die Neuplatoniker lehren, für Abwandlungen der wahren Lehre, die nun gegen diese verwandt werden. Was in seinen Schriften an neuplatonischem Gedankengut zu finden ist, ist also in seinen Augen gar kein solches, da es keine Errungenschaft der Neuplatoniker darstelle.[575] Für ihn besteht also in keiner Weise ein Widerspruch zwischen den neuplatonischen und den christlichen Elementen; seinem 7. Brief zufolge glaubt er nicht einmal, dass es sich hierbei um Momente verschiedener Traditionen handelt, er hält sie vielmehr für ursprünglich verbunden. Der christliche Neuplatonismus, wie ihn das *Corpus Dionysiacum* darstellt, erscheint als Fortsetzung der heidnischen Überlieferung, gegen die sich mit philosophischen Argumenten zu wenden, Ehrfurcht gegen Gott vermissen lässt. Während die grundsätzlich irenische Haltung des Dionysius darauf vertraut, dass der einmal eingeschlagene Weg zur Wahrheit selbst genügend Zugkraft mit sich bringen wird, verwahrt sich die polemische Wendung gegen den Vorwurf, der christliche Neuplatoniker betreibe Missbrauch mit der Philosophie und ihrer Wahrheit.

II. politeia

1. *Un*politisch

In der gängigen Deutung gelten weder der Neuplatonismus noch die Mystik als Horte politischer Philosophie. Die metaphysischen Spekulationen der Neuplatoniker und ihr Trachten nach dem Einen scheinen weit von politischer Philosophie entfernt; geradezu weltfremd könnten sie mit ihrer Abwendung von der Vielheit, dem Materiellen und Sinnlichen und ihrem Streben nach Einung erscheinen, keinesfalls daran interessiert, zur Leitung und Einrichtung eines Ge-

---

575 Dionysius leistet hier der späteren Interpretation Vorschub, die in ihm nicht den Nachfolger der Neuplatoniker, sondern deren Vorläufer sah.

meinwesens etwas beizutragen.[576] Betrachtet man Dionysius' Darlegung der Gottesnamen (DN), seine mystische Theologie (MT), seine Lehre von der Einung und der Schau (MT, DN) und seine Spekulationen über die Engel (CH), so finden sich darin keine Reflexionen politischer Theorie. Ob der Mensch als politisches Lebewesen zu begreifen ist, in welcher Gemeinschaft er leben sollte, wie ein Gemeinwesen einzurichten ist, welche Funktionen, welche Gesetze es haben sollte usw., ist in den genannten Texten nicht von Interesse; es geht ihm vielmehr um metaphysische Spekulation, was die Engelhierarchien oder die Gottesnamen angeht, um den Weg eines einzelnen Philosophen/Mystikers zu Einung, Erleuchtung und Schau. Gewisse Verhaltensmaßstäbe finden sich zwar auch in diesen Texten, wenn er z.B. Timotheus auffordert, sich von allem zu lösen.[577] Von einer politischen Theorie kann jedoch nicht gesprochen werden. Hieraus wird nicht selten der Schluss gezogen, dass man Dionysius als unpolitisch begreifen müsse.[578]

Eine andere Situation ergibt sich allerdings beim Blick auf den Traktat *Über die kirchliche Hierarchie*. Die Gliederung der Mitglieder der ‚Hierarchie' in verschiedene Stände und Ordnungen mit unterschiedlichen Funktionen und Aufgaben, aber auch die Vorstellung eines Eintritts in dieses Gemeinwesen, die Angabe von Zugangsbedingungen, das alles zeigt deutlich, dass es sich bei dieser *heiligen Ordnung*, dieser *hierarchia* um eine Art *civitas dei* handelt.[579]

Im Fokus dieser Schrift stehen nicht allein die Sakramente und die Durchführung der Liturgie. Vielmehr gestaltet sich die ‚Hierarchie' als umfassende und klare Ordnung, in der jedem Mitglied eine spezifische Stellung und Funktion zukommt. Dies betrifft nicht nur die Durchführung des Ritus, sondern die gesamte Lebensweise der Menschen. Als Indiz für die Bedeutung der po-

---

576 Vgl. hierzu O'Meara, der in mehreren Artikeln (O'Meara 1992; O'Meara 1993; O'Meara 1997a) und einer Monographie (O'Meara 2005²) gegen diese Sichtweise argumentiert. Vgl. z.B. O'Meara 1992: 501: „Le sujet que je me propose de traiter peut sembler de prime abord plutôt suspect à quiconque se rappelle l'importance de l'assimilation à Dieu comme objectif ultime des philosophes néoplatoniciens, objectif exigeant une attitude ascétique, une fuite et un abandon spirituel du monde. Quelle place la vie politique pourrait-elle avoir dans une philosophie pareille?" O'Mearas Ausführungen zur Bedeutung neuplatonischer politischer Philosophie können in diesem Rahmen nicht ausgeführt werden; es wird jedoch im Folgenden, sofern sich Bezugspunkte zu Dionysius ergeben, immer wieder darauf verwiesen.
577 MT 142,5–11 (997B-1000A).
578 Vgl. Albert 1999: 113: Man muss Dionysius „als unpolitischen Mensch verstehen"; Hathaway 1969: 125.
579 Roques 1983: 82: „La hiérarchie est comme la *cité du divin*. Chacun doit s'y comporter en citoyen de Dieu et cette ἔνθεος πολιτεία s'oppose à l'ἐν κακίᾳ πολιτεία, dont le baptême doit nous affranchir. L'ordre ecclésiastique présente même avec la cité politique une analogie plus étroite que la hiérarchie céleste. Il est visible et comporte des institutions, divines sans doute, mais visibles, elle aussi."

litischen Philosophie im Traktat *Über die kirchliche Hierarchie* kann auch der wortstatistische Befund genommen werden: sechs der sieben Verwendungen des Wortes *politeia* im *Corpus Dionysiacum* finden sich hier; sie sollen im Folgenden untersucht werden.

2. Eintritt und Abfall

Die ‚Hierarchie' gestaltet sich als ein Gemeinwesen mit bestimmten Regeln und Zugangsvoraussetzungen. Wer ihm beitreten möchte und bereit ist, die entsprechenden Bedingungen zu erfüllen, muss sich einer ‚Einbürgerungszeremonie' unterziehen, der Taufe. Dies gilt gleichermaßen für Erwachsene, die sich bewusst für dieses Gemeinwesen entscheiden, wie für Kinder, die in es hineingeboren werden. Die Zeremonie unterscheidet sich in beiden Fällen nicht, obwohl die Voraussetzungen jeweils andere sind, da sich das Kind nicht wie der erwachsene Täufling bewusst diesen Regeln unterwerfen kann. Es gibt also zwei Wege, Teil dieses Gemeinwesens zu werden: durch Geburt oder durch ‚Einwanderung'. In beiden Fällen muss die Zugehörigkeit durch die Taufzeremonie besiegelt und erst gültig gemacht werden. Das Hierarchiemodell, wie Dionysius es in den ersten sechs Kapiteln seines Traktates *Über die kirchliche Hierarchie* schildert, lehnt sich an neuplatonische Entwürfe an. Zur höheren Erkenntnis ist nur ein stufenweiser Aufstieg möglich, und nur der, der die Voraussetzungen erfüllt und die notwendige Reinheit aufweist, darf an den Mysterien teilhaben. Dem entspricht der Ritus der Erwachsenentaufe, die eine Einweihungszeremonie darstellt, auf die sich der Täufling vorbereiten muss, für die er Voraussetzungen erfüllen muss, was die Kenntnis und das ethische Verhalten angeht, und in der er sich klar und deutlich für die Lehre auszusprechen hat, der er zugehören möchte. Die Kindertaufe entspricht diesem Bild nicht. Sie wird in den ersten Kapiteln – auch im Taufkapitel – nie erwähnt, vielmehr wird sie nach dem ersten Epilog als eine Art Anhang gewissermaßen nachgereicht, und sie lässt sich auch nicht leicht in die Theorie einfügen, die Dionysius bis dahin entwickelt hat und in der immer nur von Erwachsenen die Rede war. Die Kindertaufe[580] hat die gleiche Struktur und den gleichen Aufbau wie die Erwachsenentaufe, jedoch kann das Kind sich nicht wie ein erwachsener Täufling auf diese Einweihung vorbereiten, und ein Pate spricht an seiner Stelle die Absagen an den Satan und die Zusage an Gott. Wie der Erwachsene wird es getauft, im Anschluss mit Myron gesalbt und erhält die Eucharistie. Ohne eigens erbrachte Vorleistung erhält das Kind die Teilhabe an den Mysterien.

---

580 Zum Brauch der Kindertaufe, vgl. Kleijwegt 2004. In ersten Jahrhunderten war dieser Brauch nicht besonders stark verbreitet, gewann dann aber – unter Diskussionen – an Häufigkeit.

Anders verhält es sich bei einem erwachsenen Täufling, dem eine entsprechende Kenntnis der Regeln und Pflichten des Gemeinwesens und eine angemessene Haltung (*hexis*) abverlangt wird, bevor er der Hierarchie beitreten kann. Als Katechumene, also als Anwärter, darf er schon an gewissen Teilen des Ritus (Lesungen und Gesänge) teilnehmen, die dazu geeignet sind, ihn auf diesem Wege anzuleiten. Belehrt wird er ferner von den Diakonen. Nachdem er diese Art von ,Einbürgerungskursen' erfolgreich absolviert hat, wird er zur ,Einbürgerungszeremonie' der Taufe zugelassen. Geleitet von einem Bürgen, dem Paten, der ihn auf ihrem rechten Weg unterstützen soll, tritt er zum Oberhaupt der Kirche:

> „Der Hierarch bezeugt ihm (aus der Schrift), daß der Zutritt uneingeschränkt vollzogen werden müsse, weil Gott uneingeschränkt barmherzig und makellos sei, und erläutert ihm die gotterfüllte/gottgegebene *Politeia* und fragt ihn, ob er so *als Bürger* leben möchte (μαρτύρεται μὲν αὐτῷ τὴν ὀφειλομένην ὁλικὴν γενέσθαι προσέλευσιν ὡς παντελείῳ καὶ ἀμώμῳ ὄντι θεῷ, καὶ τὴν ἔνθεον αὐτῷ πολιτείαν ὑφηγησάμενος καὶ προσερωτήσας, εἰ οὕτω πολιτεύσαιτο)."[581]

Wer zögert und vielleicht nur die ein oder andere Regel anerkennen möchte, wer sich den Vorschriften der Ethik nur halbherzig unterwerfen möchte, kann keinen Zutritt erhalten, da dieser „uneingeschränkt" sein muss. Halbherzige Staatsbürger sind nicht erwünscht; vielmehr wird ein klares und eindeutiges Bekenntnis zu diesem Gemeinwesen verlangt. Feierlich erläutert der Bischof dem Täufling die Regeln dieses *Staates*, dieser *politeia* und fragt ihn, ob er Teil dieses Gemeinwesens werden wolle, ob er so *als Bürger* leben wolle (*politeusaito*). Bejaht der Täufling, so wird die Einbürgerungszeremonie vollzogen und er in den Kreis der Bürger dieser *politeia* aufgenommen.

Schriftlesungen und Psalmengesänge führen die Zuhörer in diese *politeia* ein, sei es, dass sie die *politeia* der Gesetzeshierarchie darlegen oder die *politeia* der Apostel.[582] Die Darlegung der *politeia* wird als Geschenk Gottes begriffen, der auf diese Weise den Menschen retten will, „indem sie [die Menschenfreundlichkeit Gottes] uns eine überkosmische Anagogie weist und eine gotterfüllte *politeia* in unserer so weit als möglichen heiligen Angleichung an sie (ἀναγωγὴν ἡμῖν ὑπερκόσμιον ὑποδείξασα καὶ πολιτείαν ἔνθεον ἐν ταῖς πρὸς αὐτὴν ἡμῶν ἱεραῖς κατὰ τὸ δυνατὸν ἀφομοιώσεσιν)"[583].

Politeia meint eine bestimmte Lebensweise, einen bestimmten Lebenswandel, einen guten wie einen schlechten[584] und sogar das jenseitige Leben, den

---

581 EH 71,13–16 (396A) (Heil/WMS).
582 EH 83,14f (429C); EH 83,20f (429CD).
583 EH 91,22–91,1 (441BC) (WMS).
584 Vgl. EH 74,1 (387B): Reinigung vom schlechten Lebenswandel durch die Taufe; EH 94,3–5 (445A): Wer in seiner *politeia* und seiner *hexis* nicht rein genug ist, gehört nicht zur göttlichen „Gesetzgebung". Mit dem Ausdruck *politeuô*, der nur noch an einer

„gottbegeisterten Wandel im Licht"[585], was auch die Ausrichtung der kirchlichen *hierarchia* oder *politeia* auf dieses jenseitige Leben unterstreicht. Zugleich bezeichnet dieses Wort die Gemeinschaft, in der eben diese Lebensweise gelebt werden soll.[586]

Anders als es die Rede vom *uneingeschränkten* Zutritt vermuten lassen sollte, halten sich die Mitglieder des Gemeinwesens nicht immer an die Regeln, denen sie sich in ihrer ‚Einbürgerungszeremonie' unterworfen haben. Diese Gesetzesübertreter werden hierdurch nicht aus der *politeia* ausgeschlossen – ‚ausgebürgert' – , ihre Rechte werden jedoch eingeschränkt, denn an den zentralen Bestandteilen der Zeremonien dürfen sie nicht mehr teilhaben. Wie die Katechumenen, die noch nicht zu diesen Feiern zugelassen sind, dürfen sie an bestimmten Teilen der Feiern teilnehmen, die dazu geeignet sind, sie in der Ausbildung ihrer Verfassung (*hexis*) zu stärken. Sie werden von den Diakonen belehrt, die sie wieder auf den geregelten Pfad der ‚Hierarchie' zurückführen sollen. Die Gesetzesbrecher werden nicht ausgeschlossen oder gar eingesperrt; vielmehr werden alle Anstrengungen unternommen, sie zu reintegrieren und in das Gemeinwesen zurückzuführen. Bestraft werden sie zwar durch den Ausschluss von den Sakramenten; zentraler scheint jedoch ihre Belehrung zu sein, Dionysius hebt mehrfach die bildende Wirkung von Psalmengesängen und Schriftlesungen hervor und unterstreicht auch den pädagogischen Wert der Teilnahme an den Bestattungszeremonien für die Energoumenen und Büßer.[587]

Die strengen Zugangsbedingungen könnten dieses Gemeinwesen elitär erscheinen lassen; dass es jedoch auch Stände innerhalb der Hierarchie gibt, die den Regeln nicht entsprechen, zeigt zum einen, dass Dionysius, bzw. die kirchliche Einrichtung durchaus realistisch voraussetzt, dass es immer wieder Übertretungen dieser Regeln gibt, und zum anderen, dass die ‚Hierarchie' denjenigen nicht ausschließt, der ihre Regeln verletzt. Die Verantwortung für die Mitglieder der ‚Hierarchie' endet nicht mit ihrem Regelverstoß; vielmehr ist es weiterhin die Aufgabe der Mitglieder der ‚Hierarchie', auch für die Bildung und Formung dieser abgefallenen Mitglieder Sorge zu tragen.

---

weiteren Stelle im *Corpus Dionysiacum* verwandt wird, bezeichnet Dionysius einmal den Wandel Christi als Mensch auf Erden (Ep. 4 161,10 (1072C)).

585 Ep. 9 206,2 (1113A) (Ritter).

586 Vgl. hierzu Liddell/Scott: „politeia" (1434); „politikos" (1114).

587 Die Katechumenen dürfen an den Bestattungszeremonien nicht teilnehmen, da sie anders als die Energoumenen und Büßer noch gar nicht in die ‚Hierarchie' eingeweiht worden sind. Vgl. EH 124,12–17 (557C).

3. Ziel

Betrachtet man das Ziel dieser ‚Hierarchie', dieser *politeia*, wie Dionysius sie darlegt, so zeigen sich deutlich Unterschiede zu anderen Staatskonzeptionen. Ziel ist nicht die Sicherheit des Menschen, der Schutz seines Lebens und Guts, wie es z. B. Hobbes annimmt, oder die ökonomische Situation, die im Zentrum der platonischen *Politeia* steht.[588] Äußere oder innere Gefahren, die den Menschen drohen und vor denen die *politeia* schützen müsste, spielen bei Dionysius keine Rolle. Er konzipiert keinen autarken Staat; von der Sicherung des Staates (Militär, Polizei) und seiner Erhaltung (Bauern, Handwerker etc.) ist nicht die Rede. Die *hierarchia* muss, um überhaupt überleben zu können, in einem funktionierenden Gemeinwesen stehen, das auch für die Sicherung und Erhaltung der *hierarchia* sorgt; die Mitglieder der *hierarchia* müssten neben ihrer Zugehörigkeit zu dieser heiligen Ordnung auch Bürger eines Staates sein, der die grundlegenden Aufgaben wahrnimmt. Wie jedoch das Verhältnis von Staat und kirchlicher *hierarchia* zu denken ist, wie Kompetenz- und Autoritätskonflikte zu lösen sind, lässt Dionysius ungeklärt.[589] Es handelt sich bei diesem Problem jedoch um eines, das in der Geschichte immer wieder zu schweren Konflikten zwischen kirchlicher und weltlicher Autorität geführt hat. Dionysius aber berücksichtigt in seinen Überlegungen nur die innerkirchliche Struktur; weltliche, ökonomische Maßstäbe spielen für ihn keine Rolle.

Das Ziel der ‚Hierarchie' ragt über innerstaatliche und innerweltliche Bedürfnisse und Ansprüche hinaus, es ist die Angleichung Aller an das Göttliche oder die Vergöttlichung.

> „Wir haben nun also in geheiligter Weise gesagt, daß dies das Ziel der Hierarchie in unserem Bereich ist: Unsere möglichste Annäherung an Gott und Einung mit ihm (ὡς οὗτός ἐστι τῆς καθ' ἡμᾶς ἱεραρχίας σκοπός· ἡ πρὸς θεὸν ἡμῶν ὡς ἐφικτὸν ἀφομοίωσίς τε καὶ ἕνωσις)."[590]
> „Die Vergöttlichung aber ist die Angleichung und Einung mit Gott soweit wie möglich (ἡ δὲ θέωσίς ἐστιν ἡ πρὸς θεὸν ὡς ἐφικτὸν ἀφομοίωσίς τε καὶ ἕνωσις)[591].

Die Einung, die höchstes Ziel der neuplatonischen Philosophen ist, wird hier als gemeinschaftliches Ziel der ‚Hierarchie' präsentiert. Zu verstehen ist diese Angleichung als eine Annäherung an Gott, eine Vergöttlichung.[592] Mit dieser Bestimmung steht Dionysius in platonisch-neuplatonischer Tradition.[593] Im

---

588 Vgl. Platon, Rep. 368b. Vgl. dazu Kersting 1999: 83.
589 Vgl. O'Meara 2005²: 170 f.
590 EH 68,16f (392A) (Heil, leicht verändert). Vgl. die ähnliche Definition CH 17,10f (165A).
591 EH 66,12f (376A) (Heil, leicht verändert).
592 Vgl. O'Meara 2005²: 161: „The Church as a Structure of Divinization".
593 Vgl. O'Meara 1997b: 76–78.

Dialog *Theaitetos* bestimmt Platon nämlich die Angleichung an Gott als Ziel der
Philosophie:

> „Deshalb muß man auch trachten, von hier dorthin zu entfliehen aufs schleunigste.
> Der Weg dazu ist Verähnlichung mit Gott soweit als möglich; und diese Verähn-
> lichung, daß man gerecht und fromm sei mit Einsicht (Φυγὴ δὲ ὁμοίωσις θεῷ κατὰ
> τὸ δυνατόν· ὁμοίωσις δὲ δίκαιον καὶ ὅσιον μετὰ φρονήσεως γενέσθαι)."[594]

Die Angleichung zielt auf die Flucht aus der (materiellen) Welt; sie besteht in
den drei Tugenden der Gerechtigkeit, Frömmigkeit und der Einsicht. Die Maxime der Angleichung an Gott wird von den Neuplatonikern aufgegriffen und
ausgeführt. Über eine Stufenleiter von Tugenden kann sich der Mensch Schritt
für Schritt Gott angleichen.[595]

Die Ausbildung der Tugend stellt auch ein zentrales Moment in der Angleichung in Dionysius' ‚Hierarchie' dar, das jedoch nicht ausführlich behandelt
wird, sondern den Hintergrund bildet, während andere Aspekte im Vordergrund stehen. Ein wichtiges Merkmal der ‚Hierarchie' ist ihre gemeinschaftliche
Ausrichtung, sie soll zur Emporführung aller Mitglieder beitragen und darf
daher auch einzelne Mitglieder nicht zurücklassen, selbst wenn sich diese Ver-
fehlungen zuschulden kommen lassen.

Dionysius kennzeichnet die ‚Hierarchie' folgendermaßen:

> „Dass die uns entsprechende Hierarchie [...] zu dem gotterfüllten, göttlichen und
> gottwirkenden/theurgischen Wissen, Wirksamkeit und Vollendung (τῆς ἐνθέου καὶ
> θείας ἐστὶ καὶ θεουργικῆς ἐπιστήμης καὶ ἐνεργείας καὶ τελειώσεως) gehört"[596].

Hauptbezugspunkt der ‚Hierarchie' ist Gott: sie stammt von ihm, ist von ihm
inspiriert und durchdrungen, trägt seine Züge, ist auf ihn, genauerhin auf die
Angleichung mit ihm ausgerichtet. Worin diese Bezugnahme besteht, beschreibt
Dionysius in drei Worten: Wissen, Wirksamkeit und Vollendung (ἐπιστήμης καὶ
ἐνεργείας καὶ τελειώσεως). Eben dieselben drei Aspekte müssen sich auch in der
Wirkung der ‚Hierarchie' auf ihre Mitglieder wiederfinden. Die ‚Hierarchie' soll
sie zur Erkenntnis führen, soll auf sie einwirken, sie gestalten, formen und
vollenden, d. h. in den Zustand der größtmöglichen Gottähnlichkeit versetzen.

---

594 Platon, Theait. 176ab.
595 O'Meara 1997b: 76: „Cette assimilation se fait à travers une structuration hiérarchique
     très élaborée de la réalité, qui relie l'homme comme âme incorporée au niveau divin
     suprême par une série ascendante d'échelons. À cette hiérarchie par laquelle passe
     l'assimilation de l'âme au divin correspond une hiérarchie de conditionnements moraux,
     de vertus, chaque échelons de vertu préparant l'accès de l'âme à l'échelons supérieur."
596 EH 63,3f (369A) (WMS). Vgl. dazu die ‚klassische Definition' in CH 17,3–5 (164D)
     (Heil): „Hierarchie ist meines Erachtens eine geheiligte Ordnung, Wissenschaft und
     Wirksamkeit (τάξις ἱερὰ καὶ ἐπιστήμη καὶ ἐνέργεια), sich Gottes Art so gut wie möglich
     angleichend, und entsprechend den ihr von Gott her eingegebenen Erleuchtungen, nach
     dem jeweiligen Verhältnis sich zur nachahmenden Darstellung Gottes erhebend."

Um diese Aufgabe der Erkenntnis- und Heilsmitteilung vollziehen zu können, bedarf die ‚Hierarchie' einer klaren Struktur und Ordnung; sie gestaltet sich als eine bewegte Harmonie von Menschen, Sakramenten und anderen rituellen Handlungen. Die klare Gliederung der *hierarchia* oder *politeia* mit den entsprechenden Regeln, die derjenige anerkennt, der ihr beitritt, ist Voraussetzung ihrer Wirksamkeit.[597]

Die ‚Hierarchie' ist „die Gesamtbezeichnung für alle vorhandenen geheiligten Akte (und Erkenntnisvorgänge)" oder „die Anordnung aller heiligen Akte"; der Hierarch hingegen, der ihr den Namen gibt, ist der „von Gott erleuchtete[] Mann [...], der sich auf das gesamte Gebiet der geheiligten Erkenntnis versteht, in dem außerdem die ihm entsprechende Hierarchie als Ganze sich rein erfüllt und klar erkannt wird"[598]. Der Begriff „Hierarch" ist schon vor Dionysius belegt, „Hierarchie" hingegen wurde von ihm geprägt.[599] Insofern stimmt es auch historisch, wenn der Hierarch als derjenige bezeichnet wird, „der der Hierarchie seinen Namen gegeben hat (τὸν τῆς ἱεραρχίας ἐπώνυμον)"[600]. „Hierarchie wäre also zunächst die Gewalt über die ‚Geheiligten Dinge' (τὰ ἱερά) d.h. alles, was mit dem Kultus im weitesten Sinn und mit der Lehre zu tun hat. Ἱερός heißt alles, was einem Gott geweiht und aus profanen Verwendungszusammenhängen herausgenommen ist. Hierarchie ist also das Amt bzw. die Amtstätigkeit des Bischofs, sein Priestertum."[601]

Zentral für das dionysische Hierarchieverständnis ist, dass er nicht an eine starre Ämterhierarchie denkt; vielmehr ist die ‚Hierarchie', wie er sie konzipiert, zunächst einmal die Menge der heiligen Dinge, d.h. der Liturgie und des Ritus; Ämter werden bis auf das des Hierarchen an dieser Stelle nicht erwähnt; der Hierarch stellt jedoch insofern eine Ausnahme dar, als er weniger ein Amt ausübt, als dass er die heilige Ordnung der ‚Hierarchie' überhaupt erst zur Funktion bringt. Er ist kein Herrscher, der über Untertanen gebietet; vielmehr erscheint er als die Erfüllung der Hierarchie, als der, der dieser Hierarchie überhaupt erst ihre Struktur und ihre Bedeutung gibt. Ohne ihn gäbe es die Hierarchie nicht, die Erkenntnis- und Heilsmitteilung verläuft von ihm aus, der an der Spitze der ‚Hierarchie' steht und sie verkörpert, über die verschiedenen Stufen herab bis zu der untersten.

Die Angleichung, die Ziel der ‚Hierarchie' ist, vollzieht sich über Mitteilung und Teilgabe an Erkenntnis und Erleuchtung von den oberen Stufen an die

---

597 Vgl. Roques 1983: 84: „Loi, hiérarchie, état déiforme, unification, purification vont toujours ensemble, aux yeux de Denys".

598 EH 65,22–66,6 (373C) (Heil).

599 Heil 1986c: 1.

600 EH 70,19 (393B) (Heil). Seine Wahl der aktiven Übersetzung von *epônymos* begründet Heil (Heil 1986c: 1) mit dem Vorhandensein des Artikels; ansonsten kann dieses Wort auch passivisch zu verstehen sein.

601 Heil 1986c: 2.

niedrigeren. Die ‚Hierarchie' ist ein Mitteilungssystem von Erkenntnis, ihre verschiedenen Stufen fungieren als Vermittler, wie Spiegel, die das, was sie von oben empfangen an die weitergeben, die nach ihnen kommen. Auf diesem Wege nimmt die Klarheit der Mitteilung allerdings ab; während die obersten Stufen sehr tiefe Einsichten erhalten, kommt die Erkenntnis bei den unteren Stufen nur verdunkelt und stückweise an. Dies entspricht genau der Logik dieses Systems. Nach dem Grundsatz der Erkenntnis des Gleichen durch das Gleiche[602] kann nur der etwas erkennen, der dem, was er erkennen soll, ähnlich ist. Die tiefen Erkenntnisse, die dem Hierarchen zuteil werden, verdankt er seiner Gottähnlichkeit. Die Gottähnlichkeit und damit die Aufnahmefähigkeit für die Erkenntnis nimmt Stufe für Stufe in der ‚Hierarchie' ab. Priester und Diakone haben sie in größerem Maße als die Stände der einzuweihenden Hierarchie, an unterster Stelle befinden sich die Katechumenen, denen erst mit der Taufe die Augen für diese Erkenntnis geöffnet werden müssen.

Ihnen schon eine höhere Erkenntnis zukommen lassen zu wollen, würde sie überfordern, sie könnten nicht erfassen und begreifen, was ihnen mitgeteilt wird, wären gleichsam von zu starkem Licht geblendet;[603] sie erhielten so aber auch nicht die ihnen angemessene Erkenntnis, gewissermaßen das abgemilderte Licht, das ihre Augen aufnehmen könnten und das sie in ihrer Ausbildung und Formung voranbringen und sie reiner, erleuchteter und gottähnlicher machen würde, so dass sie Schritt für Schritt zu höherer Erkenntnis gelangen könnten. Erhalten sie hingegen nicht die angemessene Erkenntnis, werden sie auch nicht emporgeführt.

Wer eine Erkenntnis erhalten hat, muss und will sie diesem System zufolge weitergeben.[604] Wird jedoch jemand von einer zu hohen Erkenntnis geblendet und erhält nicht das, was ihm zusteht, so ist er auch nicht fähig diese weiterzugeben. Der Grund der Begrenzung der Erkenntnis, der Arkandisziplin ist nicht, die Erkenntnis prinzipiell von bestimmten Gruppen fern zu halten; vielmehr soll sie gerade die Mitteilung ermöglichen. Der Hierarch, von dem die Erkenntnisvermittlung in der ‚Hierarchie' ausgeht, muss daher die Erkenntnisse an die Erkenntnisfähigkeit der Mitglieder der ‚Hierarchie' anpassen, er lässt

> „von Gott erfüllt, das Licht seiner Einführungen zur Erleuchtung in hierarchischer Abstufung allen leuchten, die herzutreten, in guter Ordnung und der Reihe nach

---

602 Zu diesem Grundsatz, vgl. Müller 1965.

603 EH 74,19–75,1 (400A) (Heil): „Wenn sie im anderen Fall die Grenzen des ihnen zugemessenen Sehenden überschreiten und sich erdreisten, tollkühn den Blick gegen die Strahlen zu richten, die für ihre Sehkraft zu stark sind, dann wird zwar das Licht nichts wider seine Natur tun, ihr Blick aber wird, da er unvollkommen das Vollkommene trifft, von dem ihm nicht Zukommenden nichts erreichen und andererseits das ihm Angemessene aus eigener Schuld wegen seines ordnungswidrigen Übermuts verfehlen."

604 Zum Prinzip der Neidlosigkeit und der *philanthropia*, die Dionysius als Merkmal der Bischöfe herausarbeitet, vgl. unten S. 128–131.

und entsprechend der Fassungskraft eines jeden für die heilige Unterweisung (ἀλλ' ἐνθέως ἀεὶ τοῖς προσιοῦσι ταῖς αὐτοῦ φωταγωγίαις ἱεραρχικῶς ἐλλάμπων ἐν εὐκοσμίᾳ καὶ τάξει καὶ ἀναλογίᾳ τῆς ἑκάστου πρὸς τὰ ἱερὰ συμμετρίας)."[605]

Indem der Hierarch seine Belehrungen der Stellung jedes einzelnen entsprechend verteilt, stellt er eine schöne und gute Ordnung (εὐκοσμίᾳ καὶ τάξει)[606] her, ein richtiges Verhältnis zwischen der Stellung des einzelnen und der Erkenntnis, das dem Verhältnis zwischen der Aufnahmefähigkeit und dem Heiligen entspricht.[607]

Der Platz jedes einzelnen in dieser Ordnung ergibt sich also nicht aus seinem Verhältnis zu anderen Mitgliedern, sondern aus seinem Verhältnis zum Heiligen und Göttlichen. Er erhält seinen Platz unter denjenigen, die eine ähnliche Erkenntnisfähigkeit besitzen. Dass das Verhältnis der einzelnen Mitglieder des Laienstandes zueinander von Dionysius gar nicht behandelt wird,[608] ergibt sich aus der Anlage der ‚Hierarchie' als System der Erkenntnismittlung, in dem die Position eines einzelnen vertikal in Bezug auf das Heilige und Göttliche bestimmt wird und nicht horizontal in Bezug auf die anderen Menschen. Alltägliche Beziehungen wie Handelsbeziehungen etc. sind für Dionysius nicht von Interesse, da der ökonomische und alltägliche Aspekt eines Staates in seiner Konstruktion keine Rolle spielt. Aber auch sonstige Beziehungen zwischen verschiedenen gleichrangigen Mitgliedern der ‚Hierarchie' kommen bei ihm nur selten ins Spiel, so z. B. in der Sorge des Paten oder der Eltern für einen Täufling.

Das Ziel der ‚Hierarchie', die Angleichung an Gott, gilt für alle Mitglieder der Hierarchie; sie alle haben an ihr teil und werden zu einer größeren Gottähnlichkeit emporgeführt. Die Stufen und Ränge ergeben sich aus der unterschiedlichen Aufnahmefähigkeit der Menschen für die Erkenntnis des Heiligen

---

605 EH 75,7–9 (400B) (Heil). Vgl. z. B. auch die Rede von der angemessenen Einführung, EH 74,2–5 (397C).

606 Harmonie und Ordnung sind die Merkmale des Kosmos, wie sich ihn schon die Pythagoreer vorstellten. Dionysius überträgt diese kosmische Dimension: „C'est donc à l'univers spirituel et hiérarchique qu'il appliquera, en la transposant, la vieille notion d'harmonie" (Roques 1983: 64).

607 Zu den Begriffen *symmetria* und *analogia*, vgl. Roques 1983: 61: „signifient essentiellement le rapport de l'intelligence à Dieu [...] Envisagées du côté de Dieu, la συμμετρία et l'ἀναλογία désignent la mesure idéale maxima assignée à chaque être pour sa participation au divin."

608 Was O'Meara mit der Nähe zur platonischen *Politeia* begründen möchte, vgl. O'Meara 1997b: 85.87. Wenig überzeugend erscheint Roques Deutung (Roques 1983: 197f): „elle [la pensée dionysienne] est tellement hanté par le danger que courent les intelligences de s'attarder à l'un quelconque des degrés hiérarchiques, par les risques de perversion et d'aveuglement inhérents à toute action humaine qui n'est pas solidement rattachée à Dieu, qu'elle en néglige presque délibérément de décrire et de prescire, entre initiés, des devoir et des modalités d'échanges spirituels. Il faut que tout vienne d'en haut." (198).

und Göttlichen. Diese Aufnahmefähigkeit kann gesteigert werden, Aufstiege sind möglich und beruhen auf der Anstrengung des einzelnen, der zu einer höheren Erkenntnis gelangen möchte.[609] Die Elite, die sich aus dieser Konstruktion ergibt, ist die Elite derjenigen, die höchste Erkenntnis erreicht haben.[610] Die höchsten Stellungen in dieser ‚Hierarchie' werden nicht von den Reichsten, Mächtigsten, dem Adel oder anderen Gruppen eingenommen; es ist keine autoritäre Ordnung.[611] Eine abgeschlossene Elite ist nicht vorgesehen.

4. Bürger

Die ‚Hierarchie' umfasst eine klar begrenzte Zahl von Menschen. Abgegrenzt ist sie gegen alle jene, die gar keinen Bezug zu dieser Religion haben, insbesondere natürlich gegen die Heiden, die auch nicht an den einführenden Teilen der Liturgie teilnehmen dürfen. Nur wer entweder schon getauft wurde oder sich auf die Taufe vorbereitet, erhält Zugang. Die ‚Hierarchie' ist gegen die Nichtmitglieder klar abgegrenzt, steht aber prinzipiell jedem offen. Sie umfasst nicht nur die Mitglieder, die sich den Regeln entsprechend verhalten, sondern enthält – als unterste Triade – all jene Mitglieder, die aufgrund ihrer Unvollkommenheit oder ihrer Mängel nicht als vollwertige Mitglieder gelten können. Sie stellen verschiedene Grade der Annäherung, bzw. Entfernung dar.[612] An welcher Stelle sich die entsprechenden Personen befinden, wird offenbar genau beachtet, so dass ihnen die pädagogische Einwirkung der Diakone in eben der für sie hilfreichen Weise zukommen kann. Vom Abfall in die Verlockungen muss der Büßer sich Schritt für Schritt zu der Reinheit hinaufarbeiten, um wieder den Zugangsbedingungen zu den Sakramenten zu entsprechen und wieder zu Teilnahme an ihnen zugelassen zu werden.

Den Hauptteil der Bürger macht das „heilige Volk" aus, die Laien, die den Gesetzen und Regeln entsprechen, die sich aber, anders als die Mönche, die die dritte Ordnung bilden und auf die später noch ausführlicher einzugehen sein

---

609　Vgl. Roques 1983: 62f: „Ainsi, la participation à Dieu, d'une part, est commune à tous les êtres de la hiérarchie, qui, par définition sont déiformes (θεοειδεῖς); mais, d'autre part, la qualité de leur participation, fixée par leur ἀναλογία, reste variable d'un rang hiérarchique (τάξις) à l'autre." (62); „l'intelligence conquiert progressivement ses vraies dimensions, en s'élevant, d'une ἀναλογία et d'une συμμετρία imparfaites, à la συμμετρία et à l'ἀναλογία qui ont fait l'objet des idées et des vouloirs divins." (63)

610　Vgl. hierzu Goltz 1974: 72: „Zu betonen ist, daß dieses elitäre Strukturprinzip keine *nur* äusserliche Gliederung der Gesellschaft darstellen soll. Vielmehr entspricht jedes Hierarchiemitglied auch in seiner inneren, epistemischen Verfassung dem äußerlichen, sozialen Status. Die Vorstellung von der hierarchischen Funktionselite, die in idealer Weise auch durch die eigene Fähigkeit legitimiert ist".

611　Wie es Roques (Roques 1983: 177) vermutet.

612　Vgl. hierzu Roques 1983: Anm. 6, S. 193 f.

wird, durch keine besonders hervorgehobene Lebensweise, Erkenntnis oder Erleuchtung auszeichnen. Darüber steht die einweihende Hierarchie: Bischof, Priester und Diakone.[613]

In der gesamten Einteilung der Hierarchie, insbesondere in der des „heiligen Volkes", ist offenkundig, dass nur Einweihungs- und Erkenntnisstufen Kriterien für die Einordnung liefern. Übliche Einteilungen der Laien in verschiedene Stände, wie z.B. die der Jungfrauen, der Witwen, etc., erwähnt Dionysius nicht.[614] Seine Unterteilungen beruhen nur in der Aufnahmefähigkeit für Erkenntnis, wie sich dies z.B. in seinen Überlegungen zur Wirksamkeit von Lesungen und Psalmengesängen zeigt.[615] Unter keinem anderen Aspekt werden die Mitglieder der Hierarchie betrachtet. Von einer besonderen Sorge der Kirche für bestimmte Mitglieder, z.B. Witwen und Waisen (siehe die Paulusbriefe[616]), ist bei Dionysius nichts zu spüren. Dieses Gemeinwesen kümmert sich um die geistige Bildung seiner Mitglieder, nicht um ihr Wohlergehen.

5. Strukturen

Was die Größe dieses Gemeinwesens angeht, so denkt Dionysius offenbar an kleinere Ortsgemeinden, die jeweils ihrem Bischof unterstellt sind. Schon die Vorstellung, dass der Bischof jede Taufe und Bestattung vollzieht, limitiert die Größe der ‚Hierarchie'. Auf das Verhältnis der verschiedenen Ortskirchen untereinander geht Dionysius nicht ein; sie sind jedoch in ihrer Unterordnung unter die oberste Triade der Weihen und in ihrer gemeinsamen *politeia* geeint. Ob ein Täufling in der einen oder anderen Ortskirche getauft wird, macht keinen Unterschied, da er in jedem Fall der gotterfüllten *politeia* beitritt und sich der obersten Triade der Sakramente unterstellt. Die *politeia* trägt somit lokale wie globale Züge; in ihrem Prinzip ist sie weltumspannend und reicht sogar in die jenseitige Welt; ihren Ausdruck findet sie jedoch in lokalen Gemeinschaften, die in ihrer Größe noch überschaubar und handhabbar sind.

Sie sind somit sowohl Teil eines Staates als auch staatenübergreifend. Die einzelnen Ortskirchen umfassen kleinere Gruppen, die in einem größeren Gemeinwesen leben, in dem die Mitglieder verschiedene Berufe und Funktionen ausüben. Insofern die Kirche jedoch bis in die himmlische Welt hineinragt, als

---

613 Sie werden von Dionysius mit den im christlichen Bereich unüblichen Begriffen „ἱεράρχης, ἱερεύς, λειτουργός bezeichnet, obwohl Dionysius auch die Ausdrücke ἐπίσκοπος, πρεσβύτερος, διάκονος hätte wählen können. Während er hier den heidnischen Begriffen den Vorrang gibt, wählt er jedoch in Bezug auf den Altar den christlichen Begriff θυσιαστήριον. Vgl. hierzu Roques 1983: Anm. 3, S. 185.

614 Vgl. z.B. Stiglmayr 1895a: 302f; Roques 1983: 198 u. Anm. 191, S. 198.

615 Vgl. hierzu unten S. 186–190.

616 Vgl. z.B. 1 Tim 5,1–16.

Abbild der himmlischen Hierarchie verstanden wird und globale Ausrichtung
hat, steht sie doch zugleich auch über den einzelnen Staaten. Was die einzelnen
Ortskirchen verbindet, ist keine menschliche höchste Autorität, nicht einmal
eine Bischofsversammlung, die die Geschicke der Gesamtkirche bestimmen
würde. Vielmehr sind es der Bezug auf die himmlische Hierarchie, auf die
Tradition und vor allem die Sakramente, die allgemeinen Anspruch erheben
können. Dies bringt Dionysius vor allem dadurch zum Ausdruck, dass er den
beiden Ordnungen der einweihenden und der einzuweihenden Hierarchie als
dritte und oberste Triade die Sakramente beifügt. Diese Sakramente bean-
spruchen nicht nur für die ein oder andere Ortskirche Geltung, sondern für alle
insgesamt. Ihnen untersteht der Bischof, dem zum Zeichen der Unterordnung
unter die Tradition bei seiner Weihe ein Buch auf den Kopf gelegt wird.

Um die Struktur des dionysischen Gemeinwesens zu verstehen, greift
O'Meara auf die platonisch-neuplatonische Tradition zurück. Er versucht, die
Spannungen, die sich durch die Triadisierung ergeben, nicht als Anpassung an
die tatsächlichen Gegebenheiten der Kirche zu verstehen, sondern als Einfluss
platonisch-neuplatonischer Staatskonzepte. Der Vergleich mit der platonischen
Politeia und ihren neuplatonischen Modifikationen, den er entwickelt, ist dazu
geeignet, die besondere Struktur der dionysischen *hierarchia* hervortreten zu
lassen.

Drei Merkmale der dionysischen ‚Hierarchie' möchte O'Meara nicht durch
den Einfluss neuplatonischer Triadenstruktur erklären; er begreift sie vielmehr
als christliche Variante platonisch-neuplatonischer Philosophenstaaten.[617] Es
handelt sich hier um die für ihn grundsätzliche dyadische Struktur der Kirche,
ferner die herausgehobene Stellung des Hierarchen und zuletzt die fehlenden
Beziehungen unter den Mitgliedern der einzuweihenden Hierarchie.[618] Alle
diese drei Merkmale führt O'Meara auf die neuplatonischen Interpretationen
der platonischen *Politeia* zurück.[619] Die platonische Einteilung des Idealstaates
sei zuerst dyadisch – Bürger und Wächter –, und erst in einem zweiten Schritt
werde die Gruppe der Wächter aufgeteilt in die beiden Gruppen der voll-

---

617 O'Meara 1997b: 75: „dans quelle mesure peut-on considérer l'ecclésiologie du Pseudo-
     Denys comme la transposition chrétienne d'une philosophie politique néoplatoni-
     cienne?" Vgl. ebd., 85: „Au lieu d'expliquer ces anomalies structurelles apparentes chez
     Denys en fonction d'un compromis hypothétique entre sa conception de structuration
     hiérarchique et les fait concrets de son époque, je propose une approche qui mettrait en
     évidence une relation entre la hiérarchie ecclésiastique dionysienne et la conception
     platonicienne de la structure de la cité idéale." Vgl. O'Meara 2005²: 169. „We may
     conclude thus that Dionysius' Church is a Christian transposition of a Neoplatonic
     version of the ideal city of the *Republic*." Vgl. O'Meara 1997b: 87.

618 O'Meara 1997b: 84f; vgl. O'Meara 2005²: 167 f. Zum Schwerpunkt auf der Rolle des
     Bischofs, vgl. auch O'Meara 1997b: 80. Auch Roques beschreibt die Hierarchie als bloß
     zweigeteilt (Roques 1983: 196).

619 Vgl. O'Meara 1997b: 86.

kommenen Wächter und die der Gehilfen.[620] Die oberste Ordnung, die die Stadt regieren soll, erweise sich schließlich als die der Philosophenkönige.[621] Diese dyadische Teilung führe Platon selbst in seiner Zusammenfassung im Dialog *Timaios* an, auch Aristoteles und Proklos griffen sie auf.[622] Diese Struktur finde sich bei Dionysius wieder; auch die Machtfülle des Hierarchen bei Dionysius sei der Position des Philosophenkönigs vergleichbar. Ferner würden auch in Platons Staat nur die Beziehungen zwischen Regierenden und Regierten interessieren und nicht die zwischen den Regierten, was Dionysius' fehlendes Interesse an den Relationen zwischen den Mitgliedern der einzuweihenden Hierarchie erklären könnte.[623] In vielem entspreche die dionysische Konzeption den neuplatonischen Interpretationen der politischen Philosophie Platons. Die Angleichung an Gott vollziehe sich auf einer Leiter von Tugenden und Wissen; am Anfang stehen die politischen Tugenden, darauf folgen die Reinigung und die Betrachtung. Die Bischöfe entsprächen der neuplatonischen Deutung der Philosophenkönige, die sich zum einen in die Vision der höchsten Ursache zurückziehen und zum anderen auf die ihnen Unterstellten einwirken und sich, wie das Gute, das neidlos gibt, durch Philanthropie auszeichnen.[624]

Was die Rolle des Hierarchen angeht und das Ziel der Hierarchie, so leuchten die Bezüge, die O'Meara herstellt, ein.[625] O'Meara vergleicht in seiner Untersuchung jedoch nur die Ähnlichkeiten der Struktur und berücksichtigt nicht die tatsächlichen Gegebenheiten der Kirche.[626] Er ist der Ansicht, dass Dionysius eine ideale Kirche konstruiere und mit den historischen Realitäten sehr frei umgehe.[627] Anders als O'Meara es vermutet, interessiert sich Dionysius jedoch für die historischen Gegebenheiten seiner Kirche und gestaltet nicht bloß eine Idealkirche. Ämter und Liturgie, die er beschreibt, sind die seiner Kirche und keine imaginierten. Auch übergeht er Riten nicht, die für seine Konzeption problematisch sind.

---

620 Vgl. Platon, Rep. 412bc, 414b. Vgl. O'Meara 1997b: 85 f.

621 Vgl. Platon Rep. 473c-d.

622 Vgl. O'Meara 2005²: 168 mit Verweis auf Platon, Tim. 17cd; Aristoteles, Pol. II,5,1264a, 1264b20–4; Proklos, In Tim. I, 34,27–32; In Remp. II, p.77,20–26 (Kroll) (Festugière, II, XIIIe Diss., S. 188), wobei Proklos die oberste Ordnung wie Platon in zwei Gruppen aufteilt.

623 Vgl. O'Meara 1997b: 86. Zu einer alternativen Deutung dieses Moments, vgl. oben S. 119.

624 Vgl. O'Meara 1997b: 87. Zur Bedeutung der *philanthrôpia* bei den Neuplatonikern, vgl. ebd. 77, 83. Vgl. z.B. Proklos, In Alc. I, 95,17–25; Jamblich dM IV 1, 181,8–13. Vgl. auch O'Meara 1992: 509 f. Vgl. O'Meara 1993: 69 und O'Meara 1997a: pass., bes. 46 f. Die Vorstellung geht vermutlich zurück auf Platon, Tim. 29e; Phdr. 247a.

625 Zur Rolle des Hierarchen, vgl. auch Kap. „Idiopragie" (S. 125–132).

626 Vgl. O'Meara 1997b: Anm. 40, S. 85: Die „réalités ecclésiastiques" interessieren ihn in diesem Artikel nicht.

627 Vgl. O'Meara 1997b: 84f; O'Meara 2005²: 161.

Wenn O'Meara von der Dominanz der Zweiteilung in der dionysischen *hierarchia* spricht, berücksichtigt er nicht, dass Dionysius eine dritte Triade der Sakramente vorsieht. Da in ihr die globale Ausrichtung der ‚Hierarchie' fundiert ist, ist die triadische Struktur der Hierarchie weder bloßes Zugeständnis an das neuplatonische Strukturprinzip noch gewaltsame Gliederung einer historisch gewachsenen Kirche nach diesem Prinzip. Die oberste Triade der Sakramente ist keine Verlegenheitslösung, vielmehr zeigt sich gerade in ihr die eigentliche Ausrichtung der ‚Hierarchie', die eben nicht bloß menschliche Angelegenheit ist.

Zwar ist die dyadische Teilung der *politeia* bei Platon die grundlegende erste Einteilung; im Folgenden dominiert jedoch eine Dreiteilung in Regenten, Wächter und Bürger, eine Aufteilung, die mit der in Herde, Wachhund und Hirt zu vergleichen ist.[628] Von dieser, aber auch von der Zweiteilung in diejenigen, die Spezialisten bestimmter Aufgaben sind, die Bürger, und diejenigen, die Spezialisten für das Gemeinwohl sind, Wächter und Regenten, unterscheidet sich Dionysius' Einteilung der Hierarchie grundlegend, da die dionysische *politeia*, wie oben gesagt, kein autarker und wehrhafter Staat ist; sie ist vielmehr zuallererst eine Bildungs- und Kulteinrichtung.

Die drei Prinzipien, die der platonischen *Politeia* zugrunde liegen, sind das „Prinzip der natürlichen Begabungsungleichheit", das der „Kompetenz" und schließlich das „der Konzentration oder der Idiopragie".[629] Während diese Aufteilung bei Platon aber zuallererst ökonomisch gedacht ist, da es in seiner *Politeia* verschiedene Gruppen geben muss, die für die Sicherheit und für die Erhaltung des Staates zuständig sind, geht es bei Dionysius' *hierarchia* nur um die Erkenntnis- und Heilsmittlung, bei der gleichwohl jeder den Platz einnehmen muss und sich an das halten soll, was ihm aufgrund seiner Fähigkeiten zukommt. Anders als der platonische Bürger hat er jedoch nicht an dem Platz zu verbleiben, der ihm einmal zugewiesen ist,[630] weil die dionysische ‚Hierarchie' auf Angleichung und Aufstieg angelegt ist. Das Idiopragie-Prinzip kommt jedoch auch zur Anwendung, insbesondere in Bezug auf mögliche Kompetenzüberschreitungen in der Hierarchie.

---

628 Rep. 434a-b spricht Platon klar von drei Klassen. 374d-376c beschreibt er die Natur der Wächter und vergleicht diese mit guten Wachhunden. Vgl. hierzu auch Kersting 1999: 91–96. Vgl. ebd., 133–136 zur Bestimmung der Regenten (Rep. 412b-414b), wo Kersting einerseits die grundsätzliche Dreiteilung, aber auch die Nähe der beiden oberen Klassen zueinander deutlich macht.

629 Kersting 1999: 90 f.

630 Vgl. Kersting 1999: 91

6. Idiopragie

Zwei Ordnungen der ‚Hierarchie' beschreibt Dionysius als vollkommen: Bischöfe und Mönche. Letztere gehören, obwohl sie Dionysius den „vollkommene[n] Stand (τετελεσμένη [...] τάξις)"[631] nennt, nicht zur einweihenden Hierarchie und wirken anders als jene auch nicht auf die ihnen untergeordneten Stände ein.[632] Der Mönch tritt als Randfigur der ‚Hierarchie' auf, er steht an der Schwelle zur einweihenden Hierarchie, besitzt Vollkommenheit, darf aber keine Funktion in der ‚Hierarchie' ausüben. Im 8. Brief weist Dionysius mit großer Schärfe auf die untergeordnete Rolle der Mönche innerhalb der ‚Hierarchie' hin und kritisiert die Anmaßung des Mönches Demophilos, an den er sich in seinem Brief richtet. Die Geschichte, auf die sich Dionysius bezieht, ist die folgende: Demophilos hat einen Menschen, der sich vor dem Priester niederwarf und um Erlösung von seinen Sünden bat, mit Füßen getreten und hinweggestoßen. Den Priester, der sich gütig des Sünders annehmen wollte, hat er beschimpft und das „Heilige" aus dem Allerheiligsten genommen, um es, wie er meinte, in Schutz zu nehmen.[633] Neben der Kritik an mangelnder Güte seitens des Demophilos liegt der Hauptkritikpunkt des Dionysius darin, dass der Mönch Demophilos mit dieser Tat seine Kompetenzen überschritten habe. Deutlich und klar weist Dionysius ihn darauf hin, dass er nicht einmal dann das Recht habe, die ihm übergeordneten Ordnungen zu kritisieren, wenn diese tatsächlich frevelten:

> „Jetzt aber höre, was ich Dir zu sagen habe: Es ziemt sich nicht, daß ein Priester von den – Dir gegenüber höherrangigen – Diakonen oder den – Dir gleichrangigen – Mönchen zur Rechenschaft gezogen wird, selbst wenn er gegen das Göttliche zu freveln scheint, selbst wenn er irgendeiner anderen Tat überführt werden sollte, die nicht erlaubt ist."[634]

Gerecht ist es, jedem das Seine zukommen zu lassen[635], und jeder sollte „das Seinige tun"[636]. Mit dieser Bestimmung der Gerechtigkeit und der Forderung nach *idiopragia*, wie es einige Handschriften des *Corpus Dionysiacum* in der Überschrift des Briefes formulieren, greift Dionysius auf platonische und neu-

631 EH 119,12 (536D) (Heil).
632 Vgl. O'Meara 2005[2]: 163: „of both orders [initiators and initiated] show the same movement of *ascent* to God, only the order of initiators acts as a mediator of divinizing power *descending* on what is lower; even the highes rank of the order of the initiated, that of the monks, does not have this power of transmitting what can divinize to lower ranks." Vgl. dazu Roques 1983: 286; Roques 1962: 209–217.
633 Vgl. Ep. 8 175,4–13 (1088B).
634 Ep. 8 175,14–176,1 (1088C) (Ritter). Vgl. ebd. 180,16–181,10 (1092BC).
635 Ep. 8 181,10–13 (1092CD). Eine Definition von Gerechtigkeit mit stoischem und neuplatonischen Hintergrund, vgl. hierzu Ritter 1994a: Anm. 96, S. 132.
636 Ep. 8 184,2 (1093C) (WMS): Τοσαυτά σοι παρ' ἡμῶν ὑπερ τοῦ εἰδέναι καὶ δρᾶν τὰ ἑαυτοῦ.

platonische Vorbilder zurück.[637] So definiert Platon die Gerechtigkeit eben als die Eigenschaft, „daß jeder das Seinige verrichtet (τὸ τὰ αὑτοῦ πράττειν)"[638]. Wenn ein Handwerker versuche, Krieger zu sein, ein Krieger hingegen Wächter, verschiedene Mitglieder ihre Aufgaben vertauschten oder einer alles machen wolle, entstehe ein schädliches Durcheinander und „Vieltuerei" (πολυπραγμο-σύνην), die die Stadt ins Verderben führten.[639] Auch Proklos stellt in seinem Kommentar dieses Dialogs scharf *autopragia* und *allotriopragia* gegeneinander.[640] Die Grundidee dieser Bestimmung ist, dass jedes Mitglied aufgrund seiner Fähigkeiten für eine bestimmte Aufgabe geeignet ist; die Erziehung soll eben dafür sorgen, jeden an den Platz, der ihm zukommt, zu stellen. Versucht jedoch einer, eine andere, insbesondere eine höhere Aufgabe zu erfüllen, so durchbricht er die vorgegebene Ordnung des Staates.

Diese Vorstellung überträgt Dionysius im 8. Brief auf die ‚Hierarchie', deren Ordnung und Harmonie gefährdet wäre, wenn ein Mitglied einer mittleren Klasse, ein Mönch in diesem Fall, in die Kompetenzen einer höheren Klasse eingreift. Die ‚Hierarchie' ist als eine harmonische und geordnete Struktur verschiedener Ordnungen konzipiert, die in klar bestimmten Beziehungen zu-einander stehen. Der Grad an Reinheit, Erkenntnis und Erlösung bestimmt die Zugehörigkeit zu verschiedenen Ordnungen. Wer zu den höheren Stufen zu-gelassen wird, wird nicht als menschliche, sondern als göttliche Entscheidung begriffen. Ein Bischof ist diesem Konzept zufolge Bischof, weil Gott ihn erwählt hat und nicht weil er diese Position angestrebt hat. Wer eine hohe Position in der ‚Hierarchie' einnimmt, muss in seinem Verhalten und Lebenswandel dieser entsprechen.[641]

---

637 Vgl. O'Meara 2005²: 163f; Roques 1983: 89, Anm. 81 S. 89.
638 Platon, Rep. 433b. Vgl. ebd. 433e; „daß jeder Seinige und Gehörige hat und tut" (ἡ τοῦ οἰκείου τε καὶ ἑαυτοῦ ἕξις τε καὶ πρᾶξις), vgl. ebd. 433d. Vgl. auch ders., Phdr. 247a, wo ‚das Seinige tun' als Merkmal der himmlischen Welt genannt wird.
639 Ders., Rep. 434b.
640 Vgl. Proklos, In Remp. II 146,21–27 (Kroll): Gerecht ist es, die eigene Aufgabe zu erfüllen (αὐτοπραγίαν) und es entspricht der Ordnung (τάξιν) und den himmlischen Wesen; ungerecht dagegen, sich in die Aufgaben der anderen einzumischen (ἀλλοτριο-πραγίαν), was Unordnung (ἀταξίαν) bedeutet und unter den irdischen Wesen verbreitet ist. Vgl. hierzu Ritter 1994a: Anm. 57, S. 127.
641 Vgl. Roques 1983: 89: „Cette idée centrale de l'adaptation parfaite de la fonction (πρᾶξις, ἐνέργεια) et du rang (τάξις) n'est pas nouvelle. C'est sur la distinction des classes sociales que Platon avait fondé la distribution des fonctions dans sa cité. Et la distinction des classes elle-même n'était nullement arbitraire à ses yeux, puisqu'elle se fondait sur la prédominance, dans l'âme du citoyen, de telle vertu déterminée, qui le prédispose na-turellement (φύσει) à tel emploi." Vgl. O'Meara 1997b: 80: „le rapport étroit qu'établit le Pseudo-Denys entre la fonction ecclésiastique et l'état moral et spirituel de l'âme de celui qu'il excerce. Ce lien est tel que la valeur sacrée de la fonction exercée dépend de la qualité intérieure de l'âme de celui qui l'exerce." Vgl. O'Meara 2005²: 164.

Anders als Platon erwähnt jedoch Dionysius die problematische Möglichkeit eines Fehlverhaltens dieser Oberen, die dazu angetan ist, die Legitimität
einer solchen ‚Hierarchie', die auf der Einheit von Amt und Moral/*hexis* beruht,
zu untergraben. Der Regelverstoß eines einzelnen legitimiert, Dionysius zufolge, jedoch nicht andere Regelverstöße, auch wenn diese den ersten Regelverstoß möglicherweise korrigieren könnten. Ein Mönch darf auch dann seine
Kompetenzen nicht überschreiten, wenn er dadurch den Regelverstoß eines
Priesters ahndet. Vielmehr soll er sich auch dann so verhalten, wie es seinem
Rang entspricht und „das Seinige tun". Die Harmonie der ‚Hierarchie' brächte
er sonst in eine noch größere Gefahr. Zurechtgewiesen werden darf ein jeder
nur von dem ihm übergeordneten Rang, bzw. ein Hierarch von einem Hierarchen.[642] Eine Gerichtsbarkeit sieht Dionysius jedoch nicht vor. Ritter versteht
diese Ermahnung vor allem als Anspielung auf Konflikte in der Kirche. Die
Mönche hatten oftmals parallele Strukturen entwickelt und mischten sich zunehmend in die theologischen Debatten ein. Mit dem Konzil von Chalcedon
(451) wurden die Klöster der Autorität der Bischöfe unterstellt.[643] Dass Konflikte mit Mönchen, die sich gegen die bischöfliche Autorität stellten, für Dionysius der Anlass gewesen sein könnten, die Rolle der Mönche in seinem 8.
Brief präzise zu definieren, wäre möglich.

Trotz der deutlichen Unterordnung der Mönche innerhalb der ‚Hierarchie'
hebt Dionyius im Traktat *Über die kirchliche Hierarchie* ihre Vollkommenheit
hervor; sie scheinen den Hierarchen an Vollkommenheit gleichzukommen.[644]

---

642 Vgl. Ep. 8 183,12–84,1 (1093C).
643 Vgl. Ritter 1994c: 68: „Dabei erhalten wir hochinteressante Informationen über die
     Stellung des Mönchtums in der Kirche, die offenbar alles andere als unproblematisch
     ist"; ebd., 70: „Spuren eines realen Konflikts zwischen Klerus und Mönchtum sind zu
     entdecken, wenn in *Ep 8* auf die reibungslose Unterordnung des Mönchtums unter die
     bischöflich-hierarchische Macht hingearbeitet wird. In der Tat war hier einiges in Be-
     wegung geraten, seit sich zunehmend Mönche in den Streit der Theologen des 5.
     Jahrhunderts hineinziehen und selbst zu Parteigängern im unseligen Kampf zwischen
     ‚Orthodoxie' und ‚Häresie', Rechtgläubigkeit und Ketzerei, machen ließen. Hinzu kam,
     daß das östliche Mönchtum ursprünglich eine ‚Sonderwelt' aufgesucht, daß Mönchs-
     siedlungen sich als Christengemeinden eigener Art *neben* den überkommenen kirchli-
     chen Strukturen etabliert hatten. Erst die großen Bischöfe des späten 4. Jahrhunderts,
     Basilius von Caesarea und Johannes Chrysostomos vor allem, die selbst den Weg vom
     Mönchtum zum Bischofsamt beschritten hatten und als Bischöfe sozusagen, ‚Mönche im
     Nebenberuf' zu bleiben versuchten, waren bemüht, das noch ungeklärte Verhältnis von
     Mönchtum und Kirche zu regulieren. Hieran knüpfte das Konzil von Chalkedon (451)
     an, indem es bestimmte, daß ein Kloster dem jeweiligen Bistum eingegliedert sein und
     dem zuständigen Bischof das Recht zur Klostergründung und -aufsicht zustehen solle."
644 Vgl. Roques 1983: Anm. 3, S. 298: „Le progrès dans la pureté *conditionne, mais n'ap-
     pelle pas nécessairement* la promotion sacramentelle ou hiérarchiques. Celle-ci n'est
     possible que par un jugement de Dieu, manifesté par la hiérarchie sacerdotale. La

Die ambivalente und problematische Stellung des Mönches innerhalb der Hierarchie und insbesondere im Verhältnis zum Bischof lässt sich durch einen Vergleich mit platonischen und neuplatonischen Ideen erhellen.

In seinem Dialog *Phaidros* erwähnt Platon neben anderen die unterschiedlichen Lebensformen des Philosophen (φιλοσόφου) und des ‚Erotikos' (ἐρωτικοῦ).[645] An diese Unterscheidung knüpfen neuplatonische Philosophen an.[646] Der neuplatonische Philosoph Hierokles (Ende 4.Jh-~450) unterscheidet, mit Bezug auf Platon, den Philosophen, der sich der Kontemplation widmet, die politische Beschäftigung meidet und sich mittels der kathartischen Tugenden (καθαρτικαῖς ἀρεταῖς) zur Vollkommenheit erhebt vom „Erotikos"; dieser verwirklicht die praktischen Tugenden (πρακτικαῖς ἀρεταῖς), führt das Leben eines Politikos und Erziehers (πολιτικὸν [...] καὶ παιδευτικὸν τρόπον τοῦ βίου) und ist der Regent (Philosphenkönig), der Platons *Politeia* zufolge an der Spitze des Staates stehen muss.[647] Der Philosoph übertrifft den ‚Erotikos' in seiner Fähigkeit, das Seinige zu tun (ἰδιοπραγία), während der ‚Erotikos' ihm wiederum an Philantropie (φιλανθρωπία) überlegen ist.[648] Beide aber besitzen ein und dieselbe Philosophie, und ihnen kommt daher der gleiche Rang zu und dasselbe Emporsteigen.[649]

Philanthropia und *idiopragia* erscheinen in dieser Darlegung als die Eigenschaften zweier gleichrangiger Ordnungen, des Philosophen und des „Erotikos". Beide besitzen dieselbe Philosophie, beide sind zur höchsten Erkenntnis, zur Einung und Schau gelangt. In ihrer Vollkommenheit unterscheiden sie sich nicht. Ein Unterschied besteht jedoch in der Art und Weise, wie sie mit ihrer tiefen Einsicht umgehen. Der eine beschränkt sich auf die ihm entsprechende Beschäftigung (*idiopragia*), die Kontemplation; er lebt für sich und strebt nur nach seiner eigenen Vollkommenheit, Unvollkommenerem wendet er sich nicht zu, er flieht die Welt. Der andere hingegen wendet sich der Welt und den

---

sainteté personnelle du moine peut égaler celle de l'évêque, dont le moine cependant ne détient ni le rang ni les pouvoirs hiérarchiques."

645 Platon, Phdr. 248d.

646 Vgl. z.B. Proklos, In Alc. I 95,19–25: „Car il faut que l'amoureux commence par la connaissance et, dès lors, termine par la sollicitude (πρόνοιαν) à l'égard de son aimé; il a, en effet, analogie avec le politique; or, il est absolument évident que celui-ci commence par la contemplation et l'examen et que, cela fait, il met ensuite en ordre l'État tout entier, manifestant ainsi par ses actes les conclusion de sa contemplation. De la même façon donc l'amoureux aussi cherche d'abord à connaître l'objet de son amour, quel il est, et ensuite seulement, lui donne part à son soin provident."

647 Hierokles, De providentia, in: Photius, Bibliothèque 251, 464b1–17, S. 200 f. Vgl. ebd., 465a6–9, S. 202.

648 Ebd., 465a4f, S. 202: φιλανθρωπίᾳ δὲ αὐτοῦ δοκῶν διαφέρειν, ὥσπερ οὗ ἐκεῖνος τούτου τῇ ἰδιοπραγίᾳ κρατεῖ.

649 Ebd., 465a,9–12, S. 202: ὅμως διὰ τὸ μίαν αὐτοὺς καὶ τὴν αὐτὴν φιλοσοφίαν κεκτῆσθαι τῆς ἀποκαταστάσεως ἰσοτίμως τυγχάνειν λέγονται, ἰσοχρονίως πτερούμενοι καὶ τῆς αὐτῆς ἀναγωγῆς ἀξιούμενοι. Zu Hierokles, vgl. auch O'Meara 1993: 68 f.

Menschen zu, er stellt seine tiefe Einsicht in den Dienst der *politeia* und vollzieht, was Platon im Dialog *Politeia* von den Philosophenkönigen verlangt,
nämlich die Stadt nach dem Bilde der Ideen so gut als eben möglich zu schaffen,
nämlich die Stadt dem Modell, das sie geschaut haben, nachzugestalten.[650]

Plotin stellt in seinem Bericht von Minos, der aus der Erinnerung an die
Schau in der Einung als Bilder die Gesetze schuf, diese politische Verhaltensweise der kontemplativen gegenüber, die der ausüben mag, dem die politische
Betätigung als unwürdig erscheint.[651] Während diese Aufgabe in Platons *Politeia*
als Aufopferung des Philosophen, der in der Ideenschau viel glücklicher wäre,
für die Stadt erscheint,[652] findet sich an dieser Stelle bei Plotin keine Abwertung
der politischen Tätigkeit gegenüber der kontemplativen. Auch bei Proklos
kommt dem wohlwollenden Handeln eine wichtige Rolle zu, beruhend auf dem
neuplatonischen Prinzip der Großzügigkeit des Guten, das sich möglicherweise
an das neidlose Wohlwollen des Demiurgen aus Platons *Timaios* anlehnt.[653]
Kaiser Julian hingegen, muss, wie er in einer „sorte de fable de sa vie et de sa
mission politique" beschreibt, von Zeus aufgefordert und gesandt werden, den
Staat zu gestalten; er selbst möchte in der Schau der Götter verbleiben.[654] Bei
Hierokles hingegen wird diese Aufgabe in keiner Weise der rein kontemplativen
Tätigkeit des Philosophen untergeordnet. Statt der *idiopragia* des Philosophen
zeichnet sich der ‚Erotikos' durch *philanthropia* aus, das heißt durch den neid-
losen Wunsch des Guten, sich zu verteilen.[655]

Eben diese beiden Merkmale – *idiopragia* und *philanthropia* – ordnet
Dionysius dem Mönch und dem Bischof zu. Der Mönch soll sich, wie der 8.
Brief herausstellt, nur um das Seinige kümmern. Diese Konzentration auf das
Seinige bedeutet nicht nur eine Zurückhaltung gegenüber den ihm übergeordneten Rängen; auch auf die ihm untergeordneten Stände wirkt er nicht ein, er
leitet sie nicht an, belehrt sie nicht und gibt in gar keine Weise die Erkenntnis
weiter, die er selbst erlangt hat, was sich u. a. auch durch die Form seiner Weihe
zeigt.

Die Affinität des Mönches zum Einen hebt Dionysius deutlich hervor:

> „Deshalb ist den auf Einswerdung ausgerichteten Mönchen auch vieles, was vom
> mittleren Stand ohne Tadel betrieben wird, auf alle Weise verboten, weil sie sich
> dem Einswerden mit dem ‚Einen in ihnen' widmen und sich zur geheiligten Ein-

---

650 Vgl. Platon, Rep. 501a-c.
651 Plotin, Enn. VI 9 [9] 17,23–28. Vgl. O'Meara 1997a: 38.
652 Vgl. Platon, Rep. 517c-d, 519c-d, 520a-e, 540b. Vgl. hierzu O'Meara 1993: 69.
653 Vgl. Proklos, De mal. subs. § 23 (Trois études, S. 58). Vgl. dazu O'Meara 1997a: 39 f. Vgl.
Timaios 29e: „Er war gut; in einem Guten erwächst nimmer und in keiner Beziehung
irgendwelche Missgunst. Von ihr frei, wollte er, daß alles ihm möglichst ähnlich werde."
654 L'empereur Julien, Œuvres complètes, t. II, 1re partie, Contre Héracleios le cynique
227c-234c. Vgl. hierzu O'Meara 1997a: 42.
655 Vgl. hierzu auch O'Meara 1997a: 46 f. O'Meara 2005²: 76–81.

zigkeit sammeln und sich dem priesterlichen Leben nach Möglichkeit angleichen müssen. (Διὸ καὶ πολλὰ τῶν πρὸς τῆς μέσης τάξεως ἀκατακρίτως ἀπείρηται τρόπῳ παντὶ τοῖς ἑνιάοις μοναχοῖς ὡς πρὸς τὸ ἐν αὐτῶν ὀφειλόντων ἑνοποιεῖσθαι καὶ πρὸς ἱερὰν μονάδα συνάγεσθαι καὶ πρὸς τὴν ἱερατικὴν ὡς θεμιτὸν ἀπομορφοῦσθαι ζωήν) Denn sie haben ja in vielem Verwandtschaft mit ihm und stehen ihm näher als die übrigen Stände der Empfänger der Weihen (ὡς τὸ συγγενὲς αὐτῆς ἔχουσιν ἐν πολλοῖς καὶ μᾶλλον αὐτῇ παρὰ τὰς λοιπὰς τῶν τελουμένων τάξεις πλησιάζουσιν)."[656]

Der Mönch ist auf die Einswerdung mit dem ‚Einen in ihnen' ausgerichtet, das heißt auf die Konzentration in den höchsten Teil seiner Seele, der ihm die Einswerdung mit dem Einen ermöglich.[657] Hierin gleicht er dem Bischof, der nach seinem Hervortreten in der Liturgie „in Gedanken seinen Einzug in das ‚Eine in ihm'" hält.[658] Das Seinige zu tun, bedeutet, dass er, der weit über den Stand der Laien herausragt, sich ausschließlich um seine eigene Vollendung, d. h. die Erkenntnis und die Schau bemüht, ohne in die Aufgaben der ‚Hierarchie' eingebunden zu werden.[659] Die Parallelen dieser Charakterisierung zu dem Philosophen, wie Hierokles ihn beschreibt, sind offenkundig.

Der Bischof hingegen zeichnet sich durch *philanthropia* aus:

> „In referring to this outgoing, beneficial function of the bishop, Dionysius speaks of his ‚philanthropy', a term which is common enough in Patristic ecclesiological language and a banality in monarchic ideology. However, Dionysius uses the term, as do the later Neoplatonists, in connection with the goodness, the generosity without envy (ἄφθονος) of the first cause, of which the bishop is an image. [...] The political ‚providence' of the divine-like philosopher-king had also been compared by the later Neoplatonists with the providence of the highest cause. ‚Philanthropy' and ‚providence' thus express the same idea: be one Neoplatonist philosopher oder Dionysian bishop, one's action, political or ecclesiastical, is a reflection of one's divinization."[660]

Die Strahlen der Sonne sind Bild dieser neidlosen Gabe des Guten; die „Güte der göttlichen Seligkeit" strahle „die Gutes wirkenden Strahlen des ihr eigenen Lichtes vorbehaltlos in alle Augen des Denkens"[661]. Bild eben dieser göttlichen Güte ist der Hierarch, der sich vorbehaltlos und gütig allen Menschen zuwendet

---

656 EH 117,26–118,5 (533D-536A) (Heil).
657 Vgl. z. B. Proklos, In Alc. II 247,7–9; Ders., Th. Pl. I 3 (I 15,17–21) Vgl. dazu Heil 1986b: Anm. 25, S. 167. Vgl. auch Proklos, In Tim. I 211,25.
658 EH 83,7f (429B) (Heil): τὴν εἰς τὸ ἐν ἑαυτοῦ νοερὰν ποιησάμενος εἴσοδον.
659 Vgl. Roques 1983: 286: „s'il est vrai que l'ordre monacal doit être placé au sommet de la hiérarchie des initiés, en raison de sa sainteté exceptionnelle, il reste par contre rigoureusement subordonné aux ordres sacerdotaux, dont sans doute sa perfection le rapproche, mais dont il ne partage pas les pouvoirs. Le moine n'a donc aucune fonction hiérarchique dans l'Église. Sa sainteté peut égaler celle des ordres sacerdotaux, en différera toujours en ceci qu'elle n'est pas orientée, de soi, à la sanctification sacramentelle des fidèles."
660 O'Meara 2005²: 166. Vgl. auch O'Meara 1993: 69.70.
661 EH 74,12–14 (397D) (Heil).

und um die Emporführung aller besorgt ist.[662] Sein Ziel ist nicht bloß die eigene Vollendung, sondern die Gestaltung und Formung der gesamten Hierarchie, die Angleichung der Menschen an Gott. Wie der ‚Erotikos' des Hierokles kümmert sich der Hierarch anders als der Mönch, bzw. Philosoph um die *politeia*.

Während bei Platon die kontemplative Lebensweise der politischen vorgezogen wird und bei Hierokles diesen beiden der gleiche Rang zukommt, hat der Hierarch, der in der *politeia* wirkt, bei Dionysius Vorrang vor dem Mönch, der sich nicht aktiv um die *politeia* bemüht. Wer sich nur um die eigene Vollendung bemüht, erhält eine Randposition in der ‚Hierarchie', wird zwar deutlich von den einfachen Laien abgesetzt, jedoch nicht der wirkenden, einweihenden Ordnung zugeordnet. Von Platon über den Neuplatonismus zu Dionysius gewinnt die *philanthropia* eine immer wichtigere Rolle; gerade in dieser Menschenfreundlichkeit ist der Hierarch Abbild Gottes, da er so die neidlos sich verströmende Güte des ersten Prinzips nachahmt.[663] „Les philosophes ne deviennent pas rois en tant que citoyens de l'État ayant une responsabilité envers leur concitoyens. Ils le deviennent comme le dieu fait le monde, c'est-à-dire comme bienfaiteurs, comme mécènes de l'humanité."[664]

Man könnte vermuten, dass der Mönch möglicherweise die Figur der mystischen Theologie ist, die aus eigener Anstrengung und allein zur Vollendung kommt. Er bildet in jedem Fall das Ideal eines Philosophen, der im Rückzug auf sich selbst, in der Kontemplation nach der Einung strebt.[665] In der ‚Hierarchie' des Dionysius gibt es nicht nur Platz für den *politikos*, der zur Kontemplation gelangt und sich dann aus Philanthropie der Aufgabe widmet, an der Emporführung aller Mitglieder zu arbeiten. Auch der Philosoph, der sich ausschließlich in die Kontemplation zurückzieht und an *politischem* Engagement kein Inter-

---

662 Vgl. z.B. EH 70,2–4 (393A); EH 74,12–14 (397D).

663 Vgl. O'Meara 1997b: 87: „Les évêques, principaux responsables chez Denys de la divinisation de l'homme au sein de l'Église, évoquent les philosophes-rois de Platon qui, selon l'interprétation néoplatonicienne, se retirent du monde et, s'isolant dans une vision de la cause suprême, communiquent cette vision, agissant sur ceux qui leur sont inférieurs et s'inspirant de cette vision comme modèle divin. L'action des évêques dionysiens, comme celle des philosophes-rois néoplatoniciens, découle d'un souci providentiel, d'une ‚philanthropie', deux concepts qui expriment la déiformité qu'ils ont réalisée en eux-mêmes et qui veut qu'ils soient, comme l'est Dieu, le bien généreux et sans jalousie qui se donne aux autres sans diminuer pour autant." Dass derartige Gründe auch schon in anderen Dialogen Platons (Timaios, Symposion) angelegt sind, zeigt O'Meara 2005[2]: 73.

664 O'Meara 1997a: 50.

665 de Andia 1996: 428: „La vie monastique est la ‚vraie philosophie', il faut voir dans la vie et l'être du moine la réalisation de l'idéal de la vie philosophique selon Denys." Dass diese Art der Philosophie nicht spekulativ ausgerichtet ist, dass vielmehr das Verhalten hierin eine wichtige Rolle spielt, ist offenkundig. Dieser Philosophiebegriff war bei anderen christlichen Denkern schon vor Dionysius üblich. Vgl. hierzu Roques 1983: 188.

esse hat, hat in dieser Hierarchie – am Rande – seinen Platz; Bedingung dafür bleibt gleichwohl, dass er sich aus den Angelegenheiten der ‚Hierarchie' heraushält und in keiner Weise eigenmächtig in ihre Ordnung eingreift.

7. Resümee

Die dionysische *politeia* oder *hierarchia* unterscheidet sich von anderen Staatsmodellen einerseits dadurch, dass sie kein Modell eines autarken und wehrhaften Staates darstellt, ökonomische und sicherheitstechnische Fragen ihr fremd sind und die Erhaltung des Staates keine Rolle spielt, andererseits jedoch auch dadurch, dass sie kein bloßes Modell darstellt, sondern eine bestimmte Lesart einer tatsächlich existierenden Struktur, nämlich der Kirche.

Dionysius greift neuplatonische Motive und Momente auf, verbindet diese mit den Strukturen seiner Kirche. Seine ‚Hierarchie' ist damit weder nur eine christliche Variante neuplatonischer Philosophenstaaten noch einfach eine christliche Kirche mit neuplatonischen Elementen; vielmehr ist diese ‚Hierarchie' eine Transformation neuplatonischer und christlicher Gehalte.

III. hexis

1. Ethos

Im vorangegangenen Kapitel wurde die kirchliche ‚Hierarchie' als *politeia* vorgestellt, als ein klar gegliedertes Gemeinwesen, das ein ganz bestimmtes Ziel hat und dessen Bürger ihren Einweihungsstufen entsprechend unterschiedliche Funktionen in ihm ausüben. Wer Teil dieses Gemeinwesens werden möchte, wird, wie oben gesagt, vor der Zeremonie der Taufe gefragt, ob er die Gesetze dieser *politeia* anerkennen und so *als Bürger* leben will.[666] Der Bürger, der den Anforderungen dieser *politeia* nicht entspricht, wird nicht aus dem Gemeinwesen, aber doch von der Teilnahme an den Sakramenten ausgeschlossen und muss sich diese erst wieder erarbeiten, indem er Anstrengungen unternimmt, ihren Anforderungen wieder gerecht zu werden. Dies betrifft in erster Linie die „Reinigung" und die Ausbildung der *hexis*, mit anderen Worten die Ethik.

Der Begriff *hexis* kann Haltung, Beschaffenheit, Zustand, Verfassung, Fähigkeit, Fertigkeit, Verhalten, Lebensart oder auch Geschicklichkeit bedeuten, bisweilen kann man ihn auch mit *habitus*[667] übersetzen. In den Schriften *Über die göttlichen Namen* und *Über die himmlische Hierarchie* wird er zumeist all-

---

666 Vgl. EH 71,15f (396A).
667 Vgl. z.B. de Andia 1995: 89.

gemein im Sinne von „Beschaffenheit" oder „Eigenschaft" verwandt.[668] Insbesondere ist hier an die Beschaffenheit des Guten zu denken, wenn Dionysius z. B. das Böse folgendermaßen bestimmt:

> „Es sind demnach die Schwäche und der Verfall der Beschaffenheit (ἕξεως) des charakteristischen Guten für die Vernunftwesen, Seelen und Körper das Böse."[669]

In Reihungen von Namen wie „Bewegung", „Stand", „Leben", „Wahrnehmung" führt Dionysius einmal auch die *hexis* als Gottesnamen auf,[670] und einmal bezeichnet er, der Forderung der negativen Theologie folgend, Gott als über alle diese Bezeichnungen, darunter auch *hexis*, erhaben.[671] Im Traktat *Über die himmlische Hierarchie* benennt *hexis* mehrfach die charakteristische Beschaffenheit der Engel, ihre gottähnlichen Eigenschaften, ihr Wissen, ihren entflammenden Charakter etc.[672] Gott, bzw. Christus wiederum bewahrt in der Menschwerdung seine unvermischte *hexis*.[673]

Neben diesen Bestimmungen, die von einer göttlichen *hexis*, einer *hexis* der Engel sprechen und den Zusammenhang mit dem Guten unterstreichen, gewinnt der Begriff der *hexis* im Traktat *Über die kirchliche Hierarchie* eine hieran zwar angelehnte, aber doch andere und konkretere und vor allem wichtigere Bedeutung.[674] Der Begriff wird dynamisiert, nicht mehr wie bei Gott oder den Engeln ist eine statische Qualität gemeint, es stehen nicht mehr unveränderliche Wesenseigenschaften im Mittelpunkt, sondern Eigenschaften und Verhaltensweisen, die erworben werden und die auch wieder verloren gehen können, Eigenschaften, die zur zweiten Natur des Menschen werden können.[675] Hierdurch öffnet sich das Feld der Ethik. So definiert Aristoteles die Tugenden als Eigenschaften (εἰ οὖ μήτε πάθη εἰσὶν αἱ ἀρεταὶ μήτε δυνάμεις, λείπεται ἕξεις αὐτὰς

---

668 Vgl. z. B. DN 166,11.16 (720B): Beschaffenheiten der Kälte und der Wärme.

669 DN 174,2f (728D) (Suchla): Τοῦτο γάρ ἐστι καὶ νόοις καὶ ψυχαῖς καὶ σώμασι κακὸν ἡ τῆς ἕξεως τῶν οἰκείων ἀγατῶν ἀσθένεια καὶ ἀπόπτωσις. Vgl. DN 172,15f (728A); 173,7 (728B); 179,1 (733C); 179,17 (736A). Zur Verwendung von *hexis* in bezug auf das Gute, vgl. auch DN 146,5 (696D); 171,7 (725A).

670 DN 185,19–25 (821BC). Vgl. auch CH 9,5 (124A), wo von göttlicher *hexis* die Rede ist.

671 DN 117,8–11 (593CD).

672 Vgl. CH 27,13 (205B) (τῶν θεοειδῶν αὐτῶν ἕξεως); 31,4 (209D) (τῇ καθ᾽ ἕξιν ἐπιστήμη); 31,14 (212A) (τῶν καλῶν ἕξεών τε καὶ ἐνεργειῶν); EH 101,12 (481C); EH 104,18 (501A).

673 EH 91,12f (441B). Vgl. 102,21 (484C).

674 Vgl. Liddell/Scott 595, wo u. a. „a permanent condition", „habit of mind" und „trained habit or skill" genannt werden, und Lampe 497, der u. a. „permanent condition" und „state or habit of mind" und „acquired habit, skill, ability, capacity" nennt. In *EH* sind fast vierzig Belegstellen zu verzeichnen, gegenüber etwa 20 in DN und CH zusammen.

675 Zur *hexis* der Engel schreibt Heil 1986a: Anm. 1, S. 82: „Ἕξις = habitus ist der zur zweiten Natur gewordene, bzw. hier der Natur gehörende Dauerzustand."

εἶναι), „auf Grund derer wir uns zu den Leidenschaften richtig oder falsch verhalten (ἕξεις δὲ καθ' ἃς πρὸς τὰ πάθη ἔχομεν εὖ ἢ κακῶς)"[676].

Dionysius meint mit *hexis* die Verfassung und Haltung des Menschen, seinen Habitus. An einigen Stellen ist die besondere Verfassung einer bestimmten Klasse, nämlich der Bischöfe oder Priester gemeint,[677] zumeist jedoch geht es um die Verhaltensweisen und Eigenschaften, die die vollwertigen Mitglieder der Gemeinschaft auszeichnen und die Katechumenen, Energoumenen und Büßer auf der untersten Stufe vermissen lassen.[678] Es handelt sich nicht um eine Verfassung des Menschen, die dieser, wenn er sie einmal erworben hat, nicht mehr verlieren kann, vielmehr bedarf es nach den Anstrengungen, die notwendig sind, diese *hexis* zu erlangen, weiterer Anstrengungen, sie zu erhalten und zu vervollkommnen.

Bevor die Anstrengungen, die zum Erwerb oder Erhalt dieser *hexis* erforderlich sind, näher betrachtet werden können, ist deren Eigenart selbst ins Auge zu fassen. Besonders deutlich wird dies im Zusammenhang der Taufe, insofern diese den Übergang zu der der ‚Hierarchie' entsprechenden *hexis* darstellt:

> „wie bei der geheiligten Geburt aus Gott der Kleiderwechsel die Emporführung vom Leben in der Reinigung in die Verfassung der Schau und der Erleuchtung andeutete (καθάπερ ἐπὶ τῆς ἱερᾶς θεογενεσίας ἡ τῆς ἐσθῆτος ἄμειψις ἐδήλου τὴν ἀπὸ καθαιρουμένης ζωῆς εἰς θεωρητικὴν καὶ φωτιστικὴν ἕξιν ἀναγωγήν)"[679].

Unterschieden werden also Leben und Habitus; das Leben vor dem Eintritt in die ‚Hierarchie' ist noch nicht als besondere Verfassung zu beschreiben, es ist der Zustand der Reinigung. Erst die erfolgte Reinigung erfüllt die Voraussetzung für den Eintritt in die ‚Hierarchie' und damit für Erleuchtung und Schau, die den Bereich des „heiligen Volkes" kennzeichnen. Diesen Schritt begreift Dionysius als Aufstieg (ἀναγωγήν), der vom unbestimmten Leben über die Reinigung zu einer bestimmten Lebensform (*hexis*) führt, die eine höhere Erkenntnis und eine größere Angleichung an Gott bedeutet. Sie wird auf das Wirken Gottes[680] oder Jesu[681] zurückgeführt.

---

676 Aristoteles, EN II,4, 1105b-1106a. Vgl. auch Platon, Rep. 591b, wo Platon von der Erlangung ehrwürdiger *hexis* durch Tugend spricht.

677 Bischof: EH 66,1 (373C); 81,13 (428A). 128,13 (564B). Priester: EH 113,9 (513B); 114,19 (516B).

678 Vgl. z. B. EH 115,12f (532A); 115,22 (532B).

679 EH 118,13–15 (536B) (Heil, leicht verändert). Vgl. auch EH 115,22 (532B): τὴν θεωρητικὴν ἕξιν καὶ δύναμιν. Die Vorstellung, dass zur *hexis* Reinheit und Schau gehören, findet sich auch in *Über die himmlische Hierarchie* CH 19,11 (165D).

680 EH 88,2–4 (436C) (Heil): „Sie [*pragmateia theourgiôn*, Gottestaten] hat, dem Prinzip des Guten entsprechend, unser Sein und Leben begründet und nach dem Vorbild der göttlichen Schönheiten das Gottähnliche in uns geformt und uns eines Gottes näheren Zustandes und einer höheren Stufe der Einsicht teilhaftig werden lassen." τὴν μὲν

Eine gottgemäße Verfassung ist Bedingung für die Teilnahme an den verschiedenen heiligen Handlungen; erst sie ermöglicht die notwendige Empfänglichkeit für deren Wirkkraft. Einer heiligen Handlung aber, der Taufe, kommt hierbei eine besondere Rolle zu, da sie die *hexis* grundlegend formt.

> „Was ist nun der Anfang des geheiligten Vollzugs der hochehrwürdigen Gebote (ἀρχὴ τῆς τῶν σεπτοτάτων ἐντολῶν ἱερουργίας), der unsere seelische Verfassung zu höchster Empfänglichkeit für die anderen heiligen Worte und Handlungen formt (ἡ πρὸς τὴν τῶν ἄλλων ἱερολογιῶν καὶ ἱερουργιῶν ὑποδοχὴν ἐπιτηδειότατα μορφοῦσα τὰς ψυχικὰς ἡμῶν ἕξεις) [...]?“[682]

Von den Täuflingen wird ein reines Leben verlangt, sonst werden sie nicht zur Taufe zugelassen; das Sakrament der Taufe selbst aber formt die *hexis*. Dass sich der Täufling dieser rituellen Handlung unterzieht, verwandelt ihn, gestaltet ihn um, gibt ihm einen *Habitus*, der ihm ohne die Taufe unzugänglich bleiben müsste. Auch andere rituelle Handlungen innerhalb der Weihen können diese gestaltende Wirkkraft haben. So schenkt die Handauflegung des Hierarchen in den Weihen den Priesterständen die „priesterliche Verfassung und Kraft (ἕξιν καὶ δύναμιν ἱερατικὴν)“[683]. Zur Lesung der Namen derer, die heilig gelebt haben, schreibt Dionysius:

> „Sie ermuntert uns, durch Ähnlichkeit mit ihnen zu einem Zustand der Seligkeit und gottähnlichen Ruhezustand zu kommen, und reicht uns dazu die Hand (ἡμᾶς μὲν ἐπὶ τὴν δι' ὁμοιότητος αὐτῶν μακαρίστην ἕξιν καὶ θεοειδῆ λῆξιν προτρέπουσα καὶ χειραγωγοῦσα)“[684].

Bei der Erlangung des „Zustand[es] der Seligkeit“ – sei es ein dies- oder ein jenseitiger Zustand – wirken Teile der Liturgie gleichsam als Handreichung (χειραγωγοῦσα).[685] Eine besonders bedeutsame Wirkkraft auf die *hexis* kommt den Psalmengesängen und Schriftlesungen zu, sie

> „nehmen die Angst und Verlockung von den von Unmännlichkeit Befallenen, indem sie ihnen ihrem Fassungsvermögen entsprechend den Gipfel gottähnlichen Verhaltens und gottähnlicher Kraft vorführen [...] Denen, die zu geheiligtem Sinn aus schlechteren Einstellungen übergetreten sind, flößen Psalmen und Lesungen

---

 οὐσίαν ἡμῶν καὶ ζωὴν ἀγαθοειδῶς ὑποστήσασα καὶ ἀρχετύποις κάλλεσι τὸ θεοειδὲς ἡμῶν μορφώσασα καὶ θειοτέρας ἕξεως καὶ ἀναγωγῆς ἐν μετουσίᾳ καταστήσασα.

681 EH 64,4–6 (372B) (Heil): „Zugleich schließt er [Jesus] unsere vielen abweichenden Besonderheiten mittels des auf ihn gerichteten und uns ausrichtenden Liebesdranges zum Schönen (τῶν καλῶν ἔρωτι) zu einer Einheit zusammen und vervollkommnet sie zu einem dem Einen gemäßen, göttlichen Leben, Verhalten und Wirken (ζωὴν ἕξιν τε καὶ ἐνέργειαν)“.

682 EH 68,22–69,2 (392A) (Heil).

683 EH 11,18 (512A) (Heil). Vgl. auch EH 130,9f (565C) (Heil, leicht verändert): Der Hierarch erreicht seine göttlichere *hexis* (θειοτέραν ἕξιν) „durch göttliche Liebe und heiliges Wirken (ἔρωτι θείῳ καὶ ἐνεργείαις ἱεραῖς)“.

684 EH 88,24f (437B) (Heil).

685 Zur Handreichung, vgl. u. Kap. „Bilder und Symbole“ (S. 178–186).

eine geheiligte Verfassung ein, damit sie nicht noch einmal von Schlechtigkeit überwältigt werden."[686]

Je nach Grad der Reinheit üben die Gesänge und vorgetragenen Texte unterschiedliche Funktionen aus. Auf einer ersten Ebene stellen sie den Energoumenen vor Augen, wie eine gottgemäße Verfassung in höchster Vollkommenheit auszusehen hat; die Schriften zeigen diese *hexis*, führen sie exemplarisch vor, präsentieren sie den Zuhörern (ὑποδεικνῦσαι). Auf einer höheren Ebene haben sie nicht nur paradigmatische Vorführfunktion; sie wirken vielmehr direkt auf die Zuhörer, flößen ihnen die *hexis* ein (ἐντίθενται) und verankern sie in ihnen. Es scheint, als könnten Lesungen und Gesänge in den Menschen eindringen und in ihm die entsprechende Verfassung stärken, formen oder ausbilden, so dass er in diesem liturgischen Akt eine Stärkung oder Ausgestaltung seines *Habitus* erfährt.

Nicht nur das Hören, sondern auch das Singen der Psalmen wirkt auf die *hexis:*

> „Der geheiligte Text der göttlichen Gesänge jedoch [...] bildet einen zusammenfassenden Gesang und Erzählung der Wirkungen Gottes und bewirkt in denen, die ihn von Gott erfüllt singen, die angemessene Einstellung zu Empfang und Weitergabe jeder Weihe, die die Hierarchie vermittelt (ἡ δὲ τῶν θείων ᾠδῶν ἱερογραφία [...] καθολικὴν ποιεῖται τῶν θείων ᾠδὴν καὶ ἀφήγησιν πρὸς πάσης ἱεραρχικῆς τελετῆς ὑποδοχὴν καὶ μετάδοσιν ἕξιν οἰκείαν ἐμποιοῦσα τοῖς ἐνθέως αὐτὴν ἱερολογοῦσιν). Wenn also der die hochheiligen Inhalte umfassende Gesang unsere seelische Verfassung eingestimmt hat auf die gleich folgenden heiligen Handlungen (Ὅταν οὖν ἡ περιεκτικὴ τῶν πανιέρων ὑμνολογία τὰς ψυχικὰς ἡμῶν ἕξεις ἐναρμονίως διαθῇ πρὸς τὰ μικρὸν ὕστερον ἱερουργηθησόμενα) [...]"[687].

Das Singen der Psalmen wirkt auf die „seelische Verfassung" aller Teilnehmer, die hierdurch vorbereitet werden, die Weihe zu vollziehen, sei es als Bischof, Priester oder Laie. Über den Körper wird die *hexis* in den Menschen, genauerhin in seine Seele eingepflanzt. Was bei Erwachsenen nur ein Moment im Erwerb der *hexis* sein kann, dominiert bei den Kindern, die zu einem Zeitpunkt getauft werden, wo sie noch keine *hexis* haben erwerben können und auch noch nicht fähig sind, dieses bewusst zu tun. Wie auf die erwachsenen Täuflinge wirkt die Taufe auch auf ein Kind und bereitet die weitere Ausbildung der *hexis* vor. Geleitet von seinem Paten soll es vor einem Abfall in ein gottabgewandtes Leben bewahrt werden und ihm „die Verfassung des Göttlichen eingepflanzt"

---

686 EH 98, 2–9 (477A) (Heil, leicht verändert): ἀφαιροῦσι δὲ τὴν ἐναντίαν πτοίαν καὶ θέλξιν ἐκ τῶν ἀνάνδρως ἐνεργουμένων τὸ τῆς θεοειδοῦς ἕξεως καὶ δυνάμεως ἀκρότατον ἀναλόγως αὐτοῖς ὑποδεικνῦσαι, [...] τοῖς δὲ εἰς νοῦν ἱερὸν ἐκ τῶν χειρόνων μεταφοιτήσασιν ἕξιν ἱερὰν ἐντίθενται πρὸς τὸ μὴ αὖθις ὑπὸ κακίας ἀπλῶναι.
687 EH 84,1–8 (429D-432A) (Heil, leicht verändert).

werden[688]. So geleitet soll es einen stabilen *Habitus* erlangen, der es gegen Versuchungen wappnet.[689] Hierzu dient aber eben nicht nur die leitende Funktion des Paten; vielmehr ist die rein körperliche Teilnahme an den Sakramenten Brot und Wein und der Salbung mit Myron, die zur Taufliturgie hinzugehört, unabdingbar:

> „Anteil gibt aber der Hierarch dem Kind an den geheiligten Symbolen zu dem Zweck, daß es in ihnen aufwachse und nicht ein anderes Leben als ein solches der ständigen Anschauung der göttlichen Gegenstände annehme, durch geheiligte Fortschritte in Gemeinschaft mit ihnen tritt, durch das Verweilen in ihnen einen geheiligten Charakter erwirbt und dabei auf dem Weg nach oben in heiligmäßiger Weise von dem Gott abbildenden Bürgen geleitet wird."[690]

Indem das Kind Anteil an den Symbolen, d. h. Brot, Wein und Myron, erhält, soll es in ihnen aufwachsen und durch diese Nähe in der Ausbildung einer geheiligten Verfassung gestärkt werden.

Ein weiteres Indiz für die Bedeutung der Körperlichkeit in der *hexis* ist eine Textpassage aus dem Kapitel über die Taufe. Der Täufling soll sich gegen Westen wenden, die Region der Dunkelheit, der Finsternis und Verdorbenheit, „die in ihn eingedrungene Verfassung der Entfremdung gleichsam ausatmend (τὴν ἐγγενομένην αὐτῷ τῆς ἀνομοιότητος ἕξιν ὥσπερ ἐκπνέοντα)"[691]. Es scheint, als solle der Täufling seine schlechte Verfassung überwinden, indem er ganz tief alle Schlechtigkeit ausatmet, aus sich herausbläst.

Im Erwerb der *hexis* wirken somit verschiedene Momente zusammen, betroffen sind Körper und Seele, aber auch der Verstand, dem dieser Zustand als erstrebenswerter vor Augen gestellt wird. Eine Ethik, in deren Mittelpunkt die Vorstellung einer *hexis* steht, betrachtet und beurteilt nicht nur und zuerst einzelne Taten eines Menschen; vielmehr interessiert sein *Habitus*, d. h. die Verfassung und Haltung, die ihn zu bestimmten (guten) Handlungen befähigt,

---

688 EH 131,23–25 (568C) (Heil, leicht verändert): „wenn das Kind im Rahmen einer gottgemäßen Förderung emporgeführt wird mit einem geheiligten Führer und Bürgen an der Seite, der ihm die Verfassung des Göttlichen einpflanzt und es unzugänglich für das Gegenteil bewahrt (εἰ κατὰ θείαν ὁ παῖς ἀναγωγὴν ἀνάγεται καθηγεμόνα καὶ ἀνάδοχον ἱερὸν ἔχων ἕξιν αὐτῷ τῶν θείων ἐμποιοῦντα καὶ φυλάττοντα τῶν ἐναντίων ἀπείρατον)".

689 Vgl. EH 131,8–10 (568B) (Heil) „Sie sagen nämlich, was auch wahr ist, daß die nach geheiligter Satzung emporgeleiteten Kinder zu einem geheiligten Verhalten gelangen, indem sie sich dahin entwickeln, unzugänglich für jeden Irrtum und ungeheiligtes Leben zu werden (ὅτι κατὰ θεσμὸν ἱερὸν ἀναγόμενα τὰ βρέφη πρὸς ἕξιν ἱερὰν ἥξουσιν πάσης ἀποτελούμενα πλάνης καὶ ἀνίερου ζωῆς ἀπείρατα)."

690 EH 131,25–29 (568C) (Heil): Μεταδίδωσι δὲ τῷ παιδὶ τῶν ἱερῶν συμβόλων ὁ ἱεράρχης, ὅπερ ἐν αὐτοῖς ἀνατραφείη καὶ μηδὲ σχοίη ζωὴν ἑτέραν εἰ μὴ τὴν τὰ θεῖα θεωροῦσαν ἀεὶ καὶ κοινωνὸν αὐτῶν ἐν προκοπαῖς γινομένην ἕξιν τε ἱερὰν ἐν τούτοις ἴσχουσαν ἀναγομένην τε ἱεροπρεπῶς ὑπὸ τοῦ θεοειδοῦς ἀναδόχου.

691 EH 76,15f (401B) (Heil).

die wiederum ihn gestalten.[692] Dionysius' Interesse beschränkt sich in dieser Schrift ganz auf den *Habitus*, von den Handlungen wird kaum gesprochen. Der *Habitus* ist dynamisch angelegt, er kann bei nachlassender Anstrengung immer wieder verloren gehen und soll vervollkommnet werden. Ziel ist es, diesen dynamischen Habitus zu stabilisieren und fest und sicher als gottförmig zu etablieren.

Die anzustrebende *hexis* ist ein „gottgemäße[r], unverdorbene[r] Zustand der geheiligten Sündlosigkeit (τῆς ἱερᾶς ἀναμαρτησίας εἰς τὴν θεοειδῆ καὶ ἀλώβητον ἕξιν)"[693]. Worin diese „Sündlosigkeit" besteht, lässt sich hauptsächlich e negativo erschließen. Abgesetzt wird die gottgemäße *hexis* von „Werke[n] des Fleisches"[694], dem Drang zur Materie[695], „Verlockungen und Verwirrungen"[696]. Gegen diese hat sich der Mensch zur Wehr zu setzen. Gefragt werden muss also nach dem Zusammenhang von *hexis* und *agôn*.

2. Kampf

In seinen Überlegungen zu Taufe und Bestattung, d. h. zu Anfang und Ende des (christlichen) Lebens, lässt Dionysius erkennen, dass er das menschliche Leben grundlegend als Kampfgeschehen begreift. Priester und Hierarch

> „rufen den Einzuweihenden sinnbildlich zu den heiligen Kämpfen (ἐπὶ τοὺς ἱεροὺς ἐν τύπῳ τὸν τελούμενον ἀγῶνας ἐκκαλούμενοι), die er unter der Kampfleitung (ὑπ' ἀθλοθέτῃ) Christi zu bestehen hat. Christus hat nämlich als Gott (ὡς θεός) die Einrichtung der Kämpfe geschaffen, als Wissender (ὡς σοφός) hat er ihnen die Gesetze gegeben, als Schöner (ὡς καλός) hat er den Siegern die angemessenen Kampfpreise ausgesetzt, und was noch göttlicher ist (θειότερον): Als Guter hat er sich unter die Kämpfer eingereiht und hat in geheiligter Weise mit ihnen für ihre Freiheit und ihren Sieg gegen die Gewalt des Todes und der Vernichtung gekämpft (ὡς ἀγαθός ἐν τοῖς ἀθληταῖς ἐγεγόνει μετ' αὐτῶν ἱερῶς ὑπὲρ τῆς αὐτῶν ἐλευθερίας καὶ νίκης πρὸς τὸ τοῦ θανάτου καὶ τῆς φθορᾶς ἀγωνιζόμενος κράτος). Deshalb wird sich der Täufling den Kämpfen als göttlichen (τοῖς μὲν ἀγῶσιν ὡς θείοις) gern

---

692 Vgl. Schmitt 2001: 45: „Dieses vom Charakter bestimmte Handeln bildet gegenüber den einzelnen Handlungen eines Menschen ein Allgemeines. In ihm sind die generellen Neigungen und Abneigungen eines Menschen umfasst, die bei diesem durch eine bestimmte Ausbildung seiner psychischen Vermögen zu einem festen Habitus geworden sind." Vgl. ebd., 48: „Charakter ist in diesem Sinn nichts einfach Gegebenes, mit dem man dann in unterschiedlicher Weise umgehen kann, sondern eine Aufgabe, die man – mehr oder weniger – bewältigen und auch verfehlen kann."

693 EH 93,8f (444B) (Heil).

694 EH 86,9 (433C) (Heil).

695 CH 13,16 (141B). Vgl. auch 16,11f (145B).

696 EH 86,5 (433C) (Heil).

stellen, er wird die Gesetze der Wissenden einhalten und nach ihnen ohne Verstoß kämpfen, an der Hoffnung auf die schönen Siegerpreise nicht irre werden."[697]

Vom Menschen wird, angelehnt an paulinische Vorstellungen[698], ein agonales Leben gefordert. Gerichtet ist der Kampf, der um Christus zentriert ist, gegen „die Gewalt des Todes und der Vernichtung", und Christus hat sich zu den Kämpfern hinzugesellt, um ihnen mit seinem Tod und seiner Auferstehung den Sieg zu ermöglichen.

Die Vorstellung vom agonalen Leben greift Dionysius in seinen Überlegungen zur Bestattung wieder auf, der Tod ist die „Ankunft am Ziel der göttlichen Kämpfe (τὸ τῶν θείων ἀγώνων ἀφικνουμένη πέρας)"[699]:

> „Die mit den geheiligen Seelen jedoch durch das gleiche Joch verbundenen Weggefährten, die reinen Körper, die mit ihnen in die Liste der Getauften eingetragen wurden und in göttlichen Kampfesmühen mit ihnen zusammen gekämpft haben, werden, wenn sich die Seelen im göttlichen Leben unwandelbar einrichten, dabei gleichzeitig ihre eigenen Auferstehung empfangen (Τὰ δὲ καθαρὰ τῶν ἱερῶν ψυχῶν ὁμόζυγα καὶ ὁμοπόρευτα σώματα συναπογραφέντα καὶ συναθλήσαντα κατὰ τοὺς θείους αὐτῶν ἱδρῶτας ἐν τῇ τῶν ψυχῶν ἀτρέπτῳ κατὰ τὴν θείαν ζωὴν ἱδρύσει συναπολήψεται τὴν οἰκείαν ἀνάστασιν)."[700]

Die Körper hätten sich „mit den göttlichen Seelen [...] zusammen gemüht" und man dürfe sie daher nicht „nach ihrer Ankunft am Ziel der göttlichen Rennen (τῶν θειοτάτων δρόμων) unheilig um ihre geheiligten Belohnungen bringen".[701] Körper und Seele kämpfen gemeinsam, der Tod ist das Ende dieses (Wett-)kampfes, Auferstehung und Leben nach dem Tod die Belohnung. Dieser Kampf scheint sich nicht – oder zumindest nicht prinzipiell – gegen den Körper zu wenden, da dieser als Mitkämpfer der Seele in Erscheinung tritt. Worin aber genau besteht dieser Kampf, der den Tod besiegen soll?

Hauptgegner in diesen Kämpfen sind Bilder, Bilder, die der Entwicklung der *hexis* und des reinen Lebens entgegenstehen. Von Bildern bedrängt zu werden, kennzeichnet vor allem die Stände der Reinigung. Dionysius nennt als eine der Gruppen, die vor der eigentlichen Weihe der Eucharistiefeier den Raum verlassen müssen, diejenigen,

> „die aus Feigheit für Schrecknisse und Erscheinungen der Gegenkräfte Empfänglichen (οἱ πρὸς τὰ τῶν ἐναντίων δείματά τε καὶ φάσματα δι' ἀνανδρίαν εὐπαθεῖς),

---

697 EH 77,11–19 (401D-404A) (Heil).
698 Dionysius knüpft hier an eine Vorstellung des Apostels Paulus an, der fordert, so auf der Rennbahn zu laufen, dass man den Preis gewinne (1 Kor 9,24), oder von einem Kampf gegen die Mächte der Finsternis spricht (Eph 6,11–17); von einem Wettkampf ist auch im Hebräerbrief die Rede (Hebr 12,1).
699 EH 121,8f (553B); vgl. 120,20 (553A); 122,13 (556B); Vgl. 129,20.21 (565A), wo die Taufe als Anfang und der Tod als das Ende der Kämpfe benannt werden.
700 EH 121,1–4 (553AB) (Heil).
701 EH 121,15–17 (553C) (Heil).

weil sie nicht durch konsequente und unnachgiebige Zuwendung zu den Gaben Gottes den Zustand der Unbeweglichkeit und Aktivität erreicht haben, der dem gottgemäßen Zustand eignet (ἐπὶ τὸ τῆς θεοειδοῦς ἕξεως ἀκίνητον καὶ δρα-στήριον)"[702].

Schreckbilder (δείματα) und Erscheinungen (φάσματα) von all dem, was der Angleichung an das Eine und Göttliche entgegensteht, wirken auf den ein, der noch nicht den notwendigen Mut hat, sich gegen sie zu wehren. Seine passive Haltung und seine Empfänglichkeit für derlei verderbliche Einflüsse sollen umgewandelt werden in einen Zustand, der sich, wie der göttliche, durch standfeste Unbewegtheit und Aktivität auszeichnet.

Von einer weiteren Gruppe schreibt Dionysius, dass sie „zwar vom Ge-genleben abgekommen sind", dass „aber die göttliche Liebe und die reine Verfassung noch nicht so weit entwickelt sind, daß sie auch von Phantasien vom früheren Leben frei sind (οἱ τῆς ἐναντίας μὲν ἀποστάντες ζωῆς, οὔπω δὲ καὶ τῶν φαντασίων αὐτῆς ἕξει καὶ ἔρωτι θείῳ καὶ ἀμιγεῖ καθαρθέντες)"[703]. Die Phantasien sind regressiv, sie stellen demjenigen, der sich von einer bestimmten Lebens-form ab- und einer neuen zugewandt hat, Bilder seines alten Lebens vor Augen, es ist die imaginäre Rückkehr der Vergangenheit. Die Vergnügungen und Vielfältigkeiten, von denen er sich zugunsten eines einförmigen und reinen Lebens abgewandt hat, verfolgen ihn auf seinem Weg; die Abwendung lässt sich nicht in einem Schritt vollziehen; sie verlangt vielmehr eine andauernde An-strengungen, eine immer wieder neue Zurückweisung der verlockenden Ima-ginationen des alten Lebens.

In der *theôria* der Taufe stellt Dionysius den Ständen der Reinigung den „würdige[n] Teilnehmer an den göttlichen Gaben"[704] gegenüber:

> „dann würde ein solcher Mann von gegenläufigen Vorstellungen oder Ängsten sich nicht umtreiben lassen. Er wird sie verspotten, wenn sie anstürmen, niederringen und ihnen hinterhersetzen und eher handeln als mit sich handeln lassen, und außer der Unbeeinflußbarkeit und Unnachgiebigkeit in seiner eigenen Einstellung wird er sich auch als Arzt für andere gegen solche Umtriebe zeigen (οὐκ ἂν ὁ τοιοῦτός ποτε πρὸς τῶν ἐναντίων ἐνεργηθείη φαντασίων ἢ δειμάτων, γελάσεται δὲ αὐτὰ καὶ προσιόντα καταπαλαίσει καὶ ἐκδιώξεται καὶ δράσει μᾶλλον ἢ πείσεται καὶ πρὸς τῷ τῆς οἰκείας ἕξεως ἀπαθεῖ καὶ ἀνενδότῳ καὶ ἑτέροις ἰατρὸς ὀφθήσεται τῶν τοιούτων ἐνεργημάτων)."[705]

Dieser Mann setzt sich und seine gefestigte *hexis* keinen Umtrieben mehr aus; er nimmt keine passive Rolle gegenüber den Phantasien ein, die ihn und andere bedrängen (ἐνεργηθείη, πείσεται); vielmehr geht er aktiv und agressiv (δράσει) dagegen vor. Er zeigt sich als Ringkämpfer (καταπαλαίσει) oder Verfolger

---

702 EH 87,14–17 (436B) (Heil, leicht verändert).
703 EH 87,17–19 (436B) (Heil).
704 EH 86,7 (433C) (Heil).
705 EH 86,12–15 (433CD) (Heil, leicht verändert).

(ἐκδιώξεται), der seine Gegner verspottet, oder auch, anderen gegenüber, als helfender Therapeut. Seines Sieges scheint er sicher, seine Anfechtungen scheint er zu beherrschen. Angefochten wird er aber auch er von Phantasien und Schreckbildern (τῶν ἐναντίων [...] φαντασίων ἢ δειμάτων), die offenbar auch auf dieser Stufe der Reinigung und Erleuchtung ihren Einfluss nicht vollständig verlieren.

In noch höherer Weise muss sich der Mönch durch die „Absage (ἀποταγή)" an die Phantasien auszeichnen:

> „Die Absage an die Zerstreuungen nicht nur des Lebens, sondern auch der Vorstellungen zeigt die Höchststufe der Philosophie bei den Mönchen, die im Wissen von den einheitsstiftenden Geboten wirksam wird (Ἡ δὲ τῶν μεριστῶν οὐ μόνον ζωῶν ἀλλὰ μὴν καὶ φαντασιῶν ἀποταγὴ τὴν τελεωτάτην ἐμφαίνει τῶν μοναχῶν φιλοσοφίαν ἐν ἐπιστήμῃ τῶν ἐνοποιῶν ἐντωλῶν ἐνεργουμένην)."[706]

Dass Dionysius von einer „Absage"[707] spricht, zeigt, dass auch auf dieser Stufe der Reinheit die Phantasien nicht letztgültig besiegt sind und immer wieder von neuem zurückgewiesen werden müssen. Auch die höchsten Stände der kirchlichen ,Hierarchie' sind nicht vollkommen frei von Phantasien:

> „Denn die zur hochheiligen sakramentalen Handlung Schreitenden müssen ihre Seele auch von den letzten Wahnvorstellungen gereinigt haben und möglichst dem Wesen der heiligen Handlung angeglichen an sie herantreten (Τοὺς γὰρ ἐπὶ τὴν παναγεστάτην ἰόντας ἱερουργίαν ἀποκεκαθάρθαι δεῖ καὶ τὰς ἐσχάτας τῆς ψυχῆς φαντασίας καὶ δι' ὁμοιότητος αὐτῇ κατὰ τὸ δυνατὸν προσιέναι)."[708]

Außerhalb der Schrift *Über die kirchliche Hierarchie* bedeutet *phantasia* zumeist Einbildungskraft, wird mehrfach in einer Reihe mit *doxa, aisthêsis, noêsis* etc. aufgeführt und ist oft negativ konnotiert.[709] Nur an einer Stelle in *Über die himmlische Hierarchie* findet sich der Gebrauch, der in *Über die kirchliche Hierarchie* dominiert, nämlich *phantasia* als „sinnlich-stoffliche Vorstellungen (προσύλων [...] φαντασιῶν)"[710], von denen die Engelhierarchien nicht berührt werden. Der Begriff δεῖμα, Schreckbild, findet sich nur an den beiden zitierten Stellen der Schrift *Über die kirchliche Hierarchie*; φάσμα wird neben der aufgeführten Stelle einmal in *Über die göttlichen Namen* im Sinne von Vision verwandt.[711] In *Über die kirchliche Hierarchie* haben alle drei Begriffe eine

---

706 EH 117,23–25 (533D) (Heil).
707 Ein Begriff, der von Dionysius auch für die Formel der Absage an den Satan in der Taufzeremonie verwandt wird, vgl. EH 72,3.4 (396B); 76,17 (401B); 108,20 (508A); 130,18 (568A), 131,16.18 (568B).
708 EH 89,21–23 (440A) (Heil).
709 CH 59,7 (340B); MT 159,1f (1045D); Ep. 9 197,5 (1105C); DN 116,3 (593B); DN 117,9 (593C); DN 150,12 (701B); DN 171,18 (725B); DN 198,6 (872A).
710 CH 28,24f (208B) (WMS).
711 DN 120,11 (597A): Visionen, aus denen Gottesnamen überliefert werden.

negative Konnotation; sie stellen verschiedenste Bilder dar, die den Menschen auf die ein oder andere Weise ablenken, zerstreuen und verführen.

All die Phantasien oder sonstigen Bilder, die die verschiedenen Stände der ‚Hierarchie' heimsuchen, stellen dem Versuchten die Zerstreuungen, Vielfältigkeiten, materiellen und sinnlichen Schönheiten der Welt vor Augen, verlocken seinen „Drang zum Materiellen" (πρόσυλον, proshylon)[712]. Damit stehen sie der Reinheit und Einförmigkeit des gottgemäßen Lebens entgegen, das nicht von äußeren Einflüssen bewegt und damit passiv sein darf. Wer dieses Leben führen will, wird zu einer aktiven Haltung aufgerufen, zur wachsamen Gegenwehr gegen die Anfechtungen.

Die christliche Literatur kennt zahlreiche Berichte, in denen geistliche Menschen, Mönche vor allem, von Phantasien und Schreckbilder heimgesucht werden, die sie verlocken und peinigen.[713] Von solcherart existentiellen Ängsten und Kämpfen ist bei Dionysius nicht die Rede; auf welche Art sich die Reinigung der Seele oder die Absage an die Phantasien konkret und im einzelnen gestaltet, bleibt offen. Eine Bemerkung in der *theôria* zur Taufe lässt jedoch ahnen, dass es sich um mehr als um einen „sportlichen" Wettkampf handelt, wie es die meisten der zitierten Passagen anzudeuten scheinen:

> „Es ist aber wohl, wie ich glaube, allen Kennern der Lehren der Hierarchie klar, daß nur durch unentwegte intensive Anstrengungen in Richtung auf das Eine und die vollständigen Abtötungen und Vernichtungen der gegenteiligen Einflüsse denkfähige Wesen den Grad der Unveränderlichkeit des gottförmigen Zustandes beibehalten können (ὅτι ταῖς διηνεκέσιν ἐν συντονίᾳ πρὸς τὸ ἕν ἀνατάσεσι καὶ ταῖς τῶν ἐναντίων ὁλικαῖς νεκρώσεσι καὶ ἀνυπαρξίαις τὸ ἀναλλοίωτον ἴσχει τὰ νοερὰ τῆς θεοειδοῦς ἕξεως)."[714]

Das Widrige/Gegenteilige (τῶν ἐναντίων), wie hier all das heißt, was den Menschen von seiner Ausbildung und Bewahrung des gottförmigen Zustandes abhalten kann, muss, wie Dionysius mit großer Schärfe sagt, getötet und vernichtet und nicht bloß überwunden oder überstiegen werden. Von einem Wettkampf kann da nicht mehr gesprochen werden, dieser Kampf zielt auf die Vernichtung seines Gegners, nämlich all jener Einflüsse, die die Ausgestaltung der gottförmigen *hexis* hindern.[715] Die gottgemäße *hexis* erweist sich als Zustand der Unempfänglichkeit gegenüber den sogenannten gegenteiligen Einflüssen; gefordert ist eine aktive kämpferische Haltung; ohne Kampf ist diese *hexis* nicht

---

712 CH 13,16 (141B). Vgl. auch 16,11f (145B).
713 Ein bekanntes und oft dargestelltes Beispiel ist die Geschichte des Hl. Antonius; vgl. hierzu Jacobus de Voragine, Legenda aurea, 121–126.
714 EH 76,22–77,3 (401BC) (Heil).
715 Damit werden die verschiedenen Wortbedeutungen von *agôn* abgedeckt, bzw. vereint, das sich auf den sportlichen Wettkampf und den Kampf/die Schlacht bezieht (vgl. Liddell/Scott 18), aber auch den geistigen Kampf eines christlichen Leben meinen kann (vgl. Lampe 25).

zu erlangen. Sie zu erlangen und zu erhalten, bedeutet, sich gegen die Schreck- und Phantasiebilder zur Wehr zu setzen, die die Seele ablenken und von ihrem Weg abbringen könnten.

Da das hier vorgestellte Ethos als lebenslanges Kampfgeschehen verstanden wird, ist der primäre Kampfplatz der der inneren Imaginationen. Es geht nicht zuerst darum, bestimmte einzelne Handlungen zu vermeiden oder zu verbieten (Du sollst/Du sollst nicht…), sondern die Welt der Phantasie, die den Menschen passiv umtreibt, bedrängt und ängstigt zu bewältigen und zu läutern, um damit die innere Disposition für gutes Handeln zu schaffen. Die *hexis* wird sozusagen in der Reinheit der inneren *aisthesis* begründet.

3. Bildung

Die Ausbildung der *hexis* und der Kampf gegen die falschen Bilder sind Dionysius zufolge untereinander verknüpft. Dieser negativen Bestimmung der „Entbildung", d. h. der Vertreibung der falschen *phantasiai* entspricht positiv die Ausbildung als Bild Gottes. Den *phantasiai* steht das Bild Gottes gegenüber.

Bei Dionysius heißt es in der *theôria* der Myronweihe:

> „Unbefleckt sind nämlich die verborgenen und übergeistig wohlriechenden Schönheiten/Harmonien Gottes, und geistig erscheinen sie allein den Denkenden, gleichförmig wollen sie die durch Tugend in der Seele entstandenen unverderblichen Bilder haben. Wenn das Bild nämlich das Unbeschreibliche der gottförmigen Tugend gut nachgeahmt hat, schaut es auf jene geistige und wohlriechende Schönheit und prägt und bildet sich hin auf die schönste Nachahmung. Und gleichwie bei den sinnlichen Bildern, wenn der Maler auf das Urbild unverwandt hinsieht und sich nichts anderem Sichtbaren zuwendet oder sich auf irgend etwas hin zerstreut, er das zu malende, was es auch sei, wenn man so sagen darf, verdoppelt und das eine im anderen zeigt abgesehen vom Unterschied im Wesen, so schenkt den das Schöne liebenden Malern im Geiste die unverwandte und nicht abgelenkte Schau auf die wohlriechende und verborgene Schönheit das beständige und gottförmigste Bild."[716]

---

716 EH 95,23–96,11 (473BC) (WMS): Ἄχραντοι γάρ εἰσιν αἱ τοῦ θεοῦ κρυφίαι καὶ ὑπὲρ νοῦ εὐώδεις εὐπρέπειαι καὶ νοητῶς ἐμφαίνονται μόνοις τοῖς νοεροῖς ὁμοειδεῖς ἐθέλουσαι τὰς κατ' ἀρετὴν ἐν ψυχαῖς ἀπαραφθάρτους εἰκόνας. Τὸ γὰρ τῆς θεοειδοῦς ἀρετῆς ἀπαράγραπτον εὖ μεμιμημένον ἄγαλμα πρὸς ἐκεῖνο τὸ νοητὸν καὶ εὐῶδες ἀφορῶν κάλλος οὕτως ἑαυτὸ τυποῖ καὶ διαπλάττει πρὸς τὸ κάλλιστον μίμημα. Καὶ καθάπερ ἐπὶ τῶν αἰσθητῶν εἰκόνων εἰ πρὸς τὸ ἀρχέτυπον εἶδος ὁ γραφεὺς ἀκλινῶς εἰσορᾷ πρὸς μηδὲν ἄλλο τῶν ὁρατῶν ἀνθελκόμενος ἢ κατά τι μεριζόμενος αὐτὸν ἐκεῖνον ὅστις ἐστὶ τὸν γραφόμενον εἰ θέμις εἰπεῖν διπλασιάσει καὶ δείξει τὸν ἑκάτερον ἐν ἑκατέρῳ παρὰ τὸ τῆς οὐσίας διάφορον, οὕτω τοῖς φιλοκάλοις ἐν νῷ γραφεῦσιν ἡ πρὸς τὸ εὖῶδες καὶ κρύφιον κάλλος ἀτενὴς καὶ ἀπαρέγκλιτος θεωρία τὸ ἀπλανὲς δωρήσεται καὶ θεοειδέστατον ἴνδαλμα.

Das hier eingeführte Malergleichnis steht in langer platonisch-neuplatonischer Tradition. So veranschaulicht Platon in der *Politeia* die staatsbildnerische Tätigkeit der Philosophenkönige durch einen Vergleich mit der Arbeitsweise des Malers, der auf das „Wahrhafteste", „das Schöne, Gerechte und Gute" schaut und den Staat nach diesem Vorbild gestaltet[717]. Die Malertätigkeit des platonischen Philosophenkönigs greifen neuplatonische Philosophen, darunter Jamblich in einem Brief an einen Asphalius und Hierokles in sehr ähnlichen Formulierungen auf.[718]

Trotz mancher Parallelen zum dionysischen Malergleichnis fallen jedoch vor allem deutliche Unterschiede ins Auge. Insbesondere fällt auf, dass der Maler bei Dionysius seine eigene Seele gestaltet und nicht eine Polis. O'Meara versteht das Malergleichnis des Dionysius von Platon her als Interiorisation der politischen Handlung.[719] Diese Beobachtung unterstreicht zutreffend den engen Zusammenhang von politischer Philosophie und Ethik, jedoch bleiben in O'Mearas Analyse die Konsequenzen, die sich aus der Transposition des Malergleichnisses in die Ethik ergeben, unberücksichtigt.

Um das Spezifische von Dionysius' Seelenmaler erfassen zu können, liegt ein weiterer Rückblick in die platonisch-neuplatonische, aber auch in die christliche Tradition nahe. Seelenbildung wird in der platonischen Tradition, anders als bei Dionysius, nicht als *Seelenmalerei* sondern als *Seelenbildhauerei*

---

717 Platon, Rep. 484cd, 501ac. „Dünken dich nun wohl die besser als Blinde zu sein, die, in der Tat der Erkenntnis eines jeden, was ist, beraubt und kein anschauliches Urbild in der Seele habend, auch nicht vermögen, wie Maler, indem sie auf das Wahrhafteste sehen und von dorther alles, auf das genaueste achtgebend, übertrügen, auch hier das Gesetzliche in bezug auf das Schöne, Gerechte und Gute entweder zu verzeichnen, wenn es verzeichnet werden soll, oder auch das Bestehende hütend zu erhalten?" (484c-d). „Wenn sie nun, sprach ich, wie eine Tafel den Staat und die Gemüter der Menschen zur Hand nehmen, werden sie sie wohl zuerst rein machen müssen, was gar nicht eben leicht ist. [...] Nächstdem nun, glaubst du wohl, werden die den Grundriß der Staatsverfassung vorzeichnen? Was anders! Hiernach, denke ich, wenn sie sich an die Arbeit geben, werden sie wohl häufig auf beides hinsehen, auf das in der Natur Gerechte, Schöne, Besonnene und alles dergleichen und dann auch wieder auf jenes, was sie in die Menschen hineinbilden, und werden so durch Mengen und Mischen aus ihren Bestrebungen das Mannhafte schaffen [...] Und so werden sie wohl, denke ich, einiges auslöschen, einiges wieder einzeichnen, bis sie so gut wie möglich die menschlichen Sitten, soweit es sein kann, gottgefällig gemacht haben. Die schönste Zeichnung, sagte er, wäre dies wenigstens." (501a-c).

718 Stobaeus, Anth. III, pp.202,12–16. Vgl. O'Meara 1993: 68; Hierokles, De providentia, in: Photius, Bibliothèque 251, 464b, S. 201.

719 Vgl. O'Meara 1997b: 82: „Le philosophe-roi qui modèle la cité idéale d'après un paradigme divin de la vertu divine chez Denys l'homme saint qui se modèle selon ce paradigme. L'action politique du philosophe-roi est, pour ainsi dire, intériorisée, rendue ‚secrète'." Vgl. O'Meara 2005[2]: 165f, wo zumindest angedeutet wird, dass es sich um eine „further emphasis on the moral and spiritual quality of the holy man" handele.

dargestellt.[720] Diese Tradition nimmt ihren Anfang vermutlich bei Platon, wo ein „Bildhauer" die Seele eines geliebten Jünglings nach dem Bild eines Gottes formt.[721] Das berühmteste Beispiel dieser Tradition stammt von Plotin:

> „Wie du der herrlichen Schönheit ansichtig werden magst, welche eine gute Seele hat? Kehre ein zu dir selbst und sieh dich an; und wenn du siehst daß du noch nicht schön bist, so tu wie der Bildhauer (ποιητὴς ἀγάλματος), der von einer Büste, welche schön werden soll, hier etwas fortmeißelt, hier etwas ebnet, dies glättet das klärt, bis er das schöne Antlitz an der Büste vollbracht hat: so meißle auch du fort was unnütz und richte was krumm ist, das Dunkle säubere und mach es hell und laß nicht ab ‚an deinem Bild zu handwerken' bis dir hervorstrahlt der göttliche Glanz der Tugend"[722].

Anders als bei Platon gestaltet der plotinische Bildhauer die eigene Seele; die Bildung wird zur Selbstbildung.[723] Im Zuge dieser Selbstbildung wird die Seele gleichsam göttlich.[724] Zentrales Moment ist die Reinigung der Seele von allem, was sie verunstaltet und die allmähliche und sorgfältige Herausarbeitung der in der Seele wie in einem Marmorblock verborgenen Schönheit. An diese Form der Seelenbildung knüpfen christliche Denker an, darunter Gregor von Nyssa und Meister Eckhart[725]. Auch Dionysius verwendet zwar das Bildhauergleichnis und sogar an prominenter Stelle in der *Mystischen Theologie*; es stellt dort aber

---

720 Platon verwendet in seinem Dialog *Philebos* ein weiteres Malergleichnis, in dem es um die Frage geht, wie wahre und falsche Vorstellungen in die Seele kommen; anders als bei Dionysius geht es jedoch nicht um die Gestaltung der Seele selbst. Vgl. Platon, Phil. 39a-c. Neben einem Schreiber in der Seele, der bisweilen richtig, bisweilen falsch schreibt und der somit für die Richtigkeit der Meinungen verantwortlich sei, müsse man, so Sokrates, einen weiteren „Meister" (*dêmiourgos*) annehmen, einen Maler, der „Bilder in der Seele zeichnet", so dass man das, was man einmal wahrgenommen hat, in sich gewissermaßen wieder sehen kann.

721 Phdr. 252d: „So erwählt auch jeder sich nach seiner Gemütsart eine Liebe zu einem Schönen, und als wäre nun jener sein Gott selbst, bildet er ihn aus (*agalma tektainetai*) [...] Die also dem Zeus angehören, suchen, daß ihr Geliebter ein der Seele nach dem Zeus ähnlicher sei. [...] so tun sie alles, damit er ein solcher auch wirklich werde. [...]"

722 Plotin, Enn. I, 6 [1] 9, 6–14.

723 Vgl. hierzu Plotins Schriften Ib, Anm. 41 zu 9,8ff, S. 381: „Das platonische Bildhauerbild (eine der Wurzeln unseres Begriffs der ‚Bildung') gilt einem Akt der Erziehung; bei Plotin wird daraus Selbsterziehung – so wie die platonische Erotik zu einer spirituellen Autoerotik wird."

724 Plotin, Enn. VI, 9 [9] 9, 56–60: „So ist es denn dort oben vergönnt Jenen und sich selbst zu schauen soweit Schauen dort das Rechte ist, sich selbst von Glanz erhellt, erfüllt von geistigem Licht, vielmehr das Licht selbst, rein, ohne Schwere, leicht, ja Gott geworden – nein: seiend".

725 Vgl. Gregor von Nyssa, In inscrip. psalm. II, XI (GNO V, 115.10–116,27); ders., De hom. opif., PG 44, 253C; ders., In canticum canticorum 14 (GNO 407,17–408,2; Homilien: 728,8–11); Meister Eckhart, Von dem edlen Menschen, Deutsche Werke 5, 113, 18–22.

nicht den Prozess der Seelenbildung dar, sondern die Strategie der negativen Theologie.

Für die Seelenbildung hingegen gebraucht Dionysius das Malergleichnis und stellt sich damit in eine betont christliche Tradition. Die Vorstellung, dass der Mensch ein Bild Gottes sei und sich nach der Ähnlichkeit Gottes gestalten solle, ist ein grundlegender Gedanke christlichen Denkens. Dem biblischen Schöpfungsbericht zufolge ist der Mensch „nach dem Bilde Gottes" geschaffen[726]. Der Gottebenbildlichkeit des Menschen kommt eine doppelte Bedeutung zu; zum einen *ist* er nach dem Bilde Gottes geschaffen, zum anderen *soll* er nach dem Bilde Gottes *sein*. Die Gottebenbildlichkeit ist nicht statisch zu verstehen; vielmehr heißt Bildwerdung, die Anähnlichung an Gott zu erstreben.

Aus den zahlreichen Beispielen, in denen diese Gestaltung des Menschen als ein Malen der Seele dargestellt wird, sollen im Folgenden nur wenige herausgegriffen werden,[727] um die Einbettung des dionysischen Malergleichnisses in eine reichhaltige Tradition und ihre Besonderheiten darin zu verdeutlichen. In seinem um 312 entstandenen, nur fragmentarisch erhaltenen Brief an Kaiserin Konstantia wendet sich Eusebius von Caesarea (265–339) gegen die Möglichkeit von Christusbildern. Ein wahres Bild Christi müsste diesen als im göttlichen Licht Verklärten zeigen, was menschliche Darstellungsmöglichkeiten überschreite. Seiner Verachtung des Wunsches nach materiellen Bildern Gottes stellt er zum Schluss einen Appell zur Bildwerdung entgegen, nämlich den Appell, das Herz zu reinigen und sich im Blick auf die Schau von Angesicht zu Angesicht selbst zu einem Bild Gottes zu machen. Christus sei der beste Maler, der die Seelen der Menschen zu Bildern Gottes zu malen vermöchte.[728]

Größeres Gewicht als bei Eusebius erhält die Malertätigkeit bei Basilius dem Großen (zw. 329 u. 331–379). Da diese Textpassage auffällige Ähnlich-

---

726 Gen 1,26f : „Und Gott sprach: Lasset uns den Menschen machen nach unserem Bilde, uns ähnlich (κατ' εἰκόνα ἡμετέραν καὶ καθ' ὁμοίωσιν) [...] Und Gott schuf den Menschen nach seinem Bilde, nach dem Bilde Gottes schuf er ihn (κατ' εἰκόνα θεοῦ)."

727 Die Tradition nimmt ihren Anfang in Autoren, die der Ablehnung von Statuen und Bildwerken den Menschen als das wahre Bild Gottes gegenüberstellen (vgl. z.B. Justin, Clemens von Alexandrien, Origenes). Dass die Ausgestaltung dieses „Bildes" dann als Seelenmalerei verstanden wird, ist der zweite Schritt dieser Entwicklung (vgl. z.B. Acta Ioannis, Methodios von Olympos oder Johannes Chrysostomos).

728 Eusebios, Brief an Konstantia, zitiert nach Thümmel 1992, Text Nr. 13; griech.: S. 282–284, dt. Übers. S. 48–50: „Wenn wir nun Gott den Herrn, unseren Heiland, bekennen, rüsten wir uns, ihn als Gott zu sehen, indem wir mit allem Eifer unsere Herzen reinigen, damit wir gereinigt ihn sehen mögen. Selig sind, deren Herz rein ist, denn sie werden Gott schauen (Mt 5, 8). Wenn ihr aber aus freien Stücken in hohem Maße vor der künftigen Schau von Angesicht zu Angesicht und dem Erblicken unseres Heilands euch selbst zu Bildern (εἰκόνας) macht, was könnten wir für einen besseren Maler (ζωγράφον) haben als den Gott-Logos selbst?" (hier S. 50)

keiten zum dionysischen Text aufweist, ist man versucht zu glauben, Dionysius müsse sie gekannt haben[729]:

> „Und überhaupt wie die Maler, wenn sie ein Bild von einem anderen Bild abmalen, genau auf das Urbild schauen und dessen Züge auf ihr Kunstwerk zu übertragen sich bemühen, so muß auch derjenige, der sich vorgenommen hat, sich in allen Stücken der Tugend zu vollenden, auf das Leben der Heiligen wie auf eine Art lebendiger und tätiger Bilder schauen und das Gute an ihnen durch Nachahmung sich zu eigen machen"[730].

Vorbild der Malertätigkeit ist bei Basilius das Leben der Heiligen, er spricht von einer „Art lebendiger und tätiger Bilder (*agalmata*)", worunter er die vorbildliche Vita der Heiligen versteht, nicht ihre bildlichen Darstellungen. Die Vollendung in der Tugend steht bei ihm im Mittelpunkt der nachahmenden Tätigkeit.

Auch Basilius' jüngerer Bruder Gregor von Nyssa (~334–394) verwendet ein Malergleichnis und spricht dort von einer Übertragung der Schönheit des Urbildes auf das Abbild. Maler, die einen Menschen darzustellen suchen, versuchen, seine Gestalt zu übertragen, sie mit Farben so zu gestalten, dass das Nachgeahmte die Schönheit des Urbildes erhält. Unser „Bildner", Christus, bildet das „Bild", den Menschen, auf seine eigene Schönheit hin, indem er es wie mit irgendwelchen Farben durch die Tugenden gestaltet. Der Bildner und zugleich auch das Vorbild dieser Bildung ist Christus, als Farben verwendet er die Tugenden. Die Schönheit, die mit dieser Seelengestaltung erreicht werden soll, muss demnach in der Vollendung der Tugend liegen.[731]

Vor dem Hintergrund der vorgestellten Maler- und Bildhauergleichnisse wird das Profil der dionysischen Variante erkennbar. Die Gottebenbildlichkeit des Menschen wird hier als Wunsch und Wille Gottes selbst beschrieben, der die Bilder in der Seele gleichförmig haben möchte. Der erste Schritt der Bildwerdung ist die Nachahmung „des Unbeschreibliche[n] der gottförmigen Tugend". Dionysius bezieht den Begriff der Tugend an dieser Stelle auf Gott und bezeichnet damit dessen unbeschreiblichen Charakter, seine Eigenschaften und Fähigkeiten. Zwar deutet er an, dass die Bildwerdung in einem ersten Schritt eine Ausbildung der Tugend und ethische Formung bedeutet, die die Grundlage

---

729 Die Nähe von Dionysius zu Basilius veranlasste C. Pera zu glauben, Dionysius sei Basilius; vgl. Roques 1957a: 253.

730 Basilius, in: Thümmel 1992, Text. Nr. 17; griech.: 287; dt. Übers.: 54: Καὶ πανταχοῦ, ὥσπερ οἱ ζωγράφοι, ὅταν ἀπὸ εἰκόνος εἰκόνα γράφωσι, πυκνὰ πρὸς τὸ παράδειγμα βλέποντες, τὸν ἐκεῖθεν χαρακτῆρα πρὸς τὸ ἑαυτῶν σπουδάζουσι μεταθεῖναι φιλοτέχνημα· οὕτω δεῖ καὶ τὸν ἐσπουδακότα ἑαυτὸν πᾶσι τοῖς μέρεσι τῆς ἀρετῆς ἀπεργάσασθαι τέλειον, οἱονεὶ πρὸς ἀγάλματι τινα κινούμενα καὶ ἔμπρακτα, τοὺς βίους τῶν ἁγίων ἀποβλέπειν, καὶ τὸ ἐκείνων ἀγαθὸν οἰκεῖον ποιεῖσθαι διὰ μιμήσεως."

731 Gregor von Nyssa, De hom. opif. 5, PG 44, 137A. Vgl. auch ders., In canticum canticorum 15 (GNO 439,11–20; Homilien: 780,12–21).

der weiteren Angleichung an Gott bildet, jedoch spielt diese bei Dionysius eine
weitaus geringere Rolle als beispielsweise bei Basilius und Gregor von Nyssa;
von (verschiedenen) Tugenden spricht er nicht.[732]

Auf die Gestaltung der Tugend folgt in einem zweiten Schritt die Ausbildung zur „schönsten Nachahmung" nach dem Vorbild der „wohlriechende[n]
geistige[n] Schönheit", auf die der Mensch blicken und nach der er sich gestalten muss. Diese Zweiteilung der Angleichung unterscheidet ihn von den
anderen Autoren.

Zwei Momente der Malertätigkeit[733] hebt Dionysius besonders hervor.
Ungeteilte Aufmerksamkeit muss der Maler seinem Gegenstand widmen und
darf sich keinen anderen Dingen zuwenden. Was er dann auf der Tafel schafft,
ist gewissermaßen eine Verdopplung seines Objekts, das ein weiteres Mal zu
sehen ist, jedoch nicht in gleicher Weise wie das Urbild.[734] Ein Unterschied der
ousia, des Wesens bleibt zwischen Bild und Urbild bestehen, da in dem einen
Falle der Mensch aus Fleisch und Blut und im anderen aus Farben und Holz
besteht.[735] In dieser Doppelung zeichnet sich ein zentraler Unterschied zum
plotinischen Seelenbildhauer ab, der nicht auf ein Vorbild schaut, sondern nur

---

732 Auch verbindet er nicht die Tugenden und den Wohlgeruch, wie Gregor von Nyssa (In
     canticum canticorum 1 (GNO 35,14–19; Homilien: 146,17–22) dies tut: „Der Duft
     (ὀσμή) der göttlichen Salböle wiederum ist schöner als jeder in den Aromata enthaltene
     Wohlgeruch (εὐωδίας). Dies scheint mir folgenden Sinn anzudeuten: Unter den Aro-
     mata verstehen wir die Tugenden wie zum Beispiel die Weisheit, Besonnenheit, Ge-
     rechtigkeit, Tapferkeit, Einsicht und so weiter; durch sie stehen wir im ‚Wohlgeruch' –
     jeder auf andere Art, je nach seiner Kraft und Willensentscheidung, sobald er sich mit
     ihnen ‚parfümiert' hat."
733 Als griechischen Terminus für den ‚Maler' verwendet Dionysios nicht das verbreitetere
     ζωγράφος – derjenige, der Lebendiges malt – , sondern das seltenere, ebenfalls von
     graphein abgeleitete einfachere γραφεύς. Der Ausdruck γραφεύς ist tatsächlich seltener,
     aber dennoch nicht ungebräuchlich und findet sich bei Platon (ζωγράφος und γραφεύς –
     Platon verwendet beide Begriffe. „Zeichner des Staates" oder „Maler des Staates", ein
     πολιτειῶν ζωγράφος (501c)), Gregor von Nyssa u. a. Die die Ungebräuchlichkeit vor-
     aussetzende Erklärung Strothmanns erweist sich daher als unnötig und abwegig. Er
     sieht im Gebrauch des Wortes *grapheus* eine Anspielung auf γνάφευς, ‚Walker', womit
     auf Petrus Fuller, Petrus den Walker hingedeutet werden solle, der sich nach Ansicht
     Strothmanns hinter dem Pseudonym Dionysios verbirgt (vgl. Strothmann 1977/78: LVI).
     Diese Identifizierung ist jedoch äußerst zweifelhaft.
734 Vgl. hierzu Gregor von Nyssa, In canticum canticorum 15 (GNO 439,11–20; Homilien:
     780,12–21).
735 Diesen Gedanken greift Theodor von Studion, Antirrh. II, in: PG 99, 357: „τὸ ἀληθὲς ἐν
     τῷ ὁμοιώματι, τὸ ἀρχέτυπον ἐν τῇ εἰκόνι· τὸ ἑκάτερον ἐν ἑκάτερῳ παρὰ τὸ τῆς οὐσίας
     διάφορον". Vgl. ders., Epist. II, in: PG 99, 1604D: Ἑκάτερον ἐν ἑκάτερῳ παρὰ τὸ τῆς
     οὐσίας διάφορον. Auch auf Johannes Damascenus wirkt er, vgl. u. a. Scazzoso 1967: 140f;
     Jeck 1992. Vgl. hierzu Ladner 1953: 13 u. Anm. 80, S. 27; Ladner 1931: 3. Zur Bedeutung
     Dionysius Areopagitas im Byzantinischen Bilderstreit, vgl. Louth 1997; Stuiber 1954:
     338; Ladner 1931: 3; Ladner 1953: 9.

auf die Seele selbst und das, was an dieser Seele zu entfernen ist. Die Konzentration auf ein göttliches Vorbild, das in die Seele übertragen werden soll, soweit dies menschenmöglich ist, steht der Vergöttlichung der Seele bei Plotin gegenüber.[736]

Für den Maler der Seele folgt hieraus, dass er nicht von der „Schau auf die wohlriechende geistige Schönheit" ablassen und seinen Blick von etwas anderem einfangen lassen darf. Ganz konzentriert – „unabgelenkt", „unverwandt" – muss er auf das Vorbild seiner nachahmenden Tätigkeit schauen. Ergebnis dieser Schau ist die Bildwerdung, die Anähnlichung an das Vorbild, die Herstellung eines Bildes, das so sehr nach Gottes Gestalt ist, wie dies nur möglich ist (θεοειδέστατον)[737]. Mit dem Ausdruck ἴνδαλμα[738] für dieses ‚Bild' wählt Dionysius einen ungewöhnlichen Ausdruck, ein *hapax legomenon* im *Corpus Dionysiacum* und auch sonst ein eher seltener Ausdruck.[739] Es lässt an ein Erscheinen (*indallomai*) des Bildes denken oder auch ein inneres, geistiges Bild.

Das wichtigste Unterscheidungsmerkmal des dionysischen Malergleichnisses liegt jedoch in seiner Verortung in der Liturgie, denn es handelt sich um eine Bildwerdung in der liturgischen Schau, wie sie keiner der anderen Autoren kennt. In der verborgenen Schönheit des wohlriechenden Öls sieht der dionysische Seelenmaler sein Vorbild, hier findet er die göttliche Schönheit, nach der er sich gestalten soll. Dass die liturgische Schau, die Schau auf das wohlriechende Myron denjenigen verwandeln kann, der in angemessener konzentrierter Aufmerksamkeit teilnimmt, ist bemerkenswert. In konzentrierter Teilnahme an diesem Ritus, schauend und riechend, kommt er zu einer größeren Gottähnlichkeit und zugleich zu einer größeren Erkenntnis. Die liturgischen Handlungen direkt mit der ethischen Formung des Menschen in Verbindung zu bringen und nicht indirekt über Reinheitsgebote, ist zentrales Merkmal der dionysischen Konzeption der Ethik.

---

736 Plotin, Enn. VI, 9 [9] 9, 56–60: „So ist es denn dort oben vergönnt Jenen und sich selbst zu schauen soweit Schauen dort das Rechte ist, sich selbst von Glanz erhellt, erfüllt von geistigem Licht, vielmehr das Licht selbst, rein, ohne Schwere, leicht, ja Gott geworden – nein: seiend".

737 Die Übersetzung als „gottgleich" von G. Heil erweckt den Eindruck, als könne die Differenz zwischen Gott und Mensch aufgehoben werden.

738 In den lateinischen Übersetzungen wird dieser Ausdruck zumeist mit *imago*, aber auch mit *similitudo* oder *phantasma* und *imaginatio* wiedergegeben.

739 Häufig ist dieser Ausdruck negativ konnotiert, so z. B. bei Plotin und Jamblich, die dieses Wort in negativem Sinne als bloßes Abbild oder täuschende Ähnlichkeit verwenden. Laut Plotin ist das Leben im Bereich des Geistes erst das wahre Leben, während alle anderen Lebensformen bloße Abbilder sind (αἱ ἄλλαι ἀτελεῖς καὶ ἰνδάλματα ζωῆς), Plotin, Enn. I 4 [46] 3,35; Jamblich spricht von täuschenden Ähnlichkeiten (ψευδῆ καὶ ἀπατηλὰ ἰνδάλματα), Jamblich dM III,27, 165,2f .

4. Resümee

Der Begriff der Tugend (ἀρετή) spielt in dieser Konzeption eine untergeordnete Rolle; oftmals spricht Dionysius von göttlicher *aretê*, d.h. von Eigenschaften oder Fähigkeiten Gottes[740]. Von Tugend ist meist nur allgemein die Rede[741], insbesondere von menschlichen Tugenden;[742] von einzelnen Tugenden, einer Stufenleiter von Tugenden, wie sie die späten Neuplatoniker konzipierten, ist bei Dionysius nichts zu finden.[743] Deutlich wird jedoch die Ausrichtung der Tugenden; sie sollen nicht praktiziert werden, um von den Menschen Aufmerksamkeit und Bewunderung zu erhalten.[744] Vielmehr lässt sich durch die Tugend eine Gottähnlichkeit erreichen.[745] Das Verhalten gegenüber anderen Menschen wird von Dionysius nicht thematisiert; dass die geforderte Tugend entsprechende Verhaltensgrundsätze voraussetzt, wird nicht behandelt. Implizit ist ein tugendhaftes Verhalten gegenüber anderen Menschen jedoch von großer Bedeutung. Dionysius betont die *philanthrôpia* des Bischofs und verweist darauf, dass sich der, der sich seiner eigenen Phantasien erwehren kann, auch als

---

740 Vgl. z.B. CH 29,14f (208C); 45,19 (301C); Ep. 8 180,7 (1092A) – die Wohltaten Gottes. Vgl. auch die „Tugenden der Engel" DN 205,8 (896C).

741 Vgl. z.B. DN 164,4–6 (716D-717A); DN 176,6f (732A).

742 Vgl. DN 164,9–11 (717A); 178,12 (733B), Ep. 8 187,11 (1097A).

743 Die Neuplatoniker sehen eine Stufenleiter der Tugenden vor; zunächst werden politische Tugenden und kathartische Tugenden unterschiedenen, später kommen bei Porphyrios und Jamblich genauere Unterteilungen hinzu; Jamblich z.B. fügt unter den politischen Tugenden die ethischen Tugenden als unterste Stufe hinzu. Vgl. O'Meara 2005²: 40–49. Vgl. auch Dihle 1966: 678.

744 Vgl. EH 96,11–18 (473CD) (Heil, leicht verändert): „So versteht es sich dann, daß die göttlichen Maler ihr Denkorgan, ohne sich an irgendetwas zu kehren, auf die überirdisch wohlriechende und geistige Schönheit hin gestalten und keine der Gott nachahmenden Tugenden an ihnen ‚zum Gesehenwerden durch die Menschen', wie das WORT sagt, ausüben. Vielmehr erschauen sie in geheiligter Weise wie in einem Bild in dem göttlichen Öl die heiligsten Geheimnisse der Kirche. Deshalb verbergen sie auch selbst das durch Tugend erworbene und Gott ganz ebengestaltige Wesen heiligmäßig innen im Gott nachvollziehenden und Gott nachzeichnenden Denken und schauen ausschließlich auf den ursprünglichen Gedanken (Εἰκότως οὖν πρὸς τὴν ὑπερουσίως εὐώδη καὶ νοητὴν εὐπρέπειαν οἱ θεῖοι γραφεῖς τὸ νοερὸν ἑαυτῶν ἀμεταστρέπτως εἰδοποιοῦντες οὐδεμίαν δρῶσι τῶν ἐν αὐτοῖς θεομιμήτων ἀρετῶν 'Εἰς τὸ θεαθῆναι' κατὰ τὸ λόγιον 'τοῖς ἀνθρώποις', ἀλλ' ἱερῶς ἐποπτεύουσιν ὡς ἐν εἰκόνι τῷ θείῳ μύρῳ τὰ τῆς ἐκκλησίας ἱερώτατα περικεκαλυμμένα. Διὸ καὶ αὐτοὶ τὸ κατ' ἀρετὴν ἱερὸν καὶ θεοειδέστατον εἴσω τοῦ θεομιμήτου καὶ θεογράπτου νοὸς ἱερῶς περικαλύπτοντες πρὸς μόνην ἀποβλέπουσι τὴν ἀρχέτυπον νόησιν)".

745 Vgl. EH 95,21–23 (473B) (Heil, leicht verändert): „Dieser Gedanke befiehlt im Geist Gottes den geheiligten Männern, die durch Tugend erworbenen schönen, wohlriechenden Ähnlichkeiten mit dem verborgenen Gott nicht zu eitler Zurschaustellung offen zu zeigen." ἥτις ἐνθέως ἐγκελεύεται τοῖς ἱεροῖς ἀνδράσι μὴ φαινομένοις ἔχειν ἐπὶ δόξῃ κενῇ τὰς κατ' ἀρετὴν τοῦ κρυφίου θεοῦ καλὰς καὶ εὐώδεις ἀφομοιώσεις.

Arzt gegenüber anderen betätigt, d. h. diese in ihrem Bemühen unterstützt.[746] Es ist zu vermuten, dass Dionysius dieses Verhalten anderen gegenüber für selbstverständlich hält, dass er es aber nicht behandelt, weil es in der Liturgie selbst, die im Zentrum seines Textes steht, eine nur untergeordnete Rolle spielt. Hierfür spricht auch, dass er dort, wo es an dieser Güte mangelt, scharfe Kritik übt.[747]

Die dionysische Ethik ist weder Tugendethik, noch Handlungsethik. Vielmehr stehen *Habitus*, *Bildwerdung* und Bilderkampf in ihrem Zentrum, was die Frage nach dem Zusammenhang zwischen Ethik und Ästhetik eröffnet. Zur Ausbildung des Habitus gehören der Kampf gegen die *phantasiai*, die Bildwerdung, liturgische Akte. Sinneswahrnehmungen und Körper spielen hierbei ebenso wie der Verstand eine Rolle. In der Bildwerdung durch die Schau des verborgenen, wohlriechenden Myrons kommt sowohl der Konzentration als auch der sinnlichen Wahrnehmung eine wichtige Bedeutung zu. Nicht nur der Mensch wird jedoch als Bild begriffen, auch all das, was ihn an der Ausbildung seiner *hexis* hindern kann, tritt in Form von Bildern, Phantasien, Trugbildern auf. Gegen diese Bilder soll das wahre Bild im Menschen eingeprägt werden.

Die Ethik wird jedoch auch schon dadurch in Zusammenhang mit Ästhetik gebracht, dass Dionysius der Liturgie eine so wichtige Rolle in der Ausbildung der *hexis* zuschreibt. Bestimmte rituelle Handlungen zu vollziehen, zu hören, zu singen, zu sehen und zu riechen, gestaltet den Menschen; durch Handlungen allein kann diese *hexis* nicht gestaltet werden. Dionysius erwähnt keinerlei Übungen, die zur Ausbildung der Tugend dienen, keine „exercices spirituels", wie sie beispielsweise die Stoiker vorsahen[748]. Dass „Gewöhnung und Übung" in der Ausbildung der Tugenden eine wichtige Rolle spielen, wie es Platon schreibt (Rep. 518e), greifen die Neuplatoniker auf, unterstützt vermutlich auch durch ihren Bezug auf Aristoteles.[749] Dionysius schweigt von derlei Übungen.

---

746 Vgl. EH 86,15 (433C), der selbst Gefestigte bekämpft nicht nur seine eigenen Phantasien, sondern betätigt sich auch als Arzt gegenüber anderen; 98,5 (477A), wo es heißt, dass die Lesungen und Gesänge der Heilung dienen; Ep. 8 175,7 (1088B), wo von Heilung von Sünden gesprochen wird.

747 Neben der Kompetenzüberschreitung ist der zweite Hauptkritikpunkt gegenüber dem Mönch Demophilos seine mangelnde Güte, vgl. Ep. 8 184,2–192,2 (1093C-1100D).

748 Zum Konzept der „exercices spirituels", vgl. Hadot 2002.

749 Vgl. auch Platon, Phd., 82a-b. Vgl. O'Meara 2005²: 60: „Plotinus refers several times to a phrase in Plato's *Republic* (518e1–2) as indicating the need for ‚habituation and practice' (ἔθεσι καὶ ἀσκήσεσι) as regards the virtues of the soul in relation to the body, i.e. ‚political' virtues. The belief in the importance of habituation and practice can only have increased as later Neoplatonists had greater recourse to Aristotle's ethics in their curriculum, an ethics which, as regards moral virtue, stresses the need of habituation through action." Vgl. ebd. Anm. 41, S. 60 mit Hinweisen auf Belegstellen bei Plotin. O'Meara 2005²: 47: „In a letter to Sopatros, he [Jamblich] offers advice on the education of children in ethical virtue, as a moral upbringing through habituation, prior to the

Eine weitere Frage, die Dionysius offen lässt, ist die, wie die Bilder, die Phantasien und Trugbilder, in die Seele kommen. Der Bezug auf das *proshylon*, den Drang zur Materie, allein kann dies nicht erklären. In der platonischen Tradition gibt es Reflexionen zu dieser Frage, insbesondere in Platons Dichterkritik, die den verderblichen Einfluss solcher Bilder beschränken will.[750] Während aber Platon all die Mythen, die die Untaten und Laster der Götter so anschaulich einprägen, pädagogisch ausschließen möchte, scheint Dionysius die Wirkung der für ihn maßgebenden Literatur, der alttestamentlichen Texte vor allem, die ethisch nicht weniger fragwürdige Passagen enthalten, als Gottes Wort hochzuschätzen. Eine verderbliche Wirkung haben diese biblischen Berichte ihm zufolge nicht.[751] Sie sind nicht auszuscheiden, sondern nur in rechtem Sinne auszulegen.

IV. theourgia

1. Theurgie

„Einige ziehen die Philosophie vor wie Porphyrios oder Plotin und viele andere Philosophen, andere die hieratische Kunst wie Jamblich, Syrian, Proklos, in einem Wort alle Hieratiker."[752]

Mit diesen Worten stellt der spätneuplatonische Philosoph Damascius die *hieratische Kunst* oder in anderen Worten die *Theurgie*[753] der Philosophie gegenüber und ordnet die wichtigsten Vertreter des Neuplatonismus diesen beiden Strömungen zu. So scharf die Trennung zunächst erscheinen mag, so wenig sieht Damascius selbst diese beiden Strömungen als Gegensätze, vielmehr sieht er sie in Platon vereint.[754] Der Hauptunterschied zwischen den ‚Philosophen' und den ‚Theurgen' liegt, zugespitzt formuliert, darin, auf welche Weise sie die Einung mit dem Göttlichen erreichen zu können glauben. Während der Philosoph aus eigener Anstrengung, d. h. durch Tugenden, Meditation, geistige Übungen, zur

---

stage when children reach an unterstanding of virtue, i.e. before they reach the level of rational virtue represented by ‚political' virtue." O'Meara (47) verweist auch auf einen Text von Nikolaus, zitiert bei Lyons 1961: 35.

750 Vgl. z. B. Platon, Rep. 377a-c. Vgl. Schmitt 2001: 36.

751 Dass Dionysius die Anwendung von Ausdrücken wie „Zorn" oder „Trunkenheit" auf Gott nicht einfach übergeht, zeigt sich vor allem in der Schrift *Über die himmlische Hierarchie* und im 9. Brief.

752 Damascius, In Phaed. ρο', 123,3–6 (Norvin) (I § 127,1–3 (Westerink)): Ὅτι οἱ μὲν τὴν φιλοσοφίαν προτιμῶσιν, ὡς Πορφύριος καὶ Πλωτῖνος καὶ ἄλλοι πολλοὶ φιλόσοφοι· οἱ δὲ τὴν ἱερατικήν, ὡς Ἰάμβλιχος καὶ Συριανὸς καὶ Πρόκλος καὶ οἱ ἱερατικοὶ πάντες.

753 Die Ausdrücke bedeuten unter den späten Neuplatonikern weitgehend dasselbe, vgl. Stäcker 1995: 36 mit Anm. 104.

754 Vgl. Damascius, In Phaed. ρο', 123,6–8 (Norvin) (I § 127,3–5 (Westerink)). Vgl. Hoffmann 1994: 573.

Einung gelangt, verwendet der Theurge theurgische Riten, die bestimmten Menschen zu eben diesem Zweck von den Göttern geoffenbart worden sein sollen: „rechte[] Unterpfänder der Götter".[755]

Plotin (204–270), der als der Begründer des Neuplatonismus gilt, stand der Theurgie ablehnend gegenüber. Der Aufstieg zum Einen ist seiner Ansicht nach nur auf dem Wege des Denkens und im Überstieg des Denkens zu erreichen, nicht durch religiöse Praktiken irgendwelcher Art.[756] Die Einung ist ihm zufolge eine seltene Erfahrung; er selbst erreichte sie jedoch, wie Porphyrios in seiner *Vita Plotini* berichtet, mehrfach in seinem Leben.[757] Sein Schüler Porphyrios vertritt im Allgemeinen eine ähnliche Position; er anerkennt, dass es Theurgie gibt und dass sie wirksam sein kann, nur wird sie eindeutig der Philosophie untergeordnet: „Entsprechend hören wir von Porphyrios, daß sie allenfalls für das gemeine Volk eine zwar beschränkte (nämlich auf die von der *anima intellectualis* verschiedene *anima spiritualis*), aber doch heilsame Wirkung (nämlich auf das hiesige Leben hin) auszuüben vermag. Es sei aber nicht zwingend, diesen Weg einzuschlagen, da die Reinigung der *anima spiritualis* auch ohne die Theurgie möglich sei. Vermittels der Theurgie aber zu Gott zurückzukehren, hielt er für ausgeschlossen."[758]

Die Wendung zur Theurgie nimmt der Neuplatonismus mit Jamblich (ca. 245–325 n. Chr.), der mit seiner Schrift *De mysteriis* eine Apologie der Theurgie vorlegt.[759] Während Porphyrios die Theurgie auf die niedrigeren „Belange" beschränkt sehen will, wird nun bei Jamblich die Bedeutung der Philosophie eingeschränkt, während die Theurgie für die „überhimmlischen" zuständig ist.[760] Die Theurgie behält bis hin zu Proklos (412–485 n. Chr.) große

---

755 Vgl. Hadot 1987: 29. Vgl. Zintzen 1977a: XIX: „Der Heilsweg der Seele führt nicht mehr allein über die theoretische Philosophie, sondern nun auch über die Riten, in denen der Theurge sich die rechten Unterpfänder der Götter in der wahrnehmbaren Welt für den Aufstieg zunutze zu machen versteht." Vgl. Majercik 1989: 30 f.

756 Vgl. Dodds 1970: 153.

757 Vgl. Porphyrios, Vita Plotini, 23,15 f.

758 Stäcker 1995: 118. Zu den Belegstellen, vgl. ebd., Anm. 438–441, S. 118. Vgl. Nasemann 1991: 199; Majercik 1989: 32; Saffrey 1990a: 69. Vgl. hierzu insbesondere die genaue Analyse, die auch die Schwankungen in Porphyrios' Werk aufzeigt bei Smith 1974: 125–141.

759 Diese Schrift gibt sich als Antwort des ägyptischen Priesters Abammon auf die theurgiekritischen Fragen in Porphyrios' *Brief an Anebo*. Zur Theurgie des Jamblich, vgl. die beiden neueren Studien Nasemann 1991, mit einer Vorstellung von Jamblich und dessen Werk De mysteriis (13–17), einem Überblick über den Inhalt dieser Schrift (20–24) und einer Analye der wichtigsten Kapitel des V. Buches, und Stäcker 1995. Auf Forschungskontroversen kann in diesem Zusammenhang nicht eingegangen werden. Vgl. auch Smith 2002: 299, der auf die Bedeutung dieser Schrift für die Philosophie der Religion insbesondere mit Blick auf rituelle Momente eingeht.

760 Stäcker 1995: 119. Hierdurch werde, so Stäcker, aber auch deutlich, dass es sich dabei nicht um einen „Heilsweg fürs Volk" handeln könne.

154 B. theôria

Bedeutung.[761] Dessen Haltung ist jedoch weniger eindeutig als die des Jamblich. Er gilt als der große Systematiker und Philosoph, der Mann des *logos* par excellence, so dass es sich in den Augen vieler Interpreten als schwierig erweist, seine Hochschätzung und Praxis der Theurgie damit in Zusammenhang zu bringen.[762] Als zentral für die Erforschung seiner Frömmigkeit erweisen sich insbesondere seine Hymnen.[763]

Die Entwicklung des Neuplatonismus von Plotin hin zu Jamblich und den späten Neuplatonikern ist durch zwei Momente gekennzeichnet, die die Hinwendung zur Theurgie bedingen.[764] Zuerst betrifft dies das sich wandelnde Seelenverständnis. Während Plotin zufolge die Seele nicht ganz in den Körper hinabsteigt und deshalb die Kraft zur Einung selbst besitzt, sinkt die Seele nach Ansicht der späten Neuplatonikern ganz hinab und kann deshalb aus eigener Kraft nicht mehr aufsteigen.[765] Zugleich wird die Transzendenz des Einen oder Göttlichen stärker hervorgehoben, die Zwischeninstanzen werden vervielfältigt.[766] Immer weniger scheint dem Menschen das Eine oder die Einung erreichbar zu sein, und die Einwirkung des Göttlichen selbst erscheint als notwendig, um diese Distanz zu überwinden. Abhilfe verspricht die Theurgie.

Über die genaue ursprüngliche Bedeutung dieses Wortes herrscht Unklarheit. Gebildet wohl als Gegenbegriff zu *theologia*, meinte es zunächst vermutlich ein *Einwirken auf die Götter*, das an die Stelle des *Redens über die Götter* (*theologia*) treten soll. Zwei weitere Deutungsmöglichkeiten betreffen das neuplatonische Verständnis der Theurgie, das in Abgrenzung zur einfachen Magie jeden Anschein eines Götterzwanges vermeiden wollte. *Theourgia* kann hier entweder das Ziel kennzeichnen, d.h. *Vergöttlichung/Gottähnlich-Machen*,

---

761 Vgl. hierzu z.B. van den Berg 2001, Kap. IV „The Theory behind Theurgy", 66–85; Stäcker 1998: 1180ff. Zu Proklos, vgl. u.a. Festugière 1971; Sheppard 1982; van den Berg 2001: 75–85; Nasemann 1991: 19; Saffrey 1990a.

762 Vgl. Festugière 1971: 587. Saffrey 1990b: 48f hebt Proklos insofern von Jamblich ab, als er nicht wie Jamblich die Vernunft angesichts der Theurgie aufgegeben hätte, sondern sich bemühe, „à saisir d'une certaine façon le supra-rationnel par le rationnel".

763 Vgl. Saffrey 1990b: 45f und inbesondere van den Bergs Studie zu Proklos Hymnen van den Berg 2001.

764 Hoffmann 1997: 372 spricht von einem „changement de ‚climat'" nach Plotin.

765 Vgl. Plotin, Enn. IV 8 [6] 8,1–6; II 4 [15], 3,22–27.; V 1 [10] 3,1–3. Proklos, ET 211 (S. 184, 10f, Dodds), Proklos, In Parm. 948,18–20 (Cousin). Vgl. hierzu O'Meara 2005²: 37–39.124f, zu weiterer Literatur, vgl. ebd. Anm. 28, S. 39; Stäcker 1995: 95.113; Hoffmann 1997: 373.376; Shaw 1999: 579; vgl. auch ebd. Anm. 25; Saffrey 1990a: 54–56, vgl. auch Anm. 15 ebd. Zu weiterer Literatur, vgl. ebd.; Beierwaltes 1985: 174–178. Majercik 1989: 31 zufolge findet sich die Vorstellung, dass die Seele ganz hinabsteigt, schon in den *Chaldäischen Orakeln*. Für Porphyrios hingegen gilt, wie für Plotin, dass die Seele nicht ganz hinabsteigt und deshalb nur ihre eigenen Kräfte aktivieren muss (ebd. 32).

766 Vgl. O'Meara 2005²: 38. Zu diesem und dem vorgenannten Aspekt, vgl. Nasemann 1991: 18.197 mit weiteren Hinweisen in Anm. 11, S. 18.

oder den eigentlichen Urheber dieser Wirkungen zum Ausdruck bringen, d.h. *göttliche Wirkung.*[767] Die Grundlage der neuplatonischen Theurgie liegt in den sogenannten *Chaldäischen Orakeln*, einer Sammlung von älteren und neueren Orakeln aus dem 2. oder 3. Jh., die von Julianus, dem Chaldäer und seinem Sohn Julianus, dem Theurgen zusammengestellt, bzw. verfasst wurde;[768] es sind nur Fragmente überliefert,[769] was das genaue Verständnis von Sinn und Gebrauch der Orakel erschwert. Aber für die späten Neuplatoniker waren diese Schriften von den Göttern überliefertes Gotteswort: *theoparadotos theologia*[770].

Ziel der Theurgie ist Jamblich zufolge die Einung, die durch das Denken allein nicht zu erreichen ist:

> „Nicht das Denken verbindet die Theurgen mit den Göttern. Denn was sollte sonst die theoretisch Philosophierenden hindern, die theurgische Einung mit den Göttern zu erreichen? Das ist aber nicht der Fall. Es ist der gottangemessene Vollzug der unsagbaren und über jedem Denken stehenden Akte, die Kraft der stummen Symbole, die nur von den Göttern begriffen werden, wodurch die theurgische Einung erreicht wird. Deshalb wirken sie nicht durch unser Denken; dann nämlich wäre ihre Kraft eine geistige und hinge von uns ab; keines von beiden ist aber wahr. Denn ohne dass wir denken, wirken die Zeichen selbst durch ihre eigene Kraft ihr eigenes Werk, und die unsagbare Kraft der Götter, auf die jene gerichtet sind, erkennt sie selbst durch sich selbst als ihre Bilder, ohne durch unser Denken geweckt zu werden."[771]

Bestimmte unsagbare Handlungen muss der Theurge ausführen, um zur Einung zu gelangen. Das Denken kann diese Vollendung nicht vollbringen, vielmehr

---

767 Vgl. van den Berg 2001: 67. Majercik 1989: 22 nennt „'working on' or even ‚creating' the gods", hebt aber vor allem die Wichtigkeit der zweiten Bedeutung „divine action" hervor. Zu den oben genannten beiden letzten Deutungen, vgl. auch O'Meara 2005²: 129. Vgl. auch Stäcker 1995: 116, mit Anm. 426.

768 Vgl. van den Berg 2001: 67; Hirschle 1979: 12f; Hadot 1987: 26–28.

769 Vgl. des Places 1971; Majercik 1989 mit einer guten Einleitung zu den Chaldäischen Orakeln und ihrer Rezeption im Neuplatonismus (1–46).

770 Vgl. Proklos, In Tim. I 408,12f: θεοπαράδοτος θεολογία; ders., In Tim. I 318,22. Marinus, Vita Procli 26, p. 164,11. Vgl. Hadot 1987: 30 und Anm. 76.

771 Jamblich, dM II 11 96,13–97,9: οὐδὲ γὰρ ἡ ἔννοια συνάπτει τοῖς θεοῖς τοὺς θεουργούς· ἐπεὶ τί ἐκώλυε τοὺς θεωρητικῶς φιλοσοφοῦντας ἔχειν τὴν θεουργικὴν ἕνωσιν πρὸς τοὺς θεούς; νῦν δ' οὐκ ἔχει τό γε ἀληθὲς οὕτως· ἀλλ' ἡ τῶν ἔργων τῶν ἀρρήτων καὶ ὑπὲρ πᾶσαν νόησιν θεοπρεπῶς ἐνεργουμένων τελεσιουργία ἥ τε τῶν νοουμένων τοῖς θεοῖς μόνον συμβόλων ἀφθέγκτων δύναμις ἐντίθησι τὴν θεουργικὴν ἕνωσιν. Διόπερ οὐδὲ τῷ νοεῖν αὐτὰ ἐνεργοῦμεν· ἔσται γὰρ οὕτω νοερὰ αὐτῶν ἡ ἐνέργεια καὶ ἀφ' ἡμῶν ἐνδιδομένη· τὸ δ' οὐδέτερόν ἐστιν ἀληθές. Καὶ γὰρ μὴ νοούντων ἡμῶν αὐτὰ τὰ συνθήματα ἀφ' ἑαυτῶν δρᾷ τὸ οἰκεῖον ἔργον, καὶ ἡ τῶν θεῶν, πρὸς οὓς ἀνήκει ταῦτα, ἄρρητος δύναμις αὐτὴ ἀφ' ἑαυτῆς ἐπιγινώσκει τὰς οἰκείας εἰκόνας, ἀλλ' οὐ τῷ διεγείρεσθαι ὑπὸ τῆς ἡμετέρας νοήσεως.

sind es die Zeichen/Symbole, die, richtig gehandhabt, diese Wirkung, d. h. die Einung realisieren, da sie Bilder der Götter sind.

Wie Jamblich stellt auch Proklos die Theurgie über das Denken:

> „Durch diese [Glaube, Wahrheit, Liebe] wird alles bewahrt und mit den grundlegenden Ursachen vereint, entweder durch die erotische Begeisterung/Wahnsinn, oder durch die göttliche Philosophie oder durch die theurgische Kraft, die stärker ist als alle menschliche Besonnenheit und Wissen, die die Güter der Prophetie und die reinigenden Kräfte der Vollendung wirkenden Kunst und alle Wirkungen göttlichen Erfülltseins vereinigt."[772]

Von den drei genannten Kräften schreibt Proklos der theurgischen die höchste Kraft zu, sie übersteigt menschliche Maßstäbe, umfasst Weissagung, Weihung und göttliche Inspiration, und ihre Vereinigungswirkung ist größer als die der Philosophie.

Deutlich versuchen sich die Vertreter der Theurgie von der Magie abzusetzen. Gegen die Annahme, es würde sich bei den theurgischen Praktiken um Götterzwang handeln, verwahrt sich schon Jamblich deutlich in seiner Schrift *De mysteriis:*

> „nicht dass sie, wie es der Name vorzugeben scheint, den göttlichen Geist zu sich herabziehen; sondern nach der Wahrheit, wie diese sie lehren will, machen sie den menschlichen Geist empfänglich für die Teilhabe der Götter, heben ihn zu ihnen und bringen ihn in Einklang mit ihnen durch eine harmonische Überredung."[773]

Die Tätigkeit der *theourgia* liegt bei den Göttern, nicht beim Theurgen, da die Götter nicht als passiv gegenüber menschlichen Handlungen erscheinen dürfen. Vielmehr werden die Götter zur Einwirkung bewegt, damit sie helfen, das höchste Ziel, nämlich die Einung zu erreichen und den Menschen dafür empfänglich zu machen.[774] Neben der passiven Haltung gegenüber den Göttern liegt

---

772 Proklos, Th. Pl. I 25,113,4–10: Σῴζεται δὲ πάντα διὰ τούτων καὶ συνάπτεται ταῖς πρωτουργοῖς αἰτίαις, τὰ μὲν διὰ τῆς ἐρωτικῆς μανίας, τὰ δὲ διὰ τῆς θείας φιλοσοφίας, τὰ δὲ διὰ τῆς θεουργικῆς δυνάμεως, ἣ κρείττων ἐστὶν ἁπάσης ἀνθρωπίνης σωφροσύνης καὶ ἐπιστήμης, συλλαβοῦσα τά τε τῆς μαντικῆς ἀγαθὰ καὶ τὰς τῆς τελεσιουργικῆς καθαρτικὰς δυνάμεις καὶ πάντα ἁπλῶς τὰ τῆς ἐνθέου κατακωχῆς ἐνεργήματα. Übersetzung z. T. nach Dodds 1970: 158 f. Vgl. zu dieser Stelle u. a. Zintzen 1977a: XIX; Sheppard 1982: 219.

773 Jamblich, dM I 12, 42, 9–15: ἀλλὰ κατ' αὐτὸ τὸ ἀληθὲς ὡς βούλεται ἀναδιδάσκειν, τὴν γνώμην τῶν ἀνθρώπων ἐπιτηδείαν ἀπεργαζόμεναι πρὸς τὸ μετέχειν τῶν θεῶν, καὶ ἀνάγουσαι αὐτὴν πρὸς τοὺς θεοὺς καὶ διὰ πειθοῦς ἐμμελοῦς συναρμόζουσαι. Vgl. auch I 12, 40,16–42,17.

774 Vgl. auch Jamblich, dM I 12, 41,4–11. Vgl. Louth 1986: 433: „For Iamblichus theurgy means, as the word suggest, divine activity, and sacrifices, divination, prayers and so on are ways in which man can tap divine power. These human activities are not seen by Iamblichus as bending the divine to human purposes – he is unyielding in his defence of divine transcendence – but rather as rendering man apt for the divine, responsive to divine activity." Vgl. auch Stäcker 1995: 97; Trouillard 1972: 175.

in diesem Ziel, nämlich der Rettung der Seele, der Hauptunterschied der Theurgie zur Magie, die profane Ziele und keine religiösen verfolgt.[775]

Unter den Begriff der Theurgie fallen Mantik, Orakelwesen, verschiedenste Arten von Riten, Reinigung, Hymnen, Gebete, Belebung von Statuen, etc.[776] Um eine Verbindung zum Göttlichen herzustellen, verwendet der Theurge die sogenannten *synthêmata* oder *symbola*[777], Zeichen, die von den Göttern im Kosmos verstreut wurden. Grundlage dieser Vorstellung sind die *Chaldäischen Orakel*, wo es heißt:

„Denn der Geist des Vaters hat in den Kosmos Zeichen (*symbola*) gesät."[778]

Im Kosmos finden sich *symbola* oder *synthêmata* des Göttlichen; werden sie auf bestimmte Weise bewegt, werden die Götter erreicht. Jamblich geht von einer ‚Sympathie' im Kosmos aus, dessen verschiedene Teile miteinander in Verbindung stehen, so dass eine Einwirkung auf den einen Teil Wirkungen in anderen zeigen kann; Jamblich spricht ferner von einer *philia*, die eine vertikale Verbindungslinie von den Göttern zu den Menschen darstellt.[779] Indem nun der

---

775 Vgl. Majercik 1989: 22 f.

776 Burns 2004: 111 f: „The word ‚theurgy' was used by them to denote all manner of rites, including purification, hymns, prayers, the animation of statues, possesion, the conjuration of spirits, and mystical contemplations." Zur Beseelung der Götterstatue, vgl. z. B. Proklos, In Tim. III 155,18 ff. Dodds (Dodds 1970: 159) unterscheidet zwei Haupttypen der Theurgie. Der erste basiere vor allem auf dem Gebrauch von *symbola* oder *synthêmata*, der zweite verwende ein Medium. Vgl. Esser 1967: 51 f. Letztlich basieren jedoch beide auf dem gleichen Prinzip. Vgl. auch Louth 1986: 434: „In Iamblichus θεουργία refers to the religious rituals – prayers, sacrifices, divinations – performed by the theurgist." Vgl. auch Stäcker 1995: 198–206; Stäcker 1998: 1181; Majercik 1989: 5.26 f.

777 Zu Symbol und Synthêma, vgl. Stäcker 1995: 128–138. Zur Begriffsgeschichte des Worts *symbolon* und zu seinen Verwendungen u. a. im Neuplatonismus, vgl. Müri 1976, bes. 31–34 u. 37–44; Meier-Oeser 1998.

778 Oracles Chaldaïques, fr. 108: Σύμβολα γὰρ πατρικὸς νόος ἔσπειρεν κατὰ κόσμον. Vgl. Trouillard 1972: 179: „Mais pour nourrir la conversion-activité, la divinité a semé dans la nature et jusque dans les corps des symboles et des chiffres (συνθήματα) de sa présence. Leur raison d'être est d'éveiller et de ramener les âmes, soit vers la divinité en général, soit vers tel dieu ou tel caractère divin." Vgl. hierzu den Kommentar von Majercik 1989: 182 f.

779 Vgl. hierzu Jamblich, dM III 16, 137,20–138,5: „l'union et la sympathie (ἕνωσις, συμπάθεια) du tout, le mouvement simultané, comme un seul être, des parties les plus éloignées comme si elles étaient voisines font descendre des dieux sur les hommes la procession de ces signes, qui se manifeste aux hommes d'abord par le ciel, puis par l'air, avec le plus d'éclat possible"; ebd., I 12, 42,7. Vgl. hierzu auch Fazzo 1977: 246; Hirschle 1979: 14. Vgl. hierzu Stäcker 1998: 1181: „Die Wirksamkeit der Theurgie wird aus einer nicht aus der Kausalität des Schicksalszwanges (εἱμαρμένη) zu erklärenden Affinität (ἐπιτηδειότης) eines Wesens zu seiner göttlichen Ursache abgeleitet." Vgl. auch Nasemann 1991: 105–121, zu weiterer Literatur, vgl. ebd. Anm. 5, S. 106. Anders als Jamblich unterscheidet Proklos nicht zwischen einer *sympatheia*, die innerhalb des Kosmos

Theurge die Symbole nutzt, rührt er an die Götter. In der proklischen Variante, die beides *sympatheia*[780] nennt, werden diese Symbole zu Reihen (*seira*) angeordnet, die von einem bestimmten Gott aus in den Kosmos hineinreichen:

> „Entities on a lower level are described as σύμβολα or συνθήματα of the corresponding items on a higher level, so that the heliotrope is a σύμβολον of the sun, and the sun in turn a σύμβολον of Apollon and of the One. The σύμβολον-relationships not only make theurgy possible but are also fundamental to the structure of Proclus's metaphysical system."[781]

Diese Zeichen kann der Theurge nutzen, um zur Einung zu gelangen.[782] Hierbei kann es sich um natürliche Dinge handeln, Tiere, Pflanzen, Steine, wohlriechende Substanzen, aber auch um Bilder, Namen, Musik und Zahlen.[783] Statuen können durch *symbola* oder *synthêmata* beseelt werden.[784] Die Symbole ermöglichen eine Wendung zum Göttlichen.[785] Voraussetzung ist gleichwohl ihre angemessene Handhabung.

Jamblich hebt diesen doppelten Aspekt der Theurgie hervor, die einerseits in den Bereich des Menschen gehört, andererseits über Symbole zum Göttlichen aufsteigt.[786] Wenn der Theurge die Riten nicht korrekt vollzieht, können sie

---

herrscht, und einer *philia* des Höheren für das Niedrigere (123f). Vgl. hierzu insbesondere Smith 1974: 90.92–94.

780 Vgl. Burns 2004: 115; Crome 1970: 161–163; van den Berg 2001: 73. Vgl. Proklos, De sacr. 148,3 (zitiert nach Festugière 1989: 134): „sympathie qui unit toutes les choses visibles entre elles et avec les puissances invisibles".

781 Sheppard 1982: 220; zur Idee der Reihe (*seira*), vgl. Fazzo 1977: 304f: „il rapporto fra i vari gradini della realtà è assicurato – per così dire – verticalmente dalle *catene* o *serie* (σειραί), di cui ciascuna raggruppa un certo numero di esseri esistenti nei vari ordini in modo da costituire una serie continua da un *capo* o *guida* (ἡγεμών) – esistente nel mondo divino – fino *alle ultime cose*" (305). Vgl. Burns 2004: 123, der Saffrey zitiert, vgl. Saffrey 1989: 263: „the gods, placed as they are between the One and us, form classes, series, planes, orders; and we use them as a golden chain stretched out between the One/ Good and ourselves, to lift us gradually toward the One/Good." Vgl. auch Proklos, De sacr.

782 Saffrey 2000c: 139: „Tout être est marqué par un signe divin qui le relie à son dieu. Le théurge croyait pouvoir aussi utiliser le signe divin semé dans les êtres inanimés ou dans les êtres animés pour s'unir à la divinité."

783 Vgl. hierzu van den Berg 2001: 74. Tiere und Pflanzen (Jamblich, dM V 9, 209,15–17), Steine, Pflanzen, Aromata etc. (V 23, 233,11–14). Vgl. auch Hirschle 1979: 16. Vgl. auch Proklos, De sacr.

784 Vgl. Hirschle 1979: 14. Vgl. z.B. Proklos, In Tim. III 155,18 ff.

785 Rappe 2000: 12: „For the theurgists, a *symbolon* is not a meaning at all, nor is a *symbolon* subsidiary to, or deriative of, or referential to a literal meaning. Instead, the *symbolon* is a divinely installed switch, so to speak, that operates within the context of ritual. Symbols function as crossroads, as junctures that allow the soul to trace its path back to its origins. For Neoplatonists, the process of interpreting symbols involves a complex mixture of traditional lore and radical self-reflection.".

786 Jamblich, dM IV 2, 184,1–6: „L'ensemble de la théurgie présente un double aspect: d'une part, elle est exercée par des hommes et garde notre place naturelle dans le tout;

keine Wirkung entfalten, die aber ist kein Menschenwerk, sondern göttliches Wirken. Zusammenfassend lässt sich die Theurgie daher folgendermaßen bestimmen:

> „La théurgie dans la mesure où elle est, de fait, une science des opérations qui font œuvrer en commun l'homme et les dieux, invitera évidemment le philosophe à prêter une attention privilégiée aux signes divins."[787]

Als theurgische Kunst (ἡ θεουργικὴ τέχνη)[788], die Gott und Mensch zusammenwirken lässt, ist die Theurgie keine Wissenschaft.[789] Hierzu schreibt Stäcker:

> „Die Einung ist nach Jamblichs eigenem Bekunden ἕνωσις θεουργική; das heißt nicht, daß neben der *theurgischen* noch eine andere Einung für möglich gehalten wurde, sondern daß nur eine ganz bestimmte Art der Einung intendiert war, und zwar eine solche, die Anliegen einer heiligen ‚Kunst' wird, welche sich geeigneter Mittel, nämlich der die Einung herbeiführenden Symbole bedient."[790]

Wichtig ist, dass die Theurgie nicht als „mechanisches Ritual begriffen wird, das stets wirksam ist, unabhängig davon, wer es vollzieht oder welchem Zweck es dient, sondern eine spezifische Bereitschaft und Würdigkeit von dem erfordert, der es ausübt", so dass eine „dem Theurgen spezifische Tugend als Vorbedingung für die Wirksamkeit der heiligen Handlung" notwendig ist. Die theurgischen Tugenden sind „sowohl Bedingung als auch Resultat der Vereinigung mit den Göttern"[791].

Die neuplatonische Theurgie ist keine einfache Magie oder Zauberei; vielmehr erweist sie sich als „a sophisticated spiritual practice"[792], als ein subtiles Zusammenspiel göttlichen und menschlichen Wirkens; sie beruht auf kosmischen Gesetzen der *sympatheia*, durch die die korrekte Handhabung bestimmter *symbola* unter der Voraussetzung angemessener Tugend verschiedenste Wir-

---

de l'autre, appuyée sur les signes divins, elle remonte par eux jusqu'aux êtres supérieurs auxquels elle s'unit (Τῆς ὅλης θεουργίας διττόν ἐστι πρόσχημα, τὸ μὲν ὡς παρ' ἀνθρώπων προσαγόμενον, ὅπερ δὴ τηρεῖ καὶ τὴν ἡμετέραν τάξιν ὡς ἔχει φύσεως ἐν τῷ παντί, τὸ δὲ κρατυνόμενον τοῖς θείοις συνθήμασι καὶ ἄνω μετέωρον δι' αὐτῶν τοῖς κρείττοσι συναπτόμενον)". Vgl. auch Trouillard 1972: 175: „La théurgie est un symbolisme opératoire destiné à éveiller la présence divine. Comme telle, d'après Jamblique, elle n'est pas une action de l'homme sur les dieux, mais des dieux sur l'homme."

787 Saffrey 2000c: 131.

788 Jamblich, dM V 23, 233,11.

789 Zur Theurgie als *technê*, vgl. Stäcker 1995: 166–184.

790 Stäcker 1995: 171. Mit Verweis auf Jamblich dM II 11, 96,15–17. Etwas anders deutet Nasemann, diese Stelle; sie überlegt, ob Jamblich darauf hindeuten könnte, dass es eine andere Art der Einung geben könnte (Nasemann 1991: 200).

791 Stäcker 1995: 230. Verweis auf Jamblich, dM III 31, 176,3–7. Vgl. auch Smith 1974: 92, der auf die Vorstellung hinweist, dass sich derjenige, der sich unrein und mit falschen Gründen an die Götter wenden will, an die Dämonen wendet.

792 Bussanich 2002: 52.

kung zeitigen kann, von Heilungen und Regenmachen, wie es von Proklos berichtet wird,[793] bis hin zur Einung mit dem Göttlichen.

2. Theurgie und Hierurgie

Die Begriffe *theourgia, theourgikos* und *theourgos* finden sich im *Corpus Dionysiacum* vorrangig in der Schrift *Über die kirchliche Hierarchie*. Betrachtet man
den genauen Wortgebrauch, so fällt auf, dass im Vergleich zur neuplatonischen
Theurgie Verschiebungen eingetreten sind. Nah an der neuplatonischen Ver-
wendungsweise liegen die Adjektive *theourgikos* und *theourgos*; sie bedeuten
zumeist *vergöttlichend* oder *gottwirkend* oder an zahlreichen Belegstellen beides
zugleich; beispielsweise sind Erleuchtungen[794], Erkenntnis[795], Heiligung[796],
Strahlen[797] *theourgikos*, das Myron sogar *theourgikôtatos*[798]. Die Gemeinschaft
des Hl. Geistes,[799] auch „Heimsuchungen durch göttliche Erleuchtungen"[800],
Erleuchtung[801] und die Mysterien[802] werden als *theourgos* bezeichnet. Wie die
genannten Beispiele zeigen, kann der Zusammenhang der Begriffsverwendung
die Liturgie sein, muss es aber nicht. Eine nähere Verbindung zur Liturgie findet
sich in der folgenden Textpassage:

> „sind wir mit der mystischen Wissenschaft der Erkenntnis des Geschauten er-
> leuchtet worden, werden wir als Geheiligte auch Heiligende (ἀφιερώμενοι καὶ
> ἀφιερωταὶ), als Licht gewordene auch Vergöttlichung Bewirkende (φωτοειδεῖς καὶ
> θεουργικοὶ), als Vollendete auch Vollendung Schaffende (τετελεσμένοι καὶ τελε-
> σιουργοὶ) sein können."[803]

Die Hierarchen erweisen sich als *theourgikoi*, das heißt sie wirken göttlich und
bewirken die Vergöttlichung, die Ziel der ‚Hierarchie' ist und zu deren Errei-
chung die Liturgie zentrales gestaltendes Mittel ist. Schon im ersten Satz der
Schrift *Über die kirchliche Hierarchie* ordnet Dionysius die ‚Hierarchie' *theo-
urgischem Wissen* zu. Gottgewirkt und vergöttlichend sind „Wissen, Wirksam-

---

793 Vgl. Marinus, Vita Procli 28 (19–21): Regen; 29 (5–28): Heilung.
794 DN 113,12 (592B).
795 CH 30,3 (209A); EH 104,21f (501B).
796 EH 103,3f (484D).
797 EH 107,3f (504D).
798 EH 73,5 (396D).
799 EH 78,18f (404D): τοῦ θείου πνεύματος ἱερᾶς καὶ θεουργοῦ κοινωνίας.
800 CH 59,4 (340B) (Heil).
801 EH 105,1 (501B).
802 Ep. 9 198,4 (1008A).
803 EH 64,11–14 (372B) (Heil).

keit und Vollendung", sie stammen von Gott und bewirken zugleich Vergöttlichung.[804]

Bei aller Nähe zum Sprachgebrauch der paganen Neuplatoniker fällt auf, dass Dionysius nie substantivisch von einem *theourgos*, einem Theurgen, spricht und auch nicht von einer *theurgischen Kunst (technê)*. Zu dieser grammatischen Differenz kommt eine semantische. Dionysius bezeichnet mit *theourgia* an keiner Stelle das Ritual; die Liturgie heißt bei ihm vielmehr *hierourgia*. *Hierourgia* meint ein heiliges Tun, eine heilige Handlung, bezeichnet Opfer im Alten Testament, kann aber auch von der Eucharistie, von der Liturgie und liturgischen Riten im Allgemeinen ausgesagt werden.[805] Die Neuplatoniker verwenden diesen Begriff synonym zu *theourgia*.[806]

Bevor jedoch dem Zusammenhang von *theourgia* und *hierourgia* weiter nachgegangen werden kann, ist zu untersuchen, in welcher Weise Dionysius den Begriff der *theourgia* verwendet. Da die Forschung sich in dieser Sache nicht ganz einig ist, bedarf es einer kurzen Diskussion der differierenden Meinungen. Vier Artikel, erschienen in den Jahren zwischen 1982 und 2004, greifen dieses Thema in sehr unterschiedlicher Weise und kontrovers auf. Rorem untersucht die anagogische Methode bei Dionysius und setzt diese in Beziehung zu Jamblich.[807] Louth[808] vergleicht pagane Theurgie und christliche Sakramente bei Dionysius; Shaw[809] setzt Dionysius in Beziehung zu Jamblich, Burns[810] zu Proklos.

Rorems These zu Dionysius' Theurgieverständnis ist zusammengefasst in dem Satz:

> „The latter transformed the very term ‚theurgy', for example, from a Chaldean and Iamblichean objective genitive, i.e. works adressed to the gods, to a subjective genitive suggesting God's mighty acts, especially in Christ."[811]

Rorems Deutung der neuplatonischen Theurgie als „works adressed to the gods" ist, wie oben gezeigt wurde, einseitig, insofern sie den Aspekt der „divine activity" unberücksichtigt lässt, dem zufolge die Riten als göttliches Wirken oder als Kombination menschlichen und göttlichen Wirkens zu verstehen sind.

---

804 EH 63,3f (369A) (WMS): „Dass die uns entsprechende Hierarchie [...] zu dem gotterfüllten, göttlichen und gottwirkenden/theurgischen Wissen, Wirksamkeit und Vollendung (τῆς ἐνθέου καὶ θείας ἐστὶ καὶ θεουργικῆς ἐπιστήμης καὶ ἐνεργείας καὶ τελειώσεως) gehört".

805 Vgl. Lampe, 671.

806 Vgl. z.B. Jamblich dM I 11, 37,5; V 23, 232, 1 f.

807 Rorem 1982: 456 ist der Ansicht, dass dieser Vergleich fruchtbar sein müsste. Ferner sind hier einige Passagen aus Rorem 1984 wichtig.

808 Louth 1986.

809 Shaw 1999.

810 Burns 2004.

811 Rorem 1982: 456; vgl. Rorem 1984: 14.

Wenn die Differenz somit auch nicht in der einfachen Wendung vom Genitivus
objectivus zum Genitivus subjectivus liegt, so ist die klare Unterscheidung
zwischen neuplatonischer und dionysischer Theurgie in Rorems Satz doch zutreffend. Dionysius transformiert den Begriff, indem er ihn auf das Wirken
Gottes in der Heilsgeschichte überträgt. *Theourgia* ist Gottes Tat, die Tat eines
persönlichen Gottes für die Menschen, nicht die Aktivität des Göttlichen im
Kosmos.

Wie Rorem deutet auch Louth die neuplatonische *theourgia* als Werk, das
sich an die Götter richtet.[812] Wenn Shaw die Meinung der beiden Autoren als
Missdeutung der neuplatonischen Theurgie kritisiert, ist ihm Recht zu geben,
wenn auch Rorem wie Louth in ihren Texten insgesamt eine differenziertere
Beschreibung der neuplatonischen Theurgie erkennen lassen. Ihrer These, dass
Dionysius *theourgia* immer im Sinne von ‚Werk Gottes‘ verwendet, ist jedenfalls
zuzustimmen.[813] Beide berücksichtigen jedoch weder den Gebrauch der Adjektive, der oben dargelegt wurde, noch analysieren sie die liturgischen Zu-
sammenhänge, in denen *theourgia* bisweilen verwandt wird. Den adjektivischen
Gebrauch greift hingegen Burns schon im Titel seines Artikels auf, wenn er von
„theurgic liturgy“ spricht. Wie Shaw vertritt er gegen Rorem und Louth die
These, dass Dionysius den Begriff der Theurgie nicht bloß als *genitivus subjectivus* verwende; er bestimme die Sakramente als theurgische Riten und be-
ziehe sich auf ein System ritueller Liturgie.[814]

Bei genauer Betrachtung des Wortgebrauchs im Corpus Dionysiacum ist
jedoch daran festzuhalten, dass sich das Substantiv *theourgia* immer auf das
Wirken Gottes selbst bezieht. Burns ist jedoch dahingehend zuzustimmen, dass
sich *theourgia* und Liturgie nicht einfach trennen lassen. Der liturgische Zusammenhang mancher *theourgia*-Stellen ist vielmehr von zentraler Bedeutung.

Das Beispiel, das Burns als Beleg für seine Interpretation anführt, bezieht
sich nicht, wie er meint, auf den Ritus; vielmehr stellt Dionysius in dieser
Textpassage Altes und Neues Testament einander gegenüber und schreibt, dass
das eine „die zukünftigen Gottestaten Jesu aussagte, das andere aber sie voll-

---

812 Louth 1986: 434: „But in Denys the word θεουργία seems *never* to be used of religious
    rituals. The word seems rather to mean divine activity, or perhaps better divine work or
    action (as it is frequently used in the plural).“

813 Dies hebt auch Bellini (Bellini 1980: 205) hervor, der sich in seinem Artikel jedoch gar
    nicht auf die neuplatonische Theurgie bezieht.

814 Burns 2004: 122: „In this way Pseudo-Dionysius identifies the sacraments themselves as
    theurgic rites. When he argues that ‚theurgy is the consummation of theology‘, he refers
    to a system of ritual liturgics in which the priest not only needs to be saved through
    theurgic symbols, but needs to save others by using them properly, as proscribed“. Vgl.
    ebd., Anm. 49. Sachlich nicht richtig spricht Gombocz 2000 von „Theurgie“; er schreibt:
    „Dies führte bei Dionys zur Ausbildung einer christlichen Theurgie neben und zu den
    kirchlichen Sakramenten hinzu“ (152). Dass von einer solchen Theurgie *neben* den
    Sakramenten nicht die Rede sein kann, ist aus den Ausführungen deutlich geworden.

endete (ἡ μὲν ἔφη τὰς ἐσομένας Ἰησοῦ θεουργίας ἡ δὲ ἐτέλεσε)"[815]. Der von Burns zitierte Satz bedeutet also richtig: „Die Summe von Gottes Wort ist Gottes Tat (καὶ ἔστι τῆς θεολογίας ἡ θεουργία συγκεφαλαίωσις)"[816], das heißt in der Tat Gottes, seiner Menschwerdung, wird Gottes Wort, die Ankündigung des Alten Bundes, erfüllt.

Die Tat Gottes par excellence, die von Dionysius an zahlreichen Stellen erwähnt wird, ist die Menschwerdung und das Wirken Christi als Mensch.[817] In der Eucharistiefeier steht eben diese alles Wirken Gottes zusammenfassende Menschwerdung im Mittelpunkt. Zur Danksagung am Ende der Liturgie schreibt Dionysius:

> „…nachdem sie [die Gemeinde] die Gnaden der Werke Gottes in entsprechender Weise erkannt und besungen hat (τὰς τῶν θεουργιῶν ἀναλόγως ἐπιγνοῦσα καὶ ὑμνήσασα χάριτας). […] Deshalb bleiben sie [die die Gnadengaben nicht erhalten haben, nicht kennen] unzugänglich für die unendlichen Gnaden der Gottestaten. Kostet und sehet, sagen aber die Worte (ἀχάριστοι πρὸς τὰς ἀπείρους τῶν θεουργιῶν διαμεμενήκασι χάριτας. Γεύσασθε δέ φησι τὰ λόγια καὶ ἴδετε)."[818]

Die Danksagung preist die Gottestaten, insbesondere die Menschwerdung, die die Grundlage der Eucharistiefeier ist. Ganz nah zusammengerückt werden im zweiten Teil des Zitats die Sakramente Brot und Wein und die *theourgiai*, denn die beklagte *Unzugänglichkeit* steht in enger Nachbarschaft zum „Kostet und sehet", was nahelegt, dass die Erkenntnis der Gottestaten (auch) im Empfang von Brot und Wein besteht. Den engen Zusammenhang zwischen *theourgia* und Eucharistie stellt die folgende Textpassage in der *theôria* zur Eucharistie vor Augen, die bei oberflächlicher Lektüre zu dem Schluss verleiten könnte, dass Dionysius tatsächlich die liturgischen Handlungen als *theourgiai* verstehe:

> „So eines Wesens mit den göttlichen Gegenständen geworden, besingt der Hierarch die geheiligten Werke Gottes und vollzieht in geheiligter Handlung das Göttlichste. Dann führt er den Inhalt seines Gesangs der Gemeinde vor Augen (Οὕτω τοῖς θείοις ὁ ἱεράρχης ἑνοῦται καὶ τὰς ἱερὰς θεουργίας ὑμνήσας ἱερουργεῖ τὰ θειότατα καὶ ὑπ᾽ ὄψιν ἄγει τὰ ὑμνημένα)."[819]

Daran schließt Dionysius die Frage an, was mit diesen „Werken Gottes für uns (τὰς εἰς ἡμᾶς θεουργίας)"[820] gemeint sei, und führt einzelne Momente der Heilsgeschichte an, vom Sündenfall der Genesis bis zur Erlösung durch die

---

815 EH 84,18 (432B) (WMS).
816 EH 84,21 (432B) (Heil); zu Burns Übersetzung und Deutung, vgl. oben Anm. 814.
817 Vgl. DN 130,5.7.10 (644C); CH 23,3 (181B): ἀνδικῆς τοῦ Ἰησοῦ θεουργίας; EH 83,20 (429C): τὰς ἀνδρικὰς θεουργίας; EH 92,6 (441C).
818 EH 94,12–18 (445BC) (Heil, leicht verändert).
819 EH 90,9f (440B) (Heil). Die Parallelstelle EH 81,6f (425D) fügt noch hinter *hymnê-mena* ein *dia tôn hierôs prokeimenôn symbolôn* an.
820 EH 90,11 (440C) (Heil).

Menschwerdung.[821] Diese Bestimmung der *theourgiai* zeigt offenkundig, dass Dionysius mit diesem Wort das Wirken der Heilsgeschichte bezeichnet.[822] Die Definition ist eindeutig; dennoch zeigt seine Formulierung deutlich, dass zwischen *theourgia* und *hierourgia* nicht immer trennscharf unterschieden werden kann. Wenn der Hierarch das Besungene vor Augen stellt und dies die *theourgiai* sein sollen, so bezeichnet er Brot und Wein als *theourgiai*, bzw. genauer als die „Geschenke der göttlichen Werke"[823]. Was der Hierarch in diesem Moment in der Liturgie preist, ist die Menschwerdung, die zentralste *theourgia*. Genau diese und ihre Erlösungswirkung zeigt sich jedoch in den Sakramenten Brot und Wein, in den Symbolen, in denen die *theourgia* den Menschen vor Augen geführt wird.[824] Was gezeigt wird, ist die *theourgia* der Menschwerdung, ist Christus selbst; seine *theourgia* reicht hinein bis in die Feier der Liturgie, die auf ihr gründet. An ihr erhalten die Mitglieder in der Eucharistie Anteil. Für diese Deutung spricht auch, dass Dionysius die „heiligen Handlungen" als „die Vollendung wirkenden Bilder der gottursprünglichen Kraft"[825] bezeichnet. In den heiligen Handlungen kann die göttliche Vollendungswirkung fortgesetzt werden, da diese „Bilder der göttlichen Kraft" sind.[826] Die Feier der Liturgie ist Erinnerung an die Gottestaten und zugleich deren Erneuerung:

> „Wie könnte das Gottnachahmende für uns anders (gebildet) werden als durch die Erinnerung der hochheiligen Theurgien/Gotteswerke, die immer wieder in den hierarchischen Hierologien/heiligen Worten und Hierurgien/heiligen Taten erneuert wird? (Τὸ θεομίμητον δὲ πῶς ἂν ἡμῖν ἑτέρως ἐγγένοιτο μὴ τῆς τῶν ἱερωτάτων

---

821 EH 90,11–92,1 (440C-441B).

822 Dionysius wird oftmals vorgeworfen, dass Jesus in seinem Denken eine allzu geringe Rolle spielte. Schaut man sich aber die Häufigkeit an, mit der sich Dionysius auf das göttliche Wirken Jesu bezieht, so zeigt sich, dass Dionysius hier durchaus einen wichtigen Akzent setzt.

823 EH 81,7f (425D). Es handelt sich hier um eine Parallelstelle zum angeführten Zitat, die kleinere Änderungen einbringt.

824 EH 81,7 (425D).

825 EH 107, 21–23 (505B): „...die göttlicheren heiligen Handlungen; diese sind die Vollendung wirkenden Bilder der gottursprünglichen Kraft, die alle göttlichsten Symbole und alle heiligen Ordnungen vollenden (τὰς θειοτέρας ἱερουργίας· αὗται δέ εἰσιν αἱ τελεσιουργοὶ τῆς θεαρχικῆς δυνάμεως εἰκόνες ἀποτελειοῦσαι πάντα τὰ θειότατα σύμβολα καὶ πάσας τὰς ἱερὰς διακοσμήσεις)."

826 Vgl. auch EH 103,21ff (485B) (WMS): „Da nun jede Gotteserscheinung und Gottestat in der vielfältigen Zusammensetzung der hierarchischen Symbole heilig gezeichnet wird (Ἁπάσης οὖν ἱερᾶς θεοφανείας καὶ θεουργίας ἐν ποικίλῃ συνθέσει τῶν ἱεραρχικῶν συμβόλων ἱερογραφουμένης)". Vgl. de Andia 2001: 423: „Dans la Liturgie, la théurgie, ou opération divine, opère à travers des éléments matériels comme l'eau, le pain et le vin ou l'huile, dont les qualities propres sont signes de l'action ou de la présence de Dieu en eux."

θεουργιῶν μνήμης ἀνανεουμένης ἀεὶ ταῖς ἱεραρχικαῖς ἱερολογίαις τε καὶ ἱερουργίαις;)"[827]

Die Erinnerung an die Gottestaten ist eine Erneuerung in den „hierarchischen *Hierologien* und *Hierourgien"*, eine Wiederholung und erneute Durchführung in heiligen Worten und heiligen Taten im Rahmen der Hierarchie, der kirchlichen Ordnung, der Liturgie, in Psalmenrezitation, Schriftlesungen, Gesängen und Gebeten, Segnung und Wandlung. In der *hierourgia* wird die *theourgia* jedoch nicht nur erinnert, besungen, gepriesen oder gefeiert;[828] vielmehr pflanzt sie sich in der Liturgie fort, ist die Verlängerung der *theourgia* auf die Menschen hin, eine Verlängerung, die *theurgisch* wirkt, d. h. göttlich und vergöttlichend.[829]

Was in der Liturgie und in der ‚Hierarchie' geschieht, ist *Theurgisches*, die liturgischen Handlungen sowie auch das Nachdenken über sie.Dies kommt auch zum Ausdruck, wenn Dionysius Jesus als „Ursprung, das Sein, die dem göttlichen Prinzip nächste Kraft jeder Hierarchie, Heiligung und Gotteswirkung (ἡ πάσης ἱεραρχίας, ἁγιαστείας τε καὶ θεουργίας ἀρχὴ καὶ οὐσίας καὶ θεαρικωτάτη δύναμις)"[830] bezeichnet und so Heiligung, Hierarchie und göttliches Wirken eng in ein und demselben Ursprung und Prinzip miteinander verknüpft.

Wenn Dionysius am Ende des Prologs seinen Adressaten um die Beachtung der Arkandisziplin bittet, schreibt er, er möge nur den Göttlichen am Theurgischen Anteil geben (κοινωνεῖν δὲ μόνοις τῶν θεουργικῶν τοῖς θείοις)[831]. Als Hierarch hat er mit *ta theourgika* zu tun, d. h. mit der Weiterführung des göttlichen Wirkens und mit der Vergöttlichung der Mitglieder durch die heiligen Handlungen, in denen die Gottestaten ihre Wirkung fortführen. *Theurgisches* zu denken und zu tun, ist seine Aufgabe innerhalb der ‚Hierarchie'.

---

827 EH 92,2–4 (441C) (WMS).
828 Vgl. u. a. EH 113,20–24 (513C) (WMS): „die gottüberlieferten Worte, die umfassend und wissend jede *theologia, theourgia, theophaneia, hierologia, hierologia* offenbaren, in einem Wort alle göttlichen und heiligen Werke und Worte, die von der Gutes wirkenden Gottursprünglichkeit der Hierarchie bei uns geschenkt worden sind (τὰ θεοπαράδοτα λόγια τὰ περιεκτικῶς καὶ ἐπιστημονικῶς ἐκφαντορικὰ πάσης θεολογίας θεουργίας θεοφανείας ἱερολογίας ἱερουργίας, ἑνὶ λόγῳ πάντων τῶν θείων καὶ ἱερῶν ἔργων τε καὶ λόγων ὑπὸ τῆς ἀγαθουργοῦ θεαρχίας τῇ καθ' ἡμᾶς ἱεραρχίᾳ δεδορημένων)." Vgl. EH 84,1–6 (429D-432A).
829 In eine ähnliche Richtung, aber nicht weit genug, geht Louth 1986: 435: „If we ask what the divine acts are that are celebrated in the liturgy, given that these focus on the Incarnation, it is difficult to avoid the conclusion that Deny is referring to the acts of God in creation and redemption culminating in the Incarnation celebrated in all the ancient Eucharistic prayers. In other words θεουργίαι refer to the historical divine acts recalled in liturgical celebration." Zum Schluss kommt jedoch Louth zu der Konsequenz, dass es bei Dionysius Raum für sakramentale Wirksamkeit gebe (438). Zu dieser Frage, vgl. unten S. 205–210.
830 EH 63,12–64,2 (372A) (Heil).
831 EH 68,13 (377B).

3. Liturgie und Theurgie

Die bisherige Analyse des Wortgebrauchs hat die enge Verwobenheit zwischen der *theourgia*, d. h. der Tat Gottes, seinem göttlichen und vergöttlichenden Wirken (*theourgikos, theourgos*) und der *hierourgia* aufgezeigt. Deutlich wurde hierbei, dass zwischen der Konzeption des Dionysius und der Theurgie der Neuplatoniker sowohl Unterschiede als auch Gemeinsamkeiten zu verzeichnen sind, was im Folgenden noch einmal zusammenfassend in den Blick genommen werden soll.

Zunächst ist generell festzustellen, dass sich die Riten der neuplatonisch-heidnischen Theurgie von denen der christlichen Liturgie im äußeren Vollzug unterscheiden; in der christlichen Liturgie finden sich keine Gotteserscheinungen mit Feuer und Licht, Trancezustände oder Beseelung von Statuen, und auch Namenmagie[832] gibt es nicht. Sieht man jedoch von diesen offen zutage tretenden Umständen ab, lassen sich auch Gemeinsamkeiten festhalten.

Die Liturgie basiert wie die pagane Theurgie auf Symbolen. An zahlreichen Stellen in *Über die kirchliche Hierarchie* erwähnt Dionysius Symbole, spricht auch von einer „symbolischen Überlieferung (συμβολικὴ παράδοσις)"[833] und bezeichnet die Eucharistie als „symbolische heilige Handlung (τὴν συμβολικὴν [...] ἱερουργίαν)"[834]. Brot und Wein sind die *symbola* schlechthin der Hierurgie, mit denen Jesus bezeichnet und durch die er „teilgehabt" wird.[835] Die Teilhabe am Symbol ist Teilhabe am Symbolisierten, was bedeutet, dass Christus in irgendeiner Weise in diesem Symbol als präsent vorgestellt wird. Durch die Symbole wird dem Menschen ein Kontakt zum Göttlichen eröffnet. Der Symbolbegriff, der diesem Verständnis zugrunde liegt, erinnert insofern an die neuplatonischen Theurgie, als auch dort die Symbole die Verbindung zum Göttlichen ermöglichen.[836] Jamblich spricht von der Notwendigkeit, den Göt-

---

832 Vgl. hierzu insbesondere Hirschle 1979.

833 EH 73,20 (397B). vgl. auch EH 76,11 (401A), 102,2 (484A). Zu unterscheiden ist diese symbolische Überlieferung von der (fiktiven) *Symbolischen Theologie*, in der es nicht um sinnlich wahrnehmbare Symbole, Handlungen, Gesten, Gesängen, Lesungen etc. geht, sondern um Gottesnamen in der Hl. Schrift.

834 EH 92, 8–11 (441D) (WMS). Heils Übersetzung („symbolischen Darstellung in der heiligen Handlung") berücksichtigt nicht, dass die Symbole hier nicht bloße Zeichen sind, sondern dass durch sie und mit ihnen die Handlung vollzogen wird.

835 EH 89,7f (437C) (WMS): τῶν σεβασωμίων συμβόλων, δι' ὧν ὁ Χριστὸς σημαίνεται καὶ μετέχεται.

836 Vgl. Halfwassen 2004: 150, dem zufolge die „theologische Lehre von der realen Präsenz Christi im Brot und Wein des Abendmahls, die sich seit dem 4. Jahrhundert zuerst in der griechischen Kirche ausbildete, [...] von der neuplatonischen Theurgie und ihrer *symbola*-Lehre beeinflußt" ist. Auf die Unterschiede zwischen beiden Konzeptionen geht Halfwassen jedoch nicht ein. Halfwassen verweist ferner auf Augustinus, De civ. Dei X 23–24, wo Sündenvergebung und Theurgie assoziiert würden.

tern ein „vollkommenes und reines Gefäß (ὑποδοχὴν ὁλοτελῆ καὶ καθαράν)" zu bereiten und nennt Steine, Tiere, Pflanzen, wohlriechende Kräuter oder andere „heilige und vollkommene und gottförmige Dinge (τοιαῦτα ἱερὰ καὶ τέλεια καὶ θεοειδῆ)", jeweils in Entsprechung zu jedem der Götter (κατ' οἰκειότητα ἑκάστῳ τῶν θεῶν).[837]

Gemeinsam ist ihnen die Vorstellung, dass das Göttliche sich in der Materie zeigt. Grundsätzliche Unterschiede zeigen sich jedoch in der Art und Weise, wie diese Symbole verstanden und gehandhabt werden. Im späten Neuplatonismus sind sie die Saat der Götter im Kosmos, d.h. sie sind von Grund auf heilig und gottförmig; ferner müssen sie einer ganz bestimmten Art angehören, die für einen bestimmten Gott unter vielen angemessen und passend ist. Aufgabe des Theurgen ist es, sie ausfindig zu machen und entsprechend vorzubereiten; vorfinden aber kann er sie in der Natur, sie sind nicht von Menschenhand.

Anders zeigt sich die Situation in der christlichen Liturgie bei Dionysius. Die Symbole Brot und Wein sind nicht von sich aus rein und gottförmig, sie sind nicht schon vor ihrer Verwendung in der Liturgie Symbole; vielmehr werden sie dies erst in der Eucharistiefeier. Bestimmt zu dieser Rolle sind sie durch die Tradition der Kirche, die so der Aufforderung Christi beim letzten Abendmahl folgt, d.h. sie sind eingebettet in eine Heilsgeschichte, nicht in einen natürlichen Kosmos. Es stehen sich aber weniger Natur und Kirche gegenüber[838] als zwei unterschiedliche Vorstellungen vom Symbol. Im paganen Neuplatonismus sind die Symbole als von den Göttern in die Welt verstreute heilig und können daher als Grundlage für den Ritus dienen, sie weisen eine Verbindung – *sympatheia* oder *philia* – zum Göttlichen auf. Bei Dionysius sind die Symbole nicht von sich aus heilig, sie haben keine wie auch immer geartete vorausgehende Verbindung zum Göttlichen, die sie als Basis für den Ritus qualifizieren würde; erst im Ritus werden sie zu Symbolen. Dann aber können sie göttlich wirkende Kraft entfalten.[839]

---

837 Jamblich, dM V 23, 233,11–16. Vgl. hierzu auch Proklos, In Tim. III 155,20–22: καὶ διά τινων συμβόλων ἐπιτήδεια ποιεῖν τὰ ἐκ μερικῆς ὕλης γενόμενα καὶ φθαρτῆς εἰς τὸ μετέχειν θεοῦ καὶ κινεῖσθαι παρ' αὐτοῦ.

838 Dies meint Burns 2004: 127: „Pseudo-Dionysius' theurgic symbols do not operate in an unfolding cosmic nature, but the flowering of Christendom. It is not contemplation of the lotus' playful interaction with the sun, but of the man-god on the cross, which renders Pseudo-Dionysius' world divine." Vgl. Louth 1981: 164: „some occult sympathy between the material elements used and the constitution of the divine. Theurgy, to a neo-Platonist, is natural – even if rather odd." Jamblich sieht die Welt als „a living temple, a vast theophany", Shaw 1999: 580; bei Dionysius hingegen ist es die Kirche, vgl. Shaw 1999: 599.

839 Louth 1981: 164: „The use of material elements in the sacraments, however, is a matter of institution, not of occult fitness: they are vehicles of grace not because of what they are materially, but because of their use in a certain symbolic context."

Anders als im Neuplatonismus kann im christlichen Sakramentsverständnis nicht von einer im ganzen Kosmos regierenden *sympatheia* ausgegangen werden;[840] Majercik hebt daher einen wichtigen Unterschied in der Weltsicht beider hervor:

> „Christian sacramentalism, after all, is based on a theistic view which assumes an essential difference between Creator and creation. Thus, any sacramental act performed here below must ultimately depend for its effect on an irruption of the Divine into an otherwise natural order. In contrast, theurgy is based on an emanationist view which posits a ‚sympathetic' link between all aspects of the cosmos; the emphasis here is on sameness, not difference. Thus theurgy, unlike Christan sacramentalism, depends not on any inbreaking of the Divine's presence in even the basest matter."[841]

Das Einbrechen des Göttlichen zeigt sich auch im Werden des Symbols, denn in einem ganz bestimmten Moment der Eucharistiefeier werden Brot und Wein zum Symbol, d.h. zur Erscheinung des Göttlichen in der Liturgie. Diese Vorstellung durchbricht die *Natur*gesetze der *sympatheia*, die im neuplatonischen Kosmos gelten, diese „Naturkunde göttlicher Spuren"[842], nach denen bestimmte Symbole zu bestimmten Göttern gehören und in bestimmten Kontexten verwandt werden müssen. Diesen Gesetzen zufolge gehören bestimmte Symbole, aber auch bestimmte Seelen zu jeweils einem bestimmten Gott; wessen Seele zu Apollon gehört, muss die entsprechenden Riten mit den zugehörigen Symbolen durchführen.[843] In den Symbolen Brot und Wein der christlichen Liturgie zeigt sich hingegen weder eine Verbindung zu einem bestimmten Gott unter vielen noch zum Göttlichen ganz allgemein, vielmehr *sind* sie Leib Christi.

Ein Gesetz der *sympatheia* und in den Kosmos gesäte Symbole gibt es bei Dionysius nicht. Eine Ähnlichkeit zum Göttlichen trägt der Kosmos jedoch auch Dionysius zufolge in sich, insofern er seinem Schöpfer ähnlich ist.[844] Über diese Bilder, die in den symbolischen Gottesnamen Verwendung finden, wird ein Aufstieg möglich; anders als bei Jamblich jedoch vermittelt durch die Sprache.[845] Auch Reihen, die vom Göttlichen über Zwischenstufen bis zum Menschen hinreichen und ihm den Aufstieg ermöglichen, können christlich nicht gedacht werden; wiederum sind es auch hier die symbolischen Namen, die einen Aufstieg ermöglichen. Dennoch kehrt die *philia* der Götter für die Menschen in transformierter Form in der Liebe des Schöpfergottes (*philan-*

---

840   Dionysius verwendet das Wort *sympatheia* an einer Stelle im *Corpus Dionysiacum* (DN 134,2 (648B)). Hierbei handelt es sich jedoch um eine bestimmte Art der Gotteserkenntnis und -erfahrung. Vgl. de Andia 1992b.
841   Majercik 1989: 24.
842   Gniffke 2007: 109.
843   Vgl. Trouillard 1972: 179: „Elle [d. Seele] doit appartenir au lot du dieu.".
844   Vgl. u.a. DN 132,15f (645C); DN 197,20–22 (869D); DN 212,7f (916A).
845   Vgl. hierzu Kap. „Ähnlichkeit und Unähnlichkeit" (S. 197–202).

thrôpia) wieder; die zentrale *theourgia*, nämlich die Menschwerdung, die überhaupt erst den Aufstieg möglich macht, ist aber anders als *sympatheia* und *philia* ein Bruch der Ordnung des Kosmos, keine Erfüllung ihrer geheimen Gesetze.

Ein weiterer zentraler Unterschied zwischen der neuplatonischen Theurgie und der christlichen Hierurgie liegt in der gemeinschaftlichen Ausrichtung der Hierurgie.[846] Der heidnische Theurge führt nur sich selbst empor; zwar lehrt er andere, um ihnen diesen Aufstieg zu ermöglichen, zur Einung kann er sie jedoch nicht führen, da die Riten oder sonstigen Vollzüge auf dieser höchsten Stufe der Theurgie nur die Emporführung dessen ermöglichen, der sie vollzieht. Verschiedenste Riten einer niederen Theurgie wie Heilung, Regenmachen etc., von denen beispielsweise in der *Vita Procli* des Marinus die Rede ist,[847] helfen zwar anderen Menschen, führen jedoch nicht zur Einung. Ihr gemeinschaftlicher Nutzen ist praktisch, nicht kultisch, theoretisch, soteriologisch.

Die *Chaldäischen Orakeln* erwähnen eine Trennung der *theourgoi* von der „Herde"[848]; auch die Neuplatoniker teilen die Menschen in zwei oder drei Gruppen auf. Den Wenigen spricht Jamblich einen immateriellen Kult zu, während die vielen den materiellen Kult zu verfolgen haben; den höchsten Aufstieg erreichen nur die Wenigen.[849] Wenn man Jamblich eine Aufmerksamkeit für die Vielen zusprechen möchte, so nur in dem Sinne, dass er zugleich mit der höchsten Theurgie auch den materiellen Kult der Volksreligion legitimiert; die wahre Theurgie ist jedoch Sache einer Elite.[850] Auch Proklos zufolge ist die Theurgie nur wenigen zugänglich.[851] Die ‚Hierarchie' hingegen ist auf die Angleichung aller ausgerichtet. Zwar unterteilt Dionysius die ‚Hierarchie' in verschiedene Ordnungen, die unterschiedliche Grade an Vollkommenheit besitzen; vom Ziel der Angleichung und aus der ‚Hierarchie' wird aber keiner ausgeschlossen. In keiner Weise trennt Dionysius die Wenigen, die das höchste Ziel erreichen können, von den Vielen, die dazu außer Stande sind, was ihn deutlich von neuplatonischen Vorstellungen unterscheidet.

Burns hebt schließlich als weiteren Unterschied hervor,

---

846 Vgl. Burns 2004: 128.
847 Vgl. Sheppard 1982: 223. Vgl. u. a. Marinus, Vita Procli 28, 29.
848 Vgl. Oracles Chaldaïques fr. 153: οὐ γὰρ ὑφ' εἱμαρτὴν ἀγέλην πίπτουσι θεουργοί. „For the theurgists do not fall into the herd which is subject to Destiny." (Übers. Majercik). Vgl. Majercik 1989: 20. Möglicherweise gab es noch eine mittlere Klasse (*hoi mesoi*). Vgl. Jamblich, dM V 18,223.
849 Vgl. Jamblich, dM V 15, 219,7–18.
850 Jamblich, dM V 15, 219,14–16. Vgl. Nasemann 1991: 211.
851 Vgl. Burns 2004: 131. Trouillard 1972: 177: „Elle n'est pas la liturgie des imparfaits, mais des parfaits."

„that the material theurgic ritual of Pseudo-Dionysius provides access to divine realms that in Proclean theurgy are rendered accessible only by the non-material practice of negative theology"[852].

Die höchste Theurgie ist bei Proklos oder auch bei Jamblich nicht oder zumindest kaum noch an materielle Riten gebunden; vielmehr gehören sie eher zu den unteren Stufen, und im Aufstieg löst sich der Theurge mehr und mehr von ihnen. Die Praxis der negativen Theologie lässt die materiellen Riten hinter sich. In seinem Traktat *Über die mystische Theologie* behandelt Dionysius eben diese Praxis, die zur Einung führt. Über die Negationen ist ein Aufstieg zum Göttlichen möglich, der im Schweigen und in der Schau kulminiert. Eine Praxis der negativen Theologie wird jedoch in *Über die kirchliche Hierarchie* nicht erwähnt. Zur Einung führt der Vollzug der Liturgie, in der keine Elemente negativer Theologie zu finden sind. Vielmehr besteht diese aus materiellen Riten, aus Gesten und Handlungen, Lesungen, Gesängen etc. Das Sakrament, das in vollkommenster Weise diese Wirkung ausübt, ist die Eucharistie, die mehr als jedes andere Sakrament und als Grundlage der anderen Sakramente zur Einung führt:

> „Denn es ist ja nicht möglich, daß einer irgendeiner Weihe der Hierarchie teilhaftig werde, wenn nicht die im höchsten Sinn göttliche Eucharistie an der Spitze aller speziellen Weihen in geheiligter Wirksamkeit des Geweihten mit dem Einen zusammenführt und kraft des gottgegebenen Geschenks der zum Ziel führenden Riten seine Gemeinschaft mit Gott vollendet."[853]

In dieser Textpassage unterscheidet Dionysius nicht zwischen verschiedenen Teilnehmern; vielmehr spricht er allen die Einung durch die Teilnahme an der Eucharistie zu. Auch der Laienstand wird somit zur höchsten Einung erhoben und zwar durch die Teilnahme an dem materiellen Ritus der Eucharistie,[854] was in der paganen Theurgie so nicht vorstellbar ist.

Gebunden an die Liturgie und die Feier der Eucharistie wird die Erfahrung der Einung zu einer häufigeren Erfahrung, sie ist nicht mehr die seltene Erfahrung, von der bei Plotin die Rede ist. Die Einung über den Weg des Denkens und die negative Theologie steht nur wenigen offen; Dionysius hält sie wie Plotin für möglich, anders als die Theurgen,[855] steht also der optimistischeren

---

852 Burns 2004: 121.
853 EH 79, 14–18 (424D-425A) (Heil): Οὐ γὰρ ἔνεστιν σχεδόν τινα τελεσθῆναι τελετὴν ἱεραρχικὴν μὴ τῆς θειοτάτης εὐχαριστίας ἐν κεφαλαίῳ τῶν καθ᾽ ἕκαστα τελουμένων τὴν ἐπὶ τὸ ἓν τοῦ τελεσθέντος ἱερουργούσης συναγωγὴν καὶ τῇ θεοπαραδότῳ δωρεᾷ τῶν τελειωτικῶν μυστηρίων τελεσιουργούσης αὐτοῦ τὴν πρὸς θεὸν κοινωνίαν.
854 Vgl. Burns 2004: 128: „On the other hand are the Areopagite's Christological symbols, such as bread and the wine, which are designed to elevate the laity to absolute Unity within the constraints of a material ritual practice. The bread, signifying Jesus' body, is more powerful than any of the material symbols discussed in Proclus."
855 Vgl. MT.

Haltung Plotins näher als Jamblich oder Proklos.[856] Während für die späten Neuplatoniker die Theurgie der Einung dient, die über das Denken allein nicht zu erlangen ist, stellt Dionysius die Einung der mystischen Theologie, die nur wenigen zugänglich ist, neben die Einung in der Liturgie, die einem weiteren Personenkreis offensteht. Differenzierungen unterschiedlicher Einweihungsstufen gibt es auch bei Dionysius; auch differenziert er die unterschiedlichen Wirkungen, die Elemente der Liturgie, wie z. B. Lesungen, auf die verschiedenen Teilnehmer haben.[857] Wie die Einung der mystischen Theologie und die der kirchlichen Hierarchie zueinander stehen und inwiefern sich die Art der Teilnahme am Ritus auf den unterschiedlichen Einweihungsstufen unterscheidet, die aber doch alle am gleichen Ritus teilnehmen, wird noch zu untersuchen sein.[858]

V. cheiragôgia

1. Körper und Seele

Für die Tradition der platonisch-neuplatonischen Noetik stellt das Verhältnis der Seele zum Körper ein Grundproblem dar. Plotin zufolge hindern Materialität und Körperlichkeit die Seele auf ihrem Weg zu Erkenntnis und Einung, und Ziel allen Strebens ist die Loslösung der Seele vom Leib, die auch als Aufwachen aus dem Leib beschrieben wird.[859] Als Grund von „Lüsten, Begierden und Schmerzen" ist der Leib ein Hindernis für das Denken. Eine Seele, die wie die Weltseele nicht „ins Innere des Leibes versinkt", sondern der der Leib „untertan" ist, wird vom Körper nicht beeinträchtigt.[860] Oft aber gerät die Seele bei ihrem Abstieg „in die Bande des Leibes" und befindet sich dann, wie Platon sagt, im „Grabe". Doch es bleibt die Möglichkeit, sich aus diesen Banden zu befreien, da ein Teil der Seele immer „droben" verharrt,[861] wie es bei Plotin heißt, „vom Leib überdeckt, so als wenn man die Beine im Wasser hat und nur mit dem übrigen Körper daraus herausragt"[862]. Nur mit der Seele erhebt der Mensch sich in das eigentliche Sein, mit dem Körper wird in in der niederen Welt festgehalten; darin liegt dann die Ursache des Bösen:

---

856 Vgl. Anm. 764 und 765.
857 Zur Wirkung der Gesänge vgl. S. 186–190.
858 Vgl. Kap. „Schönheit" (S. 210–215) und „Elite und Volk" (S. 215–218).
859 Plotin, Enn. IV 8 [6] 1,1 f.
860 Plotin, Enn. IV 8 [6] 2,45–49.
861 Plotin, Enn. IV 8 [6] 4,22–31. Zu Platon vgl. auch ebd. 1,27–40. Zu der Vorstellung, dass die Seele nicht ganz hinabsinkt, vgl. ebd. 8,1–6. Vgl. auch oben Anm. 765.
862 Plotin, Enn. VI 9 [9] 8,16–18.

„Nun, da die Seele böse ist, sofern sie mit dem Leibe ‚verquickt' ist und so den gleichen Affektionen wie er unterworfen ist und all sein Wähnen mit ihm teilt, so ist sie doch wohl gut und hat Tugend, wenn sie weder sein Wähnen teilt, sondern allein ihre Wirksamkeit übt – und das ist Vernunft und Einsicht –, noch sich seinen Affekten unterwirft – das ist Selbstherrschung –, noch Furcht hat, da sie im Abstand zum Leibe bleibt – das ist Tapferkeit –, wenn vielmehr in ihr gebietet Vernunft und Geist und das Andere nicht widerstrebt – und das ist Gerechtigkeit."[863]

Dieser negativen Einschätzung des Köpers[864] entspricht es, dass die Seele nur zur Einung gelangen kann, indem sie sich vollkommen von ihm löst.[865]

Diese Vorstellung erfährt, wie im vorigen Kapitel dargelegt, im späten Neuplatonismus eine Wandlung im Sinne einer positiveren Bewertung der Körperlichkeit. Die Loslösung vom Körper bleibt letztes Ziel, und auch die traditionell platonische Abwertung des Körperlichen fehlt nicht,[866] aber der Mensch wird nun stärker als „συναμφότερον aus Seele und Körper" angesehen und dementsprechend der Körper nicht mehr als bloßes „Hindernis", sondern als mögliches „Werkzeug" der Seele.[867]

„For Iamblichus, however, the descent of soul into body usually resulted in an embodied condition that was of profound significance for the soul. If certain souls can remain ‚pure' in their descent into the body – souls such as that of Pythagoras – retaining thus their relation to transcendent divine being, many others lose this relation: they descend entirely and their embodied state becomes constitutive of their identity. This means for them that materiality is of much greater significance in the question of the divinization or salvation of the soul."[868]

Jamblich geht sogar soweit, die „Vermittlung durch eine göttliche Materie"[869] anzunehmen.

„Man wundere sich nicht, wenn wir sagen, dass es eine reine und göttliche Materie gibt; denn vom Vater und Demiurgen des Ganzen stammt auch sie, ihre Vollkommenheit gibt ihr die Empfänglichkeit für die Aufnahme der Götter."[870]

---

863 Plotin, Enn. I 2 [19] 3,12–19. Vgl. Plotin, Enn. I 8 [51] 13,21–26. Den Grund einer Schwäche oder Bosheit der Seele legt Plotin „nicht primär in diese selbst, sondern in die Materie" (Beierwaltes 1985: 192).

864 Vgl. hierzu auch seine Charakterisierung durch Porphyrios als „die Art von Mann, die sich dessen schämt, im Leibe zu sein" (Porphyrios, Vita Plotini 1,1 f).

865 Vgl. hierzu Nasemann 1991: 210, die auf Porphyrios verweist, dem zufolge gilt: „omne corpus fugiendum est" (zitiert von Augustinus, De civ. Dei X 29, S. 685). Vgl. auch Hadot 1989: 231.

866 Vgl. Nasemann 1991: 213. Zur Loslösung vom Körper bei Jamblich, vgl. dM I 12, 41,8–11.

867 Vgl. Nasemann 1991: 212; O'Meara 2005²: 125.

868 O'Meara 2005²: 124 f.

869 Stäcker 1995: 95.

870 Jamblich, dM V 23, 232,16–233,2: Μὴ δή τις θαυμαζέτω ἐὰν καὶ ὕλην τινὰ καθαρὰν καὶ θείαν εἶναι λέγωμεν· ἀπὸ γὰρ τοῦ πατρὸς καὶ δημιουργοῦ τῶν ὅλων καὶ αὕτη γενομένη, τὴν τελειότητα ἑαυτῆν ἐπιτηδείαν κέκτηται πρὸς θεῶν ὑποδοχήν. Vgl. ebd. 233,2–10.

Gibt es Materie, die aus dem Göttlichen stammt, kann sie nicht grundsätzlich schlecht sein. Sie muss geeignet sein, das Göttliche aufzunehmen und auf diese Weise zum Hilfsmittel für den Aufstieg des Menschen zu werden. Sie ermöglicht dem Menschen, dessen Seele sich nicht aus eigener Kraft vom Körper lösen kann, einen Weg zum Aufstieg, ein Hilfsmittel, dessen nur sehr wenige Menschen nicht bedürfen. Nur für diese wenigen sieht Jamblich daher auch einen immateriellen Kult und ein immaterielles Opfer vor, während das materielle Ritual und Opfer für die meisten, gebunden an den Körper und alles Materielle, unentbehrlich ist.[871] Auch Proklos löst wie Jamblich die Identifikation des Bösen mit der Materie auf. Seine Ausführungen in dem nur lateinisch überlieferten Traktat *De malorum subsistentia*[872] sind vermutlich gegen Plotin gerichtet.[873]

Dionysius greift Proklos' Darlegung im IV. Kapitel seines Traktats *Über die göttlichen Namen* im Rahmen seiner Überlegungen zum Gottesnamen „der Gute" auf; die sehr enge Anbindung an Proklos ist bei allen Modifikationen, die Dionysius vornimmt, nicht zu übersehen.[874] Wenn alles nach dem Schönen und Guten strebt, wenn dies für alle erstrebens- und liebenswert ist, stellt sich, meint Dionysius, die Frage, wie es überhaupt etwas Böses geben kann.[875] Eine eigenständige Existenz des Bösen würde der Allmacht Gottes widersprechen. Zu begreifen ist das Böse nur als „Mangel" oder „Abwesenheit der Vollkommenheit des charakteristischen Guten",[876] als Abfall, Schwäche oder Abwendung.[877]

---

871 Vgl. Jamblich, dM V 15,219,1–220,9. Vgl. hierzu Nasemann 1991: 193.195.

872 De mal. subs. Vgl. auch die Einleitung von Opsomer/Steel 2003, zum Vergleich mit den Ausführungen des Dionysius, vgl. bes. 4–7.

873 Vgl. Beierwaltes 1985: Anm. 170, S. 192: „Unausgesprochen gegen Plotin hat der proklische Gedanke der Nicht-Identität von kakon und Materie durch Ps.-Dionysius Areopagita eine bedeutende Wirkungsgeschichte in der christlichen Tradition erfahren." Vgl. Opsomer 2001.

874 Es handelt sich hierbei um die Textpassage, an der zuerst seine Abhängigkeit von Proklos direkt nachgewiesen wurde, nämlich in den beiden 1895 erschienenen Artikeln von Stiglmayr (Stiglmayr 1895b) und Koch (Koch 1895). Steel (Steel 1997) hebt die enge Anbindung an Proklos hervor; oft kopiere Dionysius Passagen oder gebe eine Paraphrase (89), er zeige wenig Originalität und habe die Klarheit der Argumentation zerstört (90). Eine Gegenthese hierzu vertritt Schäfer 2002, der eine größere Eigenständigkeit des dionysischen Referats nachweisen möchte, das keine lückenhafte Wiedergabe, sondern eine nuancierte neue Gliederung der proklischen Abhandlung darstelle.

875 DN 162,6–163,6 (713D-716B). Kap. IV widmet sich dem Namen „der Gute", die Überlegungen zum Bösen finden sich IV,18-IV,35 (162,6–180,7 (713D-736B)).

876 DN 172,18–20 (728A) (Suchla): „Folglich existiert das Böse weder in den Dämonen noch in uns als ein Böses, das ein Sein besitzt (τὸ κακὸν ὡς ὂν κακόν), sondern lediglich als ein Mangel und eine Abwesenheit der Vollkommenheit des charakteristischen Guten (ὡς ἔλλειψις καὶ ἐρημία τῶν οἰκείων ἀγαθῶν τελειότητος)."

877 DN 177,10–15 (732D) (Suchla). „Das Böse ist mithin Privation, Defekt, Schwäche, Mißverhältnis, Verfehlung, Ziellosigkeit, Unedles, Lebloses, Vernunftloses, Sinnloses,

Das Böse existiert nicht eigenständig und aus sich heraus, sondern immer nur aus dem Guten, es ist keine *hypostasis*, keine eigenständige Existenz, sondern nur eine *parhypostasis*, eine Existenz, die auf einer anderen beruht und von dieser abhängt.[878]

Aus all dem ergibt sich, dass die Materie nicht als Hort des Bösen angesehen werden kann:

> „Schließlich gilt auch nicht das Allbekannte: In der Materie ist das Böse, insofern sie eben Materie ist. Denn auch sie partizipiert an Ordnung, Schönheit und Gestalt. [...] Wenn sie aber irgendwie doch existiert, wenn ferner alles Seiende aus dem Guten stammt, dann dürfte wohl auch sie aus dem Guten kommen, [...] Wenn man nun sagt, daß die Materie notwendig sei zur Vervollkommnung der gesamten Welt, wieso ist dann die Materie ein Böses? [...] Und wie erzeugt und ernährt die Materie, wenn sie böse ist, die Natur?"[879]

Wenn Dionysius unterstreicht, dass auch die Materie aus dem Guten stammt und Anteil am Schönen und an der Ordnung hat, setzt er eine schon bei Jamblich und Proklos feststellbare neuplatonische Denkrichtung fort. Neu hinzu kommt jedoch der Einfluss des christlichen Weltbildes, dem zufolge Gott die Welt schafft und seine Schöpfung als ganze ausdrücklich gut nennt (Gen 7,31).[880] Auch der Gedanke, dass die lebensspendende Kraft der Materie Anzeichen dafür sei, dass sie nicht böse sein könne, findet sich so nicht bei Jamblich.

Ist die Materie nicht böse, können auch Körper nicht als das Böse begriffen werden:

> „Ferner ist das Böse auch nicht in den Körpern. Häßlichkeit nämlich und Krankheit sind ein Defekt der Gestalt und eine Privation in der Ordnungsstufe. Das ist indessen nicht ganz und gar böse, sondern nur weniger schön. Denn wenn

---

Unvollkommenes, Haltloses, Ursachenloses, Unumgrenztes, Unfruchtbares, Untätiges, Kraftloses, Ungeordnetes, Ungleiches, Grenzenloses, Lichtloses, Substanzloses und das nie und nimmer irgend etwas Seiende." Στέρεσις ἄρα ἐστι τὸ κακὸν καὶ ἔλλειψις καὶ ἀσθένεια καὶ ἀσυμμετρία καὶ ἁμαρτία καὶ ἄσκοπον καὶ ἀκαλλὲς καὶ ἄζωον καὶ ἄνουν καὶ ἄλογον καὶ ἀτελὲς καὶ ἀνίδρυτον καὶ ἀναίτιον καὶ ἀόριστον καὶ ἄγονον καὶ ἀργὸν καὶ ἀδρανὲς ἄτακτον καὶ ἀνόμοιον καὶ ἄπειρον καὶ σκοτεινὸν καὶ ἀνούσιον καὶ αὐτὸ μηδαμῶς μηδαμῇ μηδὲν ὄν.

878 DN 176,16–177,2 (732C) (Suchla): „Daher besitzt das Böse keine eigenen Realisierung, sondern nur eine Realisierung durch anderes, weil es eben lediglich um des Guten willen und nicht um seiner selbst willen entstanden ist." Διὸ οὔτε ὑπόστασιν ἔχει τὸ κακόν, ἀλλὰ παρυπόστασιν τοῦ ἀγαθοῦ ἕνεκα καὶ οὐχ ἑαυτοῦ γινόμενον.

879 DN 174,4–13 (729AB) (Suchla): Ἀλλ᾽ οὐδὲ τὸ πολυθρύλητον· Ἐν ὕλῃ τὸ κακόν, ὥς φασι, καθ᾽ ὃ ὕλη. Καὶ γὰρ καὶ αὕτη κόσμου καὶ κάλλους καὶ εἴδους ἔχει μετουσίαν. [...]Εἰ δέ πως ὄν, τὰ δὲ ὄντα πάντα ἐκ τἀγαθοῦ, καὶ αὐτὴ ἐκ τοῦ ἀγαθοῦ ἂν εἴη, [...] Εἰ δὲ ἀναγκαῖόν φασι τὴν ὕλην πρὸς συμπλήρωσιν τοῦ παντὸς κόσμου, πῶς ἡ ὕλη κακόν; [...] Πῶς δὲ γεννᾷ καὶ τρέφει τὴν φύσιν ἡ ὕλη κακὴ οὖσα;

880 Von einer „Verachtung des Materiellen", wie Koch 1900: 257 sie zu sehen meint, kann nicht die Rede sein. Falsch ist auch Shaws Aussage: „while the status of the material cosmos was ambiguous or demonic" (Shaw 1999: 583).

eine vollständige Auflösung von Schönheit, Gestalt und Ordnungsstufe zustande käme, so würde auch der Körper selbst verschwinden. Daß aber der Körper auch nicht für die Seele Ursache des Bösen ist, das ist insofern offensichtlich, als das Böse auch ohne einen Körper eine Mit-Realisierung haben kann, wie z. B. in den Dämonen. Es ist demnach die Schwäche und der Verfall der Beschaffenheit des charakteristischen Guten für die Vernunftwesen, Seelen und Körper das Böse."[881]

Der Grund der Hinwendung zum Bösen kann nicht im Körper liegen, wenn es Dämonen gibt, die böse sind, ohne doch einen Körper zu haben. Wie bei der Konzeption der Materie im Allgemeinen lässt sich auch hier wieder ein christliches Moment erkennen: der Mensch ist – nach dem Schöpfungsbericht im Buch Genesis – als Wesen aus Leib und Seele geschaffen und als solches von Gott für gut befunden.

Die positivere Wertung von Materialität und Körperlichkeit im späten Neuplatonismus ist offenkundig; deren Spielraum als Werkzeug und Hilfsmittel zu der Loslösung der Seele vom Körper ist jedoch klar begrenzt. Obwohl Dionysius den späten Neuplatonikern nahe steht, bewegt sich seine Wertung der Körperlichkeit doch noch in einem anderen Sinnhorizont. Weil es im christlichen Verständnis zentral um die Auferstehung des Leibes geht, kann die Loslösung der Seele vom Körper nicht das oberste Ziel sein.[882]

Im letzten Kapitel der Schrift *Über die kirchliche Hierarchie*, wenn sich Dionysius den christlichen Begräbnisriten und den zugehörigen Vorstellungen vom Menschen und dem Leben nach dem Tod widmet, werden dort zunächst die unterschiedlichen Vorstellungen von dem, was nach dem Tode mit dem Menschen, bzw. seiner Seele geschieht, erörtert: Hört die Seele auf zu existieren, wird sie von ihrem Körper endgültig getrennt[883] oder wird sie einem anderen Körper zugewiesen:

„Andere teilen den Seelen Verbindungen mit anderen Körpern zu, wobei sie, soviel an ihnen liegt, den Körpern, die mit den göttlichen Seelen sich zusammen

---

881 DN 173,17–174,3 (728D) (Suchla).
882 Vgl. Lilla 2002: 37.
883 EH 121,10–14 (553BC) (Heil): „Von den nicht Geheiligten glauben einige sinnlos, daß man in die Nichtexistenz übergehe, andere, daß die Verbindung der eigenen Seelen mit dem Körper unter einem Joch ein für allemal abbreche, weil sie nicht mehr passe in ihrem gottähnlichen Leben und an den seligen Ruhestätten. Sie haben nicht begriffen und sind auch nicht hinreichend in das göttliche Wissen davon eingeweiht, daß das gottähnliche Leben in Christus bei uns schon begonnen hat." Τῶν δὲ ἀνιέρων οἱ μὲν εἰς ἀνυπαρξίαν ἀλόγως οἴονται χωρεῖν, οἱ δὲ τὴν σωματικὴν εἰσάπαξ ἀπορρήγνυσθαι τῶν οἰκείων ψυχῶν συζυγίαν ὡς ἀνάρμοστον αὐταῖς ἐν θεοειδεῖ ζωῇ καὶ μακαρίαις λήξεσιν οὐκ ἐννοήσαντες οὐδὲ ἱκανῶς ἐν ἐπιστήμῃ θείᾳ μυηθέντες ἀρχθεῖσαν ἤδη τὴν καθ' ἡμᾶς ἐν Χριστῷ θεοειδεστάτην ζωήν. Gemeint sind die Epikureer und einige Formen des Stoizismus (1. Satz), bzw. Platoniker und Neuplatoniker (2. Satz), vgl. Roques 1983: 191; Heil 1986b: Anm. 4 u. 5, S. 179.

gemüht haben, meines Erachtens Unrecht tun und sie nach ihrer Ankunft am Ziel der göttlichen Rennen unheilig um ihre geheiligten Belohnungen bringen."[884]

Dass die Vorstellung einer Reinkarnation der Seele in anderen Körpern der christlichen Lehre widerspricht, begründet Dionysius damit, dass es ein Unrecht gegenüber dem Körper darstellen würde, ihn am Ende des Lebens einfach ab-zustoßen, während die Seele weiterleben darf. Auch der Körper, dieser be-stimmte eigene Körper, habe sich gemüht und verdiene deshalb Belohnung. Er erscheint nicht bloß, wie bei Jamblich, als Werkzeug der Seele; er ist vielmehr ihr Mitstreiter im Lebenskampf:

> „Wenn nämlich der Entschlafene sein gottgefälliges Leben in Seele und Leib gelebt hat, wird neben der heiligen Seele auch der Leib verehrungswürdig sein, der mit ihr gemeinsam gerungen hat in den geheiligten Kampfesmühen. Daher gewährt die göttliche Gerechtigkeit ihr zusammen mit ihrem Leib die verdienten Ruhestätten, weil er ihr Weggefährte und Teilhaber an dem heiligen, bzw. entgegengesetzten Leben war."[885]

Der Körper wird als Mitstreiter (συναθλῆσαν) und Weggefährte (ὁμοπορεύτου) der Seele begriffen, dessen Mühen belohnt werden sollen, indem er mit der Seele zusammen aufersteht. Zur Auferstehung äußert sich Dionysius auch in *Über die göttlichen Namen*:

> „uns Menschen hingegen teilt es das engelähnliche Leben, soweit es uns als gleichsam zusammengesetzten Wesen verstattet ist, zu und wendet uns aufgrund des Überwallens seiner menschenfreundlichen Nachsicht trotz unserer Abkehr zu sich hin und ruft uns zu sich zurück und hat uns sodann das in der Tat Göttlichere versprochen: Uns ganz, ich sage unsere Seelen und unsere mit ihnen verbundenen Körper, in ein vollkommenes Leben und in Unsterblichkeit zu entrücken; dieser Vorgang scheint den Alten offenbar wider die Natur zu sein, mir hingegen und Dir sowie der wahren Lehre erscheint er göttlich und die Natur übersteigend."[886]

---

884 EH 121,14–17 (553C) (Heil): Ἄλλοι δὲ σωμάτων ἄλλων ἀπονέμουσι ταῖς ψυχαῖς συζυ-γίαις ἀδικοῦντες τὸ ἐπ' αὐτοῖς ὡς οἶμαι τὰ συμπονήσαντα τοῖς θείαις ψυχαῖς καὶ τῶν ἱερῶν ἀντιδόσεων οὐκ εὐαγῶς ἀποστεροῦντες τὰ πρὸς τὸ πέρας ἐλθόντα τῶν θειοτάτων δρόμων. Gemeint sind die meisten Platoniker, vgl. Roques 1983: 191f; vgl. Heil 1986b: Anm. 6, S. 179.

885 EH 129,24–28 (565B) (Heil): Εἰ γὰρ ἐν ψυχῇ καὶ σώματι τὴν θεοφιλῆ ζωὴν ὁ κεκοιμη-μένος ἐβίω, τίμιον ἔσται μετὰ τῆς ὁσίας ψυχῆς καὶ τὸ συναθλῆσαν αὐτῇ σῶμα κατὰ τοὺς ἱεροὺς ἱδρῶτας. Ἔνθεν ἡ θεία δικαιοσύνη μετὰ τοῦ σφετέρου σώματος αὐτῇ δωρεῖται τὰς ἀμοιβαίας λήξεις ὡς ὁμοπορεύτου καὶ συμμετόχου τῆς ὁσίας ἢ τῆς ἐναντίας ζωῆς.

886 DN 191,15–192,5 (856D) (Suchla): δωρουμένη δὲ καὶ ἀνδράσι τὴν ὡς συμμίκτοις ἐνδε-χομένην ἀγγλοειδῆ ζωὴν καὶ ὑπερβλύσει φιλανθρωπίας καὶ ἀποφοιτῶντας ἡμᾶς εἰς ἑαυτὴν ἐπιστρέφουσα καὶ ἀνακαλουμένη καὶ τὸ θειότερον ὅτι καὶ ὅλους ἡμᾶς, ψυχάς φημι καὶ τὰ συζυγῆ σώματα, πρὸς παντελῆ ζωὴν καὶ ἀθανασίαν ἐπήγγελται μεταθήσειν· πρᾶγμα τῇ παλαιότητι μὲν ἴσως παρὰ φύσιν δοκοῦν, ἐμοὶ δὲ καὶ σοὶ καὶ τῇ ἀληθείᾳ καὶ θεῖον καὶ ὑπὲρ φύσιν.

Diese Auferstehung von Seele und Leib gewährt die dem Menschen als zusammengesetztem Wesen eigentümliche Vollkommenheit und Teilhabe am Leben der reinen Geister. Wie auch immer dieses Leben genau zu verstehen ist, – grob materielle Vorstellungen sind sicher nicht angebracht –, an der Lehre hält Dionysius unverrückbar fest.[887] Für die Neuplatoniker – *die Alten* – erscheint eine solche Vorstellung widersinnig; in ihren Augen kann es kein vollkommenes Leben geben, solange die Seele mit dem Körper verbunden ist. Dionysius spielt hier vermutlich auch auf die Areopagrede seines vorgeblichen Lehrers Paulus an, der auf Spott trifft, als er von der Auferstehung der Toten spricht.[888]

Hier begegnet also eine Vorstellung, mit der Dionysius im Widerspruch zum neuplatonischen Denken steht und mit der christlichen Theologie übereinstimmt. Im Christentum hat es zwar immer wieder einflussreiche leibfeindliche Tendenzen gegeben, jedoch erlaubt und fordert die Vorstellung von der Geschöpflichkeit des Menschen – Seele und Leib –, die Lehre von Menschwerdung und Auferstehung Christi und der darauf beruhenden Auferstehung des Menschen[889] eine vollkommen neue Wertung der Körperlichkeit. Dieser Lehre entsprechen in der ‚Hierarchie' des Dionysius nicht nur die Begräbnisriten; vielmehr ist es Merkmal jedes Sakramentes, sich auf Körper und Seele zu richten.

> „Aus demselben Grund schenkt die göttliche Gesetzgebung beiden die Teilnahme an den heiligen Gaben des Gottesprinzips, der Seele in Form der einen Schau und Erkenntnis der heiligen Handlungen, dem Leib abbildhaft in Form des über alles göttlichen Öls und der heiligsten Symbole der vom Gottesprinzip gewährten Gemeinschaft. Damit heiligt sie den ganzen Menschen und wirkt in geheiligter Weise seine Rettung als Ganzes und verkündet seine künftige Auferstehung in ganzer Vollendung durch die umfassenden Heiligungszeremonien."[890]

---

887 EH 121,17–21 (553C). Vgl. Roques 1983: 192: „Quelle que soit la manière dont il faille l'entendre, l'union de l'âme et du corps après la résurrection constitue donc pour Denys un point de doctrine très ferme. Et le caractère immatériel, incorruptible, immortel, divin, de leur joie commune, en est un second." Es überrascht daher, dass Wesche dennoch der Ansicht ist, dass der Körper und die Körperlichkeit des Menschen von der Erlösung ausgeschlossen werden (vgl. Wesche 1989: 72; Wesche 1990: 327).

888 Apg. 17,32: „Als sie aber von der Auferstehung der Toten hörten, spotteten die einen, die anderen sagten: Wir wollen dich darüber ein andres Mal wieder hören."

889 Roques 1983: 292f: „Mais cette convergence de l'anthropologie et de l'eschatologie n'est possible que par l'intégration de l'une et de l'autre dans la christologie. Le Christ sauve en effet le corps et l'âme."

890 EH 129,29–130,5 (565BC) (Heil, leicht verändert): Διὸ καὶ τῶν ἱερῶν ἡ θεία θεσμοθεσία τὰς θεαρχικὰς κοινωνίας ἀμφοῖν δωρεῖται, τῇ ψυχῇ μὲν ἐν καθαρᾷ θεωρίᾳ καὶ ἐπιστήμῃ τῶν τελουμένων, τῷ σώματι δὲ κατὰ τὸ θειότατον ὡς ἐν εἰκόνι μύρον καὶ τὰ τῆς θεαρχικῆς κοινωνίας ἱερώτατα σύμβολα, τὸν ὅλον ἄνθρωπον ἁγιάζουσα καὶ τὴν ὁλικὴν αὐτοῦ σωτηρίαν ἱερουργοῦσα καὶ τελεωτάτην αὐτοῦ τὴν ἀνάστασιν ἔσεσθαι διαγγέλλουσα ταῖς καθολικαῖς ἁγιστείαις.

Körper und Seele erhalten beide Anteil an den göttlichen Gaben; der Seele kommt die Betrachtung zu, der Körper erhält körperlich Anteil an den Symbolen der Weihen, indem er in der Taufe untergetaucht, gesalbt und neu eingekleidet wird oder in der Eucharistie Brot isst und Wein trinkt. Die sakramentale Wirksamkeit der Weihen scheint gerade auf dieser körperlichen Anteilnahme des Menschen zu gründen; die alleinige Betrachtung der Sakramente könnte ihre Wirkung nicht garantieren.[891] Der Betrachtung und dem Verständnis kommt zwar zentrale Bedeutung zu, jedoch zeigen die Überlegungen zur Kindertaufe, dass das Verständnis des Empfängers für die Wirksamkeit der Weihen zumindest in diesem (Grenz-)fall nicht unerlässlich ist.[892]

Obwohl seine Ausführungen zur Kindertaufe auf den ersten Blick wie ein Anhang wirken, lässt Dionysius das Problem, das er in diesem Text angeht und das ihm auch bewusst ist, fruchtbar werden. Aus der Konzeption der Kindertaufe und den Überlegungen zur Bestattung entwickelt Dionysius Reflexionen zur Rolle des Körpers und der Sinnlichkeit für die Emporführung und die sakramentale Wirksamkeit. Was zunächst nebensächlich, überflüssig oder gar unpassend wirkt, erweist sich als Grundstein für die dionysische Konzeption sakramentaler Wirksamkeit, die sich eben gerade auch auf den Körper richtet und über diesen die *hexis* und die Erkenntnis ausbilden möchte.

2. Bilder und Symbole

Der Wandel im Menschenbild, der Mensch begriffen als Einheit von Seele und Leib, impliziert auch eine gewandelte Vorstellung von menschlicher Erkenntnis. Ein Wesen aus Seele und Körper ist einer unmittelbaren, unvermittelten Erkenntnis Gottes nicht fähig;[893] ohne die Vermittlung des sinnlich Wahrnehm-

---

891 Vgl. Kap. „Vollzug und Verständnis" (S. 202–210).

892 Roques (Roques 1983) weist zwar darauf hin, dass Seele und Körper eine Einheit bilden und dass auch der Körper Anteil an den Symbolen erhält (292); in seinen Überlegungen zur Wirksamkeit der Symbole (294–302) geht er darauf jedoch nicht mehr ein, erwähnt auch an keiner Stelle die Kindertaufe.

893 Vgl. de Andia 2001: 450: „Le symbole s'adresse au *pathetikon*, la partie sensible dans l'homme, ce qui indique que l'homme est saisi dans sa totalité âme – corps et qu'il y a une relation entre le sensible et l'intelligible aussi bien dans l'homme que dans le monde." Bernard 1978: 63: „L'amplitude du champ symbolique s'accorde parfaitement à la justification fondamentale que Denys nous propose de la présence du symbole dans la Révélation. Etant donné la nature de l'homme d'être composé d'âme et de corps, si Dieu, dans sa bonté, voulait se faire connaître, il lui convenait d'adapter sa manifestation à la condition humaine, tout ensemble sensible et intelligible."; Bernard 1997; Roques 1958: XXI: „Proposés par les Livres Saints, les symboles sont l'effet d'une condescendance par laquelle Dieu se rend, d'une certaine manière, accessible aux intelligences incarnées".

baren und des Körpers kann der Mensch nicht zur Einung und Angleichung an Gott gelangen.[894]

> „Die körperlichen Dinge sind wie die Hand, die die überirdisch-geistige Wirklichkeit dem Menschengeschlecht entgegenstreckt. Dieser ergreift diese Hand mit seinen körperlichen Sinnen und läßt sich so durch die Symbole emporführen zur Erkenntnis des Geistigen. Das ist die Cheiragogie, durch die der leib-seelische Mensch emporgeführt wird. Das Licht, das von Gott ausstrahlt, um den Menschengeist zu erleuchten, muß den Sinnen und dem körpergebundenen Denken des Menschen angepaßt werden, so muß das einsförmige Licht zum materiellen, sichtbaren Licht werden."[895]

Die Cheiragogie, die Handreichung, die den Menschen emporführen soll, besteht vor allem in den Bildern und Symbolen, wie sie in der Hl. Schrift und der kirchlichen ‚Hierarchie' gegeben sind. Die „Hierarchie bei uns" ist Dionysius zufolge „eine symbolische [...] – unserer Natur entsprechend –, die sinnliche Vorstelllungen braucht, um uns aus ihnen heraus und zu den Gegenständen des Denkens emporzuführen, was Gott mehr entspricht."[896] Anders als die rein geistigen Engel bedürfen die Menschen der Bilder und Symbole; eine direkte Erkenntnis ist ihnen verwehrt.[897]

Zwischen den Begriffen „Symbol" und „Bild" wird bei Dionysius nicht streng und klar unterschieden.[898] *Eikôn* begegnet an zahlreichen Stellen des *Corpus Dionysiacum*. Von materiellen Bildern wird nur selten und nebenbei gesprochen;[899] vielmehr ist generell das sinnlich Wahrnehmbare Bild des Geistigen und Unsichtbaren.[900] Christlicher Tradition entspricht es, den Menschen als Bild Gottes zu verstehen.[901] In Dionysius' Bildkosmos ist jedoch nicht nur

---

894   Roques 1983: 174: „Bien plus, la divinisation des intelligences humaines ne peut pas s'accomplir sans l'aide et sans la médiation du sensible.".

895   Semmelroth 1947: 230.

896   EH 68,2–4 (377A).

897   EH 67,4–6 (376B) (Heil): „Uns aber ist das, was jenen ungeschieden und in einem geschenkt wurde, von den Worten der göttlichen Überlieferung entsprechend unserer Fassungskraft in der Verschiedenheit und Vielheit voneinander gesonderter Zeichen (συμβόλων) gegeben." Vgl. EH 29,5f (208B): ὡς αἰσθητῶν συμβόλων ἢ νοερῶν ὡς τῇ ποικιλίᾳ τῆς ἱερογραφικῆς θεωρίας.

898   Zum Symbolbegriff allgemein, vgl. Müri 1976; Crome 1970: bes. 197–211. Meier-Oeser 1998;

899   Im Malergleichnis (EH 96,4 (473B)) und in einer Passage in *Über die göttlichen Namen*, wo es um die Ähnlichkeit eines Portraitbildes mit dem Portraitierten geht (DN 212,2 (913C)).

900   Vgl. z. B. Ep 10 208,9f (1117B); CH 9,11–15 (124A); Ep. 10 208,9; CH 8,21–9,3 (121D); EH 74,7 (397C).

901   Vgl. EH 96,2 (473B); EH 97,2 (476A); DN 111,14f (598B). Vgl. hierzu auch *agalma*: EH 96,3 (473B); EH 96,23 (476A). Zum diesem und dem in Anm. 910 genannten Gebrauch von *agalma* ist anzumerken, dass er sich weit von der ursprünglichen Bedeutung „Kultbild" abgelöst hat, zu dieser älteren Bedeutung vgl. Nick 2002: 12–15.

der Mensch als Bild zu begreifen, sondern auch die Engel[902], die Hierarchie der Kirche[903] und letztlich alles Geschaffene, das wie der Mensch „nach dem göttlichen Bild und Gleichnis"[904] geschaffen ist. Bilder werden Dionysius zufolge vor allem in der Hl. Schrift und in der Liturgie verwandt. Die Bibel ist voll von Bildern, mit denen Gott oder die Engel benannt werden. So beschreibt die Schrift die unkörperlichen Eigenschaften der Seraphim mit sinnlich wahrnehmbaren Bildern oder sucht an der Vielgliedrigkeit des Körpers oder den kosmischen Elementen (Sonne, Licht, Feuer und Wind) Bilder für Engel.[905]

Innerhalb der Liturgie sind nicht nur die Schriftlesungen Bilder[906]; die ganze Zeremonie ist vielmehr Bild, bzw. besteht aus Bildern für bestimmte Lehren[907], für Gott[908], Engel oder eine bestimmte Haltung[909]. Die einzelnen „Bilder" der Zeremonie legt Dionysius in der *theôria* aus, d. h. einzelne Handlungen und Elemente, die er aus dem bewegten Ritus herausgreift, gewissermaßen stillstellt und analysiert.[910] So kann z. B. das Verbergen im Wasser Bild des Todes und Bild des Grabes sein,[911] im Myron, dem wohlriechenden Öl, kann der Bischof wie in einem Bild die Geheimnisse der Kirche schauen.[912]

Mit *eikôn* oft synonym, so dass sich keine strenge begriffliche Trennung herausarbeiten lässt,[913] wird im *Corpus Dionysiacum* der Begriff *symbolon* verwandt. Während Dionysius *eikôn* jedoch in allen seinen Texten häufig ver-

---

902 CH 33,14 (240A); DN 169,22–1701 (724B).
903 Vgl. z.B: CH 18,17 (165B); CH 35,22f (241C)); EH 109,22 (508C); EH 110,2 (508D). Ferner gilt die gesetzliche Hierarchie als Abbild des Moses am Sinai gezeigten Urbilds, EH 105,12–15 (501C). Vgl. auch EH 84,18f (432B).
904 DN 211,19f (913C) (Suchla).
905 Vgl. EH 100,7 (480D); CH 53,13 (332A); CH 59,9 (340B); DN 144,4 (693B); DN 144,3 (697C); DN 148,19 (700B); DN 147,11 (697C); CH 56,1 (336A); CH 52,10f (329A); CH 53,2–4 (329C); CH 54,25 (333A); Ep. 9 200,5 (1108D).
906 EH 84,5–14 (432AB).
907 EH 77,8f (401C).
908 EH 107,21f (505B).
909 Vgl. EH 75,19f (400C); EH 111,25f (512B).
910 Vgl. EH 73,12–15 (397A); EH 95,5 (472D); EH 97,22 (476C); EH 98,16 (477B); EH 84,23 (432C). Diese Bilder bezeichnet er einmal auch als *agalmata*, EH 82,14 (428D).
911 EH 78,5f (404B).
912 EH 96,15 (473D). Zum Myron als Bild vgl. auch EH 130,3f (565B).
913 *Symbolon* kann sich wie *eikôn* auf Bilder in der Schrift beziehen, vgl. z.B. Ep. 9 193,4 (1104B); Ep. 9 193,12 (1104B); 197,5 (1105C); EH 67,4–7 (376B), EH 67,14 (367C). Dionysius bezeichnet beispielsweise einmal das Feuer als *symbolon* (Ep. 9 199,13–200,1 (1108C)), wenig später dann als *eikôn* Ep. 9 200,5 (1108D). Ferner sind zu nennen: Mischkrug (Ep. 9 201,13–202,1 (1109B)); Körperteile, die als Bilder für die Kräfte der Seele verwandt werden (DN 210,19f (913A)); Gewand (CH 34,4 (240C)); Stimme (CH 35,9 (241B)), Herz (CH 54,6 (332C)).

wendet, lässt sich für den Begriff *symbolon* ein deutlicher Schwerpunkt in der Schrift *Über die kirchliche Hierarchie* ausmachen.[914]

Allgemein gesprochen ist die gesamte liturgische Anordnung symbolisch;[915] Dionysius spricht beispielsweise von den „göttlichen Symbolen der Gottesgeburt"[916], die Versiegelung mit dem Kreuzzeichen bei der Taufe und die Eintragung ins Register ist Symbol für die Zugehörigkeit zum heiligen Stand,[917] die Salbung mit dem einfachen Öl (*elaion*) vor der Taufe ist die erste Teilhabe an einem Symbol überhaupt.[918] In einer spezielleren Bedeutung bezeichnet Dionysius die Weihen, d. h. die Sakramente selbst als *symbola*.[919] Besonders häufig werden Brot und Wein *symbola* genannt;[920] *archisymbolon* der Eucharistie ist das letzte Abendmahl.[921]

All diese Symbole und Bilder stellen eine verhüllende Überlieferungsform dar.

> „[S]ie [d. h. „die ersten Lehrer unserer Hierarchie"] haben also in sinnlichen Bildern (αἰσθηταῖς εἰκόσι) das über dem Himmel Befindliche, mit Vielzahl und Mannigfaltigkeit das Unentfaltete, mit menschlichen Vorstellungen das Göttliche, mit materiellen Analogien das Immaterielle, mit den uns gemäßen Ausdrucksmitteln das jenseits von Sein und Denken Stehende sowohl in ihren schriftlich verfaßten als auch in ihren ungeschriebenen Geheimlehren gemäß den geheiligten Satzungen überliefert."[922]

Weitere Merkmale dieser Überlieferungsform, die das Göttliche dem menschlichen Erkenntnisvermögen angepasst in verhüllter Form darbietet, nennt Dionysius in *Über die göttlichen Namen:*

> „hierin sind wir eingeweiht und jetzt uns entsprechend durch die heiligen Vorhänge der Menschenfreundlichkeit der Worte und der hierarchischen Überlieferungen, die durch das sinnlich Wahrnehmbare das Geistige und durch das Seiende das Überseiende umhüllt und Formen und Abbilder um das Ungeformte und Bildlose

---

914 Deutlich mehr als die Hälfte aller Belegstellen allein in EH.
915 Vgl. z. B. EH 73,12 (397A); EH 81,15–19 (428AB); EH 82,23 (429A); EH 76,11 (401A); EH 102,1 (484A); EH 124,20 (557C); EH 103,22 (485B); EH 102,19 (484C).
916 EH 69,14 (392B). Vgl. EH 77,24f (404B).
917 EH 76,1 (400D).
918 EH 129,16f (565A).
919 EH 79, 12f (424D); (107,22 (505B) und 107,24 (505B); 108,12 (505D); 116,1 (532C); 118,23 (536C); Taufe EH 131,25f (568C).
920 EH 81,7 (425D); 81,11 (428A); 89,12 (437D); 90,5 (440B); 92,18 (444A); 89,7f (437C); 107,26f (505C); Ep. 181,7 (1092C). An einigen Stellen bleibt in der Schwebe, ob Dionysius hier alle Sakramente oder nur die Eucharistie meint. EH 130,3 (565B); 130,15 (565D); Ep. 8 176 (1088D).
921 EH 81,24 (428B).
922 EH 67,20–23 (376D-377A) (Heil). Vgl. EH 67,12–14 (376C) (Heil): „Und diese haben die gotterfüllten Hierarchen nicht in unverhüllten Gedanken für den gemeinsamen heiligen Dienst überliefert, sondern in geheiligten Symbolen (ἐν συμβόλοις ἱεροῖς)."

herumlegt und die außerordentliche/übermäßige und gestaltlose Einfachheit durch die Vielfarbigkeit der geteilten Symbole vervielfältigt und gestaltet."[923]

Die symbolische Überlieferung ist als menschenfreundliche Anpassung an das Erkenntnisvermögen der Menschen zu verstehen. Ungeformtes, Überseiendes, Bildloses können sie nicht erkennen, erkennbar ist nur Seiendes und Geformtes. Die Erkenntnis muss dem Einweihungsgrad des Erkennenden angepasst sein; wer nicht eingeweiht ist, könnte von der zu hohen Erkenntnis gleichsam geblendet werden:

> „Und dabei soll mir kein Ungeweihter zum Zuschauen kommen! Denn ist auch nicht ungefährlich, in schwachen Augen die Sonnenstrahlen aufzunehmen, und so ist es auch nicht ohne schädliche Folgen, sich auf das über unsere Natur Gehende einzulassen"[924].

Symbole und Bilder sind als Verhüllungen zu begreifen, die diese gleißenden Sonnenstrahlen für die Augen der Uneingeweihten oder der weniger tief Eingeweihten abmildern; sie gleichen Vorhängen und Verhüllungen, brechen das einfarbige Licht in zugänglicher Vielfarbigkeit, schwächen das zu grelle Licht ab und passen es den menschlichen Augen an. Ziel ist es jedoch nicht bloß, die Augen von dem Licht fernzuhalten; diese sollen sich vielmehr langsam und stufenweise daran gewöhnen:

> „Denn daß mit Recht vor das Formlose die Formen und die Figuren vor das Unfigürliche gelegt sind, hat, wie man sagen könnte, nicht allein seinen Grund in der Anpassung an den Stand unserer Fassungskraft, die sich nicht unmittelbar zu den durch Denken zu erreichenden Anschauungen aufschwingen kann, sondern ihrer Art gemäß stufenweise Einführungen braucht, die uns faßliche Bilder vor die gestaltlosen, unser natürliches Vorstellungsvermögen übersteigenden Einsichten vorspannt,…"[925]

Es folgt in der (Heils)geschichte die kirchliche (neutestamentliche) auf die gesetzliche (alttestamentliche) Hierarchie und stellt dementsprechend eine höhere Stufe der Einweihung dar. Zur gesetzlichen Hierarchie schreibt Dionysius:

> „Nach jener himmlischen Hierarchie jenseits der Sinnenwelt hat das Gottesprinzip, im Begriffe, seine allerheiligsten Gaben Gutes wirkend in unsere Welt hinein

---

923 DN 114,1–7 (592B) (WMS): ταῦτα ἡμεῖς μεμυήμεθα νῦν μὲν ἀναλόγως ἡμῖν διὰ τῶν ἱερῶν παραπετασμάτων τῆς τῶν λογίων καὶ τῶν ἱεραρχικῶν παραδόσεων φιλανθρωπίας αἰσθητοῖς τὰ νοητὰ καὶ τοῖς οὖσι τὰ ὑπερούσια περικαλυπτούσης καὶ μορφὰς καὶ τύπους τοῖς ἀμορφώτοις τε καὶ ἀτυπώτοις περιτιθείσης καὶ τὴν ὑπερφυῆ καὶ ἀσχημάτιστον ἁπλότητα τῇ ποικιλίᾳ τῶν μεριστῶν συμβόλων πληθυνούσης τε καὶ διαπλαττούσης.

924 EH 69, 14–17 (392BC) (Heil).

925 CH 11,11–16 (140A) (Heil): Ὅτι μὲν γὰρ εἰκότως προβέβληνται τῶν ἀτυπώτων οἱ τύποι καὶ σχήματα τῶν ἀσχηματίστων, οὐ μόνην αἰτίαν φαίη τις εἶναι τὴν καθ' ἡμᾶς ἀναλογίαν ἀδυνατοῦσαν ἀμέσως ἐπὶ τὰς νοητὰς ἀνατείνεσθαι θεωρίας καὶ δεομένην οἰκείων καὶ συμφυῶν ἀναγωγιῶν, αἳ τὰς ἐφικτὰς ἡμῖν μορφώσεις προτείνουσι τῶν ἀμορφώτων καὶ ὑπερφυῶν θεαμάτων....

hervorzubringen, uns als den (noch) unmündigen, wie das Wort sagt, die Hierarchie nach dem Gesetz geschenkt. Sie läßt ein uns angemessenes Licht unschädlich, wie es sich für schwache Augen ziemt, leuchten in Form von matten Bildern vom Wahren und Abbildungen, die das Urbild ganz von fern wiedergeben, weiter in Form von schwer zu durchschauenden Rätseln und Ausdrucksformen, die die in ihnen verborgene Sicht auf das Wesen kaum erkennen lassen."[926]

Nur ganz von fern erinnern die Bildern in dieser Hierachie an ihr Urbild, sie sind matt, das Licht in ihnen schwach. So überfordern sie die Mitglieder der gesetzlichen Hierarchie nicht, regen sie aber zugleich auch zu höherer Erkenntnis an, indem sie in den stark verhüllenden Bildern Rätsel aufgeben. Die kirchliche Hierarchie steht auf einer höheren Stufe:

> „Die höhere Stufe der Einweihung nennt die Gotteskunde die ‚Hierarchie bei uns'. Sie bezeichnet sie als deren Erfüllung und geheiligten Ruhepunkt. Sie ist himmlisch und gesetzlich zugleich, insofern sie durch ihre Mittelstellung an den Extremen teilnimmt und dadurch Gemeinschaft stiftet. Sie hat mit der einen die Einsichten des Denkens (νοεραῖς θεωρίαις) gemein, mit der anderen, daß auch sie durch sinnliche Zeichen Farbe und Gestalt bekommt und vermittels jener in geheiligter Weise zum göttlichen Wesen emporgeführt wird (καὶ συμβόλοις αἰσθητοῖς ποικίλλεται καὶ δι' αὐτῶν ἱερῶς ἐπὶ τὸ θεῖον ἀνάγεται)."[927]

Trotz ihrer höheren Einweihungsstufe und ihrer größeren Nähe zum reinen Denken der himmlischen Hierarchie bedürfen die Menschen auch in der neuen ‚Hierarchie' der sinnlich wahrnehmbaren Symbole, um zum Göttlichen emporgeführt zu werden.

In fast allen angeführten Zitaten spielt die Lichtterminologie eine zentrale Rolle. Das helle, gar blendende Licht der Erkenntnis steht einem milden, abgeschwächten Licht und der Vielfarbigkeit (*poikilia*) gegenüber. Neben der Lichtterminologie dominiert ein zweites Moment, nämlich die Entgegensetzung von Form- oder Gestaltlosigkeit und Form oder gar Formenvielfalt. Dionysius spricht von „vervielfältigen" und „gestalten", also von einer Gestaltenvielfalt, die der Einfachheit des Ursprungs gegenübersteht, und er spricht von „umhüllen" und „herumlegen". Hier ergibt sich das Bild einer Formenvielfalt, gewissermaßen ist sie eine Umhüllung und Verhüllung des Ursprungs selbst, die sich zudem – nimmt man die Lichtterminologie hinzu – wie ein bunter Vorhang darbietet, der das Licht des Ursprungs abgemildert durchlässt:

> „Denn anders ist es ja gar nicht möglich, daß der vom göttlichen Ursprung aller Dinge ausgehende Lichtstrahl uns einleuchte, es sei denn durch den bunten Formenreichtum der geheiligten Vorhänge verhüllt, jedoch so, daß dieser über sich

---

926 EH 105, 3–9 (501B) (Heil): τὴν κατὰ νόμον ἱεραρχίαν ἀμυδραῖς τῶν ἀληθῶν εἰκόσι καὶ πορρωτάτοις τῶν ἀρχετύπων ἀπεικονίσμασι καὶ δυσθεωρήτοις αἰνίγμασι καὶ τύποις οὐ εὐδιάκριτον ἔχουσι τὴν ἐγκεκαλυμμένην αὐτοῖς θεωρίαν ἀνάλογον φῶς ὡς ἀσθενέσιν ὄψεσιν ἀβλαβῶς ἐπιλάμψασα.

927 EH 105,17–21 (501CD) (Heil).

hinaus verweist, und unserer Natur entsprechend aus väterlicher Fürsorge herge-
richtet."[928]

Symbole und Bilder haben eine Mittlerfunktion, sie vermitteln den Menschen
die Erkenntnis desjenigen, was sie unvermittelt nicht zu erkennen vermögen,
und sie tun dies, indem sie es verbergen. Diese Mittlerfunktion kommt sowohl
den Symbolen in der Schrift als auch den Symbolen in der Liturgie zu. So
schreibt Dionysius zur Taufe:

> „Dies ist gleichsam in Symbolen die Weihezeremonie der geheiligten Geburt aus
> Gott, die auch in ihren sinnlich faßbaren Bildern nichts Anstößiges und Unheiliges
> an sich hat, wohl aber Rätsel für eine Gottes würdige Betrachtung enthält in Form
> von Bildern in natürlichen und menschengemäßen Spiegeln."[929]

Die sinnlich wahrnehmbaren Bilder der Taufe, also das Eintauchen ins Wasser,
die Salbung des Täuflings, enthalten einen tieferen Sinn, der sich jedoch nicht
allen Teilnehmern erschließt. Aber auch den weniger tief Eingeweihten liefern
diese Bilder eine Botschaft, eine einfachere natürlich, nämlich die der Reinigung desjenigen, der ein gottesfürchtiges Leben führen will.

Die Bilder und Symbole bezeichnet Dionysius an vielen Stellen mit den
Ausdrücken *phainomenos* (erscheinend) und *aisthêtos* (sinnlich wahrnehm-
bar).[930] Im Kontext der Liturgie kommt dieser Bezeichnung eine konkretere
Bedeutung zu als in dem der Hl. Schrift. Der Gottesname „Feuer" ist zwar
sinnlich im Vergleich zu dem Namen „Geist"; die Symbole der kirchlichen
Hierarchie jedoch sind tatsächlich durch die Sinne erfahrbar. Es sind materielle
Gegenstände oder Sinneswahrnehmungen; sie werden nicht nur ihrer bildlichen
Gestalt nach betrachtet, sondern auch über die Sinne wahrgenommen. Von
dieser äußeren Wahrnehmung der Symbole ist ein Aufstieg zur Erkenntnis ihrer
Prinzipien möglich:

> „wir jedoch werden, wenn wir in stufenweisem geheiligtem Aufstieg den Blick auf
> die Prinzipien der Zeremonien emporgerichtet haben und in geheiligter Weise in
> sie eingedrungen sind, erkennen, auf welche Stempel sich die Prägungen bzw. auf
> welche unsichtbaren Gegenstände die Abbilder sich beziehen. Es ist nämlich, wie
> in der Abhandlung ‚Über das gedanklich und das sinnlich Faßbare' klar zu lesen ist,
> das Geheiligte in sinnlicher Form Abbild des nur im Denken zu Begreifenden und

---

928 CH 8,10–13 (121BC) (Heil): Καὶ γὰρ οὐδὲ δυνατὸν ἑτέρως ἡμῖν ἐπιλάμψαι τὴν θεαρχικὴν
     ἀκτῖνα μὴ τῇ ποικιλίᾳ τῶν ἱερῶν παραπετασμάτων ἀναγωγικῶς περικεκαλυμμένην καὶ τοῖς
     καθ᾽ ἡμᾶς προνοίᾳ πατρικῇ συμφυῶς καὶ οἰκείως διεσκευασμένην.

929 EH 73,11–15 (397A) (Heil): Αὕτη μὴν ὡς ἐν συμβόλοις τῆς ἱερᾶς τελετῇ θεογενεσίας
     οὐδὲν ἀπρεπὲς ἢ ἀνίερον οὐδὲ τῶν αἰσθητῶν εἰκόνων, ἀλλ᾽ ἀξιοθέου θεωρίας αἰνίγματα
     φυσικοῖς καὶ ἀνθρωποπρεπέσιν ἐσόπτροις ἐνεικονιζόμενα.

930 Vgl. neben den schon zitierten Stellen, Ep. 9, 196,8 (1105B); 197,1f (1105C).

Handreichung und Weg dorthin, das im Denken zu Fassende aber ist die Grundlage und der Verständnisschlüssel für die sinnlichen Elemente der Hierarchie."[931]

Zu den Stempeln und dem Unsichtbaren, dessen Abbilder die Zeremonien sind, gelangt der Teilnehmer der Zeremonie nur im stufenweisen Aufstieg; hierbei dient ihm das sinnlich wahrnehmbare Heilige, das sind die Zeremonien, ihre Handlungen, die Symbole, als „Handreichung" auf dem Erkenntnisweg. Diese Funktion können die Symbole jedoch nur insofern erfüllen, als sie Abbilder jener Urbilder sind und von dort her erst überhaupt als Symbol Gültigkeit erlangen. Ausgerichtet sind sie auf die materiefreie Erkenntnis der himmlischen Hierarchie:

> „Denn unser menschliches Denken kann sich nicht direkt zu jener Nachgestaltung und geistigen, von jedem Bezug zu materiellen Vorstellungen freien Schau der himmlischen Hierarchien aufschwingen, wenn es sich nicht vorher der ihm gemäßen materiellen Handreichung (ὑλαίᾳ χειραγωγίᾳ) bediente und sich die sichtbaren Schönheiten als Abbildungen der unsichtbaren Harmonie bewußt machte…"[932]

Nur vermittels des Materiellen vermag der Mensch zu höherer Erkenntnis zu gelangen; das sinnlich Wahrnehmbare muss er als Abbild des Geistigen begreifen und so vom Abbild zum Urbild aufsteigen. Die *materielle Handreichung* umfasst Schrift und Liturgie, die verhüllende Sprache der Hl. Schrift ebenso wie die sinnlich wahrnehmbaren Symbole der Liturgie, die der Teilnehmer auch mit seinen Sinnen aufnimmt. So schreibt Dionysius von der Lesung der Namen heilig Entschlafener:

> „Sie ermuntert uns, durch Ähnlichkeit mit ihnen zu einem Zustand der Seligkeit und gottähnlichen Ruhezustand zu kommen, und reicht uns dazu die Hand (ἡμᾶς μὲν ἐπὶ τὴν δι' ὁμοιότητος αὐτῶν μακαρίστην ἕξιν καὶ θεοειδῆ λῆξιν προτρέπουσα καὶ χειραγωγοῦσα)"[933].

Die Lesung dient nicht nur der Belehrung, sie wirkt vielmehr auf den Zuhörer ein und leitet ihn an, führt ihn an der Hand. Diese *cheiragôgia* ist auf verschiedene Art und Weise möglich; in Form von Schrift, Gesängen, Lesungen, in

---

931 EH 74,5–11 (397C) (Heil, leicht verändert): ἡμεῖς δὲ ἀναβάσεσιν ἱεραῖς ἐπὶ τὰς τῶν τελουμένων ἀρχὰς ἀναβλέψαντες καὶ ταύτας ἱερῶς μυηθέντες ἐπιγνωσόμεθα, τίνων εἰσὶ χαρακτήρων τὰ ἐκτυπώματα καὶ τίνων ἀφανῶν αἱ εἰκόνες. Ἔστι γάρ, ὡς ἐν τῇ Περὶ νοητῶν καὶ αἰσθητῶν πραγματεία σαφῶς διηγόρευται, τὰ μὲν αἰσθητῶς ἱερὰ τῶν νοητῶν ἀπεικονίσματα καὶ ἐπ' αὐτὰ χειραγωγία καὶ ὁδός, τὰ δὲ νοητὰ τῶν κατ' αἴσθησιν ἱεραρχικῶν ἀρχὴ καὶ ἐπιστήμη.

932 CH 8,19–9,1 (121CD) (Heil, leicht verändert): ἐπεὶ μηδὲ δυνατόν ἐστι τῷ καθ' ἡμᾶς νοΐ πρὸς τὴν ἄυλον ἐκείνην ἀνατάθῆναι τῶν οὐρανίων ἱεραρχιῶν μίμησίν τε καὶ θεωρίαν, εἰ μὴ τῇ κατ' αὐτὸν ὑλαίᾳ χειραγωγίᾳ χρήσαιτο τὰ μὲν φαινόμενα κάλλη τῆς ἀφανοῦς εὐπρεπείας ἀπεικονίσματα λογιζόμενος. Eriugena übersetzte den Begriffe der ὑλαίᾳ χειραγωγίᾳ mit *materialis manuductio*, ein Begriff, den Panofsky in seiner Studie zu Abt Suger aufgriff; vgl. hierzu Pépin 1976: 35.

933 EH 88,24f (437B) (Heil).

Form der sinnlich wahrnehmbaren Symbole der Liturgie, von Sinneswahrnehmungen und Handlungen:

> „Ainsi, sacrements et liturgie sont, pour la hiérachie ecclésiastique, des moyens
> d'instruire et d'éduquer ses membres. Dans une sage ordonnance de rites et de
> symboles, ils atteignent l'intelligence par les sens et lui procurent à la fois la con-
> naissance des réalités surnaturelles et la divinisation qui accompagne toujours cette
> connaissance."[934]

3. Einsammlung der Sinne

Bereits in der Antike gibt es eine Tradition der fünf Sinne, in der Tast-, Ge-
schmacks- und Geruchssinn als niedere Sinne mit begrenzter Erkenntnisfunk-
tion gelten. Geschmacks- und Tastsinn werden von Dionysius nicht thematisiert,
doch ist offenkundig, dass die Rezeption der Symbole in der Eucharistie, bzw.
bei den Salbungen über diese beiden Sinne verläuft: „l'huile pénètre les corps
sur lesquels elle est versée; de par sa nature, le rite marquera donc un effet
durable"[935]. Größere Aufmerksamkeit widmet Dionysius aber dem Geruchssinn. Die wohlriechenden Eigenschaften des Myron erweisen sich nicht nur als
Bilder der ausstrahlenden Erkenntnis; sie werden vielmehr selbst durch die
Nase wahrgenommen.

Die zentrale Rolle kommt jedoch dem Gesichtssinn und dem Gehör zu; sie
sind an allen Riten beteiligt. Essen und Schauen verbinden sich in der Eucharistie: „Schau" und „Teilhabe" (θέα oder ἐποψία; κοινωνία)[936] kommen dem
Teilnehmer an der Eucharistie zu; in der Myronweihe wird der Mensch durch
die „unverwandte[n] und nicht abgelenkte[n] Schau auf die wohlriechende und
verborgene Schönheit"[937] zum Bild Gottes; verknüpft sind Geruchssinn und
Sehsinn. Gerade in der Verbindung verschiedener Sinne wird der Mensch auf
viel-sinnige Weise angesprochen, gereinigt, geformt, gebildet und emporgeführt.

Das Gehör spielt in allen Zeremonien eine Rolle; Lesungen, Gesänge und
Gebete entfalten eine tiefgreifende Wirkung auf Hörer und Sprecher. Große
Aufmerksamkeit widmet Dionysius den Psalmengesängen und Schriftlesungen

---

934 Roques 1983: 230. Vgl. Bernard 1997: 514: „On voit facilement que la justification de
l'emploi des symboles dans l'exégèse, dans les icônes et dans l'activité liturgique passe
par une valorisation de la perception imaginaire et sensible. Il s'agit toujours de tenir
compte de deux réalités incontournables: d'une part, l'homme est une conscience in-
carnée et d'autre part, en s'incarnant, le Verbe de Dieu a élevé la nature humaine tout
entière à la dignité d'être manifestation de la réalité divine et le canal qui conduit
l'esprit de la perception commune à la sphère divine que Denys, en continuité avec la
tradition grecque, appelait le monde intelligible."

935 Cothenet 1982: 789.

936 EH 86,6 (433C); 87,10f (436B).

937 EH 96,9f (473C) (WMS).

in den Betrachtungen von Eucharistie und Myronweihe. Jedes Buch der Schrift diene, so Dionysius in seiner *theôria* der Eucharistie, der Ein- und Emporführung der Teilnehmer, da sie in die gottgegebene Ordnung einführten, vorbildliches Handeln zeigten und prophetische Ankündigungen des Lebens Jesu enthielten.[938] Den Psalmen kommt jedoch eine besondere Bedeutung zu, da diese nicht nur die Taten Gottes berichtet, sondern, wie gesagt, auf die *hexis* der Teilnehmenden unmittelbar einwirkt.[939]

> „Wenn also der die hochheiligen Inhalte umfassende Gesang unsere seelische Verfassung eingestimmt hat auf die gleich folgenden heiligen Handlungen und durch das gemeinsame Singen (ὁμοφωνίᾳ) der göttlichen Lieder die innere Gemeinschaft (ὁμοφροσύνη) mit den Gaben Gottes und mit uns selbst und untereinander angeordnet hat, als ob es gälte, die heilige Botschaft in einem einzigen Reigentanz im gleichen Rhythmus darzustellen, wird der mehr verdichtete und dunkle Gedankengehalt der Psalmenrezitation durch reichlichere, klarere Bilder und Bekanntmachungen in den über alles geheiligten Lesungen von Passagen heiliger Schrift breiter entfaltet."[940]

Die Wortwahl unterstreicht die einheitsstiftende Kraft des gemeinsamen Singens: *homophônia* soll *homophrosynê* (Eintracht) bewirken. Nur als Zusammenwirken von Inhalt und Klang lässt sich diese Wirkung angemessen verstehen. Es ist nicht gleichgültig, welche Texte hier gesungen werden, aber gerade das Einstimmen in einen Klang, die Zustimmung im wörtlichen Sinne, wirkt besonders stark auf die *hexis.* Seele und Körper, nicht nur der Geist, werden von diesem gemeinsamen Gesang berührt, der ja nicht nur ein Hören ist, sondern auch ein Singen, d. h. ein Spüren des Körpers im Singen. Darüber hinaus handelt es sich um ein gemeinsames Singen, eine Übereinstimmung, die der Anordnung in einem „Reigentanz im gleichen Rhythmus" gleichkommt.

Den „Reigentanz" verwendet Plotin als ein Bild der Einung:

> „Um es [jenes Obere] sind wir immer, aber wir blicken nicht immer auf es hin; so wie ein singender Reigen (χορός) um den Chorführer geschart sich doch einmal umdrehen mag und damit aus der Schau herausgerät, wenn er sich aber nach innen zurückwendet, dann erst schön singt und eigentlich um ihn geschart ist, so sind

---

938 EH 83,13–84,1 (429CD).

939 EH 84,1–6 (429D-432A) (Heil, leicht verändert): „Der geheiligte Text der göttlichen Gesänge jedoch [...] bildet einen zusammenfassenden Gesang und Erzählung der Wirkungen Gottes und bewirkt in denen, die ihn von Gott erfüllt singen, die angemessenen Einstellung zu Empfang und Weitergabe jeder Weihe, die die Hierarchie vermittelt."

940 EH 84,7–14 (432AB) (Heil): Ὅταν οὖν ἡ περιεκτικὴ τῶν πανιέρων ὑμνολογία τὰς ψυχικὰς ἡμῶν ἕξεις ἐναρμονίως διαθῇ πρὸς τὰ μικρὸν ὕστερον ἱερουργηθησόμενα καὶ τῇ τῶν θείων ᾠδῶν ὁμοφωνίᾳ τὴν πρὸς τὰ θεῖα καὶ ἑαυτοὺς καὶ ἀλλήλους ὁμοφροσύνην ὡς μιᾷ καὶ ὁμολόγῳ τῶν ἱερῶν χορείᾳ νομοθετήσῃ, τὰ συντετμημένα καὶ συνεσκιασμένα μᾶλλον ἐν τῇ νοερᾷ τῶν ψαλμῶν ἱερολογίᾳ διὰ πλειόνων καὶ σαφεστέρων εἰκόνων καὶ ἀναρρήσεων εὐρύνεται ταῖς ἱερωτάταις τῶν ἁγιογράφων συντάξεων ἀναγνώσεσιν.

auch wir immer um Jenes (sonst würden wir uns gänzlich auflösen und nicht mehr existieren können), blicken aber nicht immer zu ihm hin; aber wenn wir zu ihm hinsehen, dann sind wir am Ziel und dürfen rasten, und kreisen um es ohne Mißklang im wahrhaft gotterfüllen Reigen (χορείαν). Und bei diesem Reigen (χορείᾳ) erschaut die Seele nun den Quell des Lebens und den Quell des Geistes, den Urgrund des Seienden, die Ursache des Guten,…"[941]

Die Seele tanzt gewissermaßen einen Reigen um das Höchste. Wenn sie sich in der Drehung des Reigens auch zeitweilig von der Schau nach innen abwendet, so kehrt sie doch wieder dahin zurück, umkreist so den „Urgrund des Seienden" in einem „gotterfüllten Reigen", der das höchste Glück bedeutet. Proklos greift diese Vorstellung, deren Ursprünge schon bei Platon liegen,[942] auf.[943] Wichtig ist bei ihm besonders die Funktion der *epistrophê*, der Rückkehr des Denkens in seinen Grund.[944]

Dionysius übernimmt das platonisch-neuplatonische Bild des Reigentanzes, verwendet es aber in anderer Weise. Es ist nicht als Wechsel von Abwendung und Hinwendung ein Bild der Einung und Schau; der Bildgebrauch ist vielmehr konkreter, er bezieht sich auf einen wirklichen körperlichen Vorgang. Dabei handelt es sich zwar nicht um gemeinsamen Tanz, der in der christlichen Liturgie keinen Platz hat, aber um gemeinsames Singen. Der Akzent liegt auf der Gemeinsamkeit, die die verschiedenen Teilnehmer in ein und denselben Rhythmus einstimmen lässt und so untereinander eint. Der kosmische Akzent des Reigentanzes,[945] die Vorstellung einer himmlischen Harmonie, findet sich nicht an dieser Stelle; da jedoch die kirchliche ‚Hierarchie' als Abbild der himmlischen Hierarchie verstanden wird und Dionysius den Lobgesang der Engel erwähnt,[946] liegt die Vorstellung nahe, dass die Menschen mit diesem Gesang in den himmlischen Lobgesang einstimmen. Wenn Dionysius gerade in bezug auf den Psalmengesang den Reigentanz erwähnt, so verknüpft er hier

---

941 Plotin, Enn. VI 9 [9] 8,37–9,2.
942 Vgl. Beierwaltes 1979²: Anm. 130, S. 215f; Koch 1900: 170 f. Vgl. Platon, Phdr., 250b.
943 Vgl. Beierwaltes 1979²: 214: „Nachahmung, Anähnlichung und Reinigung sind die wesentlichen Momente, die die Seele zur Einung vorbereiten. Der Tanz hat in diesen drei Stufen die Funktion, die Seele in die Einfachheit einzuüben, daß sie in dieser Bewegung, sich selbst übersteigend und doch in sich selbst, den Geist finde.. Als ‚geistartige' strebt sie in das Zentrum des Geistes, ‚zu dem Göttlichen selbst'. Sie umtanzt jenes als die Mitte von allem, und weckt in sich alle Kräfte, die die Mannigfaltigkeit in ihr aufheben und sie zur Einung mit dem Unsagbaren (ἄρρητον) führen." Vgl. Proklos, Th. Pl. I 3, 16,13–24.
944 Vgl. Beierwaltes 1979²: 216.
945 Vgl. Witt 1995: 110.
946 Vgl. EH 99,26 (480C). Vgl. Witt 1995: 118 f.

heidnische Vorstellungen mit der christlichen, die, was die Gesänge angeht, weniger in heidnischer als in jüdischer Tradition steht.[947]

Wie Dionysius in der *theôria* zur Myronweihe darlegt, bieten Lesungen und Palmengesänge für die verschiedenen Stufen von Teilnehmern der heiligen Handlung eine je spezifische Wirkung:

> „In gleicher Weise leisten auch hier wieder das Singen der WORTE und die Lesungen den noch Uneingeweihten Hebammendienste für die lebensspendende Wiedergeburt als Kind Gottes, bewirken geheiligte Umkehr der fluchbeladenen Umgetriebenen, nehmen die Angst und Verlockung von den von Unmännlichkeit Befallenen, indem sie ihnen ihrem Fassungsvermögen entsprechend den Gipfel gottähnlichen Verhaltens und gottähnlicher Kraft vorführen"[948].

Katechumenen werden auf ihre Taufe vorbereitet – Hebammendienste –, die anderen Gruppen der untersten Triaden sollen zur Umkehr angeleitet werden und von ihren Ängsten und Verlockungen befreit werden, indem die Schriften anhand der Beispiele der Schrift ihnen vorführen, wie sie zu leben haben. Auf den mittleren Stufen steigert sich die Wirkung:

> „Denen, die zu geheiligtem Sinn aus schlechteren Einstellungen übergetreten sind, verleihen Psalmen und Lesungen eine geheiligte Verfassung, damit sie nicht noch einmal von Schlechtigkeit überwältigt werden. Die aber, die zu vollkommener Heiligkeit noch einige Mängel haben, reinigen sie endgültig."[949]

Auf dieser Stufe vermögen es die Schriften, eine *hexis* einzupflanzen und die Teilnehmer vollständig von allen *phantasiai* und Verlockungen und auch dem letzten Makel zu reinigen. Noch einmal steigert sich die Wirkung bei den höchsten Einweihungsstufen:

> „Die Geheiligten führen sie zu den göttlichen Bildern und immer wieder neuer Schau auf sie und zu Feiern der Gemeinschaft. Die vollkommen Geheiligten bewirten sie in Form beseligender Gedankeneinsichten, füllen das dem Einen Gemäße an ihnen mit dem Einen und machen sie dem Einen gleich."[950]

---

947 Vgl. Witt 1995: 110 f. Zum Psalmengesang, vgl. auch Campbell 1981: Anm. 145, S. 160 f. Zur byzantinischen Musik, vgl. ferner Nikolakopoulos 1992, der die Annäherung ans Göttliche und den frömmigkeitsstärkenden Charakter hervorhebt, sowie die Nähe zum Gebet (145); Wellesz 1949.

948 EH 97,28–4 (476D-477B) (Heil): Ἐπίσης δὲ πάλιν αἱ τῶν λογίων ᾠδαὶ καὶ ἀναγνώσεις τοὺς μὲν ἀτελέστους μαιεύονται πρὸς ζωηφόρον υἱοθεσίαν, ἐπιστροφὴν δὲ ἱερὰν ποιοῦνται τῶν ἐναγῶς ἐνεργουμένων, ἀφαιροῦσι δὲ τὴν ἐναντίαν πτοίαν καὶ θέλξιν ἐκ τῶν ἀνάνδρως ἐνεργουμένων τὸ τῆς θεοειδοῦς ἕξεως καὶ δυνάμεως ἀκρότατον ἀναλόγως αὐτοῖς ὑποδεικνύσαι.

949 EH 98,7–10 (477A) (Heil): τοῖς δὲ εἰς νοῦν ἱερὸν ἐκ τῶν χειρόνων μεταφοιτήσασιν ἕξιν ἱερὰν ἐντίθενται πρὸς τὸ μὴ αὖθις ὑπὸ κακίας ἁπλῶναι, τοὺς δὲ πρὸς τὸ εἶναι παναγνοὺς ἐνδεεῖς τελέως ἀποκαθαίρουσιν.

950 EH 98,10–13 (477AB) (Heil): τοὺς δὲ ἱεροὺς ἄγουσιν ἐπὶ τὰς θείας εἰκόνας καὶ ἐποψίας αὐτῶν καὶ κοινωνίας, ἑστιῶσι δὲ τοὺς πανιέρους ἐν μακαρίοις καὶ νοητοῖς θεάμασιν ἀποπληροῦσαι τὸ ἑνοειδὲς αὐτῶν τοῦ ἑνὸς καὶ ἑνοποιοῦσαι.

Zur Schau (ἐποψίας) von Bildern und zur Einung (κοινωνίας) werden die Geheiligten geführt, und der höchste Gipfel ist die Einung als Bewirtung (ἑστιῶσι) mit höchster Einsicht. Auf dieser höchsten Stufe verlässt Dionysius das visuelle Vokabular der Schau; die höchste Erfahrung kennzeichnet er, in platonischer Tradition, als Bewirtung.[951] Psalmengesang oder Schriftlesungen allein können den tiefer eingeweihten Teilnehmer der Hierarchie zu den höchsten Höhen der Erkenntnis und Einung führen, ihm die beseligende Schau zukommenlassen, die das Ziel allen Erkenntnisstrebens ist.[952]

4. Bitte und Kette

Emporführende Funktion kommt im späten Neuplatonismus dem Gebet zu, das auch in Dionysius' ‚Hierarchie' ein wichtige Rolle spielt. Im *Corpus Dionysiacum* finden sich mehrfach Gebete[953]; auch in den verschiedenen Riten, die Dionysius in *Über die kirchliche Hierarchie* behandelt, haben Gebete immer wieder ihren Ort; besondere Aufmerksamkeit widmet Dionysius allerdings nur dem Gebet, das der Hierarch während der Bestattungszeremonie über den Verstorbenen spricht und in dem er bittet, „alle Sünden aus menschlicher Schwäche dem Entschlafenen zu erlassen, ihm im Licht und im Land der Lebenden einen Platz zu geben"[954]. Einen möglichen Einwand seines Adressaten Timotheus vorwegnehmend, schreibt Dionysius:

> „Wenn nämlich jeder die Vergeltung von der göttlichen Gerechtigkeit erlangen wird für das, was er im gegenwärtigen Leben nützliches und anderes getan hat, nun aber der Entschlafene seine eigene Tätigkeit in diesem Leben abgeschlossen hat,

---

951 Vgl. oben Anm. 237 und 238.

952 Hiermit kommt den Psalmengesängen und Schriftlesungen eine tiefere Wirkung zu als den Hymnen in der proklischen Theurgie, denn van den Berg unterstreicht, dass Hymnen zwar im rituellen Kontext verwandt werden konnten, jedoch nicht im Rahmen der höchsten Form der Theurgie, die sich vom Rituellen löst und der Einung dient, vgl. insbesondere van den Berg 2001: 111.

953 Das Nachsinnen und Reden über die Gottheit mit einem Gebet zu beginnen, ist eine althergebrachte Sitte, die Platon und andere Autoren erwähnen; vgl. Platon, Ep. 8,352e/ 353a („denn von den Göttern sollen alle Worte und Gedanken ihren Anfang nehmen"); nach der Sitte die Götter anrufen vor dem Beginn der Rede (27bc); ebenso 48d; vgl. Dillon 2002: 280. Vgl. mit weiteren Verweisen Esser 1967: 21 mit Anm. 21–23. Vgl. auch Ritter 1994b: Anm. 9, S. 83. Auch Dionysius folgt dieser Praxis; alle seine vier großen Schriften schließen ein Gebet ein. In den beiden Hierarchien ist dies an Jesus gerichtet (CH 7,9 (121A); EH 65,20f (373B)), in der *Mystischen Theologie* und den *Göttlichen Namen* an die Dreifaltigkeit (MT 141,1–142,5 (997AB); DN 138,1–6 (680B)), was Struktur und Inhalt dieser beiden Texte – Gottesnamen und Einung, bzw. himmlische und irdische Hierarchie – entspricht.

954 EH 125,11–12 (560AB) (Heil).

welche Bitte des Hierarchen wird ihn dann in eine andere Ruhestätte versetzen können als die, die er verdient und die dem Leben hier entspricht?"[955]

Unmöglich, wegen der göttlichen Gerechtigkeit, erscheint, dass der Hierarch für einen Entschlafenen erbitten und erhalten könnte, was dieser aufgrund seines Lebenswandels nicht verdient. Die Gebete können nur wirksam werden, wenn der Verstorbene ihrer würdig ist, hebt Dionysius deutlich hervor.[956] Auch „hängt sich an unmögliche und übertriebene Hoffnungen, wer die Gebete der Heiligen verlangt und gleichzeitig ihre ihrer Natur gemäß geheiligten Wirkungen vertreibt, weil er nicht auf die Gaben Gottes achtet und sich von den glasklaren, Gutes stiftenden Geboten abwendet."[957] Wer für sich oder für andere betet, muss darauf achten, dass dies nicht den Geboten der Gerechtigkeit widerspricht. Dennoch erachtet Dionysius die Fürbitten für die Lebenden nicht als nutzlos; es zeige vielmehr die Bitte um Hilfe die angemessene Einsicht in die beschränkte eigene Kraft und die Demut oder den Respekt vor Gott, dem ohne Vermittlung gegenüberzutreten sich der Bittende nicht für würdig erachtet.[958] Die Fürbitten sind wirksam, wenn derjenige, für den gebetet wird, sich dem, was er erbittet, angemessen zu verhalten sucht; in seiner Bitte um Vermittlung entspricht er darüber hinaus dem Prinzip der ‚Hierarchie', dass Erkenntnis stufenweise vermittelt werden muss.

Die Hierarchen wiederum, die für einen Verstorbenen beten oder dies Gebet verweigern, wenn dieser dessen nicht würdig ist,[959] erweisen sich als „Verkünder der göttlichen Entscheidungen (ὡς ἐκφαντορικοὶ τῶν θείων δικαιωμάτων)"[960]. Ob sie das Gebet sprechen oder verweigern, ist nicht als ihre Entscheidung zu begreifen, sondern als die göttlicher Gerechtigkeit, die sie nur präsentieren. Dass sie dieses Gebet sprechen, scheint für den Verstorbenen selbst keine Wirkung zeitigen zu können; es wirkt jedoch auf die Teilnehmer der Bestattungszeremonie, denen gezeigt wird, „welche Geschenke für die Heiligen bereit stehen"[961].

Neben der illustrativen und hierarchischen Funktion des Gebetes, wie Dionysius sie in diesen Textpassagen darlegt, kennt Dionysius jedoch auch eine tiefere Wirksamkeit, von der er in *Über die göttlichen Namen* schreibt:

> „Wir wollen uns also mit unseren Gebeten im höheren Aufschauen zu den göttlichen und gütigen Strahlen erheben, gleichsam als ob wir scheinbar, wenn eine lichtreiche Kette an der Höhe des Himmels hängen, aber bis hierher reichen

---

955 EH 126,1–5 (560CD) (Heil).
956 Vgl. EH 126,8–10 (561A).
957 EH 126,15–18 (561A) (Heil).
958 Vgl. EH 126,18–127,13 (561AC).
959 Vgl. EH 128,4–7 (564B).
960 EH 128,15f (564B) (Heil). Vgl. 127,16f (561C).
961 EH 128,14 (564B) (Heil).

würde, und wir diese immer mit abwechselnden Händen weiter hinauf faßten, diese herabzögen, in Wirklichkeit aber jene nicht herunterzögen, da sie sich ja oben und unten befindet, sondern wir selbst uns zu dem höheren Glanz der lichtreichen Strahlen emporhöben. Oder gleichsam als ob wir, wenn wir ein Schiff bestiegen hätten und uns an Taue, die von irgendeinem Felsen zu uns gespannt und z. B. uns zum Festhalten übergeben worden wären, anklammern würden, nicht den Felsen zu uns, sondern in Wirklichkeit uns selbst und das Schiff zum Felsen heranziehen würden. [...] Deshalb geziemt es sich, sowohl vor allem als auch insbesondere vor der göttlichen Offenbarungslehre ein Gebet darzubringen, und zwar nicht, um die überall und nirgendwo gegenwärtige Kraft an uns zu ziehen, sondern um uns selbst durch gottgeweihtes Gedenken und gottgeweihte Anrufungen ihr hinzugeben und zu vereinen."[962]

Wie Lesungen und Gesänge dient das Gebet letztlich der Einung, was neuplatonischer Tradition entspricht. Es gehörte im späten Neuplatonismus zu den theurgischen Praktiken und sollte den Betenden emporführen. Vom Götterzwang setzt sich die neuplatonische Theurgie deutlich ab, was auch für das Gebet gilt. Dionysius weist hier – wie in seinen Überlegungen zum Gebet für die Verstorbenen – klar die Auffassung zurück, durch das Gebet ziehe der Betende Gott zu sich. Die Wirkung des Gebetes richtet sich vielmehr auf den Betenden selbst, der sich dadurch zu Gott emporzieht.

Esser unterscheidet in seiner Untersuchung das „philosophische Gebet" vom „magischen Gebet". Während Plotin beide deutlich voneinander abgrenzt,[963] gewinnt letzteres bei Porphyrios größere Bedeutung, da es – in untergeordnetem Rang – der Reinigung der Seele dient.[964] Zentrale Stellung hingegen gewinnt es bei Jamblich.[965] Keinesfalls aber zieht das Gebet die Götter herab in den Bereich, der nicht rein ist und der den Leidenschaften unterworfen ist; es macht vielmehr den Menschen rein und unveränderlich.[966] Diese Ver-

---

962 DN 138,13–139,16 (680CD) (Suchla): Ἡμᾶς οὖν αὐτοὺς ταῖς εὐχαῖς ἀνατίνωμεν ἐπὶ τὴν τῶν θείων καὶ ἀγαθῶν ἀκτίνων ὑψηλοτέραν ἀνάνευσιν, ὥσπερ εἰ πολυφώτου σειρᾶς ἐκ τῆς οὐρανίας ἀκρότητος ἠρτημένης, εἰς δεῦρο δὲ καθηκούσης καὶ ἀεὶ αὐτῆς ἐπὶ τὸ πρόσω χερσὶν ἀμοιβαίαις δραττόμενοι καθέλκειν μὲν αὐτὴν ἐδοκοῦμεν, τῷ ὄντι δὲ οὐ κατήγομεν ἐκείνην ἄνω τε καὶ κάτω παροῦσαν, ἀλλ' αὐτοὶ ἡμεῖς ἀνηγόμεθα πρὸς τὰς ὑψηλοτέρας τῶν πολυφώτων ἀκτίνων μαρμαρυγάς. Ἤ ὥσπερ εἰς ναῦν ἐμβεβηκότες καὶ ἀντεχόμενοι τῶν ἔκ τινος πέτρας εἰς ἡμᾶς ἐκτεινομένων πεισμάτων καὶ οἷον ἡμῖν εἰς ἀντίληψιν ἐκδιδομένων οὐκ ἐφ' ἡμᾶς τὴν πέτραν, ἀλλ' ἡμᾶς αὐτοὺς τῷ ἀληθεῖ καὶ τὴν ναῦν ἐπὶ τὴν πέτραν προσήγομεν. [...] Διὸ καὶ πρὸ παντὸς καὶ μᾶλλον θεολογίας εὐχῆς ἀπάρχεσθει χρεὼν οὐχ ὡς ἐφελκομένους τὴν ἀπανταχῇ παροῦσαν καὶ οὐδαμῇ δύναμιν, ἀλλ' ὡς ταῖς θείαις μνήμαις καὶ ἐπικλήσεσιν ἡμᾶς αὐτοὺς ἐγχειρίζοντας αὐτῇ καὶ ἑνοῦντας.

963 Vgl. Esser 1967: 30–33.

964 Vgl. Esser 1967: 35–38; zu Porphyrios, ebd. 35–54.

965 Vgl. Esser 1967: 55.

966 Jamblich, dM I 12, 42,2–5: οὐ γὰρ τοὺς ἀπαθεῖς καὶ καθαροὺς εἰς τὸ παθητὸν καὶ ἀκάθαρτον ἡ τοιαύτη κατασπᾷ, τοὐναντίον δὲ τοὺς ἐμπαθεῖς γενομένους ἡμᾶς διὰ τὴν γένεσιν καθαροὺς καὶ ἀτρέπτους ἀπεργάζεται.

änderung des Menschen durch das Gebet begreift Jamblich als Wirkung der Götter:

> „Durch einen solchen Willen [d. göttliche Wille des Guten] lassen die Götter, wohlwollend wie sie sind, neidlos und gütig über die Theurgen ein Licht scheinen, dabei rufen sie deren Seelen zu sich und verleihen diesen die Einung mit ihnen."[967]

Jamblich unterscheidet drei verschiedenen Stufen des Gebets, Sammeln (συναγωγόν), Zusammenführen (συνδετικόν) und Vereinigen (ἔνωσις).[968] Diese Wirkung des Gebets geht vor allem auf die Götter zurück, die auf die Seele Einfluss ausüben.[969] Besonders große Bedeutung kommt dabei den unverständlichen Namen zu, von denen Jamblich schreibt, dass sie gerade deshalb, weil sie menschlichem Verständnis nicht zugänglich sind, besonders hochstehend und wirksam sind.[970] Über ein geheimnisvolles und unsagbares Bild der Götter in der Seele (τὴν μυστικὴν καὶ ἀπόρρητον εἰκόνα τῶν θεῶν ἐν τῇ ψυχῇ) wirken die Namen auf die Seele und erheben diese zu den Göttern.[971]

Proklos vertritt eine ähnliche Haltung wie Jamblich. Er legt seine Auffassung zum Gebet insbesondere in In Tim. I 207,21–214,12 dar.[972] Das Gebet dient der Hinwendung zum Göttlichen[973], wobei Proklos fünf verschiedene Stufen des Gebets unterscheidet: Erkenntnis, Aneignung, Berührung, Annäherung, Einigung.[974] Das Gebet ist verstanden als „Grundzug alles Denkend-Seienden"[975], als Rückkehr zum Einen; seine höchste Stufe, das philosophische Gebet, ist nur wenigen zugänglich[976]. Unterschiedliche Akzente in der Bewer-

---

967 Jamblich, dM I 12, 41,4–8: Διὰ τῆς τοιαύτης βουλήσεως ἀφθόνως οἱ θεοὶ τὸ φῶς ἐπιλάμπουσιν εὐμενεῖς ὄντες καὶ ἵλεω τοῖς θεουργοῖς, τάς τε ψυχὰς αὐτῶν εἰς ἑαυτοὺς ἀνακαλούμενοι καὶ τὴν ἕνωσιν αὐταῖς τὴν πρὸς ἑαυτοὺς χορηγοῦντες.

968 Jamblich, dM V 26, 237,16–238,6: Φημὶ δὴ οὖν ὡς τὸ μὲν πρῶτον τῆς εὐχῆς εἶδός ἐστι συναγωγόν, συναφῆς τε τῆς πρὸς τὸ θεῖον καὶ γνωρίσεως ἐξηγούμενον· τὸ δ᾽ ἐπὶ τούτῳ κοινωνίας ὁμονοητικῆς συνδετικόν, δόσεις τε προκαλούμενον τὰς ἐκ θεῶν καταπεμπομένας πρὸ τοῦ λόγου, καὶ πρὸ τοῦ νοῆσαι τὰ ὅλα ἔργα ἐπιτελούσας· τὸ δὲ τελεώτατον αὐτῆς ἡ ἄρρητος ἕνωσις ἐπισφραγίζεται, τὸ πᾶν κῦρος ἐνιδρύουσα τοῖς θεοῖς, καὶ τελέως ἐν αὐτοῖς κεῖσθαι τὴν ψυχὴν ἡμῶν παρέχουσα. Vgl. Esser 1967: 55.70–74.

969 Vgl. Jamblich, dM V 26, 239,5–13.

970 Jamblich, dM VII 4.

971 Jamblich, dM VII 4, 255,17–256,3.

972 Vgl. Esser 1967: 76–108; Beierwaltes 1979²: 314–329.

973 Proklos, In Tim. I 211,28–212,1. Übers. zitiert nach Stäcker 1995: 240: „Und dies ist die feste Vollendung des wahren Gebets, daß es die Rückkehr (ἐπιστροφή) mit dem Bleiben (μονή) verbindet und ein jedes von dem Einen der Götter (Her-)vorgehende wiederum dem Einen eingründet und das Licht in uns im Licht der Götter erfaßt." Vgl. Esser 1967: 81.

974 Vgl. Proklos, In Tim. I 211,8–212,1: γνῶσις, οἰκείωσις, συναφή, ἐμπέλασις, ἔνωσις. Vgl. Esser 1967: 76; Beierwaltes 1979²: 318 f.

975 Beierwaltes 1979²: 320, mit Bezug auf einen Ausspruch des Theodoros, vgl. Proklos, In Tim. I 213,2 f.

976 Beierwaltes 1979²: 327, mit Bezug auf Proklos, In Tim. I 214,3.

tung von Proklos' Gebetsverständnis setzen Beierwaltes und Majercik. Beierwaltes spricht zwar auch von einer Wirkung der Götter,[977] hebt jedoch vor allem
die Aktivität des Menschen hervor: „In der Rückkehr zum göttlichen Einen und
in der am Ende unvermittelten Einung mit ihm wirkt der Mensch selbst sein
Heil."[978] Majercik unterstreicht dagegen Proklos' Einbindung in die Tradition
der Theurgie und betont damit eine größere Nähe zu Jamblich;[979] das Gebet
habe den „Charakter einer theurgischen Handlung, welche die Vereinigung mit
dem Göttlichen bewirkt"[980].

> „Proclus understands ‚perfect' (τελεία) or ‚true' (ἀληθινή) prayer not in terms of
> ordinary vocal speech, but as an interior five-fold process of ascent which culmi-
> nates in union (ἕνωσις) with the gods. As such, the function of ‚perfect' prayer is
> precisely that of evoking or awakening within the soul those very ‚tokens' (or
> συνθήματα) of the gods which, in turn, effect this union"[981].

Durch diese *symbola* oder *synthêmata* wirken die Götter selbst:

> „Durch unsagbare Symbole der Götter, die der Vater in die Seelen gesät hat, zieht
> es [das Gebet] die Wohltätigkeit der Götter auf sich"[982].

Dass neben dem menschlichen Bemühen um Reinheit, das sich eher in den
unteren Stufen des Gebets niederschlägt, die Einung vor allem dem Wirken der
Götter zugeschrieben wird, zeigt sich auch in Proklos' Auflistung der Ursachen
des Gebets, wo als Wirkursache des Gebets die Wirkmacht der Götter und als

---

977 Vgl. Beierwaltes 1979²: 314: „Gebet ist daher die vom Göttlichen selbst bewegte
Rückkehr des Gegründeten in seinen göttlichen Grund, des Entsprungenen in seinen
göttlichen Ursprung."
978 Beierwaltes 1979²: 325. Vgl. Beierwaltes 1979²: 327: „Gebet ist daher die sich als Anrede
vollziehende, in der Erkenntnis des Wahren anfangende, von der Liebe nach der Einheit
und Schönheit des göttlichen Seins bewegte und von der Hoffnung auf das Einleuchten
des göttlichen Lichtes getragene Erhebung des Denkens, die sich glaubend in die Einung mit dem Ursprung aufhebt."
979 Majercik 1989: 43.
980 Zintzen 1977b: 420.
981 Majercik 1989: 42. Sie verweist auf Proklos, In Tim. I 210,27–212,1. Vgl. Trouillard
1972: 179. Auf die Symbole verweist auch Beierwaltes, der die *symbola* jedoch als
„Anlaß" für die Seele zum Aufstieg versteht. Beierwaltes 1979²: 328: „Wenn das Gebet
als ein Element der Theurgie bezeichnet wird, dann ist dies nicht im Sinne eines ‚magischen Zwanges des Gottes' zu verstehen. Die philosophische Grundlegung des Gebetes hat deutlich gemacht, daß das Gebet der einem von Grund auf religiösen Denken
gemäße Weg zur Einung mit dem Sein des Göttlichen ist. Das Denken nimmt als
betendes und daher über das bloß diskursive hinausgehendes Denken die in der Welt
und in dem menschlichen Geist seienden σύμβολα und συνθήματα als Verweise auf das
Göttliche und als Anlaß zum Aufstieg."
982 Proklos, In Tim. I 211,1f: συμβόλοις ἀρρήτοις τῶν θεῶν, ἃ τῶν ψυχῶν ὁ πατὴρ ἐνέσπειρεν
αὐταῖς, τῶν θεῶν τὴν εὐποιίαν ἕλκουσα.

Materielursache die *Synthemata* in den Seelen genannt werden, die zur Erinnerung an die Götter den Seelen eingeprägt sind.[983]

Um die Unterschiede der pagan-neuplatonischen und der dionysischen Gebetstheorie[984] genauer ins Auge fassen zu können, sind zunächst die Bilder zu betrachten, die Dionysius zur Veranschaulichung seiner Vorstellung vom Gebet anführt, nämlich die lichtreiche Kette und das Schiff.

Dem ersten Bild nach hängt eine lichtreiche Kette vom Himmel herab auf die Erde, an der man immer weiter hochgreifen kann, als ziehe man sie herunter, wobei man sich in Wahrheit selbst hinaufziehe.[985] Die „Kette" (*seira*) ist ein neuplatonischer Terminus, der häufig und in unterschiedlichen Zusammenhängen begegnet.[986] Der Ursprung wird gewöhnlich bei Homer gesehen In der *Ilias* droht Zeus den anderen Göttern eine Kraftprobe an: Sie könnten ihn an einer Kette nicht vom Himmel herabziehen, er jedoch vermöchte es, sie mitsamt der ganzen Welt zum Himmel hinaufzuheben.[987] Mit dem Begriff der

---

983 Proklos, In Tim. I 213,8–18: αἰτίας δὲ τῆς εὐχῆς ὡς μὲν ποιητικὰς ἀπολογιζόμεθα εἶναι τὰς δραστηρίους τῶν θεῶν δυνάμεις [...] ὡς δὲ ὑλικὰς τὰ συνθήματα τὰ ἀπὸ τοῦ δημιουργοῦ ταῖς οὐσίαις αὐτῶν ἐνδοθέντα πρὸς ἀνάμνησιν τῶν ὑποστησάντων αὐτάς τὰ καὶ ἄλλα θεῶν.

984 Koch 1900: 189 hebt hervor, dass sich Dionysius in seiner Gebetstheorie auf die Neuplatoniker stützt und nicht auf die Kirchenväter. Gleichwohl sind Unterschiede festzuhalten. Roques 1983: 128f erwähnt gar keine Vorbilder; seine Analyse beschränkt sich auf die Textpassage aus dem *Corpus Dionysiacum*. Unbegründet erscheint die Auffassung von Balthasars, auf die Beierwaltes 1979²: Anm. 9, S. 392 hinweist, vgl. von Balthasar 1962: 214: „Gebet ist also wohl Gelassenheit zu Gott hin, aber um sich desto wirksamer vom göttlichen Willen ,bewegen' und ,inspirieren' zu lassen."

985 Lévêque macht in seiner Untersuchung zur *aurea catena* deutlich, dass es sich um eine einzigartige Verwendung dieses Bildes handelt, vgl. Lévêque 1959: 44: „3. La chaîne d'or, allégorie de la prière. En un sens voisin des précédents [bei Neuplatonikern], la chaîne d'or a servi à symboliser la prière, mouvement d'ascension spirituelle où l'âme à la fois se hisse vers Dieu et est hissé par lui. L'exemple, unique croyons-nous, nous est fourni par un auteur chrétien, le Pseudo-Denys l'Aréopagite". Vgl. ebd., 45: „On l'a bien noté, le mot même de σειρά est un *hapax* chez le Pseudo-Denys; la chaîne d'or apparaît donc ici comme une image spontanée, rendue naturelle assurément par l'affection que les Néoplatoniciens lui portaient, mais qui n'implique pas de conceptions théurgiques sur la sympathie universelle."

986 Vgl. z. B. Platon, Theait. 153C; Gregor von Nazianz, Or. 31,28; Gregor von Nyssa, anim. et res. 89a, Proklos, De sacr. Ferner verweist die Kritische Ausgabe auf: Platon, Rep. 616b: ein Band aus Licht, das die Welt umspannt und zusammenhält. Vgl. zu einer kurzen Darstellung, weiteren Stellenangaben und weiterführender Literatur Beierwaltes 1979²: Anm. 120, S. 150 und Lévêque 1959. Zum Fortwirken dieses Bildes vgl. Wolff 1947.

987 Homer, Ilias, VIII. Gesang, 18–27: „Eine goldene Kette befestigend oben am Himmel,/ Hängt dann all ihr Götter euch an und ihr Göttinnen alle;/ Dennoch zögt ihr nie vom Himmel herab auf den Boden/Zeus, den Ordner der Welt, wie sehr ihr rängt in der Arbeit!/Aber sobald auch mir im Ernst es gefiele zu ziehen,/Selbst mit der Erd euch zög ich empor und selbst mit dem Meere./ Und die Kette darauf um das Felsenhaupt des

seira werden ferner die Reihen von *symbola* bezeichnet, die von bestimmten Götter bis hin zu Tieren, Pflanzen und Mineralien hinabreichen und so einen Aufstieg ermöglichen.[988] Bei Dionysius geht es auch um den Aufstieg, er denkt jedoch nicht an einen Aufstieg über *symbola*, die in der Welt verstreut sind und in richtiger Abfolge angewendet werden müssen. Es handelt sich bei ihm vielmehr um eine bildliche Redeweise, die die Aktivität desjenigen veranschaulichen soll, der betet, nämlich ein Sich-Hinaufziehen der Seele, das den Weg der Erleuchtung darstellt.[989] Auch das zweite von Dionysius herangezogene Bild veranschaulicht diese Aktivität: Jemand der auf einem Schiff steht und ein Tau in Händen hält, das an einem Felsen befestigt ist, zieht nicht den Felsen zu sich, sondern sich und das Schiff zum Felsen hin.[990] In beiden Beispielen geht es darum, sich mit Hilfe einer Kette oder eines Seils zu etwas hinzuziehen, das fest in sich ruht und nicht durch diesen Zug bewegt werden kann.[991] Da Gott eben dieses Feste ist, die Höhe, der Felsen, das durch das Gebet nicht herabgezogen werden kann, kommt das Beten einem Sich-Herauf-Ziehen gleich.

Dionysius greift zweifellos in den Bildern, die er wählt, Motive des späten Neuplatonismus auf; in seiner Lehre steht er jedoch weniger den späten Neuplatonikern nahe als Plotin, der schreibt, er wolle vor Beginn seiner Rede Gott anrufen

> „nicht mit dem Schall von Worten, sondern indem wir uns mit der Seele zum Gebet nach Ihm strecken, denn auf diese Weise können wir für uns allein zu ihm beten"[992]

Bei Dionysius wie bei Plotin ist nicht von einer Aktivität des Göttlichen die Rede; vielmehr geht es um die Selbstaktivierung der Seele, die sich zum

---

Olympos/Bände ich fest, daß schwebend das Weltall hing' in der Höhe!/So weit rag ich vor Göttern an Macht, so weit vor den Menschen".

988 Vgl. oben S. 158.

989 Vgl. Koch 1900: 185; die Kette sei „lichtreich", da das Gebet der Erleuchtung diene. Mühlenberg 1993 verweist zwar auf dieses Zitat (Anm. 29), meint aber dennoch, „daß es ungeklärt bleibt, was die Gebete, mit denen die Traktate eingeleitet werden, bewirken sollen" (143).

990 Zu den Ursprüngen dieses Bildes, vgl. z.B. Clemens von Alexandrien, Str IV, 152,2: Καθάπερ οὖν οἱ ἐν θαλάττῃ ἀπὸ ἀγκύρας τονούμενοι ἕλκουσι μὲν τὴν ἄκυραν, οὐ κείνην δὲ ἐπισπῶνται, ἀλλ' ἑαυτοὺς ἐπὶ τῇ ἀγκύρᾳ, οὕτως οἱ κατὰ τὸ γνωστικὸν βίον ἐπισπώμενοι τὸν θεὸν ἑαυτοὺς ἔλαθον προσαγόμενοι πρὸς τὸν θεόν; Die Grundidee ist bei Dionysius und Clemens die gleiche; allerdings bezieht Clemens diese Aktivität der Gottesannäherung nicht wie Dionysius auf das Gebet.

991 In der Abwendung von Gott hingegen bewegt sich derjenige, der Gott wegzuschieben versucht, selbst von Gott weg, wie derjenige, der gegen einen Fels drückt, vgl. DN 139,9–12 (680D). Dieser Verweis passt zum Bild, das Dionysius hier verwendet, hat aber mit der Gebetstheorie direkt nichts zu tun. Eine solche assoziative Verfahrensweise ist in Dionysius' Texten nicht selten.

992 Plotin, Enn. V 1 [10] 6,9–12. Vgl. hierzu Esser 1967: 20 f. Esser zufolge handelt es sich hierbei um eine stoische Vorstellung; vgl. ebd., 11–34 die ausführliche Darstellung der plotinschen Vorstellung vom Gebet.

Göttlichen hinaufspannen soll. Anders als bei den späten Neuplatonikern gehört das Gebet hier nicht zur Theurgie; es beruht nicht auf der Einwirkung von Göttern.[993] Entscheidend ist die Disposition des Betenden, der sich dem, was er erbittet, entsprechend verhalten muss; Gebete sind nicht unabhängig davon wirksam. Die Möglichkeit des Gebets ist eng mit der *hexis* des Beters verknüpft, die Frömmigkeit mit dem Ethos also.

VI. anagôgia

1. Ähnlichkeit und Unähnlichkeit

Von den Füßen der Engel spricht die Bibel, von ihrem Rücken, ihren Zähnen, sie gibt himmlischen Wesen die Gestalt von Tieren und beschreibt die Gerätschaften, die um den Thron Gotte stehen; sie belegt sogar Gott selbst mit Aussagen, die dem Bereich des sinnlich Wahrnehmbaren und Körperlichen entstammen. Mit dieser unpassend erscheinenden Sprache der Bibel befasst sich Dionysius im Traktat *Über die himmlische Hierarchie* und geht dabei sogar soweit, sie überhaupt als den Anfang seines Nachdenkens über das tiefere Verständnis von Symbolen darzustellen:

> „Denn vielleicht wären nicht einmal wir selbst zur Suche aus der Aporie und zum Vordringen auf eine höhere Ebene des Verstehens durch die genaue Untersuchung der heiligen Symbole gekommen, wenn nicht die Mißgestalt der bildlichen Darstellung der Engel uns verwirrt hätte, die unser Denken nicht verweilen ließ bei den unpassenden Gestalten, sondern reizte, die Hinneigung zum Materiellen zurückzuweisen, und antrieb, in geheiligter Weise durch die Erscheinungsformen hindurch die Wege der tieferen Einsicht in die Welt jenseits der Sinneserkenntnis zu suchen."[994]

Dionysius greift hier den Einwand auf, dass man, wenn man denn schon Bilder verwende, diese aus dem Bereich nehmen solle, der im sinnlich Wahrnehmbaren höhere Wertschätzung genießt, und dass man den immateriellen Engeln doch nicht das „letzte Gestaltengewimmel der Erde" anhängen müsse,[995] wenn man auf Namen zurückgreifen könnte, die der himmlischen Sphäre näher stehen.

---

993 Smith 1974: 89.

994 CH 16,7–13 (145B) (Heil).

995 CH 10,21 (137C). Vgl. auch CH 11,1–7 (137CD) (Heil): „und vielleicht wird unser Verstand dann glauben, jenseits unserer sinnlichen Welt sei alles voll von Löwen- und Pferdehorden und Muh-Gesang, Vogelschwärmen und anderen noch niedrigeren Tieren und Gegenständen, wie sie, bis zum Absurden und Perversen und Animalischen hinabsteigend die jeder Gleichheit entbehrenden Vergleiche der WORTE, die doch eigentlich offenbaren sollten, zeichnen".

Dagegen vertritt er die Auffassung, dass es „zwei Methoden der geheiligten
Offenbarung" gebe:

> „Die eine, die, wie es nahe liegt, den Weg über Bilder nimmt, die das Geheiligte in
> gleichartiger Weise abbilden, die andere, die durch Bilderfindungen ohne jede
> Gleichartigkeit bis hin zum vollkommen Unpassenden und Unwahrscheinlichen
> gestaltet wird."[996]

Gleichartige, aber auch ungleichartige, ähnliche und unähnliche Bilder können
zur „Verkörperung unkörperlicher Dinge" dienen.[997] Gegen die naheliegende
Ansicht, dass man Hochstehendes und Geistiges am besten durch hochstehende
Begriffe darstelle, vertritt Dionysius die Meinung, Bildfindungen ohne jede
Gleichartigkeit seien der Darstellung des Göttlichen letztlich angemessener:

> „Denn die edleren Bilder können einen leicht in die Irre führen, indem sie ihn in
> dem Glauben belassen, die himmlischen Wesen seien gewisse gold- oder licht-
> glänzende oder blitzende Männer, prächtig in ein strahlendes Kleid gehüllt und
> eine Art Feuer, ohne zu schaden, ausstrahlend, oder mit welchen anderen
> Schönheiten des Analogietyps die Gotteskunde den himmlischen Gedanken sonst
> noch Gestalt verliehen hat."[998]

Die ähnlichen Bilder sind verführerisch, da sie es allzu leicht machen, sich die
geistigen Wesen, die mit diesen Bildern bezeichnet werden, eben genauso vorzustellen, wie die Bilder sie veranschaulichen. Unähnliche Bilder dagegen laden

---

996 CH 12,1–4 (140C) (Heil).
997 Anzumerken ist an dieser Stelle, dass Dionysius zwar verallgemeinernd von zwei Of-
     fenbarungsformen spricht, dass er jedoch keine absolute Trennung von zwei Arten von
     Bildern, ähnlichen und unähnlichen, vertritt, sondern an eine Stufenleiter denkt, die von
     sehr ähnlichen bis zu sehr unähnlichen Bildern reicht. Demnach ist jedes Bild ähnlich
     und unähnlich zugleich. Deutlich wird dies z. B. dann, wenn er von hohen, mittleren und
     niedrigen Bildern spricht (vgl. CH 15,10–16 (144CD)), oder wenn er schreibt, dass
     „nichts ist, was nicht irgendwie am Schönen Anteil hätte, wenn wirklich, wie die
     Wahrheit der WORTE sagt: *Alles überaus schön ist*' [Gen 1,31]." (CH 13,21–23 (141C)
     (Heil)). Die griechische Bibelübersetzung der Septuaginta übersetzt an dieser Stelle das
     hebräische „tôb", das gut und schön bedeuten kann, mit „kalon". Alles von Gott Er-
     schaffene ist eben deshalb, weil es von ihm erschaffen wurde, gut, bzw. schön, wenn auch
     in unterschiedlichem Grade. Insofern etwas schön oder gut ist, ist es zugleich aber auch
     als ähnlich zu bezeichnen, da seine Schönheit auf den Schöpfer verweist. Da es jedoch
     an ihn nicht heranreicht, ist es in unterschiedlichem Grade zugleich auch unähnlich. Vgl.
     hierzu Beierwaltes 1985: 76: „Bild ist immer Bild von Etwas: Abbild des Vor- oder Ur-
     Bildes. Insofern ist es diesem ähnlich und unähnlich zugleich. Es steht als es selbst
     gerade *für* etwas anderes, als es selbst ist; es verweist auf seine Herkunft, ahmt seinen
     Ursprung nach, zeigt dessen Spur als mögliches Medium der Erkenntnis seines eigenen
     Seins." und ebd., 77. „daß Ähnlichkeit und Unähnlichkeit, Identität und Differenz, *im*
     Bild nicht gegeneinander stehen, sondern daß sie in ihm zu einem Miteinander-Wirken
     verbunden sind".
998 CH 13,9–13 (141AB) (Heil).

zu einer derartigen Verwechslung nicht ein; die Differenz zwischen ihrer Materialität und dem Geistigen/Göttlichen ist zu offenkundig.

> „Damit es denen, die keine Idee von etwas haben, das die Schönheiten der Sinnenwelt übersteigt, nicht so geht, läßt sich die Weisheit der heiligen Gotteslehrer, die zu höherer Einsicht führen will, in der geheiligten Weise auch zu den unpassenden Nichtähnlichkeiten herab, nicht duldend, daß das sinnliche Element in uns bei den beschämenden Bildern verweilt und sich dabei beruhigt. Vielmehr rüttelt sie das nach oben strebende Element der Seele auf und spornt es durch die Mißgestalt der Gebilde an, da es doch nicht zulässig und auch nicht wahr zu sein scheint, daß den so beschämenden Gestalten wahrhaftig das gleicht, was im göttlichen Bereich über dem Himmel zu schauen ist."[999]

Die „Mißgestalt" erlaubt keine Identifizierung des Bildes mit dem, was es darstellen soll, vielmehr rüttelt sie auf und reizt dazu, es zu übersteigen.[1000] So können diese schockierend unähnlichen Bilder in besonderem Maße dazu dienen, das Verständnis des Göttlichen auf einer höheren Ebene zu suchen. Unähnlichen Bildern kommt eine stärkere anagogische Funktion zu als ähnlichen Bildern, die dazu einladen könnten, in ihrer Betrachtung zu verweilen. Bei seinem Vorbehalt gegen die schönen ähnlichen Bilder hat Dionysius nicht nur die Eingeweihten, sondern auch die Außenstehenden im Blick und die ihnen gegenüber zu wahrende Arkandisziplin.

> „So halten alle Gottesgelehrten und Künder der geheimen Inspiration das Allerheiligste von den Uneingeweihten und nicht Geheiligten fern und erweisen der nicht direkt zu verstehenden bildlichen Darstellung des Heiligen die Ehre, damit sich die Außenstehenden des Göttlichen nicht so leicht bemächtigen können und nicht diejenigen, die an der Betrachtung der Gottesbilder ihre Freude haben, bei diesen verweilen, als seien sie die Wahrheit und nicht deren Abdruck."[1001]

Warum sich die Uneingeweihten durch die ähnlichen Namen des Göttlichen „bemächtigen" könnten, erläutert Dionysius nicht näher. Eine Erklärung liegt möglicherweise darin, dass derjenige, dem ein solcher Name bekannt gemacht wird, ihn unmittelbar namensmagisch und nicht als Ausgangspunkt des Strebens nach höherer Erkenntnis versteht und verwendet.

Gefährlich sind die ähnlichen Namen aber auch für schon weiter eingeweihte Mitglieder der ‚Hierarchie', wenn ihnen der ‚Mangel' der ‚Schaulust' anhaftet. Sie sind, schreibt Dionysius, „τοὺς τῶν θείων ἀγαλμάτων φιλοθεάμο-

---

999   CH 13,13–21 (141BC) (Heil).

1000 Vgl. Breton 1997: 629: „on serait tenté d'énoncer une loi de proportionnalité inverse, relative aux noms divins: plus ils sont lourds de terre ou de chair humaine, et moins ils sont dangereux, étant donné que leur lourdeur prévient la spontanéité d'une attribution ontologique".

1001 CH 15,21–16,3 145A) (Heil).

νας"[1002], die ‚Schaulustigen der göttlichen Bilder'. Wer schaulustig nach der Betrachtung dieser Namensbilder ist, vergnügt sich in der Beschreibung all der Schönheiten, die die ähnlichen Bilder dem Göttlichen und den Engeln zuschreiben; in seiner Erkenntnis schreitet er nicht fort. Dieser Gefahr wirken die unähnlichen Ähnlichkeiten entgegen. Hierin besteht ihre Nähe zur negativen Theologie:

> „Wenn nun die Negationen bei den göttlichen Dingen wahr, die Bejahungen hingegen unpassend für die Verborgenheit des Unsagbaren sind, ist die Darstellung durch die unähnlichen Bildungen geeigneter."[1003]
>
> „Auch wird so das Göttliche durch die wahren Negationen und die andersartige Weise von Herstellung einer Ähnlichkeit, die auch die letzten Widerklänge seines Wesens erfaßt, geehrt."[1004]

Analog zur Begründung des Vorrangs der Negationen vor den Affirmationen[1005] formuliert Dionysius den Vorrang der unähnlichen Bilder. So wie die Affirmationen könnten auch die ähnlichen Bilder fälschlicherweise den Anschein erwecken, man könne in ihnen des Dargestellten habhaft werden; anders als Affirmationen und ähnliche Symbole erleichtern es Negationen und unähnliche Symbole, über sie hinauszugehen.[1006] Von Gott auszusagen, was er nicht ist (τί

1002 CH 16,2f (145A). Zu dieser negativen Verwendung des Wortes vgl. Platon, Rep. 476b u. 475de, wo er die *philotheamones* den *philosophoi* gegenüberstellta. Vgl. aber auch Anm. 343.

1003 CH 12,20–13,3 (141A) (WMS): Εἰ τοίνυν αἱ μὲν ἀποφάσεις ἐπὶ τῶν θείων ἀληθεῖς, αἱ δὲ καταφάσεις ἀνάρμοστοι τῇ κρυφιότητι τῶν ἀπορρήτων, οἰκειοτέρα μᾶλλόν ἐστιν ἐπὶ τῶν ἀοράτων ἡ διὰ τῶν ἀνομοίων ἀναπλάσεων ἐκφαντορία.

1004 CH 16,4f (145A) (Heil): ὥστε τὰ θεῖα τιμᾶσθαι ταῖς ἀληθέσιν ἀποφάσεσι καὶ ταῖς πρὸς τὰ ἔσχατα τῶν οἰκείων ἀπηχημάτων ἑτεροίαις ἀφομοιώσεσιν.

1005 Vgl. DN 230,1–5 (981B) (Suchla): „Aus diesem Grund haben jene den Aufstieg durch die Negationen am meisten geachtet, weil dieser die Seele von dem ihr Verwandten abbringt und durch alle jene göttliche Wahrnehmungen hindurchführt, welchen das jeden Namen, jede Ratio und jede wahre Erkenntnis Überragende enthoben ist, als letztes aber von allem mit Gott verbindet, soweit unser Verbundenwerden mit ihm möglich ist." Διὸ καὶ αὐτοὶ τὴν διὰ τῶν ἀποφάσεων ἄνοδον προτετιμήκασιν ὡς ἐξιστῶσαν τὴν ψυχὴν τῶν ἑαυτῇ συμφύλων καὶ διὰ πασῶν τῶν θείων νοήσεων ὁδεύουσαν, ὧν ἐξῄρηται τὸ ὑπὲρ πᾶν ὄνομα καὶ πάντα λόγον καὶ γνῶσιν, ἐπ' ἐσχάτων δὲ τῶν ὅλων αὐτῷ συνάπτουσαν, καθ' ὅσον καὶ ἡμῖν ἐκείνῳ συνάπτεσθαι δυνατόν.

1006 Vgl. Roques 1983: 207: „Il existe entre symbolisme ressemblant et symbolisme inadéquat une relation analogue à celle qui oppose théologie affirmative et théologie négative."; Roques 1983: 206: „C'est effort de redressement intérieur qui nous arrache à la séduction naturelle des symboles pour n'en retenir que le sens anagogique et caché, est chose fort difficile en présence d'objets sensibles, nobles, beaux, agréables ou grands." Roques 1954: 268f: „Au plan sensible, la méthode symbolique comporte une double dialectique issue de son propre éclatement en symbolique ressemblante et en symbolique dissemblable. Elle est affirmative en tant que symbolique ressemblante et sa démarche est déscendante, puisque des plus nobles aux plus humbles, elle applique à Dieu toute la hiérarchie des symboles. La symbolique dissemblable est, par contre,

οὐκ ἔστιν)[1007] und von ihm ein unpassendes, erschreckend unähnliches Bild zu machen, sind verwandte, in einigen Punkten jedoch auch deutlich unterschiedliche Operationen. Beide haben eine anagogische Dimension, denn sie sollen den Verstand davon abhalten, dem Bereich der Sinnlichkeit und der Aussagen verhaftet zu bleiben. Sie sollen ihn anregen, darüber hinauszugehen und das Eigentliche, das Eine, Gott immer jenseits dessen anzunehmen, was in menschlichem Maß zu fassen ist. Diese anagogische Dimension wird aber auf unterschiedliche Weise hergestellt. Die negative Theologie spricht Gott das ab, was ihm die kataphatische zuspricht; bei den unähnlichen Bildern hingegen findet keine Negation statt, sondern die Zuschreibung einer Eigenschaft, die als schockierend empfunden werden muss, weil sie weit von dem entfernt ist, was als gottähnlich empfunden wird.

Der Schock der Unähnlichkeit reizt zu weiterer Betrachtung; zu einer Anagogie kommt es jedoch erst, wenn Unähnlichkeit und Ähnlichkeit des Bildes reflektiert werden. Diese emporführende Reflexion bezeichnet Dionysius als „die Reinigungen der heiliggeprägten Bilder (αἱ τῶν ἱεροτύπων εἰκόνων ἀνακαθάρσεις)"[1008]. Zum Begriff der ἀνακάθαρσις schreibt Heil: „Erklärung (ἀνακάθαρσις), also Reinigung, Abwischen des materiellen ‚Schmutzes' und das Herauslösen der reinen, von sinnlichen Implikationen befreiten Vorstellungen aus der bildhaften Darstellung."[1009] Die Bilder zu erklären, bedeutet, sie zu klären, sie von der Materialität und Sinnlichkeit, die ihnen anhängt, zu reinigen. Diese Reinigung dient der Emporführung.[1010] Neben der „Reinigung" spricht Dionysius von „Entfaltung (ἀναπτύξεως)"[1011], über die man zur „Wahrheit der Symbole"[1012] gelangen könne, zu ihrem „Kern"[1013] oder ihrer „im Innern ver-

---

négative et ascendante, car, dans un ordre rigoureusement inverse, elle repousse tous les symboles pour rejoindre la Beauté divine dans toute sa pureté". Heil (Heil 1986a: Anm. b), S. 74) stellt eine problematische Gleichsetzung und Verbindung her, wenn er schreibt, „daß der apophatischen und der kataphatischen Theologie die symbolische, d.h. die Theologie der ‚unähnlichen Bilder' überlegen ist, denn sie zwingt durch schockierende Bildersprache zum Hinterfragen der Bilder." Hierzu ist anzumerken, dass die symbolische Theologie nicht mit der Theologie der unähnlichen Bilder gleichzusetzen ist und dass der Vorrang der negativen Theologie vor allen anderen Theologien in *Über die mystische Theologie* eindeutig dargelegt wird.

1007 CH 12,16f (140D).
1008 CH 51,2 (328A) (WMS); vgl. auch CH 51,22f (328C): ἐν πρώτῃ τῶν τύπων ἀνακαθάρσει; CH 58,5 (337C); Ep. 9, 193,10–194,1 (1104B); CH 56,2 (336A).
1009 Heil 1986a: Anm. 2, S. 92.
1010 CH 57,1f (336C) (Heil, verändert): „Und so wirst du bei jeder Erscheinungsform eine emporführende Reinigung der Bilder finden." καὶ καθ' ἕκαστον εἶδος εὑρήσεις ἀναγωγικὴν τῶν τυπωτικῶν εἰκόνων ἀνακάθαρσιν
1011 DN 211,7–9 (913B); vgl. auch DN 210,20–211,2 (913A).
1012 Ep. 9 197,4–8 (1105C) (Ritter).
1013 Ep. 9 199,10 (1108C) (Ritter): εἴσω τῶν ἱερῶν συμβόλων ἱεροπρεπῶν διαβαίνειν.

borgene[n] Schönheit"[1014]; die Bilder sind „gottgestaltig (θεοειδῆ)" und „voll des
Lichtes, welches uns Kunde gibt von Gott (πολλοῦ τοῦ θεολογικοῦ φωτὸς ἀνα-
πεπλησμένα)".[1015] Dies gilt auch für die unähnlichen Bilder; da auch der materielle Bereich, aus dem sie stammen, am Schönen teilhat:

> „Man kann sich demnach sehr wohl passende bildhafte Darstellungen für den
> himmlischen Bereich auch aus dem am wenigsten geachteten Bereich der mate-
> riellen Welt ausdenken, da auch sie ihre Existenz vom wirklich Schönen erhalten
> hat und durch die ganze Stufenleiter ihrer materiellen Existenz Widerklänge der
> geistigen Harmonie enthält, und man sich durch diese hindurch zu den geistigen
> Prinzipien hinführen lassen kann, indem man, wie gesagt, die Gleichartigkeiten
> nicht im Sinne einer Analogie auffaßt und dasselbe Merkmal nicht in gleicher
> Weise bei geistigen und sinnlichen Eigenschaften, sondern dem jeweiligen Bereich
> adäquat und sinngemäß gelten läßt."[1016]

Jedes Bild ist daher in gradueller Abstufung ähnlich und unähnlich; keines
kommt dem Urbild gleich, aber jedes hat am Schönen Anteil. Was bei der
Verwendung der Bilder verlangt wird, ist eine je besondere Übertragungsleis-
tung im Hinblick auf das Urbild.

2. Vollzug und Verständnis

Die Erörterung der Frage der ähnlichen und unähnlichen Bildern hat ihren
genuinen Ort in der Sprachmethodologie der *Himmlischen Hierarchie*, und es
stellt sich die Frage nach ihrer Bedeutung für die besonderen Phänomene der
Kirchlichen Hierarchie. In seiner Monographie *Biblical and liturgical symbols*
vertritt P. Rorem die Ansicht, es gebe keinen methodologischen Unterschied bei
der Erklärung von biblischen und liturgischen Bildern.[1017] Seine zentrale These
besagt:

> „in the Pseudo-Dionysian corpus, the scriptures and the liturgy are viewed as the
> divine procession into the world of the senses; their spiritual interpretation, cor-
> respondingly, is part of the divine return which uplifts the faithful."[1018]

1014 Ep 9 196,11 (1105C) (Ritter): τὴν ἐντὸς ἀποκεκρυμμένην εὐπρέπειαν.
1015 Ep. 9 196,11f (1105C) (Ritter).
1016 CH 15,1–7 (144BC) (Heil, leicht verändert): Ἔστι τοιγαροῦν οὐκ ἀπᾳδούσας ἀναπλάσαι
      τοῖς οὐρανίοις μορφὰς κἀκ τῶν ἀτιμωτάτων τῆς ὕλης μέρῶν, ἐπεὶ καὶ αὐτὴ πρὸς τοῦ ὄντως
      καλοῦ τὴν ὕπαρξιν ἐσχηκυῖα κατὰ πᾶσαν αὐτῆς τὴν ὑλαίαν διακόσμησιν ἀπηχήματά τινα
      τῆς νοερᾶς εὐπρεπείας ἔχει καὶ δυνατόν ἐστι δι᾽ αὐτῶν ἀνάγεσθαι πρὸς τὰς ἀύλους ἀρχε-
      τυπίας, ἀνομοίως ὡς εἴρηται τῶν ὁμοιοτήτων ἐκλαμβανομένων καὶ τῶν αὐτῶν οὐ ταὐτῶς,
      ἐναρμονίως δὲ καὶ οἰκείως ἐπὶ τῶν νοερῶν τε καὶ αἰσθητῶν ἰδιοτήτων ὁριζωμένων.
1017 Vgl. Rorem 1984, Kap. 4 „The Single Method of Biblical and Liturgical Interpretation",
      49–65. Zu Rorems Monographie vgl. die Rezension Beierwaltes 1988. Die Nähe zwi-
      schen Auslegung der Schrift und der Liturgie unterstreicht auch Stiglmayr 1898: 256.
1018 Rorem 1984: 63.

Was die Schrift *Über die himmlische Hierarchie* im methodologischen Ein-
gangskapitel (Kap. 2) und im Schlusskapitel (Kap. 15) über den Umgang mit
ähnlichen und unähnlichen Bildern und Negationen entwickle, sei uneingeschränkt auf die anschließende Schrift *Über die kirchliche Hierarchie* zu übertragen.[1019] Rorem hält es für beachtenswert, dass die Bilder und Symbole der
Liturgie an keiner Stelle als unähnlich bezeichnet werden, sondern als genau
und passend.[1020] Da aber jedes Bild, auch das höchste, nicht ohne Unähnlichkeit
sein kann, sondern immer eine Differenz zum Urbild aufweist, müsse die Interpretation der liturgischen Symbole grundsätzlich auf dem gleichen Prinzip
basieren wie die der biblischen Symbole.[1021] Daraus schließt Rorem nun, dass
bei den Symbolen der Liturgie wie bei den biblischen Symbolen die anagogische
Funktion allein von ihrer Interpretation ausgeht:

> „Pseudo-Dionysius invariably linked the uplifting movement to the spiritual
> process of understanding the rituals and never to the rites by themselves. [...] the
> cognitive dimensions of Pseudo-Dionysian ‚anagogy‘.“[1022]

Der Unterschied zu Jamblich, mit dem ihn das symbolische und anagogische
Verständnis von Riten verbindet, bestehe darin, dass dieser die Anagogie im
Ritual selbst verorte und nicht in seiner Interpretation.[1023]

> „Although the Iamblichean understanding of elevative religious acts may seem
> echoed in Pseudo-Dionysius, as in being uplifted by sacred enigmas or by prayer to
> the intelligible or the divine, the emphasis is now on this ‚anagogy‘ in interpreta-
> tion. For Pseudo-Dionysius the elevation is not accomplished so much by the
> rituals or sacred symbols themselves as in their spiritual understanding. By
> knowledge of sacred things, the faithful are uplifted in and to contemplation, to the
> truth, to knowledge and to enlightenment.“[1024]

1019 Vgl. Rorem 1984: 95: „If the role of negations in the interpretation of symbols is made
explicit only in the early, methodological introduction of *The Celestial Hierarchy*, and is
largely assumed thereafter, and if this supposition helps illuminate the final chapter of
that treatise, then perhaps the next tract, *The Ecclesiastical Hierarchy*, should also be
seen in this light.“ Vgl. ebd. 13.

1020 Vgl. Rorem 1984: 95f: „Not only are liturgical images and symbols never called incongruous or dissimilar, a silence striking by itself, but they are explicitly considered
‚precise‘ and ascribed ‚with appropriateness‘.“

1021 Vgl. Rorem 1984: 96: „Either the Areopagite does not apply to liturgy his form prin-
ciples that even the loftiest images are insufficient and need interpretation including
negation, or else that principle is at this point so assumed that it is never mentioned.“
Vgl. auch Rorem 1980: 94; Rorem 1986: 137.

1022 Rorem 1984: 109.

1023 Vgl. Rorem 1984: 109: Jamblich „usually linked the language of ‚anagogy‘ to the force of
the rituals *per se*; the signs and the rites themselves, with no mention of their interpretation, are considered ‚uplifting‘.“

1024 Rorem 1982: 455.

Für Dionysius gelte, „that the uplifting does not occur by virtue of the rites or symbols by themselves but rather in their interpretation, in the upward movement through the perceptible to the intelligible"[1025]. Die Riten als „objective events" interessierten Dionysius kaum; er lege vielmehr Wert auf die Erklärung ihrer Symbole und den Aufstieg zur Bedeutung, worin eine Parallele zur „anagogical interpretation of the Bible" liege.[1026] Das Interpretationsprinzip von *Über die himmlische Hierarchie*, das auf der negativen Theologie beruht, werde in *Über die kirchliche Hierarchie* nicht aufgegeben, sondern in seine Interpretationsmethode aufgenommen, ohne eigens diskutiert zu werden.[1027] Rorem ist zwar der Ansicht, dass sich die Anagogie nicht in Abwendung von den Symbolen, sondern durch sie hindurch vollziehe:

> „This uplifting takes places not only away from the symbolical shapes and images, but also and especially through or by means of them."[1028]

In der Fußnote präzisiert er dann aber:

> „That is, by means of their spiritual interpretation"[1029],

d. h. die Emporführung in den Riten vollzieht sich allein auf dem Wege ihrer Interpretation.[1030]

> „For the most part, Dionysian biblical exegesis and liturgical interpretation employ exactly the same method. The single difference ist that liturgical symbols are ,higher' or less incongruous than those mentioned in *The Celestial Hierarchy*."[1031]

Rorem ist darin zuzustimmen, dass der Auslegung und Reinigung der liturgischen Bilder bei Dionysius eine wichtige Funktion zukommt. In der *theôria* bedenkt Dionysius den Sinn der Bilder und Symbole, erklärt und erläutert ausführlich, was sie bedeuten. Wie in bezug auf die Bilder der Schrift ist hier von

---

1025 Rorem 1984: 116.
1026 Rorem 1984: 110: „even the liturgical acts of baptism and the eucharist are inseparable from the process of interpreting them. The Areopagite's emphasis is not on these rites as objective events, but on ,the explanations of the symbols', namely an elevation of their perceptible form to their intelligible meaning, a careful parallel to the anagogical interpretation of the Bible".
1027 Vgl. Rorem 1984: 121. Vgl. ebd., 129: „This type of interpretation is incorporated without fanfare into that work's concluding chapter and is then taken completely for granted in the subsequent essay" und „The negation of the perceptible gradually becomes a natural part of the interpretation of symbols, including the less incongruous symbols of the liturgy."
1028 Rorem 1982: 454; vgl. Rorem 1984: 104.
1029 Rorem 1982: Anm. 32, S. 454.
1030 Vgl. auch Switkiewicz 2000: 3: „In such a spiritual understanding, epistemology is the base of our salvation because the anagogy that occurs through interpreted symbols is itself the return to god.", vgl. ebd. 6.
1031 Rorem 1986: 137 f.

Reinigung die Rede[1032], Dionysius will „nach den Bildern" zur „Wahrheit der Urbilder" gelangen.[1033]

Es stellt sich dennoch die Frage, ob die Emporführung von Elementen des Ritus ausschließlich in ihrer Interpretation bestehen kann. Jegliche sakramentale Wirksamkeit wäre damit ausgeschlossen, ja, es würde sich sogar die Frage stellen, weshalb der Ritus überhaupt zu praktizieren ist, wenn es doch nur seine Interpretation ist, die emporführen kann. Diesen Fragen soll im Folgenden nachgegangen werden. Dabei ist, da Interpretation und Verständnis der Riten zweifelsohne eine wichtige Rolle spielen, genauer zu bedenken, in welchem Sinne Vollzug und Verständnis in der Anagogie zusammenhängen.

Als genau, angemessen und schön erweisen sich die Bilder und Symbole in ‚Hierarchie' und Liturgie:

> „Mais lorsqu'il s'agit de symbolisme sacramental, Denys insiste plutôt sur la beauté propre et la convenance des rites liturgiques, sur leur intime accord avec les réalités spirituelles qu'ils signifient (συγγένεια, οἰκειότης)."[1034]

Von der Unähnlichkeit, die bei den Bildern der Schrift eine so große Rolle spielt, ist hier nichts zu finden:

> „While he minimized the discontinuity between the sensible and the intelligible regarding liturgical symbols, considering these unwritten and therefore less material images ‚exact' and ascribed ‚with appropriateness', he consistently emphasized the discontinuity concerning scriptural symbols, insisting on their insufficiency and even on their helpfully obvious incongruity."[1035]

Dem Vorrang der unähnlichen Bilder und ihrer stärkeren anagogischen Funktion, die Dionysius in der Schrift *Über die himmlische Hierarchie* herausarbeitet, steht hier der angemesse und passende Charakter der liturgischen Symbole gegenüber; Dionysius spricht von „genauen Abbilder[n]"[1036] und der Angemessenheit (οἰκειότητος) der Symbole.[1037] Dass das Wasser der Taufe Reinigung bedeutet, ist leicht zu begreifen.[1038] Roques weist zwar daraufhin, dass die na-

---

1032 Vgl. EH 82,13f (428D): τὸ νοητὸν τοῦ πρώτου τῶν ἀγαλμάτων ἀπογυμνώσαντες.

1033 EH 81,15f (428A) (Heil, leicht verändert): μετὰ τὰς εἰκόνας ἐν τάξει καὶ ἱερῶς ἐπὶ τὴν θεοειδῆ τῶν ἀρχετύπων ἀλήθειαν. Vgl. auch EH 68,4f (377A): Ἀνακεκαλυμμένοι δὲ ὅμως εἰσὶν ὁ τῶν συμβόλων λόγοι τοῖς θείοις ἱεροτελεσταῖς; 82,10f (428C).

1034 Roques 1958: XXIIf. Vgl. Roques 1962: 195.

1035 Rorem 1982: 454.

1036 EH 77,9f (401C) (Heil): „Die genauen Abbilder dieser Lehren siehst Du in den hierarchischen Zeremonien. (Ὁρᾷς δὲ τὰς τούτων ἀκριβεῖς εἰκόνας ἐν τοῖς ἱεραρχικῶς τελουμένοις)."

1037 Vgl. EH 77,24f (404B) (Heil): „Und nun bedenke mit Verständnis, wie angemessen die Symbole die geheiligten Inhalte enthalten (Καί μοι συνετῶς ἐννόει τὰ ἱερὰ μεθ' ὅσης οἰκειότητος ἔχει τὰ σύμβολα)."

1038 Vgl. Roques 1983: Anm. 2, S. 206: „l'eau du baptême, dont le symbolisme de purification ne paraît guère constestable."

türlichen Bedeutungen eines Gegenstandes vielfältig oder sogar widersprüchlich sein können[1039] und dass daher der kirchliche Gebrauch der Symbole sie auf bestimmte Momente einschränke, wie z. B. auf die reinigende Funktion des Wasser.[1040] Dennoch lässt sich zurecht von ihrer Angemessenheit sprechen, da das herausgehobene Moment im Symbol den natürlichen Eigenschaften des Gegenstandes nicht widerspricht und das Symbol daher nicht schockiert.

Von einer schockierenden Unähnlichkeit, die den Geist des Menschen aufrüttelt und gegen seinen Drang zum Materiellen wirkt, ist hier nichts zu spüren, aber auch nichts von einer verführerischen Gefahr. Dionysius unterscheidet innerhalb der ‚kirchlichen Hierarchie' nicht verschiedene Stufen von Bildern, wie er dies in *Über die himmlische Hierarchie* tut, wo er hohe Bilder wie Sonne, Stern oder Licht, mittlere wie Feuer und Wasser und niedrigere wie Myron oder Stein aufführt.[1041] In der Logik dieser Zuordnung müssten das Myron und sein Wohlgeruch ein schockierend unähnliches Bild darstellen. Von einer Schockwirkung durch das wohlriechende Myron ist in *Über die kirchliche Hierarchie* aber nichts zu lesen; es zeichnet sich vielmehr durch Angemessenheit und Schönheit aus:

> „Ces qualités naturelles: odeur agréable, spontanément expansive et cependant différente selon la subtilité de chaque odorat, désignent l'huile pour représenter les dons divins, leur diffusions à travers l'échelle hiérarchique et leurs effets différents selon le rang et les dispositions de chaque intelligence"[1042].

Das Myron und sein Wohlgeruch haben höchste symbolische Bedeutung. Sie sind Bild der sich verströmenden Erkenntnis, die nur derjenige erfassen kann, der dafür empfänglich ist. Ferner symbolisiert das Myron wie Brot und Wein Christus. Eine vermeintlich niedere Substanz, die über den Geruchssinn wahrgenommen wird, wird zum Bild Christi. Viele der verwendeten Bilder wie das Wasser in der Taufe, Brot und Wein der Eucharistie, Salbungen verschiedenster Art, Bewegungen im Raum, Entkleidung, Einkleidung gehören nicht in den Bereich der sogenannten hohen Bilder; es fällt vielmehr auf, dass sie zu einem großen Teil die sogenannten niedrigeren Sinne betreffen.

Offenbar haben die Kategorien ‚ähnlich' und ‚unähnlich', die Dionysius in Bezug auf die Gottes- und Engelnamen aufstellt, im Kontext der Liturgie keine Geltung. Ein *angemessenes* oder *genaues* Bild im Sinne der Liturgie ist nicht mit

---

1039 Roques 1983: 298 f.

1040 Vgl. Roques 1983: 299.

1041 Vgl. CH 15,10–16 (144CD): Καὶ ποτὲ μὲν αὐτὴν ἀπὸ τῶν φαινομένων τιμίων ὑμνοῦσιν ὡς ἥλιον δικαιοσύνης, ὡς ἀστέρα τὸν ἑῷον εἰς νοῦν ἱερῶς ἀνατέλλοντα καὶ ὡς φῶς ἀπερικαλύπτως καὶ νοητῶς καταυγάζον, ποτὲ δὲ ἀπὸ τῶν μέσων ὡς πῦρ ἀβλαβῶς φωτίζον ὡς ὕδωρ ζωτικῆς ἀποπληρώσεως χορηγὸν καὶ συμβολικῶς εἰπεῖν εἰς γαστέρα διαδυόμεον καὶ ποταμοὺς ἀναβλύζον ἀσχέτως ἀπορρέοντας, ποτὲ δὲ ἀπὸ τῶν ἀσχάτων ὡς μύρον εὐῶδες ὡς λίθον ἀκρογωνιαῖον.

1042 Roques 1983: 276.

einem *ähnlichen* Bild der Schrift gleichzusetzen. Während die Frage nach hohen, mittleren oder niedrigen, bzw. nach ähnlichen und unähnlichen Bildern sich auf eine tradierte und konventionelle Gliederung der Gegenstände der Sinneswelt bezieht, geht die Bewertung der Bilder in der Liturgie von ihrer tatsächlichen Wahrnehmung aus; das vermeintlich niedere Myron erhält daher durch seine Duftwirkung höchste Bedeutung. Als weitere Differenz der Bilder der Liturgie zu denen der Schrift kommt hinzu, dass viele der Bilder Handlungen sind oder Handlungsmomente enthalten, wie z.B. das Untertauchen in der Taufe oder der Gang mit Weihrauch.

Wie im Kapitel „cheiragôgia" gezeigt wurde, sprechen die Symbole die Sinne an; die Symbole der Liturgie richten sich nicht bloß an den Geist des Menschen, sondern auch auf seinen Körper; sie betreffen den ganzen Menschen, formen und gestalten ihn, führen ihn empor und heiligen ihn. Ihre Emporführungsfunktion bezieht sich nicht nur auf das Verständnis; auch ihre sinnliche Gestalt trägt ihren Teil dazu bei. Das materielle Moment der Symbole wird Roques zufolge sehr stark reduziert, wenn Dionysius den unähnlichen Bilder und der negativen Theologie absoluten Vorrang einräumt.[1043] Dies gilt jedoch nicht für die ‚kirchliche Hierarchie', in der die Symbole materiell und sinnlich wahrnehmbar sind und dennoch in ihrer Angemessenheit gepriesen werden. Die Materialität wird in diesem Zusammenhang weder reduziert noch gilt sie als verführerisch. Vielmehr trägt sie zur Wirksamkeit der Symbole bei.

Wäre nur die Interpretation der Symbole emporführend, könnte von einer sakramentalen Wirksamkeit nicht gesprochen werden. Roques fragt daher mit bezug auf die Eucharistie:

> „Faut-il dire que tout est *symbolique*, au sens actuel et restreint de ce terme, dans le sacrement de l'union? Et, par suite, faut-il dénier à ce sacrement toute réalité et toute efficacité?"[1044]

In der Diskussion um das Eucharistieverständnis argumentiert Roques für die Annahme, dass man von einer Präsenz Christi in Brot und Wein sprechen sollte.[1045] Zur Wirksamkeit schreibt er:

> „Faut-il dire que ces symboles sont efficaces et, dans l'affirmative, comment le sont-ils? Denys ne pose pas la question dans ces termes. Il ne songe pas un instant à préciser si l'un des symbols est plus essentiel que l'autre, et, moins encore, à dire s'il

---

1043 Vgl. Roques 1958: Anm. 3, S. XLIV: „En donnant d'ailleurs au symbolisme dissemblable (comme à la théologie apophatique) un primat absolu, Denys a certainement exténué à l'extrême l'élément sensible ou matériel du symbole." Vgl. auch Sheldon-Williams 1965: 24, der Ansicht ist, dass das Sinnliche bei Dionysius keinen Wert hat außer seiner geistigen Lehre und der anagogischen Vermittlung und dass der Symbolismus nicht-realistisch ist.

1044 Roques 1983: 267.

1045 Vgl. Roques 1983: 267–271.

en est de purement facultatifs. Pareil problème lui semblerait même, en un sens, sacrilège, car toutes les institutions ecclésiastique sont saintes et divines, et il n'appartient à personne d'en mesurer l'efficacité surnaturelle au moyen d'arguments humains. Il faudrait donc parler d'une *efficacité globale et indifférenciée du sacrement* dans les rites symboliques et dans les paroles qui accompagnent ces rites. *Il constitue un tout et le tout est nécessaire.*"[1046]

Dem ist auch insofern zuzustimmen, als die ganze Liturgie, jegliche *hierourgia* als Weiterführung der *theourgia*, der göttlichen Tat wirksam ist und ein enger Zusammenhang zwischen den einzelnen Sakramenten besteht.[1047] Von einer undifferenzierten Wirksamkeit lässt sich jedoch nur mit einer gewissen Einschränkung sprechen, denn Dionysius hebt, wie oben aufgezeigt wurde, auch besondere Wirkungen einzelner Sakramente und Symbole hervor, sei es die Formung der *hexis*, die Bildwerdung oder die Einung.

Was die Wirksamkeit der Sakramente angeht, schließt sich Louth der Argumentation Roques an:

> „This certainly envisages a dual activity of the sacraments, operating on the soul spiritually through knowledge, and the body physically: but there seems no doubt that for Denys both are necessary, for ,the one who has died lived a life of friendship with God in both soul and body' (565B3–4). All this confirms Rorem's argument that for Denys knowledge and understanding are paramount in (at least) the soul's advance towards union with God, but it suggests too that this is not the whole story and that there is a place for genuine sacramental efficacy in Dionysian sacramental theology."[1048]

Mit Roques und gegen Rorem vertritt Louth die These, dass es bei Dionysius Platz für sakramentale Wirksamkeit gibt und begründet dies damit, dass die Symbole auch auf den Körper wirken. Hinzuzufügen wäre jedoch, dass sie über den Körper auf die Seele wirken; diese wird nicht bloß durch die Interpretation emporgeführt, sondern erfährt, wie gezeigt, durch die Symbole und ihren Vollzug selbst eine Wandlung.[1049]

1046 Roques 1983: 301.
1047 Die Taufe ist Voraussetzung für die Teilnahme an Eucharistie und Myronweihe; das geweihte Myron begründet durch Taufwasser- und Altarweihe die anderen Weihen; vgl. EH 107,21–108,4 (505BC).
1048 Louth 1986: 438; vgl. Louth 1989: 72.
1049 Die vorangegangenen Überlegungen beziehen sich in erster Linie auf Rorem, Louth und Roques. Ohne Bezug auf diese Autoren bleibt eine von Wesche (Wesche 1989; Wesche 1990), Golitzin (Golitzin 1990) und Perl (Perl 1994) geführte Debatte, in der Wesche die Ansicht vertritt, dass es keine sakramentale Wirksamkeit gebe (Wesche 1989: pass., bes. 62, 68, 73), was Golitzin und Perl, die in erster Linie die orthodoxe Christlichkeit des Dionysius gegen den Vorwurf des Neuplatonismus verteidigen, bestreiten. Da sich diese Auseinandersetzung ganz im innertheologischen Diskussionsrahmen bewegt, konnte sie bei der vorliegenden philosophischen Erörterung unberücksichtigt werden.

Wenn nun aber beides, Verständnis und Vollzug, eine Rolle spielen, lässt sich Dionysius nicht einfach als Gegenpol Jamblichs darstellen.[1050] Mehrfach hebt Jamblich die Unverständlichkeit der Rituale hervor:

> „Iamblichus' defence of unintelligible ritual (unintelligible, that is, to Greeks). It is not necessary, he argues, to understand theurgic rites, since theurgy is not in essence a human activity and human understanding can never attain the divine; it is better to perform the rites as they have been handed down by tradition."[1051]

Es ist nicht das Denken, das den Theurgen mit den Göttern vereint, sondern der „Vollzug der unsagbaren und über jedem Denken stehenden Akte"[1052], betont Jamblich. Diese Auffassung zeigt sich auch in seiner Verteidigung unverständlicher Götternamen.[1053] Gerade dass sie uns unbekannt sind, zeigt ihren hohen Charakter, sie übertreffen unsere Erkenntnis;[1054] den Göttern sind sie hingegen bekannt. Für die Verwendung im Ritual sei die Sprache der heiligen Völker, wie der Ägypter und Assyrer, besonders geeignet, sie stünde den Götter nahe, sei alt und ursprünglich;[1055] in der Übersetzung würden die Namen diese Gottesnähe verlieren.[1056] Jamblich spricht sich für die genaue Einhaltung der alten Bräuche aus, die desto wirksamer seien, je genauer ihre ursprüngliche Form eingehalten werde.[1057] Ob sie dabei verstanden werden, sei unbedeutend. Dennoch spielt auch bei Jamblich die Interpretation der Symbole eine Rolle; er legt Symbole aus[1058] und spricht von einer „geistigen Auslegung der Symbole (τὴν τῶν συμβόλων νοερὰν διερμήνευσιν)", über die man zur „geistigen Wahrheit (τὴν νοερὰν ἀλήθειαν)" gelangen sollte.[1059] Das ganze Werk *De mysteriis* ist darauf angelegt, die Riten zu begründen, Stäcker verweist in seiner Untersuchung zu Jamblichs Verständnis der Theurgie darauf, dass „sich das exegetische Schaffen Jamblichs keineswegs als gewissermaßen wissenschaftliche Tätigkeit neben Ausflügen in

---

1050 Louth ist darin zuzustimmen, dass aus der Betonung der Unverständlichkeit der Rituale bei Jamblich nicht folgt, dass bei Dionysius, der die Verständlichkeit hervorhebt, alles auf diese reduziert werde, vgl. Louth 1986: 436.

1051 Louth 1986: 433.

1052 Jamblich, dM II 11 96,13–97,9.

1053 Jamblich, dM VII 4–5, 254,12–260,2. Vgl. Pépin 1982: 110.

1054 Jamblich, dM VII 4, 255,11–14.

1055 Jamblich, dM VII 4, 256,6–17.

1056 Jamblich, dM VII 5, 257,1–19.

1057 Vgl. Stäcker 1995: 195.

1058 Vgl. z. B. Jamblich, dM VII 1–3, 249,11–254,11.

1059 Jamblich, dM VII 2, 250,13–17: „Écoute donc, toi aussi, selon l'intelligence de l'Égyptien, l'interprétation intellectuelle du symbole, en abandonnant l'image des éléments symboliques qui vient de l'imagination et de l'ouïe, pour t'élever à la vérité intellectuelle." Ἄκουε δὴ οὖν καὶ σὺ κατὰ τὸν τῶν Αἰγυπτίων νοῦν τὴν τῶν συμβόλων νοερὰν διερμήνευσιν, ἀφεὶς μὲν τὸ ἀπὸ τῆς φαντασίας καὶ τῆς ἀκοῆς εἴδωλον αὐτῶν τῶν συμβολικῶν, ἐπὶ δὲ τὴν νοερὰν ἀλήθειαν ἑαυτὸν ἐπαναγαγών. Hierauf verweist auch Rorem 1984: 109.

weniger solide Gebiete wie die Theurgie dar[stellt], sondern als ein ihr integraler Bestandteil"[1060].

Dionysius wiederum verweist in seinem Traktat darauf, dass ein gewisses Maß an Unverständnis dem Gott, der unser Verstehen übersteigt, durchaus angemessen ist.[1061] Die Kindertaufe, auf die Louth in diesem Zusammenhang verweist, ist dafür in doppelter Hinsicht ein Beispiel. Auf der einen Seite nehmen die Kinder ohne jegliches eigenes Verständnis an den für sie wirksamen Riten teil, auf der anderen Seite mahnt Dionysius den Adressaten seiner Schrift, diejenigen, die diese Riten verspotten, nicht zu verachten, schließlich sei auch den oberen Ordnungen der kirchlichen und sogar der himmlischen ‚Hierarchie' vieles nicht bekannt.[1062]

Der Unterschied zwischen Jamblich und Dionysius scheint daher weniger groß, als Rorem annimmt. Was bei Jamblich jedoch im Zentrum steht, die korrekte Durchführung auch unverständlicher Riten, kommt bei Dionysius gleichwohl nur als Grenzfall der Taufe der Kinder ins Spiel. Für alle anderen Mitglieder gilt, dass dem Verständnis der Riten eine zentrale Bedeutung zukommt. In seinen *theôriai* bemüht er sich, den tieferen Grund und Sinn eines jeden Ritus zu begreifen, auch wo sich dies nicht als leicht erweist. Die ‚Hierarchie' ist ein System der Erkenntnismitteilung, durch das alle Mitglieder zu höherer Erkenntnis und Einweihung geführt werden sollen. In der Emporführung (*anagôgia*) kommt ihr eine größere Bedeutung zu als bei Jamblich, was aber nicht bedeutet, dass nur in ihr die anagogische Funktion zu verorten ist. Vom Grenzfall der Kindertaufe abgesehen, sind Verständnis und Vollzug, oder, anders gesagt, Interpretation der Symbole und materielle Durchführung nicht zu trennen.

3. Schönheit

Grundlage der „materiellen Handreichung" der Liturgie ist es, die „sichtbaren Schönheiten als Abbildungen der unsichtbaren Harmonie" zu begreifen,

> „die Verbreitung sinnlicher Wohlgerüche als Abbildung der Ausbreitung des Gedankens und als Bilder der immateriellen Gabe des Lichtes die materiellen Lichter und als Abbild der Erfüllung mit der geistigen Schau des Wesens die diskursiven geheiligten Schulungen und als Abbild des harmonischen geordneten Verhältnisses zu allem von Gott Ausgehenden die Ordnungen der Gliederungen hier unten und als Abbild der Teilhabe an Jesus die Teilhabe an der göttlichen Eucharistie"[1063].

1060 Stäcker 1995: 218.
1061 Vgl. Louth 1986: 438: „and like Iamblichus he argues that a certain incomprehension is fitting in our dealings with a God who is utterly beyond our understanding".
1062 Vgl. EH 130,13–131,5 (566D-568A).
1063 CH 8,19–9,6 (121C-124A).

Die Schönheit der Gegenstände oder Sinneswahrnehmungen ist Abbild göttlicher Schönheit, menschliche Erkenntnis und Eucharistie werden als unterschiedliche Formen von Abbildlichkeit und materieller Handreichung dargelegt. Schönheit findet Dionysius jedoch nicht nur in den Bildern der Natur; auch die Riten der ‚Hierarchie' sind schön[1064]:

> „Nachdem wir die äußere Harmonie der ganzen schönen heiligen Handlung betrachtet haben, wollen wir den Blick auf ihre noch göttlichere Schönheit lenken und schauen, was sie für sich ist, wenn die Vorhänge zurückgezogen sind, und wie sie ihren beseligenden Glanz sichtbar ausstrahlt und uns mit dem Wohlgeruch erfüllt, der denkenden Wesen nicht verhüllt ist."[1065]

Dionysius unterscheidet die äußere Schönheit der Riten und eine göttlichere Schönheit, die gleichsam hinter den Vorhängen oder im Allerheiligsten zu finden ist, wenn man die Vorhalle mit schönen Bildern durchschritten hat:

> „Diese (äußeren Abläufe), die, wie ich sage, gleichsam die schönen bildlichen Darstellungen in der Eingangshalle zum Allerheiligsten sind, wollen wir den Unvollendeten zur an sich genügenden Betrachtung überlassen, selbst aber eindringen vom Verursachten zur Ursache bei unserer geheiligten ‚Versammlung'; und weil Jesus uns ins Licht führt, werden wir den prächtigen Anblick der Gegenstände des reinen Denkens schauen, in dem sichtbar die selige Schönheit der Urbilder aufleuchtet. Nun also, göttlichste und geheiligte Weihe, lege die dich als Symbole umgebenden Hüllen der Rätsel ab und zeige dich uns fernhin strahlend und erfülle unsere geistigen Augen mit dem einheitlichen, unverhüllten Licht."[1066]

Mit dem Bild des Tempelinneren, das man nach der Betrachtung der Bilder in der Vorhalle betritt, knüpft Dionysius an eine plotinische Tradition[1067] an:

1064 Ein Aspekt, der in den meisten Ausführungen zur Konzeption des Schönen bei Dionysius keine Erwähnung findet, wo zumeist *Über die göttlichen Namen* im Mittelpunkt steht; vgl. z.B. Koutras 1995; auch in den Vorträgen auf Tagung „Neuplatonismus und Ästhetik" (Olejniczak Lobsien/Olk 2007) wurden, wo von Dionysius gesprochen, ausschließlich seine Ausführungen über das Schöne in *Über die göttlichen Namen* und die Theorie der unähnlichen Ähnlichkeiten aus *Über die himmlische Hierarchie*, evtl. noch mit Blick auf *Über die mysische Theologie* in den Blick genommen; vgl. insbesondere Haug 2007: 24; Halfwassen 2007: 45–47.

1065 EH 97,4–8 (476B) (Heil). Φέρε δὴ λοιπὸν ἐπειδὴ τὴν ἐκτὸς εὐπρέπειαν ἐθεασάμεθα τῆς ὅλης καλῆς ἱερουργίας, εἰς τὸ θειότερον αὐτῆς ἀποβλέψωμεν κάλλος, αὐτὴν ἐφ' ἑαυτῆς ἀποκαλυψαμένην τὰ παραπετάσματα, θεώμενοι τὴν μακαρίαν ἀποστίλβουσαν ἐμφανῶς αἴγλην καὶ τῆς ἀπερικαλύπτου τοῖς νοεροῖς ἀποπληροῦσαν ἡμᾶς εὐωδίας.

1066 EH 82,5–12 (428BC) (Heil).

1067 Vgl. de Andia 2001: 435, Anm. 52. Vgl. Louth 1997: 329, der der Ansicht ist, es handele sich hier um „a Plotinian echo, whose purport is really the purely elementary function fulfilled by images" und nicht um einen Verweis auch die Kirchenarchitektur, die ihn nicht zu interessieren scheine. Boularand sieht hingegen einen Hinweis auf die Kirchenarchitektur der Zeit, mit einer Vorhalle geschmückt von Mosaiken und Ikonen, vgl. Boularand 1958: 130.

„Wie kann man eine überwältigende Schönheit erschauen, die gleichsam drinnen bleibt im heiligen Tempel und nicht nach außen hinaustritt daß sie auch ein Uneingeweihter sehen könnte?"[1068]

„selbst die schönen Dinge denkt er nicht mehr, sondern über das Schöne ist er nun hinweggeeeilt, hinausgeschritten nun auch über den Reigen der Tugenden, wie einer der in das Innere der unbetretbaren heiligen Kammer eingetreten ist und die Götterbilder im Tempel hinter sich gelassen hat"[1069].

Plotin verwendet das Bild des Tempels, um den Weg von der äußeren zur eigentlichen Schönheit zu kennzeichnen. Die äußere Schönheit berührt und bewegt zwar, da sie die „Spur des Verwandten"[1070] zeigt, jedoch ist sie als „Abbild" und „Schatten" zu fliehen,[1071] um so den Weg von der sinnlichen Schönheit zur eigentlichen geistigen Schönheit zu finden.

Dionysius überträgt dieses Bild[1072] auf die Betrachtung der Liturgie; die Bewegungsrichtung verändert sich dabei. Während es sich bei Plotin um eine Bewegung *weg* von den schönen Bildern handelt, sucht Dionysius einen tieferen Sinn und eine höhere Schönheit *in* der Schönheit der Liturgie. Derjenige, der nach dieser tieferen Bedeutung strebt, hört nicht auf, die äußere Schönheit des Ritus zu betrachten, er nimmt weiterhin an ihr teil; jedoch sieht er in ihr mehr, als der Uneingeweihte zu sehen vermag. Anders als das Bild vom Tempel es zu suggerieren scheint, verlässt er nicht die Bilder, die die Uneingeweihten betrachten, um im Allerheiligsten zu sehen, was nur er sehen kann. Vielmehr schaut er dieselben Bilder, jedoch sieht er in ihnen mehr, als es die Uneinge-

---

1068 Plotin, Enn. I 6 [1] 8,1–3.

1069 Plotin, Enn. VI 9 [9] 11,16–19: οὐδὲ τῶν καλῶν· ἀλλὰ καὶ τὸ καλὸν ἤδη ὑπερθέων, ὑπερβὰς ἤδη καὶ τὸν τῶν ἀρετῶν χορόν, ὥσπερ τις εἰς τὸ εἴσω τοῦ ἀδύτου εἰσδὺς εἰς τοὐπίσω καταλιπὼν τὰ ἐν τῷ νεῷ ἀγάλματα.

1070 Plotin, Enn. I 6 [1] 2,9f: „so ist es das Verwandte oder auch nur die Spur des Verwandten, dessen Anblick sie erfreut und erschüttert".

1071 Plotin, Enn. I 6 [1] 8,6–8: „Denn wenn man Schönheit an Leibern erblickt, so darf man ja nicht sich ihr nähern, man muß erkennen daß sie nur Abbild Abdruck Schatten ist, und fliehen zu jenem von dem sie das Abbild ist." ἰδόντα γὰρ δεῖ ἐν σώμασι καλὰ μήτοι προστρέχειν, ἀλλὰ γνόντα ὥς εἰσιν εἰκόνες καὶ ἴχνη καὶ σκιαὶ φεύγειν πρὸς ἐκεῖνο οὗ εἰσιν εἰκόνες.

1072 Vgl. Basilius, hex II, 28C: „Ce matin, nous nous somme attachés à l'explication de quelques mots; et nous y avons trouvé cachée une telle profondeur de sens que c'est à désespérer complètement des suivants. Car si l'entrée du Saint est telle; se le propylées du temple sont à ce point vénérables, élevés et d'une beauté dont l'excès aveugle d'éclairs notre intelligence, que sera le Saint des Saints? Et quel homme capable d'affronter le Sanctuaire? Qui contemplera les mystères cachés? Car la vue même en est inaccessible; et, de toute façon, il est difficile d'exposer ce que l'esprit en a conçu." Vgl. auch Gregor von Nazianz, Or. 40,16, 380B (230,23–232,1). Johannes Chrysostomos scheint sich in seinen Taufkatechesen hingegen auf die tatsächliche Raumgestaltung zu beziehen (Cat. bapt. II, 29, 1–4).

weihten zu sehen vermögen, und betritt in diesem Sinne einen Raum, der jenen unzugänglich ist.

Wenn daher Dionysius schreibt, dass die äußere Schönheit für diejenigen eine Einführung biete, die in ihrer Einweihung noch nicht so weit vorangekommen sind, da schon die äußere Form dieser Handlung etwas von ihrem tieferen Gehalt vermittle,[1073] so ist daraus nicht die Konsequenz zu ziehen, dass die äußere Schönheit nur einführenden Charakter hat. Priester und Bischof nehmen ebenso an der Liturgie teil wie die Laien und erfahren daher auch ihre Schönheit, in der sie jedoch mehr erkennen, als die Laien dies tun; sie lassen dabei die sinnliche Schönheit nicht vollkommen hinter sich; sie sehen vielmehr in ihr, was über sie hinausreicht.

Dionysius nimmt eine Mittlerkraft des Schönen an, die in der Hierarchie wirksam ist:

> „Zugleich schließt er [Jesus] unsere vielen abweichenden Besonderheiten mittels des auf ihn gerichteten und uns ausrichtenden Liebesdranges zum Schönen zu einer Einheit zusammen und vervollkommnet sie zu einem dem Einen gemäßen, göttlichen Leben, Verhalten und Wirken (τῷ πρὸς αὐτὸν ἀνατεινομένῳ καὶ ἡμᾶς ἀνατείνοντι τῶν καλῶν ἔρωτι συμπτύσσει τὰς πολλὰς ἑτερότητας καὶ εἰς ἑνοειδῆ καὶ θείαν ἀποτελειώσας ζωὴν ἕξιν τε καὶ ἐνέργειαν)"[1074].

Er greift mit dieser Idee einen platonischen Topos auf,[1075] den er auch in *Über die göttlichen Namen* im Zusammenhang seiner Überlegungen zum Gottesnamen „der Gute" reflektiert. Dort bringt er das Wort κάλλος (*kallos*, Schönheit) mit dem Verb καλεῖν (*kalein*, rufen) in Verbindung.[1076] Von Dionysius' Ausführungen in diesem Traktat wird nicht selten behauptet, dass das Schöne hier nur als metaphysische Kategorie verwandt werde: Alles ist schön, weil es am Schönen Anteil hat; von einer Ästhetik im eigentlichen Sinne könne hingegen nicht gesprochen werden.[1077] In der Abhandlung *Über die kirchliche Hierarchie* wird aber von der Schönheit der Riten gesprochen, die der Teilnehmer auch über die Sinne erfährt und deren Materialität gerade zu ihrer Wirkung beiträgt. Die Schönheit der Liturgie liegt nicht in äußerlichem Prunk – von der Ausstattung und Ausschmückung des Kirchenraums, von Gewändern und kostba-

---

1073 So schreibt Dionysius, die Zeremonie der Taufe würde auch dann die „Lehre vom wohlgeordneten Leben" vorführen, „wenn sie keinen tieferen göttlichen Gehalt hätte" (EH 73,19–21 (397B) (Heil)).

1074 EH 64,4–6 (372B) (Heil).

1075 Platon, Symp., 202a-212c, wo Sokrates die Rede der Diotima wiedergibt.

1076 DN 151,5–10 (701CD): Τὸ δὲ ὑπερούσιον καλὸν κάλλος μὲν λέγεται [...] καὶ ὡς πάντα πρὸς ἑαυτὸ καλοῦν, ὅθεν καὶ κάλλος λέγεται. Vgl. Proklos, In Alc. 328,12–16; vgl. dazu Anm. 2 zu S. 361, S. 454; ders., Th. Pl. I 18, 87,4f; I 24 (108,8f). Vgl. Beierwaltes 2001²a: 69–72; Beierwaltes 1989: 307.

1077 Vgl. Anm. 1064.

rem Gerät spricht Dionysius an keiner Stelle.[1078] Es ist vielmehr ihr gottgemäßer Charakter, der sie schön macht. Als *hierourgia*, als heilige Handlung, ist sie die Weiterführung der *theourgia* und als solche schön. Ihre Schönheit äußert sich in ihrer Wirkung auf Geist und Sinne. Angesprochen sind alle Sinne; die intensivsten Wirkungen scheinen Wohlgeruch und Gesang auszuüben; Geruchssinn, Gehör und ein Spüren des Körpers beim Singen erscheinen als besonders empfänglich. Gerade der Einschluss des Geruchssinns ist ungewöhnlich. In der Tradition wird Schönheit zumeist mit dem Gesichtssinn oder mit dem Gehör in Verbindung gebracht. Plotin hebt in Enn. I 6 vor allem sichtbare schöne Dinge hervor. Augustinus bestimmt die Schönheit als „aequalitas numerosa"[1079], eine Bestimmung, die im Bereich der Töne und in dem des Sichtbaren Anwendung finden kann, die jedoch nicht auf Gerüche zu übertragen ist. Auch Thomas von Aquin ist der Ansicht, dass nur diese beiden Sinne Anteil am Schönen erhalten können.[1080] Gemeinsam ist diesen Bestimmungen, dass Schönheit dem Geist zugänglich sein muss. Dies gilt auch für Dionysius; die Schönheit der Riten betört nicht einfach die Sinne; vielmehr beurteilt der Geist ihre Form und Gestalt, d. h. auch ihre Wirkung auf die Sinne, als angemessen. Die Geistartigkeit ihrer Schönheit liegt hier aber nicht in einer Maß- und Zahlhaftigkeit; es ist vielmehr die Angemessenheit dieser Wirkung. Der Grund, den Thomas bewogen hat, den Geruchssinn auszuschließen, nämlich seine fehlende Erkenntnishaftigkeit, gilt für Dionysius insofern nicht, als er den Geruchssinn nicht von der Erkenntnismittlung ausschließt. Offenkundig geht es auch bei ihm um Erkenntnis und Anagogie.

Es besteht auf dem Feld der Riten keine Kluft zwischen dem äußeren Erscheinungsbild und der Bewertung des Geistes, anders als im Fall der unähnlichen Bilder. Die Schönheit der liturgischen Bilder ist nicht verführerisch, lenkt

---

1078 Was die anagogische Funktion der Schönheit angeht, so steht Abt Suger von Saint-Denis sicherlich in der Tradition des Dionysius. Vgl. besonders De administratione 224. Die Gegenstände, die er betrachtet, sind jedoch prunkvoll, kostbar, geschmückt mit Gold und Edelsteinen; ihre Schönheit entspricht nicht der Schönheit, von der Dionysius spricht. Zur Ablehnung der Position Sugers, vgl. Bernhard von Clairvaux, Apologia ad Guillelmum XII, in: PL 182, 915D-916A.

1079 Augustinus, De musica 6, 47.

1080 Thomas von Aquin, S. th I/II q 27 a 1 ad 3: „Deswegen sind auch hauptsächlich jene Sinne auf das Schöne gerichtet, die am meisten erkennend sind, nämlich Gesicht und Gehör, die der Vernunft dienen; wir sprechen nämlich von Dingen, die schön zu sehen, und von Tönen, die schön [zu hören] sind. Bei den Gegenständen der anderen Sinne gebrauchen wir jedoch nicht die Bezeichnung ‚schön'; wir reden nämlich nicht von ‚schönen' Geschmäcken oder Gerüchen." „Unde et illi sensus praecipue respiciunt pulchrum, qui maxime cognoscitivi sunt, scilicet visus et auditus rationi deservientes: dicimus enim pulchra visibilia et pulchros sonos. In sensibilibus autem aliorum sensuum, non utitur nomine pulchritudinis: non enim dicimus pulchros sapores aut odores."

nicht ab, vielmehr wirkt sie selbst anagogisch und führt zur göttlicheren Schönheit, die in ihr verborgen und nur den Wenigen zugänglich ist.

4. Elite und Volk

Da die Schönheit der Liturgie Dionysius zufolge Geist und Sinnen zugänglich ist, umfasst die Teilnahme an der Liturgie beides, die Wirkung der Schönheit auf die Sinne und auf den Geist. Damit verlangt Dionysius einen reflektierten Liturgievollzug. Die tiefer Eingeweihten sollen im Vollzug der Riten in deren äußerer Schönheit eine göttlichere Schönheit erkennen, die Reflexion folgt nicht auf den Vollzug, sondern ist diesem inhärent. Sich im Vollzug der Liturgie ihrer Bildhaftigkeit bewusst zu sein, ist Kennzeichen dieser Teilnahme an der Liturgie. Zwischen den verschiedenen Gruppen von Teilnehmern bestehen jedoch bedeutende Unterschiede, was die tiefere Einsicht in den Sinn und die Schönheit der Riten angeht; es gibt viele Stufen zwischen tiefem Verständnis und völligem Unverständnis.[1081] Priester und Hierarch stehen in einem doppelten Sinne den Symbolen näher. Bei Eucharistie und Myronweihe stehen sie um den Altar, sie sehen Brot und Wein, bzw. das Myron in seinem Flügelgefäß („verhüllt von zwölf geheiligten Flügeln"[1082]) aus der Nähe, aus der Ferne sehen die Laien zu. Diese räumliche Nähe korreliert mit einer geistigen Nähe:

> „Denn die sichtbare Handlung der Ölweihe (ἡ φαινομένη τοῦ μύρου τελεσιουργία) ist auch der Umgebung des Hierarchen nicht unzugänglich oder ihren Augen entzogen. Im Gegenteil: Bis zu ihnen kommt sie durch und gewährt ihnen Einsicht über das hinaus, was der Masse faßlich ist. Deshalb wird sie von den Priestern um den Hierarchen nach geheiligtem Brauch verhüllt und von der Menge gemäß dem Gesetz der Hierarchie abgesondert. Denn in den gottvollen Männern leuchtet das Licht der hochheiligen Gaben rein und unmittelbar auf, weil sie dem Licht des zu denkenden Gedankens verwandt sind, und durchzieht unverhüllt ihre Denkauffassungen mit seinem Wohlgeruch. Zu der niedrigeren Stufe dringt es nicht mehr in gleicher Weise vor, sondern wird von ihnen als den zur geheimen Betrachtung der Gedankenwelt Auserwählten ohne Schaustellung nach außen unter Rätselfiguren mit Flügeln verhüllt, um es vor den Andersartigen unbefleckt zu erhalten. Durch eben diese geheiligten Rätselfiguren werden die darunterstehenden schöngeordneten Stände emporgeleitet zu dem ihnen angemessenen geheiligten Verständnis."[1083]

Es handelt sich um ein und dieselbe sichtbare Handlung, gesehen aus der unterschiedlichen Perspektive räumlicher Anordnung und abgestufter Erkenntnisfähigkeit. Die heilige Handlung bietet unterschiedlich tief Eingeweihten eine

---

1081 Vgl. Roques 1958: XXIII.
1082 EH 95,13 (473A) (Heil).
1083 EH 97,8–18 (476BC) (Heil).

je ihnen angepasste Zugangsmöglichkeit und steht damit allen Einweihungs-
stufen offen. Wer tiefer eingeweiht ist, praktiziert dann nicht höherrangige
Rituale oder löst sich gar von jeglichem Ritual, wie es bei Jamblich dargelegt ist,
der verschiedene Arten von Kult und Opfer unterscheidet, einen Kult für die
Wenigen, den anderen für die Menge, die noch im Körperlichen verhaftet ist.
Das materielle Opfer müsse man Gruppen und Städten, die noch nicht zur
Reinheit gelangt sind, zugestehen, um dort zumindest begrenzte materielle
Güter zu erlangen.[1084] An anderer Stelle unterscheidet Jamblich drei Leben,
denen die Kultformen entsprechen müssen, nämlich das materielle der „Herde",
das reine der Wenigen und ein mittleres, das zwischen den beiden anderen
Formen steht.[1085] Auch die höchste Form bezeichnet Jamblich als Theurgie oder
hieratische Kunst.[1086] Umstritten ist in der Forschung, ob diese oberste Stufe der
Theurgie frei von jeglichen materiellen und rituellen Momenten zu denken ist.
Oftmals wurde die höhere Theurgie als philosophisch, theoretisch oder mystisch
begriffen, die niedere hingegen als praktisch und rituell.[1087] Smith hält dagegen:

1084 Vgl. Jamblich, dM V 15, 219,1–220,18. Vgl. dM V 20, 227,16–228,12.
1085 Vgl. Jamblich, dM V, 18,223,10–225,11. O'Meara 2005[2]: 127: „As for human souls, they
      are also differentiated by the degree of their descent and involvement in corporeality.
      Their divinization or salvation will accordingly require various appropriate means: for
      ‚pure' souls, a pure ‚immaterial' cult; for souls plunged in materiality, a material cult
      corresponding to their particular condition; for those in between, an appropriate in-
      termediate cult." Vgl. auch Nasemann 1991: 24.198.
      Der Vergleich dieser Dreiteilung in einen materiellen, gemischen und immateriellen
      Kult mit der Einteilung der Hierarchien in die immaterielle himmlische, die mittlere
      kirchliche und die materielle gesetzliche, den Rorem 1984: 107 anstellt, ist nicht ganz
      stimmig; anders als in der jamblichschen Variante wird bei Dionysius die oberste Triade
      von Engeln gebildet, die beiden anderen Triaden folgen in der Zeit aufeinander. Vgl.
      Shaw 1999: 582f und Burns 2004: 112, die Rorem zustimmen.
1086 Vgl. Jamblich, dM V 18, 225,1–5: „Les autres mènent leur existence selon l'intellect
      seulement et la vie de l'intellect, et, affranchis du liens de la nature, s'exercent à la règle
      intellectuelle et incorporelle de l'art hiératique dans toutes les parties de la théurgie. Οἱ
      δὲ κατὰ νοῦν μόνον καὶ τὴν τοῦ νοῦ ζωὴν τὸν βίον διάγοντες, τῶν δὲ τῆς φύσεως δεσμῶν
      ἀπολυθέντες, νοερὸν καὶ ἀσώματον ἱεραρτικῆς θεσμὸν διαμελεῶσι περὶ πάντα τῆς θεουρ-
      γίας τὰ μέρη; dM V 20, 228,6–12. Vgl. auch Nasemann 1991: 198 f.
1087 Vgl. Smith 1974: 90, wo auf verschiedene Unterscheidungen verwiesen wird. Auf die
      verschiedenen Unterteilungen kann in diesem Zusammenhang nicht eingegangen wer-
      den, festzuhalten ist aber, dass sie meist die höhere Theurgie als von rituellen und
      materiellen Momenten frei ansahen. Zu den Unterteilungen, vgl. van den Berg 2001:
      76–78; Burns 2004: Anm. 29, S. 117 f. In Abgrenzung zu andern Autoren meint Shep-
      pard, der van den Berg zustimmt (van den Berg 2001: 84f), dass bei Proklos nicht
      zwischen hoher und niedriger Theurgie zu unterscheiden sei, sondern zwischen drei
      Stufen. Ihrer Ansicht nach spielt das Ritual auf der Ebene der obersten Theurgie keine
      Rolle, während die Riten, wie sie in der *Vita Procli* aufgeführt werden, nie dazu dienten,
      mystische Erfahrungen herbeizuführen. Die „ritual theurgy" wirke nur auf einge-
      schränkter Ebene, und die Einung benenne Proklos zwar auch als Theurgie, da sie den
      gleichen Grundsätzen folge, jedoch handele es sich hierbei nicht um ein Ritual, vielmehr

„Such a simple solution is attractive, neatly cutting off the ritual element from the higher mystical theurgy."[1088] Was Jamblich angeht, unterscheidet er zwischen einer niedrigeren Theurgie – „as restricted to the area of συμπάθεια, the material world of humans and daemones" – und einer höheren Theurgie – „involves the linking of man with his superiors, the gods, not only through συμπάθεια, but through φιλία"[1089] –, was er damit begründet, dass Jamblich Riten erwähne, wo er doch eindeutig von der höchsten Einung spricht.[1090] Proklos' Haltung erscheint Smith weniger eindeutig zu sein, jedoch sei es wahrscheinlich, dass er eine ähnliche Unterteilung wie Jamblich vornehme.[1091] Vermutlich enthielt auch die höhere Theurgie rituelle Momente; festzuhalten bleibt jedoch, dass die Einung nicht durch materielle Riten wie die Handhabung von Kräutern und Steinen erreicht wird, vielmehr immaterialisiert sich die Theurgie im Aufstieg: „Both [Jamblich und Proklos] appear to have accepted ritual at the highes level of theurgy though certainly restricting it progressively as one approached the ultimate goal."[1092]

Die späten Neuplatoniker unterschieden klar zwischen einer Menge, die nur zu materiellen Riten fähig ist, evtl. einer mittleren Gruppe, die etwas höher zu steigen in der Lage ist, und einer Elite, die allein die Einung erreichen kann und sich dazu weitgehend vom Rituellen gelöst hat. Von ganz anderer Art ist die Liturgie bei Dionysius. An ihr nehmen – in unterschiedlichen Funktionen – alle teil. Der Vollzug der Liturgie ist also nicht auf die unteren Stufen beschränkt, während die oberen Stufen einen immateri, während die oberen Stufen einen immateriilleren Kult erreichen würden.[1093] Die gesamte ‚Hierarchie' vom einfachen Laien bis zum Bischof feiert zusammen die heilige Handlung; sie ist als Gemeinschaft und Mitteilungssystem der Erkenntnis konzipiert, in dem unterschiedliche Stufen ihren Platz finden. Die

komme sie der plotinischen mystischen Erfahrung gleich. Vgl. Sheppard 1982: 223: „but there is no suggestion here that he used theurgic rites to induce mystical experience". Vgl. Sheppard 1982: 224: „My main suggestion in this paper has been that Proclus, following Syrianus, used a classification of theurgy into three types, pure ritual ‚white' magic', theurgy which used some kind of ritual and raises the soul to the level of the intellectual and to the lowest point of the intelligible, and finally theurgy which is not really ritual at all but brings about a union of the ‚one in the soul' with the higher intelligibles and with the First Hypostasis".

1088 Smith 1974: 90.
1089 Smith 1974: 90, vgl. ebd. 93.
1090 Jamblich, dM II 11, 96,13–16. Vgl. 103
1091 Vgl. Smith 1974: 111–121, bes. 116 u. 121. Dies entspricht auch Rorems Annahme, dass Proklos diesbezüglich gegenüber Jamblich nichts Neues entwickelt hätte, vgl. Rorem 1984: Anm. 65, S. 109.
1092 Smith 1974: 121.
1093 Insofern erscheint Shaws Behauptung: „Iamblichus' rationale for the theurgic use of material symbols is adopted by Dionysius, as is Iamblichus' imperative that one must complete material rites before proceeding to less material theurgies." (Shaw 1999: 586) falsch.

unteren Stufen werden nicht ausgeschlossen, eine abgeschlossene Elite, die sich in ihre höhere Theurgie zurückzieht, gibt es nicht. Während Jamblich eine große Menge von Menschen annimmt, die nur zum materiellen Kult fähig ist, wird hier der materielle Kult der Liturgie von allen gefeiert, auch vom Bischof; zugleich wird von allen eine Einsicht in den Sinn der Riten verlangt. Der Grad dieser Einsicht variiert innerhalb der ‚Hierarchie', sie ist abgestuft vom Grenzfall des getauften Kindes, das kein Verständnis hat, über die getauften Laien, die gerade erst eingeführt wurden, bis hin zum Bischof, der die tiefste Einsicht erlangt.

VII. henôsis

1. Einung

Von Einheit und Einung ist in den vorangegangenen Kapiteln in unterschiedlichen Zusammenhängen bereits die Rede gewesen; die besondere Transformation, die dieses neuplatonische Konzept in der Schrift *Über die kirchliche Hierarchie* erfährt, soll hier noch einmal zusammenfassend ins Auge gefasst werden.

Das Göttliche oder das Eine, wie die Neuplatoniker das Höchste im Anschluss an Platons Dialog *Parmenides* oftmals nennen, ist unerkennbar und unsagbar, doch ist eben die Vereinigung mit ihm höchstes Ziel. Die Einswerdung mit dem Einen ist jedoch nur nach großen Anstrengungen und selten zu erreichen. So berichtet Porphyrios von seinem Lehrer Plotin, dieser habe während seines gesamten Lebens viermal diesen Zustand erreicht.[1094]

> „Der Begriff *Henosis* nennt einen Vorgang, ein Ereignis oder eine Erfahrung des Denkens und Bewußtseins, in dem dieses sich selbst übersteigt und zugleich seine höchste Möglichkeit realisiert."[1095]

Reflexion sei, schreibt Beierwaltes mit Blick auf Plotin, die notwendige Voraussetzung der Henosis, die jedoch durch diese Reflexion nicht „erzwungen" werden könne, was auch den entscheidenden Unterschied zur Trance ausmache.[1096] Der Weg hin zum Einen ist „die ‚aphairesis': Abstraktion und Reduktion

---

1094 Vgl. Porphyrios, Vita Plotini, 23,15 f. Zur Begrifflichkeit ist anzumerken, dass erst die späteren Neuplatoniker diesen Zustand als *henôsis* bezeichnen (Beierwaltes 1985: Anm. 1, S. 123. Jamblich, dM X 1, 286,7; X 7, 293,2 f. Proklos, In Tim I 211,24). Plotin hingegen bezeichnet die Einung der Seele mit dem Geist als *henôsis* (Enn. IV 4 [28],2,27), hingegen die Vereinung mit dem Einen oder Göttlichen als *henôthênai* (VI 9 [9],9,34: θεοῦ ἑνωθῆναι). Auch Porphyrios verwendet *henôthênai* wie Plotin im Sinne einer Einung mit Gott (Porphyrios, Vita Plotini, 23,13.15) Vgl. hierzu Beierwaltes 1985: Anm. 1, S. 123 und de Andia 1996: 7.
1095 Beierwaltes 1985: 123. Vgl. ebd. 140 f.
1096 Beierwaltes 1985: 127 f.

des Vielen auf das Eine hin durch den Begriff, aber auch Befreiung vom Ver-
stricktsein in die Sinnlichkeit"[1097].

Die große Bedeutung, die diesem Begriff auch im *Corpus Dionysiacum*
zukommt, ist nicht zu übersehen. Auch für Dionysius stellt sich die Einung als
eine Vereinung mit dem Göttlichen dar, das unerkennbar und unfassbar ist, das
das menschliche Denken nicht erreichen und mit dem der Mensch doch in der
Einung vereinigt werden kann.[1098] Diese Einung übersteigt das Denken, sie ist
ein „Sehen und Erkennen [...] durch Nichtsehen und Nichterkennen"[1099]; die
Differenz zwischen Erkenntnisobjekt und -subjekt wird aufgehoben.[1100] Der
Geist wird überstiegen, steigt aus sich heraus und wird vergöttlicht.[1101] Wer diese
Einung erlangen will, muss dem Rat des Dionysius an Timotheus zu Beginn des
Traktats *Über die mystische Theologie* folgen:

> „Den Sinneswahrnehmungen gib (auf diese Weise) ebenso Abschied wie den
> Regungen Deines Verstandes; was die Sinne empfinden, dem (entsage) ebenso wie
> dem, was das Denken erfaßt, dem Nichtseienden ebenso wie dem Seienden. Statt
> dessen spanne dich auf nicht-erkenntnismäßigem Wege, soweit es irgend möglich
> ist, zur Einung mit demjenigen hinauf, der alles Sein und Erkennen übersteigt
> (πρὸς τὴν ἕνωσιν, ὡς ἐφικτόν, ἀγνώστως ἀνατάθητι τοῦ ὑπὲρ πᾶσαν οὐσίαν καὶ
> γνῶσιν). Denn nur wenn Du Dich bedingungslos und uneingeschränkt Deiner
> selbst wie aller Dinge entäußerst, wirst Du in Reinheit zum überseienden Strahl
> des göttlichen Dunkels emporgetragen, alles loslassend und von allem losge-
> löst."[1102]

Inwiefern man bei Dionysius von mystischer Erfahrung sprechen kann, ist in der
Forschung umstritten. Sicher handelt es sich nicht um eine mystische Erfahrung
im Sinne des Johannes vom Kreuz, doch ist eine Erfahrungskomponente in der
Tradition der *henôsis* nicht zu leugnen.[1103] Unabhängig davon, ob man nun von

---

1097 Beierwaltes 1985: 129.
1098 Vgl. hierzu DN 194,10–15 (865C-868A); DN 108,3–5 (585B-588A).
1099 MT 145,2f (1025A) (Ritter).
1100 Vgl. hierzu, mit bezug auf Plotin Beierwaltes 1985: 135: „Vielleicht ist das Nicht-
     Denken des Einen gerade als die *höchste* Form von Denken zu begreifen, die die im
     Denken bestehende Differenz (zwischen ‚Subjekt' und ‚Objekt') in sich aufgehoben
     ‚hat' und dadurch in höchster Intensität mit sich eins ist".
1101 Roques 1953: 1899f: „Le νοῦς, épuisé par son ascension apophatique et comme des-
     espéré d'atteindre jamais son objet divin, ne se contente plus de nier ses produits. Il se
     nie lui-même comme une activité noétique. Et cette ultime négation lui fait franchir le
     seuil de l'extase, qui est à la fois super-connaissance (ὑπὲρ νοῦν), union parfaite (ἕνωσις)
     et divinisation (θεώσις)".
1102 MT 142,6–11 (997B-1000A) (Ritter).
1103 So spricht Beierwaltes (Beierwaltes 1985: Anm. 1, S. 123) von der Henosis als „grie-
     chische[m] Pendant zum mittelalterlichen Begriff der ‚unio mystica'". Vgl. auch
     ebd. 124–128. Auch de Andia 1996: 11–14, 22, pass. spricht von Mystik, 423–453
     (Conclusion: Unio mystica), bes. 450–453. Vgl. auch de Andia 1992a. Ysabel de Andia
     setzt in ihrer Monographie die *henôsis* mit dem Eintritt in das mystische Dunkel gleich,

mystischer Erfahrung sprechen will oder nicht, bleibt festzuhalten, dass es hier um eine Erfahrung des Denkens geht, das sich selbst übersteigt, das seinen Gegenstand nicht mehr als Denkobjekt erfasst, das vielmehr mit ihm eins wird. Der *Mystischen Theologie* zufolge besteht der Weg zu dieser Einung – wie bei Dionysius' neuplatonischen Vorgängern[1104] – in der Negation.[1105] Die Negation oder genauer das Absprechen muss Dionysius zufolge bei den niedrigen Namen wie „Stein" oder „Fels" beginnen, dann werden in aufsteigender Linie all die weiteren Namen aus dem Bereich des sinnlich Wahrnehmbaren wie „Wasser" oder „Sonne", schließlich die intelligiblen Namen bis hin zu den höchsten Namen wie „Geist", „Güte" oder „Gottheit" negiert, bis letztlich die Negation selbst überstiegen wird.[1106]

Mit der Idee dieser Grenzerfahrung des Denkens schließt Dionysius eng an die neuplatonische Konzeption der Einung an, doch sind auch Unterschiede festzuhalten. Für W. Beierwaltes liegt ein zentraler Unterschied darin, dass Plotin zufolge die Seele in der Ekstase *Gott wird*, während sie bei Dionysius *Gott nahe kommt* und *Gottes (Eigentum) wird*. Das christliche Verständnis eines Schöpfergottes, der sich um seine Schöpfung sorgt, steht der neuplatonischen Konzeption eines ins sich ruhenden Einen gegenüber.[1107] Ferner gibt es Differenzen, was die Konzeption des Einen/Guten/Gottes angeht.[1108] Es ist nun auffällig, dass Beierwaltes die Henosis-Konzeption im Traktat *Über die kirchliche Hierarchie* nicht in seine Überlegungen einbezieht; er beschränkt sich ganz auf die einschlägigen Textpassagen aus *Über die mystische Theologie* und *Über die göttlichen Namen*. Auch Y. de Andia untersucht in ihrer material- und detailreichen Monographie *Henosis* vor allem die beiden letztgenannten Traktate. Die besondere begriffsgeschichtliche Perspektive des Traktats *Über die kirchliche Hierarchie*, der von Einung und Einswerdung noch in einem anderen und weiteren Sinn spricht, bleibt damit außer Betracht. Darauf soll hier das Augenmerk gelenkt werden.

---

de Andia 1996: 17: „Certes, pour l'un et l'autre [Dionysius und Gregor von Nyssa], l'*henosis*, entrée dans la Ténèbre mystique de l'inconnaissance, est au-delà du concept (Grégoire de Nysse) ou de l'intellect (Denys) …". In diesem Sinne besteht trotz klarer Unterschiede eine offenkundige Nähe zu Gregor von Nyssas Text *Das Leben des Moses*, gerade auch in der Vorstellung eines göttlichen Dunkels, die nicht aus der neuplatonischen Tradition stammt. Vgl. de Andia 1996: 17–19.12. De Andia zufolge kann man aber nicht ausschließlich nur von einer Mystik des Dunkels sprechen: „plus le mystique s'enfonce dans la nuit, plus il est illuminé." (de Andia 1996: 433). Die Unterschiede zwischen Gregor von Nyssa und Dionysius, die für diesen Zusammenhang nebensächlich sind, arbeitet sie dort heraus, vgl. de Andia 1996: 319–373.

1104 Vgl. de Andia 1996: 11 f.
1105 Vgl. Beierwaltes 1985: 149
1106 MT 149,8f (1048A) (Ritter).
1107 Vgl. Plotin, Enn. VI 9 [9] 9,59: θεὸν γενόμενον mit DN 194,14f (868A): θεοῦ γιγνομένους [...] μετὰ θεοῦ γινομένοις. Vgl. hierzu de Andia 1996: 429.
1108 Vgl. Beierwaltes 1985: 148–154.

Anders als in der Schrift *Über die mystische Theologie* wird in der *Kirchlichen Hierarchie* nicht die Formung des einzelnen in den Mittelpunkt gestellt, sondern die Bildung der gesamten ‚Hierarchie', die sich als System der Erkenntnismitteilung erweist. „Angleichung und Einung (ἀφομοίωσίς τε καὶ ἕνωσις)" gibt Dionysius als Ziel der Hierarchie an,[1109] zu verstehen als Annäherung an Gott, als Erkenntnis im höchsten Sinne, als Schau des Einen, als ‚Bewirtung'[1110]. Diese Bestimmung der *henôsis* entspricht dem, was in neuplatonischer Tradition und auch in den anderen Schriften des *Corpus Dionysiacum* üblich ist, diese Einung wird hier jedoch nicht als Ziel eines einzelnen angesehen, sondern als Ziel der ‚Hierarchie', die eine Gemeinschaft ist. Jedes der Sakramente dient der Einung, insbesondere aber die Eucharistie, das Sakrament nämlich, das Dionysius mit den Namen „Gemeinschaft und Versammlung (κοινωνία τε καὶ σύναξις)"[1111] bezeichnet:

> „Denn jede geheiligte Weihe versammelt unsere individuellen Einzelleben zur Einheitlichkeit in der Gottwerdung und schenkt durch gottgemäße Zusammenfassung des Getrennten die Gemeinschaft und Einswerdung mit dem Einen (τὰς μεριστὰς ἡμῶν ζωὰς εἰς ἑνοειδῆ θέωσιν συναγούσης καὶ τῇ τῶν διαιρετῶν θεοειδεῖ συμπτύξει τὴν πρὸς τὸ ἓν κοινωνίαν καὶ ἕνωσιν δωρουμένης)."[1112]

Der Einung steht das Geteilte und Getrennte gegenüber. Sie wird jedoch nicht als Loslösung von diesem Getrennten oder Geteilten begriffen, als eine Ablösung von der menschlichen Gebundenheit an Körper. Vielmehr wird das Geteilte zusammengeführt und das Getrennte zusammengefasst, die Vielfältigkeiten werden in die Einheit hineingeführt. Die Bewegung führt nicht weg von der Vielfalt, sondern schließt diese zur Einheit zusammen. Gerade das Sakrament, in dem das Brot gebrochen und an die Teilnehmer verteilt wird, ist Dionysius zufolge das Sakrament der Einung par excellence.

> „Dies bringt der Hierarch zum Ausdruck durch die geheiligten Zeremonien, wenn er die verhüllten Gaben sichtbar macht, ihre Einheit in viele Teile zerlegt und durch die innigste Vereinigung des Verteilten mit den es Aufnehmenden die Empfangenden zu Teilhabern an diesem macht (Ταῦτα τοῖς ἱερῶς δρωμένοις ὁ ἱεράρχης ἐμφαίνει τὰ μὲν ἐγκεκαλυμμένα δῶρα πρὸς τὸ ἐμφανὲς ἄγων τὸ δὲ ἑνιαῖον αὐτῶν εἰς πολλὰ διαιρῶν καὶ τῇ τῶν διανεμομένων πρὸς τὰ ἓν οἷς γίνεται κατ' ἄκρον ἑνώσει κοινωνοὺς αὐτῶν ἀποτελῶν τοὺς μετέχοντας)."[1113]

Die zerteilte Einheit des Brotes wird an die Menschen verteilt und macht alle eben gerade dadurch, dass sie es aufnehmen, zu Teilhabern; diese Teilhabe ist

---

1109 EH 68,16f (392A) (WMS). Vgl. EH 66,13 (376A).
1110 Vgl. Heil 1986b: Anm. 14, S. 160 mit Bezug Platon, Phdr. 248bc, 247a, 247e. Vgl. auch im *Corpus Dionysiacum* CH 31,13 (212A). Vgl. oben Anm. 951.
1111 EH 79,9 (424C) (Heil).
1112 EH 79,10–12 (424CD) (Heil).
1113 EH 93,11–14 (444C) (Heil).

eine Einung mit dem Verteilten, d. h. mit dem *einen* Brot. Durch diese Einung mittels der vereinigenden Teilhabe am *zerteilten einen* Brot entsteht nicht nur eine Einung der Teilhabenden mit dem Brot, sondern auch eine Einung der Teilhabenden untereinander, da sie gemeinsam an dem einen Brot teilhaben. Auf einer ersten Deutungsebene ist dies als die Lehre von einer gemeinsamen und friedlichen Teilhabe an ein und demselben Brot zu verstehen.[1114] Wer gemeinsam von demselben Brot isst, wird mit seinen Mahlgenossen verbunden. Diese Art der Gemeinschaft oder der Einung ist nicht allein oder zumindest nicht zuerst eine Gemeinschaft mit dem Einen, sondern eine Gemeinschaft der Teilhabenden untereinander, eine Gemeinschaft, die gewissermaßen horizontal auf die anderen Teilhabenden und nicht vertikal auf das Eine ausgerichtet ist. Dieser Aspekt der Einung, d. h. die Gemeinschaft der Teilnehmer untereinander, hebt die gemeinschaftliche Ausrichtung der ‚Hierarchie' hervor, in der es nicht nur um die Vollendung einzelner geht. Die Einung mit dem Einen gewinnt hierdurch einen gemeinschaftlichen Aspekt, den Dionysius in seiner Betrachtung des Friedensgrußes unterstreicht:

> „Es ist nämlich nicht möglich, daß die, die untereinander getrennt sind, sich zu dem Einen versammeln und der friedensstiftenden Einswerdung, die vom Einen ausgeht, teilhaftig werden. Wenn wir nämlich, von der Schau und Erkenntnis des Einen erleuchtet, zu der einförmigen, göttlichen Versammlung vereinigt worden sind, dürften wir es nicht mehr ertragen, zu den individuellen Begierden abzufallen, aus welchen die materiell motivierten, affektbestimmten Feindschaften gegen das, was von Natur aus gleichen Wesens ist, erzeugt werden. Dieses unentzweite Leben nach der Art des Einen schreibt die heilige Friedenshandlung vor, die das Gleiche in Gleiches gründet, und die göttlichen, einförmigen Anschauungen von den individuellen trennt."[1115]

Frieden untereinander und Abkehr von den Begierden und materiell bestimmten Leidenschaften sind gleichermaßen notwendig für die Einung mit dem Einen. Wären die verschiedenen Teilnehmer untereinander getrennt und im Streit, könnten sie dieser Einung nicht teilhaftig werden. Dies ist mehr als nur ein moralisches Gebot, sich friedlich gegenüber den anderen zu verhalten, die Einung eines jeden wird vielmehr an die Gemeinschaft geknüpft, in der er nach Einung strebt. Die Gemeinschaft erstreckt sich nicht nur auf die Mitglieder der

---

1114 EH 81,21–23 (428B) (Heil): „Der in höchstem Sinn göttliche gemeinsame, friedvolle Empfang des einen und selben Brotes und Kelches gibt ihnen das Gesetz gotterfüllter Einmütigkeit im Verhalten, weil sie ja einunddieselbe Nahrung genossen haben".

1115 EH 88,13–21 (437AB) (Heil): Οὐ γὰρ ἔνεστι πρὸς τὸ ἓν συνάγεσθαι καὶ τῆς τοῦ ἑνὸς μετέχειν εἰρηναίας ἑνώσεως τοὺς πρὸς ἑαυτοὺς διῃρημένους. Εἰ γὰρ ὑπὸ τῆς τοῦ ἑνὸς θεωρίας καὶ γνώσεως ἀλλαμπόμενοι πρὸς τὴν ἑνοειδῆ καὶ θείαν συναγωγὴν ἑνοποιηθῶμεν, οὐκ ἂν ἐπὶ τὰς μεριστὰς ἀνασχοίμεθα καταπίπτειν ἐπιθυμίας, ἐξ ὧν αἱ πρόσυλοι δημιουργοῦνται καὶ ἐμπαθεῖς πρὸς τὸ κατὰ φύσιν ὁμοειδὲς ἀπέχθειαι. Ταύτην οὖν ὡς οἶμαι τὴν ἑνοειδῆ καὶ ἀδιαίρετον ζωὴν ἡ τῆς εἰρήνης ἱερουργία νομοθετεῖ τῷ ὁμοίῳ τὸ ὅμοιον ἐνιδρύουσα καὶ τῶν μεριστῶν ἀποδιαστέλλουσα τὰ θεῖα καὶ ἑνιαῖα θεάματα.

kirchlichen Hierarchie, sondern schließt auch die Heiligen mit ein.[1116] Eine besondere Rolle kommt dem Hierarchen zu, der im Vollzug der Eucharistie zur Einung gelangt:

> „So wird der Hierarch mit den göttlichen (Dingen) geeint, und nachdem er die heiligen Gottestaten besungen hat, wirkt er heilig das Göttlichste und stellt das Besungene vor Augen (Οὕτω τοῖς θείοις ὁ ἱεράρχης ἑνοῦται καὶ τὰς εἰς ἡμᾶς θεουργίας ὑμνήσας ἱερουργεῖ τὰ θειότατα καὶ ὑπ' ὄψιν ἄγει τὰ ὑμνημένα)."[1117]

Die Wandlung wird mit den verhüllenden Worten (ἱερουργεῖ τὰ θειότατα) beschrieben, auf sie folgt die Darstellung der Sakramente. Erst danach hat der Hierarch Anteil an den sakramentalen Gaben und verteilt sie an die anderen. Wenn Dionysius hier von einem *Geeintwerden* spricht, kann noch nicht das Essen des Brotes oder das Trinken des Weines gemeint sein, es muss sich vielmehr um eine Einung handeln, die der Hierarch schon vorher erfährt; er vollzieht die heilige Handlung in einem herausgehobenen Zustand der *ekstasis.* Anders als die *ekstasis* der *Mystischen Theologie* kann er diese jedoch – innerhalb des Ritus – nicht durch die negative Theologie erreichen; vielmehr muss die Praxis des Ritus selbst hierbei eine wichtige Rolle spielen.

Nicht nur das Sakrament selbst, sondern auch andere Elemente des Ritus können einige Teilnehmer zur Einung führen. Psalmengesang und Schriftlesungen bieten den einfachen Mitgliedern der ‚Hierarchie' eine Lehre der Reinheit und eine Stärkung der *hexis.* Aber auch für die weit in ihrer Erkenntnis vorangeschrittenen Teilnehmer sind diese Liturgieteile nicht nutzlos, führen sie vielmehr hin zur Einung:

> „Die Geheiligten führen sie zu den göttlichen Bildern und immer wieder neuer Schau auf sie und zu Feiern der Gemeinschaft. Die vollkommen Geheiligten bewirten sie in Form beseligender Gedankeneinsichten, füllen das dem Einen Gemäße an ihnen mit dem Einen und machen sie dem Einen gleich."[1118]

Die Geheiligten (*hierous*) und vollkommen Geheiligten (*panierous*) gelangen zur Schau, bzw. werden mit „Gedankeneinsichten" beschenkt, die beseligend sind, sie werden mit dem Einen gefüllt und ihm gleich gemacht. Im Lesen, Hören und Singen der Lesungen und Gesänge können diejenigen Teilnehmer, die schon große Vollkommenheit erreicht haben, Einung erlangen; die einfa-

---

1116 Vgl. EH 89,6–10 (473C) (Heil): „Wenn die verehrungswürdigen Symbole, durch die Christus bezeichnet und empfangen wird, auf den göttlichen Altar gelegt werden, ist ununterbrochen die Liste der Heiligen dabei. Sie deutet auf die untrennbare Verbundenheit derselben mit der die Sinnenwelt übersteigenden, geheiligten Einswerdung mit ihm."

1117 EH 90,9f (440B) (WMS).

1118 EH 98,10–13 (477AB) (Heil): τοὺς δὲ ἱερους ἄγουσιν ἐπὶ τὰς θείας εἰκόνας καὶ ἐποψίας αὐτῶν καὶ κοινωνίας, ἑστιῶσι δὲ τοὺς πανιέρους ἐν μακαρίοις καὶ νοητοῖς θεάμασιν ἀποπληροῦσαι τὸ ἑνοειδὲς αὐτῶν τοῦ ἑνὸς καὶ ἑνοποιοῦσαι.

cheren Mitglieder der ‚Hierarchie' müssen sich um ihre Reinigung und Erleuchtung bemühen, zur Einung gelangen sie hier nicht.

Anders als im Traktat *Über die mystische Theologie* wird der Weg zur Einung jedoch nicht in der Loslösung von allem vollzogen, in der *aphairesis*, in der
negativen Theologie, sondern in der Praxis liturgischer Gesänge und Lesungen,
in denen von jenen Mitteln des Aufstieges nichts zu finden ist. Die Art der
Aufstiegshilfe, die Gesänge und Lesungen bieten, unterscheidet sich deutlich
von der der mystischen Theologie. Negationen, Loslösung von allem finden sich
hier nicht, hingegen spielen sicherlich die Inhalte von Texten – Gottes Wort –
eine Rolle, aber auch die sinnliche Wahrnehmbarkeit dieser Texte.

In der Schrift *Über die kirchliche Hierarchie* trifft der für das neuplatonische
Denken zentrale Begriff der *henôsis* auf eine komplexe religiöse Heilseinrichtung, die ‚kirchliche Hierarchie', für die ihrer geschichtlichen Überlieferung
nach in sozialer wie sakramentaler Hinsicht *koinônia* (Gemeinschaft) ein zentraler Begriff ist. Der Vollzug des Kultes, vor allem der Eucharistie, des
Abendmahls, stiftet die Gemeinschaft der Gläubigen untereinander, mit der
himmlischen Welt und mit der Gottheit selbst. Wenn die *henôsis* als Hauptweg
neuplatonischer Heilsfindung unter dieser religiösen Herausforderung Gültigkeit bewahren will, muss *henôsis* so interpretiert werden, dass sie *koinônia*
umfasst, dass also die gemeinschaftsbildenden rituellen Akte selbst als Voll-
zugsweisen der Einheit verstanden werden können, was die Einbeziehung
sinnlicher Wahrnehmungen und leibhafter Handlungen mit sich bringt.

Es stellt sich freilich die Frage, wie sich dieser gemeinschaftliche Weg der
Heilsfindung zu jenem verhält, in dem der einzelne sich durch die *aphairesis* von
allem Sinnlichen und Nennbaren im Denken dem Einen annähert. Die Einung,
die als mystische nur wenigen zukommt, wird in der ‚Hierarchie' erweitert.
Bedeutet diese Erweiterung, dass sie nun eben vielen zukommt, oder verändert
sich unter der Hand des gleich bleibenden Begriffs ihre Qualität? Möglicherweise ist von verschiedenen Stufen auszugehen, wie sie in der Wirkung der
Lesungen und Gesänge auf die unterschiedlichen Teilnehmer zu erkennen sind.
Besonders fragt sich, was die oberen Stufen gewinnen, wenn sie die Einung
nicht in einsamer Denkarbeit erstreben, sondern innerhalb der ‚Hierarchie'.
Erfährt der Bischof in der Liturgie dieselbe Einung, wie er sie auch durch den
Aufstieg über Negationen auf dem Weg des Denkens erreichen könnte? Es
erscheint möglich, dass neben dem gemeinschaftlichen Aspekt, der die Einungserfahrung in der ‚Hierarchie' auszeichnet, die Einung der ‚Hierarchie'
schon insofern umfassender ist, als der Bischof in der Liturgie nicht nur sich,
sondern auch andere zur Einung führt. Seine philanthropische Vorgehensweise,
die ihn von dem unterscheidet, der nur selbst zur Einung kommt, könnte auch
eine andere Art der Einungserfahrung bedingen.

2. Teilhabe

Mit dem Begriff der Einung hängt, wie die vorangehenden Überlegungen gezeigt haben, der der Teilhabe engstens zusammen. Man stößt auf einen für die platonische Tradition nicht weniger bedeutsamen Begriff, den der *methexis*. Platon gebraucht ihn, um die Verbindung der Dinge zu den Ideen zu kennzeichnen. Die Dinge haben ihr Sein und Wesen von den Ideen, indem sie an diesen teilhaben. An diese Vorstellungen knüpft der Neuplatonismus an: *Teilhabe* ist immer die Teilhabe eines niedriger geordneten am höheren; das Niedrigere *wird* durch diese Teilhabe.[1119]

Dionysius verwendet den Begriff meist in eben diesem Sinn, z.B. wenn er von der „vollkommene[n] Einung mit Gott und Teilhabe an ihm (τῆς θεοῦ δὲ τελεωτάτης ἑνώσεως καὶ μεθέξεως)“[1120] spricht. Es begegnen nun aber auch Stellen in seinen Schriften, und eine Stelle eben gerade in der *Kirchlichen Hierarchie*, in denen die Richtung der *methexis* eine eigentümliche Umkehrung erfährt:

> „Aber die unendliche Menschenfreundlichkeit der Güte des Gottesprinzips verweigerte, wie es die Art der Güte ist, auch die von ihr selbst ausgehende Fürsorge um uns nicht, sondern trat in wahre Gemeinschaft mit allem an uns, aber ohne Sünde, und sie wurde eins mit unserer Niedrigkeit bei völlig unvermischter und unbefleckter Bewahrung ihres eigenen Wesens, und schenkte weiterhin uns Gemeinschaft mit ihr als Artgenossen und erwies uns als Teilnehmer an ihren eigenen Schönheiten“[1121].

Dionysius betont die Güte und Menschenfreundlichkeit Gottes, hebt seine „Teilhabe“ (μεθέξει) am niedergeordneten Menschlichen hervor, und er spricht von einer Einswerdung (ἑνοποιηθεῖσα) mit dem Niedrigen, was der neuplatonischen Konzeption der Einung entgegensteht und die Bewegungsrichtung der Einung umkehrt.[1122] Er knüpft mit der Rede von der Einswerdung an christliche

---

1119 Vgl. zum Konzept der *methexis* Perl 1991, der die Teilhabekonzeption des Maximus Confessor mit Rückblick auf die neuplatonische und dionysische Konzeption untersucht.

1120 EH 75,15f (400C) (Heil, leicht verändert).

1121 EH 91,8–14 (441AB) (Heil): Ἡ δὲ τῆς θεαρχικῆς ἀγαθότητος ἀπειροτάτη φιλανθρωπία καὶ τὴν αὐτουργὸν ἡμῶν ἀγαθοπρεπῶς οὐ ἀπηνήνατο πρόνοιαν, ἀλλ' ἐν ἀληθεῖ μεθέξει τῶν καθ' ἡμᾶς γενομένη πάντων ἀναμαρτήτως καὶ πρὸς τὸ ταπεινὸν ἡμῶν ἑνοποιηθεῖσα μετὰ τῆς τῶν οἰκείων ἀσυγχύτου καὶ ἀλωβήτου παντελῶς ἕξεως τὴν πρὸς αὐτὴν ἡμῖν κοινωνίαν ὡς ὁμογενέσι λοιπὸν ἐδωρήσατο καὶ τῶν οἰκείων ἀνέδειξε μετόχους καλῶν. Vgl. Übers. WMS: „völlig unvermischter und unbefleckter Verfassung (ἀσυγχύτου καὶ ἀλωβήτου παντελῶς ἕξεως)“.

1122 Beierwaltes 1979²: Anm. 19, S. 161 verweist auf eine vergleichbare christliche Umkehrung der Bewegung bei dem Begriff *epistrophê*: „Die griechische ἐπιστροφή meint die Wendung des Menschen zu sich selbst und zu Gott, die christliche meint *auch* (und dies

Vorbilder an,[1123] wählt jedoch eine – auch im christlichen Umfeld – ungewöhnliche Terminologie, was den Begriff *methexis* angeht.[1124]

Indem er die neuplatonische Terminologie entgegen ihrem ursprünglichen
Sinn verwendet, hebt er die Bedeutung der Christologie hervor, denn er be-
schreibt die Menschwerdung Gottes mit Ausdrücken, die üblicherweise das
Verhältnis des Niederen zum Höheren und den höchstmöglichen Punkt der
Annäherung an das Göttliche kennzeichnen. Diese Bewegung durchkreuzt den
hierarchischen Aufbau des Kosmos, indem sie vom höchsten Gipfel dieses
Kosmos – Gott – zum Menschen eine Brücke schlägt und eine Vereinigung
schafft, anstatt eine stufenweise Vermittlung abwärts zu favorisieren. Dass Gott
Mensch wird, fügt sich nur schwer in ein streng hierarchisch gegliedertes System
ein, in dem eigentlich das Heil den Menschen über ein System von Zwischen-
stufen vermittelt werden müsste. Mit der ungewöhnlichen Terminologie der
Einswerdung und der Teilhabe schafft Dionysius eine Verbindungslinie vom
Göttlichen zum Menschlichen, die nicht über die Engelhierarchien vermittelt
ist. Gerade diese Einswerdung und Teilhabe des Göttlichen am Menschlichen
schenkt nun dem Menschen wiederum die Gemeinschaft (κοινωνίαν) und die
Teilhabe (μετόχους) am Göttlichen und wird so zur Grundlage der Einung des
Menschen mit dem Göttlichen. In ungewöhnlicher Terminologie bringt Dionysius zum Ausdruck, dass eben gerade die Menschwerdung Christi den Menschen das Heil bringt. Die Einswerdung des Göttlichen mit dem Menschlichen
baut dem Menschen einen Weg, auf dem er zur Einung mit dem Göttlichen
gelangen kann.

In der Verbindung mit dem christlichen Inkarnationsgedanken, der Vorstellung von der Mittlerfunktion Christi und der daraus resultierenden Inversion
der *methexis* erfährt das neuplatonische Konzept eine tiefgreifende Transformation, die jedoch die alte Form der *methexis* nicht einfach ablöst. Der Erkenntnisweg der *Mystischen Theologie*, für den das Christusverhältnis keine
Rolle zu spielen scheint, bleibt stehen neben dem der *Kirchlichen Hierarchie*,
für deren sakramental-körperliche Wirkweise die Menschwerdung die uner-
lässliche Grundlage bildet.

---

als novum) die Wendung Gottes zum Menschen." (zur weiterführenden Literatur, vgl.
dort).

1123 Vgl. die Artikel ἕνωσις und ἑνόω bei Lampe (496–489 u. 479–481), wo Beispiele für
christologische Verwendungen genannt werden (487f, bzw. 479f), darunter von Irenäus
und Gregor von Nyssa.

1124 Lampe (837) nennt u.a. die Teilhabe an Christus in den Sakramenten, jedoch nennt er
kein Beispiel für eine Teilhabe Christi am Menschlichen.

3. Triaden

Dass das Eine sich selbst triadisch vermittelt, gehört zu den Basiskonzepten neuplatonischen Denkens. Ansätze zu diesem Denkmuster finden sich bei Plotin und Jamblich,[1125] erst Proklos hat es aber systematisch in dieser Form herausgearbeitet.[1126]

> „Jegliches Verursachte verharrt sowohl in seiner Ursache, als auch geht es aus ihr hervor und kehrt zu ihr zurück."[1127]
>
> „Der Akt von μονή – πρόοδος – ἐπιστροφή wird am Leitfaden des Problems der Kausalität durchdacht. So wird die notwendige Einheit der Drei und die Unmöglichkeit einer Isolierung Eines der Momente gezeigt. Wenn das Verursachte nur in der Ursache verharrte, ,unterschiede es sich in nichts von der Ursache, indem es ununterschieden wäre; zugleich mit Unterscheidung aber ist Hervorgang'. Wenn es nur hervorginge, ohne in der Ursache verwahrt zu bleiben und ohne in sie zurückzukehren, hätte es keine Gemeinschaft mit seinem Ursprung. Zu denken, Verursachtes verharre nur in seiner Ursache und kehre nur in sie zurück, ohne aus ihr hervorgegangen zu sein, ist nicht möglich, da ,Nicht-Unterschiedenes nicht zurückzukehren vermag'."[1128]

Diese allgemeine Kausalrelation, die „Trias ,Verharren – Hervorgang – Rückkehr' (μονή – πρόοδος – ἐπιστροφή)"[1129] wird bei Proklos zum „Strukturprinzip von Geist und Welt"[1130] und zum „Grund der Bewegtheit und Einheit des Kosmos".[1131] Ihr Bild ist der Kreis:

> „Hervorgang ist, als simultaner Akt gefaßt, immer schon Rückkehr in den Ursprung, wie die Rückkehr sich nur in dem und durch den Hervorgang aktuiert und das Verharren sich nur in und durch Hervorgang und Rückkehr als denkende Bewegtheit zu begreifen vermag. Der Akt der doppelten Vermittlung: Entfaltung und Rückgang des Geistes in sich selbst, vollzieht sich als Kreis."[1132]

Die Ursache verliert nichts dadurch, dass Seiendes aus ihr entsteht, sondern bleibt in sich unvermindert bestehen.[1133] Jeder Hervorgang ist durch die

---

1125 Vgl. hierzu Beierwaltes 1979²: 159 f. Bei Plotin ist diese Konzeption zwar nicht in triadischer Form genannt, aber sachlich doch vorhanden: „Der Sinn des Systems beruht darauf, daß Seele und Geist aus der Dimension des Mannigfaltigen in das in sich verharrende Eine als ihren Ursprung und Grund zurückkehren, indem sie ihres Grundes als ihres Selbst bewußt werden." (Beierwaltes 1979²: 160).

1126 Beierwaltes 1979², insbes. S. 173–179.

1127 Proklos, ET 35 (38,9 f Dodds): Πᾶν τὸ αἰτιατὸν καὶ μένει ἐν τῇ αὐτοῦ αἰτίᾳ καὶ πρόεισιν ἀπ' αὐτῆς καὶ ἐπιστρέφει πρὸς αὐτήν. Vgl. Beierwaltes 1979²: 130 u. Anm. 133, S. 130.

1128 Beierwaltes 1979²: 121.

1129 Beierwaltes 1985: 156; diese Trias wird „zur ontologischen Grundgesetzlichkeit des Seienden insgesamt".

1130 Beierwaltes 1979²: 158. Vgl. Ritter 1994b: Anm. 36, S. 88 f.

1131 Beierwaltes 1979²: 118.

1132 Beierwaltes 1979²: 124.

1133 Vgl. Beierwaltes 1979²: 131.

„Mächtigkeit der Ursache" auf die Rückkehr ausgerichtet, da das Hervorge-
gangene zu seiner Ursache zurückstrebt.[1134] Diese Rückkehr, *epistrophê*, hat
Beierwaltes zufolge drei Aspekte: die Abwendung vom Sinnenfälligen und den
Rückgang auf das eigentliche Selbst, die Selbstreflexion des denkenden Geistes
und den Rückgang des Verursachten in die Ursache.[1135] Diese Grundstruktur
des Denkens und des Kosmos, die auch dazu diente, das Problem der Entstehung, bzw. der Ewigkeit der Welt zu erklären,[1136] ist auch die des Göttlichen
oder des Einen; eine Struktur, die erklären soll, wie das Zweite aus dem Ersten
entstehen kann, ohne dass das Erste dadurch verliert. Denn das Erste ruht und
bleibt in sich und wird durch den Hervorgang nicht gemindert. Die Bewegung
der Rückkehr ist die Bewegung zurück zum Ersten, die all das, was aus dem
Ersten hervorgegangen ist, letztlich wieder ins Eine zurückschließen soll.

Die triadische Struktur von Denken und Sein ist für Dionysius so elementar,
dass sie in ganz unterschiedlichen Bereichen angewandt, wo nicht eigens kon-
struiert wird. Mit der Gottesanrufung „Τριὰς ὑπερούσιε καὶ ὑπερθεε καὶ ὑπερ-
άγαθε (Trias, erhaben über alles Sein, alles Göttliche und alles Gute)"[1137] beginnt
Dionysius seine Schrift über die mystische Theologie. Neben der *monas* und
henas findet im Traktat *Über die göttlichen Namen* auch die *trias* Erwähnung.[1138]
In seinem Traktat *Über die himmlische Hierarchie* befasst sich Dionysius mit den
neun Hierarchien der Engel, die in drei Triaden gegliedert sind; zu diesem
Zweck greift er biblische Bezeichnungen verschiedener Engelarten und bestehende Gliederungen auf und schafft daraus eine Gliederung, die sich an neuplatonische Vorbilder anlehnt.[1139]

Die Triadisierung, die sich in den dreimal drei Engelhierarchien ohne größere Umstände vollziehen lässt, stößt jedoch bei der kirchlichen Hierarchie auf
Hindernisse.[1140] O'Meara ist zwar dahingehend zuzustimmen, dass Dionysius
eine ideale Form der Kirche darstellt,[1141] jedoch bedeutet dies nicht, dass er sich
über historische Gegebenheiten hinwegsetzt. Die einweihende Hierarchie bietet
sich für eine triadische Struktur an (Bischof, Priester, Diakon), Probleme bereitet dagegen der Laienstand, der zweigegliedert ist, wenn man die Teilnahme

---

1134 Vgl. Beierwaltes 1979[2]: 133.
1135 Vgl. Beierwaltes 1979[2]: 161 f.
1136 Beierwaltes 1979[2]: 136–143.
1137 MT 141,1 (997A) (Heil, leicht verändert).
1138 DN 112,11–113,1 (589D-592A).
1139 Vgl. hierzu Roques 1983: 70–76. Die Triaden Sein, Leben und Denken, die sich schon
       bei Plotin finden, werden bei Jamblich und später Proklos jeweils dreigeteilt. Roques
       hebt (76–81) detailgenau die Unterschiede der dionysischen Triadenstruktur im Ver-
       gleich zu der jamblichschen und proklischen hervor, in der die christlichen Vorstel-
       lungen von göttlicher Transzendenz, Schöpfung und Gnade erhalten blieben.
1140 Vgl. Roques 1983: 198.
1141 Vgl. O'Meara 2005[2]: 161.

an den Sakramenten Eucharistie und Myronweihe als Maßstab nimmt. Die Mönche, die eine schwierig zu bestimmende Zwischenposition zwischen der einweihenden und der einzuweihenden Hierarchie einnehmen, ordnet Dionysius zur triadischen Vervollständigung des Laienstandes (heiliges Volk und Katechumenen/Energoumenen/Büßer) der einzuweihenden Hierarchie zu.

Den beiden genannten Triaden der kirchlichen ‚Hierarchie' fügt Dionysius zur Vervollständigung des Dreiermusters als oberste Triade die Sakramente hinzu, wobei er an dieser Stelle nicht Taufe, Eucharistie und Myronweihe nennt, sondern deren drei Wirksamkeiten, d.h. Reinigung, Erleuchtung, Vollendung. Schon die Zuordnung dieser drei Funktionen zu den drei Sakramenten ist problematisch, da Dionysius die Taufe als Sakrament der Reinigung und der Erleuchtung, Eucharistie und Myronweihe hingegen beide als Sakramente der Vollendung versteht. Darüber hinaus überrascht, unterhalb der von Geistern (*noes*) gebildeten himmlischen Hierarchie und oberhalb der aus inkorporierten Geistern geformten Triaden eine Triade von Sakramenten zu finden. Der Vorteil dieser Gestaltung liegt jedoch darin, dass sie die einzelnen ‚Hierarchien', die jeweils in ihrem Hierarchen gipfeln, d.h. all die Ortskirchen mit ihren jeweiligen Bischöfen unter einer gemeinsamen Autorität versammeln. Diese Autorität ist keine menschliche; vielmehr sind es die Sakramente selbst, die die Einheit aller Mitglieder der kirchlichen Hierarchien verkörpern und die somit die Einheit der Kirche garantieren.

Neben der Triadenstruktur der einzelnen Hierarchien hebt Dionysius auch die Dreizahl der Hierarchien hervor. Neben himmlischer und kirchlicher ‚Hierarchie' muss es noch eine weitere geben, nämlich die gesetzliche. Die christliche Vorstellung vom Alten und Neuen Bund überträgt Dionysius auf die gesetzliche und kirchliche ‚Hierarchie'. Die kirchliche Hierarchie steht zwischen der himmlischen und der gesetzlichen, sie ist noch materiell, aber der geistigen himmlischen doch schon näher.[1142] Es fällt auf, dass diese Triadengestaltung das Moment der Zeit einführt, denn die gesetzliche Hierarchie wird durch die kirchliche abgelöst. Das zeitunabhängige Hierarchiemodell wird durch die christliche Vorstellung einer Heilsgeschichte transformiert.

Die triadische Struktur bestimmt nicht nur den sozialen Kosmos der ‚Hierarchie', sondern auch den rituellen; sie zeigt sich nicht nur in der Gesamtstruktur der ‚Hierarchie', sondern spiegelt sich auch in der Vollzugsform liturgischer Handlungen wider. Sowohl den Gang des Hierarchen mit Weihrauch zu Beginn von Eucharistiefeier und Myronweihe als auch die Handwaschung in der Eucharistiefeier fasst er als Sinnbilder der Trias auf. Vom Altar ausgehend schreitet der Hierarch mit Weihrauch den ganzen Raum ab und kehrt schließlich zum Altar zurück. Dionysius deutet diesen Gang als dreifaches Bild einer triadischen Struktur. Sie findet sich bei Gott, der Weihe der Eucha-

---

1142 Vgl. EH 105,17–21 (501CD).

ristie und dem Hierarchen selbst. Was Gott angeht, hebt Dionysius sein Hervortreten aufgrund seiner Güte und seinen festen „Stand und Grund (στάσεως καὶ ἱδρύσεως)" hervor.[1143] Die Eucharistie, die Weihe der Versammlung wiederum hat „einen einheitlichen, ungeschiedenen, unentfalteten Ursprung", „vervielfältigt sich" in der Vielheit der Symbole und kehrt von der Vielheit zu ihrer Einheit zurück und eint auch die Emporgeführten.[1144] Die Bilder und Symbole der Liturgie begreift Dionysius als die Vielfältigkeiten, die im Hervorgang aus dem Einen entstehen. Ziel dieser Vervielfältigung ist die Einung der Teilnehmenden; die Rückbewegung ins Eine erfasst gewissermaßen die Teilnehmer der Eucharistie und zieht sie mit sich zum Einen hin.

Der Hierarch, d.h. derjenige, der diese Liturgie leitet, vollzieht eine analoge Bewegung. Der Hervorgang „unter Verwendung der Menge geheiligter Rätselformen" führt nicht zu einer Verbindung mit dem Niedrigeren und zu keiner Minderung seiner selbst; vielmehr kehrt er unberührt wieder zu seinem Ausgangspunkt, zum Einen zurück, wo er auch „den einheitlichen Sinn der Riten erkennt."[1145] „So macht er den Endpunkt seines menschenfreundlichen Hervortretens unter die Geringeren zum Punkt der – noch mehr Gott entsprechenden – Umkehr zu den ersten Prinzipien (τῆς ἐπὶ τὰ δεύτερα φιλανθρώπου προόδου τὸ πέρας τὴν εἰς τὰ πρῶτα θειοτέραν ἐπιστροφὴν ποιούμεος)."[1146] Dic Handlungen des Hierarchen in der Liturgie mit ihrer Vielzahl der Symbole begreift Dionysius als Heraustreten (προόδου), nach dem dieser zur Schau des Einen zurückkehrt.[1147] Die Wirkung, die er nach außen auf die anderen vollzieht, ist als *proodos* zu verstehen, als Wendung aus sich heraus. Dabei vermischt er sich jedoch nicht mit dem Tieferstehenden, sondern bleibt in sich ruhen und kehrt wieder in das Eine zurück. Anders als die einfachen Mitglieder, sieht er nicht bloß die vielfältigen Riten, sondern auch das, was diese bedeuten, ihren *logos*. Mit seiner Rückwendung will er nicht nur selbst zum Einen zurückkehren, sondern will zugleich auch die anderen Teilnehmer mit dorthin führen. Die *epistrophê* ist gemeinschaftlich ausgerichtet.

1143 EH 82,17–21 (429A) (Heil).
1144 EH 82,22–83,3 (429A) (Heil).
1145 EH 83,4–9 (429AB) (Heil): „Zwar bringt er [d.h. der Hierarch] das einheitliche Wissen seines Hierarchenamts nach Art des Guten zu den unter ihm Stehenden herab unter Verwendung der Menge geheiligter Rätselfiguren; dann aber tritt er, ohne eine Verbindung einzugehen und von den niedriger Stehenden nicht zurückzuhalten, wieder ohne eine Minderung (seines Wesens erfahren zu haben) in seinen eigenen Ausgangspunkt zurück und hält in Gedanken seinen Einzug in das ‚Eine in ihm' (ἀλλ' αὖθις ὡς ἀπόλυτος καὶ τοῖς ἥττοσιν ἀκατάσχετος εἰς τὴν οἰκείαν ἀρχὴν ἀμειώτως ἀποκαθίσταται καὶ τὴν εἰς τὸ ἓν ἑαυτοῦ νοερὰν ποιησάμενος εἴσοδον). Dort sieht er ungetrübt den einheitlichen Sinn der Riten (ὁρᾷ καθαρῶς τοὺς τῶν τελουμένων ἑνοειδεῖς λόγους).
1146 EH 83,9f (429B) (Heil).
1147 EH 73,7–10 (397A).

Dass man den Gang mit Weihrauch als Bild des Hervorgangs und der
Rückkehr begreifen kann, ergibt sich aus der Anschauung. Dass sich der
Hierarch aber nicht mit den Tieferstehenden vermischt und dass Gott nicht aus
seinem Grund heraustritt, sondern in sich ruhen bleibt, ergibt sich anschaulich
nicht aus dem Bild, sondern erst in Verbindung mit der neuplatonischen Trias
von *proodos*, *epistrophê* und *monê*. Von *monê* ist in dieser Textpassage explizit
nicht die Rede, Dionysius verwendet vielmehr Ausdrücke und Umschreibungen,
die an anderen Stellen des *Corpus Dionysiacum* in Verbindung mit dem neuplatonisch verstandenen Begriff der *monê* vorkommen;[1148] die im Johannesevangelium (vgl. Joh 14,23) versprochene „Bleibe" (*monê*), die nichts anderes
als eine Ruhestätte und einen Ort im Himmel meint, erhält im dionysischen
Text einen neuplatonischen Beiklang, den des Verharrens oder In-sich-Ruhens
des göttlichen Urgrundes.[1149]

Das zweite Bild von Hervorgang und Rückkehr ist die Handwaschung des
Hierarchen und der Priester vor dem Vollzug der Eucharistie. Explizit verbindet
Dionysius an dieser Stelle „Rückkehr" und „Einung".

> „Weil nun, wie die WORTE es sagen, der Gewaschene keiner anderen Waschung
> bedarf als der der Spitzen oder Enden – durch diese Reinigung der Extremitäten in
> den vollkommen heiligen Zustand der Gottähnlichkeit versetzt, wird er, wenn er
> zum nächst Niedrigeren vorgeht nach dem Prinzip des Guten, davon nicht ange-
> tastet werden und getrennt davon bleiben als ganz und gar dem einen entspre-
> chend, und wenn er sich wieder in einem Einheitsakt zum Einen zurückwendet,
> wird er diese Rückkehr rein und unbefleckt vollziehen, weil er die unverminderte
> Fülle der Gottähnlichkeit bewahrt – deshalb kam zwar, wie gesagt, in der Geset-
> zeshierarchie das geheiligte Waschgefäß vor, jetzt aber weist die Handwaschung
> des Hierarchen und der Priester auf dieses verschlüsselt hin."[1150]

Dionysius deutet den Ritus nicht, was möglich wäre, als Zeichen der Ehrfurcht
vor dem Sakrament, sondern verweist auf die gesetzliche Hierarchie, das Alte
Testament, das im Buch Exodus die Vorschrift aufführt, ein Waschgefäß zwischen dem heiligen Zelt und dem Altar aufzustellen, in dem sich die Priester vor
dem Eintritt ins Zelt oder vor dem Opfer am Altar Hände und Füße waschen
sollen (Ex 30,17–21). Die Reinigung vor der Annäherung an Gott, die dieses

---

1148 Vgl. z.B. MT 146,6 (1033A); neben *proodos*, *diakrisis*, *henôsis* etc. als Bezeichnungen
   bezogen auf Gott Ep. 9 195,3 (1105A); Ep. 9 203,4; Ep. 9 202,13 (1109C); zusammen mit
   dem oben genannten Begriff *hidrysis* – DN 127,3 (641A) und DN 144,12 (696A); mit
   den Begriffen *stasis* und *hidrysis* DN 154,18 (705B).
1149 „Wer mich liebt, wird mein Gebot halten, und mein Vater wird ihn lieben, und wir
   werden zu ihm gehen und uns bei ihm eine Bleibe bereiten." (Joh 14,23; zitiert nach EH
   68,18–21 (392A) (Heil).
1150 EH 89,13–21 (440A) (Heil): ...δι᾽ ἧς ἀκροτάτης καθάρσεως ἐν παναγῳ τοῦ θεοειδοῦς ἕξει
   καὶ πρὸς τὰ δεύτερα προϊὼν ἀγαθοειδῶς ἄσχετος ἔσται καὶ ἀπόλυτος ὡς καθάπαξ ἑνοειδής,
   καὶ πρὸς τὸ ἓν αὖθις ἑνιαίως ἐπιστρεφόμενος ἄχραντον ποιήσεται καὶ ἀκηλίδωτον τὴν
   ἐπιστροφὴν ὡς τοῦ θεοειδοῦς ἀποσῴζων τὸ πλῆρες καὶ ὁλόκληρον...

alte Gesetz fordert, wird in der Handwaschung am Altar versteckt angedeutet (ὑπαινίσσεται) und fortgeführt. Die Begründung für die Handwaschung verortet Dionysius somit im Alten Testament und legitimiert sie hierdurch als Gottes Wort. Diese Autoritätsbegründung genügt ihm jedoch nicht, vielmehr bringt er sie mit der neuplatonischen Vorstellung von Rückkehr und Einung in Beziehung. Der Vergleichspunkt ist wohl die Idee der Reinheit, die sich sowohl als Begründung der Handwaschung erkennen, als auch als Hauptmerkmal des Hierarchen in seiner Wendung zum Einen ausmachen lässt. Die Momente des Hervorgangs und der Rückkehr sind hier in der Vollzugsform des Ritus selbst nicht so anschaulich präsent wie im Bild des Räuchergangs.

Die durchaus spannungsvollen Versuche des Dionysius, gegebene Riten im neuplatonischen Triadenschema zu verstehen, zeigen auf der einen Seite seine Treue zum Ritus – auch Riten, die sich nur schwer in sein Bild der ‚Hierarchie' einfügen lassen, übergeht er nicht –, auf der anderen Seite das Bemühen, die elementare Trias „*proodos*, *epistrophê* und *monê*" als Vollzugsformen der Einung nicht bloß theoretisch festzuhalten, sondern bis in die Form der Liturgie hinein zu bewähren.

Das aus der neuplatonischen Philosophie überkommene Triadenschema erscheint dem Verfasser der Schrift *Über die kirchliche Hierarchie* für die ontologische und noetische Struktur so grundlegend und unverzichtbar zu sein, dass die neue Heilseinrichtung der kirchlichen Hierarchie, ihre Ämter und Sakramente nur dann als wahr in Erscheinung treten können, wenn sie durch und durch dieser triadischen Struktur folgen und in ihr darstellbar sind. Die Kirche begreift Dionysius als Bild der himmlischen Hierarchie, der sie sich so gut als möglich annähern muss. Die triadische Struktur der himmlischen Hierarchie muss sich also auch im Aufbau der Kirche wieder finden. Das führt erkennbar zu Spannungen mit den aus geschichtlicher Kontingenz hervorgegangenen kirchlichen Einrichtungsverhältnissen. Dies, wie Heil es tut, als „gewaltsame Allegorese"[1151], bei der die „Kohärenz" der neuplatonischen Begriffe verloren geht, zu bezeichnen, wird der begrifflichen Anstrengung, die Dionysius hier unternimmt, nicht ganz gerecht. Die Stärke und der universale Anspruch der triadischen Struktur des Seins muss sich gerade darin erweisen, dass sie auch außerhalb ihres genuin metaphysischen Bereichs auf religiöse Gegebenheiten anwendbar ist, die ihrerseits mit universalem Heilsanspruch auftreten.

1151 Heil 1986c: 24f

Schluss

I. Rückblick

Ziel der vorstehenden Arbeit war es, eine spätantike Schrift, die bisher eher am Rande der philosophischen Aufmerksamkeit gestanden hat, in den Mittelpunkt zu rücken und für den heutigen Diskurs zu gewinnen. Während das Denken des Dionysius Areopagita, wie es sich in seinen Schriften *Über die göttlichen Namen*, *Über die Himmlische Hierarchie* und *Über die mystische Theologie* manifestiert, seit über einem Jahrtausend bis in die Gegenwart selbstverständliches philosophisches Interesse auf sich gezogen hat, gilt der Traktat *Über die Kirchliche Hierachie* nach überwiegender Meinung eher als philosophisch unsicherer, wenn nicht sogar irrelevanter Kandidat. Die Zweifel beziehen sich sowohl auf die Rolle dieser Schrift in der geschichtlichen Entwicklung des Neuplatonismus wie auf ihre thematische Ergiebigkeit im Blick auf genuin philosophische Fragestellungen.

All diese Einwände im Blick, wird in der vorliegenden Arbeit die These vertreten, daß diese Schrift nicht isoliert oder marginalisiert werden sollte, dass sie vielmehr in der neuplatonischen Tradition einen eignen Platz hat und als gleichberechtigter Teil des als ganzes philosophisch relevanten *Corpus Dionysiacum* zu betrachten ist. Der dafür zu erbringende Nachweis setzte eine von normativen Vorannahmen zurückstellende Kenntnisnahme und genaue Darlegung des inhaltlichen Verlaufs des Traktats voraus, die im Teil „Kommentar" geleistet wurde. Die zunächst rein sprachliche, sprachstatistische Entdeckung, daß in der Substruktur des griechischen Textes bestimmte Leitbegriffe auftauchen, die zum Grundvokabular der platonisch-neuplatonischen Literatur gehören, regte dazu an, sie als semantische Kerne einer systematischen Untersuchung aufzugreifen, die es erlaubte, sowohl ihre besondere Verwendung in dieser Schrift wie ihre Stellung im neuplatonischen Denkraum herauszuarbeiten.

II. Gelungene Transformation

In einer Folge von thematischen Studien ließ sich zeigen, wie überlieferte christliche Sachverhalte und Vorstellungen so mit neuplatonischen Konzepten verbunden wurden, daß etwas Neues entstanden ist, was es so auf keiner der beiden Seiten bis dahin gab. Dionysius greift Vorstellungen der neuplatonischen Theurgie auf; dennoch ist die Liturgie, wie er sie darstellt, nicht bloß christliche

Theurgie; das Verhältnis erweist sich als komplexer. Die christliche Liturgie wird durch Dionysius' Deutung transformiert; die neuplatonische Begrifflichkeit ist nicht als bloße Äußerlichkeit zu begreifen. Theologische Inhalte bleiben bei der Übernahme philosophischer Begrifflichkeit ebensowenig unverändert wie das Verständnis von Ritus und Kirche, wenn es in neuplatonische Termini gefasst wird. Aber nicht nur christliche Inhalte werden transformiert, sondern auch neuplatonische Ideen, wenn Dionysius sie in der Anwendung auf die Kirche und ihre Rituale erweitert, weiterdenkt oder sogar gegen ihre frühere neuplatonische Bedeutung verwendet. Dies zeigt sich zum Beispiel in seinen Überlegungen zur Eucharistie, die die neuplatonische Einung zum Merkmal der Eucharistiefeier machen und sie so zu einer Einung der Teilnehmer untereinander erweitern. Eine einfache Synthese ist das nie.

Die Arbeit war darauf angelegt, das Widerständige dieses Traktats gelten zu lassen und im Detail zu durchdenken, um der besonderen Innovation, der christlichen wie der neuplatonischen, auf die Spur zu kommen. Löst man die Zumutung, die gerade diese Schrift für philosophische Erwartungen darstellt, vorzeitig auf, indem man nur die neuplatonischen Aspekte ins Auge faßt, oder den Text als eine nur leicht christlich retouchierte Fassung des Neuplatonismus liest oder umgekehrt als eine christliche Konzeption mit einigen neuplatonischen Äußerlichkeiten, oder ihn als einen Versuch ansieht, der bei allem Bemühen von vornherein zum Scheitern verurteilt ist, weil er Unmögliches versucht, so gibt man die Möglichkeit auf, einen vielleicht gewagten und nicht in jeder Hinsicht gelungenen, aber doch innovativen Versuch in der Geschichte des Denkens wahrzunehmen. Und philosophiegeschichtlich ist wohl auch zu bedenken, dass es solchen Transformationen zu verdanken ist, dass der Neuplatonismus mit der Schließung der platonischen Akademie im Jahre 529 nicht einfach unterging, sondern verändert weiterlebte.

III. Spannungsvolle Einheit

Mit der Frage der für diesen Traktat eigentümlichen Transformation von Neuplatonismus und Christentum hängt die in der Einleitung aufgeworfene Frage nach der Einheit des *Corpus* unmittelbar zusammen, die Frage nämlich, ob das *Corpus* in zwei Teile zerfällt, einen individuell orientierten der *Mystischen Theologie* und einen gemeinschaftlich orientierten der *Hierarchie*. Gegen die These von der Zweiteilung des *Corpus*, die zumeist mit einer Abwertung der *Kirchlichen Hierarchie* einhergeht, wendet sich die vorliegende Arbeit, indem sie nachzuweisen sucht, dass dieser Text wie die anderen Teile des *Corpus* neuplatonische Ideen und Vorstellungen so verarbeitet, dass sie mehr sind als bloß äußeres Ornament einer davon unberührten Sache, und der sich darum mit gleichem Recht in die philosophische Tradition einordnen lässt.

Gleichwohl bleiben nach der intensiven Analyse der *Kirchlichen Hierarchie* auch Zweifel, ob sich *Mystische Theologie* und *Kirchliche Hierarchie* tatsächlich so einfach verbinden lassen, wie manche Autoren dies anzunehmen scheinen, wenn sie in der Schrift *Über die mystische Theologie* zahlreiche liturgische Anspielungen ausmachen:

> „All this suggests that the *Mystical Theology* has a liturgical context, and indeed that it relates especially to the hierarch and his role in the liturgy."[1152]

Die liturgische Deutung der *Mystischen Theologie* schlägt hier die Brücke zwischen der gemeinschaftlich ausgerichteten ‚Hierarchie' und der individuellen mystischen Theologie. Kann die Einung der mystischen Theologie als liturgisch begriffen werden, ist die *Mystische Theologie* in die umfassende ‚Hierarchie' eingebunden und gefährdet die Einheit des *Corpus* nicht.

Ebendies erscheint jedoch insofern problematisch, als der Aufstieg in der Schrift *Über die mystische Theologie* einen Aufstieg durch Negationen darstellt, während innerhalb der Liturgie von einer negativen Theologie in keiner Weise die Rede sein kann. Vom Standpunkt der *Mystischen Theologie*, die nach dem Aufstieg durch Negationen in der Einung gipfelt und die sich nur an die Wenigen wendet, die die notwendigen Voraussetzungen und Fähigkeiten für einen solchen Aufstieg haben, erscheint die Hierarchie, die die Vermittlung durch die einzelnen Ordnungen betont, die also keinen Bezug des einzelnen zu Gott zu ermöglichen scheint, als eine Veranstaltung von kollektiver Strenge. Vom Standpunkt der Hierarchie hingegen, die die stufenweise Erkenntnismitteilung als Grundprinzip voraussetzt und der zufolge alle Teilnehmer zur Einung gelangen, scheint ein davon unabhängiger Weg zur Einung nicht vorgesehen. Weder lässt sich die *Hierarchie* einfach auf die *Mystische Theologie* zurückführen noch die *Mystische Theologie* auf die *Hierarchie*. Auch äußert sich Dionysius in keiner der beiden Schriften zur jeweils anderen Schrift und unternimmt selbst keinen Versuch, dieses Verhältnis zu klären, das offenkundig vielschichtiger und komplexer ist, als es vereinheitlichende Entwürfe suggerieren. Die umfassendere Konzeption stellt die *Kirchliche Hierarchie* dar, die den Weg zur Vergöttlichung und Einung in ‚Hierarchie' und Liturgie verortet. Einen davon unabhängigen Weg der negativen und mystischen Theologie erwähnt sie zwar nicht, schließt ihn aber auch nicht explizit aus. Im *Corpus Dionysiacum* stehen die *Mystische Theologie* und der sakramentale Weg der *Kirchlichen Hierarchie* unverbunden nebeneinander: sind es parallele Wege, die alternativ zur Wahl stehen, etwa der Priesterschaft und dem Volk der sakramentale, den Mönchen der metaphysische mystischer Meditation? Die Schrift *Über die kirchliche Hierarchie* zeigt sich jedoch sehr bemüht, die Mönche trotz ihrer institutionellen Randständigkeit in die kirchliche ‚Hierarchie' einzugliedern, will

---

1152 Louth 1989: 101.

sie nicht als intellektuelle Elite aus dem sozialen Verbund entlassen, sondern sakramental einbeziehen. Es wäre auch vorzustellen, dass den beiden voll- kommenen Ständen, d.h. den Bischöfen und Mönchen neben dem Weg der ‚Hierarchie' auch der der negativen Theologie offensteht, der den meisten verschlossen bliebe.

Dionysius synthetisiert diese verschiedenen Wege nicht, er setzt sie nicht einmal explizit zueinander in ein Verhältnis. Dennoch kann von einer Koordi- nation verschiedener Wege zur Einung gesprochen werden. Indem das *Corpus Dionysiacum* die in ihm enthaltenden Schriften und ihre unterschiedlichen Heilswegskonzepte nicht systematisch integriert und harmonisiert, hält es einen Freiraum für die vielfältige geschichtliche Rezeption und ihre unterschiedlichen Interessen offen, etabliert aber auch eine Spannung, in der das Ausein- anderdriften des kirchlich-sakramental-theologischen und des individuell-mys- tisch-philosophischen Weges in der Rezeptionsgeschichte angelegt ist. Dass die mystische Tradition immer auch ein Stachel im Fleisch der klerikal-sakramen- talen Heilsvorstellung war, belegen zahlreiche Konflikte der mittelalterlichen und neuzeitlichen Religionsgeschichte (vgl. z.B. Meister Eckhart). Ob umge- kehrt der rituell-gemeinschaftliche Vollzug der Einung mit dem Göttlichen für die Philosophie ein Stachel sein könnte, steht noch dahin.

IV. Philosophische Perspektiven

Die als Leitlinie der Analyse genommenen griechischen Begriffe hatten in der Arbeit nicht nur die historische Funktion, Gemeinsamkeiten und Differenzen innerhalb des neuplatonischen Denkfeldes auszumachen, sondern im gleichen Zug auch die systematische, das in diesem Traktat Verhandelte heutigen phi- losophischen Disziplinen und ihren Fragestellungen zuzuordnen. Gerade die Absicht, dem fremdartigen Text philosophische Relevanz abzugewinnen, führte dazu, das Sichtfeld zu erweitern.

Über die bisher in der Rezeption des *Corpus Dionysiacum* dominierenden Disziplinen, d.h. vor allem Metaphysik, Sprachphilosophie, Erkenntnistheorie, Mystik, hinaus öffnet die Analyse der *Kirchlichen Hierarchie* die Untersuchung für weitere philosophische Disziplinen. Hier ist insbesondere an die politische Philosophie und die Ethik zu denken, die in der bisherigen Auseinandersetzung mit dem *Corpus* eine untergeordnete Rolle spielten. Gerade der Vergleich zur neuplatonischen Tradition des Philosophenkönigs und der *politeia*, aber auch die Analyse des in der Tradition der Ethik weniger zentralen Begriffs der *hexis* ergeben neue Erkenntnisse sowohl was die Einordnung der *Kirchlichen Hier- archie* in die Tradition angeht, als auch für die jeweilige philosophische Diszi- plin. Die Reflexionen der Anthropologie, der Ästhetik und der Sprachphilo- sophie werden in der Analyse dieses Traktats im Vergleich zu der der anderen

Traktate erweitert. Es erweist sich z. B. als fruchtbar für die Theorie der Schönheit nicht nur die Traktate *Über die göttlichen Namen* und *Über die himmlische Hierarchie* heranzuziehen, sondern auch *Über die kirchliche Hierarchie*. Aus der Perspektive der Anthropologie ist anzumerken, dass Dionysius den Menschen nicht, wie oft in philosophischer Tradition, bloß als Geist oder Seele begreift, dass er vielmehr die Körperlichkeit und die Sinneswahrnehmungen des Menschen mit in seine Konzeption einbezieht und sie zur Voraussetzung von Erkenntnismittlung und ethischer Formung macht. Als anschlussfähig erweist sich hier die Verbindung von Ethik und Ästhetik; zu denken ist an die Wirkung von Gesängen und Lesungen oder allgemein der Sinneswahrnehmungen auf die *hexis* und die ‚Bildwerdung' des Menschen. Für die Religionsphilosophie ist dieser Text von besonderem Interesse. Im Verständnis von Religion, wie es dieser Text präsentiert, kommt der rituellen Praxis eine zentrale Bedeutung zu. Religion wird hier nicht primär über ihre ethischen Grundsätze bestimmt oder über die ihr zugrunde liegende Metaphysik; im Mittelpunkt steht vielmehr der Ritus, dessen Vollzug eng mit ethischem Verhalten (*hexis*) und mit Gotterkenntnis verknüpft wird. Gerade der Vollzug des Ritus, der auch den Körper und die Sinne einbindet, vermittelt Erkenntnis, formt die *hexis* und führt empor. In dieser Konzeption wird der Mensch nicht als reines Geistwesen begriffen, sondern als Wesen aus Leib und Seele. Als bedeutsam erweist sich die Frage nach dem Zusammenhang zwischen Dionysius' Symboltheorie und seiner Anthropologie, die de Andia aufwirft,[1153] und die eng mit dem Verständnis von Religion zusammenhängt, wie es Festugière beschreibt: „La religion n'est pas seulement chose de pensée, mais encore et surtout chose de l'âme."[1154] Verknüpft werden in diesem Zusammenhang die Disziplinen der Religionsphilosophie und der Ästhetik; wie sich die Religionswissenschaft in der Disziplin der *Religionsästhetik*[1155] für den Ritus, für Körper und Sinne interessiert,[1156] so wendet auch die Religionsphilosophie, was diese Schrift angeht, ihr Interesse den ästhetischen und aisthetischen Phänomenen der Riten zu.[1157]

1153 de Andia 2001: 423: „quelle théologie et quelle anthropologie présuppose la doctrine dionysienne du symbole et du mystère?".

1154 Festugière 1971: 595.

1155 Vgl. Cancik/Mohr 1988.

1156 Sie wird eingeführt, „um das, was an Religionen sinnlich wahrnehmbar ist, wie Religion den Körper und die verschiedenen Sinnesorgane des Menschen aktiviert, leitet und restringiert, möglichst einheitlich zu beschreiben und theoretisch zu durchdringen." (Cancik/Mohr 1988: 121 f). Als Themen werden „Körper und Sinne, Zeichen und symbolische Handlung" genannt (Cancik/Mohr 1988: 126).

1157 Vgl. zu dem Interesse am Ritual u. a. Wulf/Zirfas 2004; Gebauer/Wulf 1998; Jules-Rosette 1976.

Von Interesse ist nicht zuletzt die sprachphilosophische Beschäftigung mit dem Genus litterarium des Textes und dessen Einordnung in eine Formgeschichte philosophischer Literatur. Die literarische Form der Korrespondenz, wie sie von Dionysius suggeriert wird, erweist sich als bedeutsam, insofern sie den gemeinschaftlichen Austausch und das einsame, eigenständige Denken als zwei notwendige Bestandteile im Fortgang der Erkenntnis begreift und verknüpft. Hierbei kommen literarische und rhetorische Momente in den Blick, die in der auf die Logik von Konzepten und Konzeptionen konzentrierte Geschichte der Philosophie oft vernachlässigt wurden, die sich aber in der genaueren Betrachtung als fruchtbare Elemente bei der Erörterung der Philosophie als Vollzug des Denkens erweisen können.

Natürlich hat die Arbeit auch zu Fragen geführt, deren Bearbeitung reizvoll erschien, aber im vorliegenden Zusammenhang nicht mehr möglich war. Dazu gehört ein Vergleich zwischen dem Symbolverständnis, das dem Traktat *Über die kirchliche Hierarchie* zugrundeliegt, mit dem Verständnis der Symbole der Schrift, wie sie in *Über die göttlichen Namen* und *Über die himmlische Hierarchie* thematisiert werden und in der fiktiven Schrift *Über die symbolische Theologie* hätten abgehandelt werden sollen. In der vorliegenden Arbeit wurde gegen die These, dass es bei den Bildern der Liturgie wie bei den Bildern der Schrift nur die Interpretation sei, die emporführt, für eine stärkere Eigenständigkeit der liturgischen Symbole argumentiert, deren anagogische Funktion auch in ihrer sinnlichen Wahrnehmbarkeit besteht. Ein genauerer Vergleich beider Symbolformen könnte vielleicht zu einer Erweiterung des Verständnisses der Schriftsymbole führen. Es stellt sich die Frage, ob der Aufstieg über die Namen nur eine bloß geistige Operation ist, in der die Ähnlichkeiten und Unähnlichkeiten eines bestimmten Namens abgewogen werden, so dass dieser letztlich überschritten werden kann. Neben dieser Aufstiegsmöglichkeit, die auf der negativen Theologie beruht, kennt Dionysius aber auch die kataphatische/ affirmative Theologie, die Gott alle Namen aus dem geistigen Bereich und dem des sinnlich Wahrnehmbaren zuschreibt. Die Möglichkeit, Gott auch die niedrigsten Namen zuzuschreiben, begründet Dionysius damit, dass Gott „alles Seiende und nichts vom Seienden"[1158] ist. Nimmt man den ersten Aspekt ebenso ernst wie den zweiten, würde sich erneut die Frage nach der neuplatonischen Tranformation stellen, insofern Ähnlichkeiten und Unterschiede zur neuplatonischen Konzeption der *sympatheia* und der im Kosmos verstreuten *symbola* zu reflektieren wären. Darüber hinaus wäre zu bedenken, ob die Negation tatsächlich die einzige Operation sein kann, die angesichts der Gottesnamen notwendig ist. Der eingangs erwähnte japanische Philosoph Y. Kumada hebt in seiner fast pantheistisch anmutenden Interpretation hervor, dass man die Aus-

---

1158 DN 119,9 (596ABC) (WMS): πάντα τὰ ὄντα καὶ οὐδὲν τῶν ὄντων. Zu dem vollständigen Zitat und Überlegungen zu diesem Symbol- und Anagogieverständnis, vgl. Stock 2008.

sage „Gott ist Stein" ernstzunehmen und im Stein Gott zu sehen habe, bevor man durch die Negation seine Transzendenz betonen könne.[1159] In einer solchen symbolrealistisch einsetzenden Naturfrömmigkeit öffnet sich eine Beziehung zu den liturgischen Symbolen, die in ihren Dimensionen noch zu bedenken wäre.

1159 Kumada 1997.

Bibliographie

Mit der 1990/91 in den *Patristischen Texten und Studien* (PTS) erschienen *Kritischen Ausgabe* des Corpus Dionysiacum steht der Forschung über die alten Ausgaben der Patrologia Graeca hinaus eine verlässliche Textgrundlage zur Verfügung. Die von den Herausgebern der *Kritischen Ausgabe* A. M. Ritter, G. Heil und B. R. Suchla erstellte deutsche Übersetzung in der *Bibliothek der griechischen Literatur* bietet über den deutschen Text hinaus wertvolle Erläuterungen und Bibliographien.

Zitiert werden die Schriften des *Corpus Dionysiacum* mit den unten angegebenen Siglen nach dem griechischen Text der kritischen Ausgabe mit Angabe von Seite und Zeile. Zusätzlich wird in Klammern die Paginierung der *Patrologia Graeca* angegeben, um einen Vergleich mit den verschiedenen Übersetzungen zu erleichtern. Die deutsche Übersetzung wird zumeist nach den Übersetzungen von Heil, Ritter und Suchla oder in eigener Übersetzung zitiert, wobei in Klammern jeweils der Übersetzer angegeben wird.

Sofern von den Texten der antiken und mittelalterlichen Autoren keine deutsche Übersetzung in der Bibliographie angegeben ist, handelt es sich, wenn nichts anderes vermerkt ist, um eigene Übersetzungen. Zitiert wird nach den angebenen Siglen.

I. Abkürzungen

DSp: Dictionnaire de spiritualité ascétique et mystique. Doctrine et histoire, 17 Bde, Paris 1937–1995.

HWP: Historisches Wörterbuch der Philosophie, begründet von J. Ritter, Darmstadt 1971 ff.

HRWG: Handbuch religionswissenschaftlicher Grundbegriffe, hg. von Hubert Cancik..., 5 Bde, Stuttgart, 1988–2001.

PG: Patrologia Graeca, hg. von J.-P. Migne, 161 Bde, Paris 1857–66.

PL: Patrologia Latina, hg. von J.-P. Migne, 217 Bde u. 4. Reg.-Bde, Paris 1878–90.

RAC: Reallexikon für Antike und Christentum: Sachwörterbuch zur Auseinandersetzung des Christentums mit der antiken Welt, Stuttgart 1950 ff.

RGG[4]: Religion in Geschichte und Gegenwart, 4. Auflage, hg. v. H. D. Betz/D. S. Browning/ B. Janowski/E. Jüngel, Tübingen 1998 ff.

SC: Sources chrétiennes, Paris 1941 ff.

TRE: Theologische Realenzyklopädie, Berlin/New York, 1977 ff.

II. Corpus Dionysiacum

1. Kritische Ausgabe

DN: Corpus Dionysiacum I. De Divinis Nominibus, hg. von B. R. Suchla (Patristische Texte und Studien, Bd. 33), Berlin/New York 1990.

CH, EH, MT, Ep.: Corpus Dionysiacum II. De Coelestis Hierarchisa, De Ecclesiastica Hierarchia, De Mystica Theologia, Epistulae, hg. von G. Heil und A. M. Ritter (Patristische Texte und Studien, Bd. 36), Berlin/New York 1991.

2. Dionysiaca und Scholien

Dionysiaca. Recueil donnant l'ensemble des traductions latines des ouvrages attribués à Denys l'Aréopagite... 2 Bände, Bruges 1937–1950, Faksimile-Neudruck in vier Bänden, Nachwort von M. Bauer, Stuttgart 1989.

Scholia in Dionysii libros, in: PG 44, 14–576.

3. Übersetzungen

a) Deutsche Übersetzungen

Die angeblichen Schriften des Areopagiten Dionysius, übersetzt von J. G. V. Engelhardt, Sulzbach 1823.

Des heiligen Vaters Dionysius Areopagita angebliche Schrift über die kirchliche Hierarchie, aus dem Urtexte übersetzt von Remigius Storf (BKV), Kempten 1877.

Des heiligen Dionysius Areopagita angebliche Schriften über die beiden Hierarchien, übersetzt von J. Stiglmayr (BKV I/2) Kempten/München 1911.

Des heiligen Dionysius Areopagita angebliche Schriften über „Göttliche Namen". Angeblicher Brief an den Mönch Demophilos, übersetzt von J. Stiglmayr (BKV II/2) München 1932.

Die Hierarchien der Engel und der Kirche, übersetzt von W. Tritsch, Einführung von Hugo Ball, München 1955.

Von den Namen zum Unnenbaren, Auswahl und Einleitung von Endre von Ivánka, Einsiedeln ²1981.

Über die himmlische Hierarchie. Über die kirchliche Hierarchie, eingeleitet, übersetzt von G. Heil (Bibliothek der griechischen Literatur, Bd. 22), Stuttgart 1986.

Die Namen Gottes, eingeleitet, übersetzt von B. R. Suchla, (Bibliothek der griechischen Literatur, Bd. 26), Stuttgart 1988.

Über die mystische Theologie und Briefe, eingeleitet, übersetzt von A. M. Ritter, Bibliothek der griechischen Literatur, Bd. 40), Stuttgart 1994.

b) Französische, englische und italienische Übersetzungen

Œuvres complètes du Pseudo-Denys l'Aréopagite, traduction, préface et notes par Maurice de Gandillac, Paris 1943.

Pseudo-Denys l'Aréopagite, La hiérarchie céleste, übers. von M. de Gandillac, eingeleitet von R. Roques, (SC 58), Paris 1958.
Dionysius The Pseudo-Areopagite, The Ecclesiastical Hierarchy, übers. und mit Anmerkungen versehen von Th. L. Campbell, New York/London 1981.
Dionigi Areopagita, Tutte le opere. Gerarchia celeste – gerarchia ecclesiastica – nomi
divini – teologia mistica – lettere. Traduzione di Piero Scazzoso. Introduzione,
prefazioni, parafrasi, note e indici di Enzo Bellini, Milano 1981.
Pseudo-Dionysius, The Complete Works, übers. von C. Luibheid, Vorwort und Anmerkungen von P. Rorem, (The Classicals of Western spirituality), New York 1987.
Ps. Dionigi l'Areopagita, Gerarchia celeste, teologia mistica, lettere. Traduzione, introduzione e note a cura di Salvatore Lilla, Roma 1986.
Pseudo-Dionigi l'Areopagita, La Gerarchia ecclesiastica. Introduzione, traduzione e
note a cura di Salvatore Lilla, Roma 2002.

III. Hilfsmittel

Lampe: A patristic Greek Lexicon, hg. von G. W. H. Lampe, Oxford 1961.
Liddell/Scott: A Greek-English Lexicon, hg. von H. G. Liddell u. R. Scott, neu her-
ausgegeben und erweitert von H. S. Jones, Oxford ⁹1961.
Daele: A. v. d. Daele, Indices ps.-Dionysiani, Louvain 1941.

IV. Antike und mittelalterliche Autoren

Albertus Magnus, Super Dionysium: Super Dionysium de ecclesiastica hierarchia, in:
Opera omnia, Münster 1999.
Aristoteles, EN: Die Nikomachische Ethik. Griechisch-deutsch. Übers. von Olof
Gigon, neu herausgegeben von Rainer Nickel, Düsseldorf/Zürich 2001.
Aristoteles, Pol.: Politik, übersetzt von F. F. Schwarz, Stuttgart 1989.
Augustinus, De civ. Dei: Der Gottesstaat/De civitate Dei. Erster Band, Buch I – XIV,
dt. Übers. von Carl Johann Perl, Paderborn/München/Wien/Zürich 1979.
Augustinus, De musica: De musica. Bücher I und VI. Vom ästhetischen Urteil zur
metaphysischen Erkenntnis. Lateinisch-deutsch. Eingeleitet, übersetzt und mit
Anmerkungen versehen von Frank Hentschel, Hamburg 2002.
Basilius hex: Basile de Césarée: Homélies sur l'Hexaéméron, texte grec, introduction
et traduction de St. Giet (SC), Paris 1950.
Bernhard von Clairvaux: Apologia ad Guillelmun XII, in: PL.
Chaldäische Orakel:
    – Oracles Chaldaïques, avec un choix de commentaires anciens, texte établi et
    traduit par Édouard des Places, Paris 1971.
    – The Chaldean Oracles. Text, translation, and commentary, Leiden/New York/
    København/Köln 1989.
Clemens von Alexandrien, Str.: Clément d'Alexandrie: Les Stromates. Stromate IV,
introduction, texte critique et notes par A. van den Hoek, traduction de C.
Mondésert (SC 463), Paris 2001.

Cyrill von Jerusalem, Cat. myst.: Cyrille de Jérusalem, Catéchèses mystagogiques. Introduction, texte critique et notes de A. Piédagnel, traduction de P. Paris (SC 126), Paris 1966.

Damascius, In Phaed.:
– Olimpiodori philosophi in Platonis Phaedonem commentaria, edidit William Norvin, Leipzig 1913.
– Damascius, In Phaed.: The Greek Commentaries on Plato's Phaedo. Volume II. Damascius, hg. von L. G. Westerink, Amsterdam/Oxford/New York 1977.

Meister Eckhart, Die deutschen Werke: Die deutschen und lateinischen Werke. Die deutschen Werke 5, Traktate, Stuttgart 1963.

Eusebius, HE: Eusebius Werke. Die Kirchengeschichte, hg. von Eduard Schwartz und Theodor Mommsen, 2. unveränderte Auflage von Friedhelm Winkelmann, Bd. II/1, II/2 und II/3 (GCS, Neue Folge 6,1, 6,2 und 6,3), Berlin 1999.

Gregor von Nazianz, Or.:
– Grégoire de Nazianze: Discours 27–31 (Discours théologiques), introduction, texte critique, traduction et notes, par P. Gallay, (SC 250), Paris 1978.
– Grégoire de Nazianze: Discours 38–41, introduction, texte critique et notes par C. Moreschini, traduction par P. Gallay (SC 358), Paris 1990.

Gregor von Nyssa, anim. et res.: De anima et resurrectione, in: PG 46, 11–160.

Gregor von Nyssa, De hom. opif.: De hominis opificio, in: PG 44,13–256.

Gregor von Nyssa, In canticum canticorum:
– Gregorii Nysseni in canticum canticorum (Gregorii Nysseni opera VI), Leiden 1960. (GNO)
– Gregor von Nyssa: In canticum canticorum homiliae. Homilien zum Hohenlied I-III, gr.-dt. (Fontes Christiani 16/1), Freiburg/Brsg./Basel/Wien 1994. (Homilien)

Gregor von Nyssa, In inscrip. psalm.: In inscriptiones psalmorum, in sextum psalmum, in ecclesiasten homiliae (Gregorii Nysseni opera V), Leiden 1962.

Hilduin: Passio sanctissimi Dionysii, in: PL 106, 23–50.

Homer, Ilias: Homer: Ilias. Odyssee, übers. von J. H. Voß, München 1970.

Jacobus de Voragine, Legenda Aurea: Legenda aurea. Aus dem Lateinischen übersetzt von Richard Benz, Gerlingen [12]1997.

Jamblich, dM: Les mystère d'Égypte, hg. u. übers. von E. des Places, Paris 1966.

Johannes Chrysostomos, Cat. bapt: Jean Chrysostome: Huit catéchèses baptismales, introduction, texte critique, traduction et notes de Antoine Wenger (SC 50bis), 2. Auflage (2 ed.), Paris 1970.

Johannes Chrysostomos, On repentance: On repentance and almsgiving, translated by Gus Georges Christo, Washington 1998.

Johannes Scotus Eriugena, Super ierarchiam: Expositiones super ierarchiam ecclesiasticam S. Dionysii, in: PL, 265D-268C.

Julien, Œuvres complètes. Tome II, 1re partie. Texte établit et traduit par Gabriel Rochefort, Paris 1963.

Luther, Martin, De captivitate Babylonica: De captivitate Babylonica ecclesiae praeludium (1520), in: D. Martin Luthers Werke. Kritische Gesamtausgabe (Weimarer Ausgabe), Bd. 6, Graz 1966 (=Weimar 1988), 484–573.

Marinus, Vita Procli: Proclus ou sur le bonheur. Texte établi, trad. et annot. par Henri Dominique Saffrey et Alain-Philippe Segonds, Paris 2001.

Origenes, De princ.: Origène: Traité des Principes. Tome I, introduction, texte critique, traduction par H. Crouzel et M. Simonetti (SC 252), Paris 1978.

Photius, Bibliothèque: Bibliothèque. Tome VII ('Codices' 246–256). Texte établi et traduit par René Henry, Paris 1974.

Platon, Werke, in acht Bänden, griechisch und deutsch, deutsche Übersetzung von Friedrich Schleiermacher u. a., Darmstadt 1990.

Plotin, Enn.: Plotins Schriften, übersetzt von Richard Harder, 5 Bde, Hamburg 1956–1967.

Porphyrios, Vita Plotini: Über Plotins Leben, in: Plotins Schriften, übersetzt von Richard Harder, Hamburg 1958.

Proklos, De mal. subs.:
   – Proclus, Trois études sur la providence, t. III: De l'existence du mal, Texte établi et traduit par D. Isaac, Paris 1970.
   – On the Existence of Evils, übers. von J. Opsomer und C. Steel, London 2003.

Proklos, De sacr.: Ausschnitte in französischer Übersetzung in: Proclus, Sur l'art hiératique, in: Festugière, A.-J.: La révélation d'Hermès Trismégiste. I. L'astrologie et les sciences occultes, Paris 1989, 134–136.

Proklos, ET: Proclus: The Elements of Theology. A revised text with translation, introduction and commentary by E. R. Dodds, 2. cd., Oxford 1992.

Proklos, In Alc.:
   – Commentary on the First Alcibiades of Plato, critical text and indices by L. G. Westerink, Amsterdam 1954.
   – Sur le premier Alcibiade de Platon. Texte établi et traduit par A. Ph. Ségonds, Paris 1985–1986.

Proklos, In Parm.:
   – Procli philosophi opera inedita, pars tertia, continens Procli commentaria in Platonis Parmenidem, ed. Victor Cousin, Hildesheim 1961.
   – Commentaire sur le Parménide, traduit par A.-Ed. Chaignet (Nachdruck der Ausgabe von 1900–1903), Frankfurt/Main 1962.
   – Proclus: Commentaire sur le Parménide de Platon, Traduction de Guillaume de Moerbeke, édition critique par Carlos Steel, Leuven 1982–1985.
   – Proclus: Commentaire sur le Parménide de Platon, Traduction de Guillaume de Moerbeke, Tome II: Livres V à II et notes marginales de Nicolas de Cue, édition critique par Carlos Steel, Leuven 1985.
   – Proclus' Commentary on Plato's Parmenides, übersetzt von G. R. Morrow u. J. M. Dillon, Einführung und Anmerkungen von J. M. Dillon, Princeton 1987.

Proklos, In Remp.:
   – In Platonis rem publicam comentarii, edidit Guilelmus Kroll, Leipzig 1899–1901.
   – Commentaire sur la République. Traduction et notes par A. J. Festugière, 3 Bde, Paris 1970.

Proklos, In Tim.:
   – In Platonis Timaeum comentaria, edidit E. Diehl, Leipzig 1903–1906.
   – Commentaire sur le Timée. Traduction et notes par A. J. Festugière, Paris 1966–1968.

Proklos, Th. Pl.: Théologie platonicienne, hg. u. übersetzt von H. D. Saffrey und L. G. Westerink, Paris 1968–1987.

Stobaeus, Anth.: Ioannis Stobaeus: Anthologium III, Berlin 1958.

Suger von St. Denis, De consecratione, De administratione: Ausgewählte Schriften. Ordinatio. De consecratione. De administratione, hg. von A. Speer und G. Binding, Darmstadt 2000.

Theodor von Studion, Antirrh: Antirrheticus II, in: PG 99, 351–388.

Theodor von Studion, Epist.: Epistorlarum liber II, in: PG 99, 1115–1670.

Thomas von Aquin, In librum: In librum beati Dionysii 'De divinis nominibus' expositio, Roma/Turino 1950.

Thomas von Aquin, S. th.: Summa theologica. Die deutsche Thomas-Ausgabe, 1934–1961.

V. Sekundärliteratur

Albert, K. (1999): Über die philosophische Mystik des Dionysius Areopagita, in: Perspektiven der Philosophie 25, 103–116.

de Andia, Y. (1992a): Philosophie et union mystique chez le Pseudo-Denys l'Aréopagite, in: Goulet-Cazé, M.-O./Madec, G./O'Brien, D. (Hg.): ΣΟΦΙΗΣ ΜΑΙΗΤΟΡΕΣ „Chercheurs de sagesse" Hommage à Jean Pépin, Paris, 511–531.

de Andia, Y. (1992b): „παθὼν τὰ θεῖα", in: Gersh, S./Kannengiesser, C. (Hg.): Platonism in Late Antiquity, Notre Dame, Indiana, 239–258.

de Andia, Y. (1995): La divinisation de l'homme selon Denys, in: Diotima 23, 86–92.

de Andia, Y. (1996): Henosis. L'union à Dieu chez Denys l'Aréopagite, Leiden/New York/Köln.

de Andia, Y. (1997a): Denys l'Aréopagite à Paris, in: de Andia, Y. (Hg.): Denys l'Aréopagite et sa postériorité en Orient et en Occident. Actes du Colloque International, Paris, 21–24 septembre 1994, Paris, 13–15.

de Andia, Y. (1997b): Transfiguration et théologie négative chez Maxime le Confesseur et Denys l'Aréopagite, in: de Andia, Y. (Hg.): Denys l'Aréopagite et sa postériorité en Orient et en Occident. Actes du Colloque International, Paris, 21–24 septembre 1994, Paris, 293–328.

de Andia, Y. (Hg.) (1997c): Denys l'Aréopagite et sa postériorité en Orient et en Occident. Actes du Colloque International, Paris, 21–24 septembre 1994, Paris.

de Andia, Y. (2001): Symbole et mystère selon Denys l'Aréopagite, in: Studia Patristica 37, 421–451.

de Andia, Y. (2004): L'entrée dans la ténèbre divine et le feu de l'esprit, in: Trottmann, C./Vasiliu, A. (Hg.): Du visible à l'intelligible: lumières et ténèbres de l'Antiquité à la Renaissance, Paris, 357–371.

Attridge, H. W. (2000): Hebräerbrief, in: RGG⁴ 3, Sp. 1494–1497.

Ball, H. (1923): Byzantinisches Christentum. Drei Heiligenleben, München.

Ball, H. (1946): Die Flucht aus der Zeit, Luzern.

von Balthasar, H. U. (1962): Herrlichkeit. Eine theologische Ästhetik. Zweiter Band. Fächer der Stille, Einsiedeln.

Baur, L. (1941): Cusanus-Texte. III. Marginalien, 1. Nicolaus Cusanus und Ps. Dionysius im Lichte der Zitate und Randbemerkungen des Cusanus, Heidelberg.

Beck, H.-G. (1959): Kirche und theologische Literatur im byzantinischen Reich (Handbuch der Altertumswissenschaft 12/2/1), München.

Beierwaltes, W. (1976): Negati Affirmatio: Welt als Metapher. Zur Grundlegung einer mittelalterlichen Ästhetik, in: Beierwaltes, W. (Hg.): Eriugena. Grundzüge seines Denkens, Frankfurt/Main, 115–158.

Beierwaltes, W. (1979²): Proklos. Grundzüge seiner Metaphysik, Frankfurt/Main.

Beierwaltes, W. (1985): Denken des Einen. Studien zur neuplatonischen Philosophie und ihrer Wirkungsgeschichte, Frankfurt/Main.

Beierwaltes, W. (1988): Rezension zu: Paul Rorem: Biblical and Liturgical Symbols within the Pseudo-Dionysian Synthesis. Toronto 1984, in: Zeitschrift für Kirchengeschichte 99, 411–412.

Beierwaltes, W. (1989): The Love of Beauty and the Love of God, in: Armstrong, A. H. (Hg.): Classical Mediterranean Spirituality. Egyptian, Greek, Roman, New York, 293–313.

Beierwaltes, W. (1994): Eriugena. Grundzüge seines Denkens, Frankfurt/M.

Beierwaltes, W. (1997): Dionysius und Bonaventura, in: de Andia, Y. (Hg.): Denys l'Aréopagite et sa postériorité en Orient et en Occident. Actes du Colloque International, Paris, 21–24 septembre 1994, Paris, 491–501.

Beierwaltes, W. (2001²a): Dionysios Areopagites – ein christlicher Proklos?, in: Beierwaltes, W.: Platonismus im Christentum, Frankfurt/Main, 44–84.

Beierwaltes, W. (2001²b): Platonismus im Christentum, Frankfurt/Main.

Bellini, E. (1980): Teologia e teurgia in Dionigi Areopagita, in: Vetera Christianorum 17, 199–216.

Bernard, C.-A. (1978): Les formes de la Théologie chez Denys l'Aréopagite, in: Gregorianum 59, 39–69.

Bernard, C.-A. (1997): La triple forme du discours théologique dionysien au moyen âge, in: de Andia, Y. (Hg.): Denys l'Aréopagite et sa postériorité en Orient et en Occident. Actes du Colloque International, Paris, 21–24 septembre 1994, Paris, 503–515.

Boiadjiev, T./Kapriev, G./Speer, A. (Hg.) (2000): Die Dionysius-Rezeption im Mittelalter. Internationales Kolloquium in Sofia vom 8.-11. April 1999 unter der Schirmherrschaft der Société Internationale pour l'Étude de la Philosophie Médiévale, Turnhout.

Bornert, R. (1970): Explication de la liturgie et interprétation de l'Écriture chez Maxime le Confesseur, in: Studia Patristica 10/1, 323–327.

Boularand, E. (1957): L'Eucharistie d'après le pseudo-Denys l'Aréopagite I, in: Bulletin de littérature ecclésiastique 4, 193–217.

Boularand, E. (1958): L'eucharistie d'après le pseudo-Denys l'Aréopagite II, in: Bulletin de littérature ecclésiastique 3, 129–169.

Breton, S. (1994): Superlatif et négation. Comment dire la Transcendance?, in: Revue des sciences philosophiques et théologiques 78, 193–202.

Breton, S. (1997): Sens et portée de la Théologie Négative, in: de Andia, Y. (Hg.): Denys l'Aréopagite et sa postériorité en Orient et en Occident. Actes du Colloque International, Paris, 21–24 septembre 1994, Paris, 629–643.

Brons, B. (1976): Gott und die Seienden. Untersuchungen zum Verhältnis von neuplatonischer Metaphysik und christlicher Tradition bei Dionysius Areopagita, Göttingen.

Brontesi, A. (1970): L'incontro misterioso con dio. Saggio sulla Teologia affermativa e negativa nello Pseudo-Dionigi. Note di una lettura, Brescia.

Burns, D. (2004): Proclus and the Theurgic Liturgy of Pseudo-Dionysius, in: Dionysius 22, 111–132.

Bussanich, J. (2002): Philosophy, Theology, and Magic: Gods and Forms in Iamblichus, in: Kobusch, T./Erler, M. (Hg.): Metaphysik und Religion. Zur Signatur des spätantiken Denkens. Akten des Internationalen Kongresses vom 13.-17. März 2001 in Würzburg, München/Leipzig, 39–61.

Campbell, T. L. (Hg.) (1981): Dionysius the Pseudo-Areopagite, The Ecclesiastical Hierarchy, translated and annotated by Thomas L. Campbell, Lanham/New York/London.

Cancik, H./Mohr, H. (1988): Religionsästhetik, in: HRWG 1, 121–156.

Caputo, J. D. (Hg.) (1999): God, the Gift and Postmodernism, Indiana University Press.

Carabine, D. (1995): The Unknown God. Negative theology in the Platonic tradition: Plato to Eriugena (Louvain theological & pastoral monographs 19), Louvain.

Chevallier, P./u. a. (1954): Denys l'Aréopagite (le Pseudo-). V. Influence du Pseudo-Denys en Occident, in: DSp 3, 318–429.

Collins, R. F. (2003): Pastoralbriefe, in: RGG⁴ 6, 988–991.

Corbin, M. (1985): Négation et transcendance dans l'oeuvre de Denys, in: Revue des sciences philosophiques et théologiques 69, 41–76.

Cothenet, É. (1982): Onction. I. Dans l'écriture, in: DSp 11, 788–801.

Coward, H./Foshay, T. (Hg.) (1992): Derrida and negative theology, New York.

Crome, P. (1970): Symbol und die Unzulänglichkeit der Sprache. Jamblichos, Plotin, Porphyrios, Proklos, München.

Daniélou, J. (1972): La θεωρία chez Grégoire de Nysse, in: Studia Patristica 11/2, 130–145.

Demetrius. (1999): Lo stile a cura di Giovanni Lombardo (Peri hermeneias) Milano.

Derrida, J. (1976): Die différance, in: Randgänge der Philosophie (La différance, in: Marges de la philosophie, Paris 1972), Frankfurt/Berlin/Wien, 6–37.

Derrida, J. (1989): Wie nicht sprechen. Verneinungen, übers. v. H.-D. Gondek (Comment ne pas parler. Dénégations (1986), in: Psyché. Invention de l'autre, Paris 1987, 535–595), Wien.

Derrida, J. (1993): Sauf le nom, Paris.

Didi-Huberman, G. (1990): Puissances de la figure. Exégèse et visualité dans l'art chrétien, in: Encyclopaedia Universalis. Symposium. Les enjeux Bd. I, Paris, 608–621.

Didi-Huberman, G. (1995): Fra Angelico. Unähnlichkeit und Figuration, aus dem Französischen übers. von A. Knopp (Fra Angelico – Dissemblance et figuration, Paris 1990), München.

Didi-Huberman, G. (2003): Kunst und Theologie (Art et théologie, in: Dictionnaire de la théologie chrétienne, Encyclopaedia Universalis Albin-Michel, Paris 1998, 85–97), in: Hoeps, R./Kölb, A./Louis, E./Rauchenberger, J. (Hg.): Himmelschwer. Transformationen der Schwerkraft, München, 404–413.

Diemer, P. (1995): Abt Suger von Saint-Denis und die Kunstschätze seines Klosters, in: Boehm, G./Pfotenhauer, H. (Hg.): Beschreibungskunst-Kunstbeschreibung, München, 177–216.

Dihle, A. (1966): Ethik, in: RAC 6, 646–796.

Dillon, J. (2002): The Platonic Philosopher at Prayer, in: Kobusch, T./Erler, M. (Hg.): Metaphysik und Religion. Zur Signatur des spätantiken Denkens. Akten des Internationalen Kongresses vom 13.-17. März 2001 in Würzburg, München/Leipzig, 279–295.

Dodds, E. R. (1947): Theurgy and its Relationship to Neoplatonism, in: The Journal of Roman Studies 37, 55–69.

Dodds, E. R. (1970): Die Griechen und das Irrationale, Darmstadt.

Douglass, J. W. (1963): The negative Theology of Dionysius the Areopagite, in: The Downside Review 81/262, 115–124.

Engelhardt, J. G. B. (1823): Ueber den Styl der areopagitischen Schriften, in: Die angeblichen Schriften des Areopagiten Dionysius, Sulzbach, 307–313.

Esser, H. P. (1967): Untersuchungen zu Gebet und Gottesverehrung der Neuplatoniker, Köln.

Fazzo, V. (1977): La giustificazione delle immagini religiose dalla tarda antichità al cristianesimo. I. La tarda antichità, Napoli.

Festugière, A. J. (1971): Contemplation philosophique et art théurgique chez Proclus, in: Études de philosophie grecque, Paris, 585–596.

Festugière, A. J. (1989): La révélation d'Hermès Trismégiste. I. L'astrologie et les sciences occultes, Paris.

Flasch, K. (1996): Von der „Kritik der deutschen Intelligenz" zu Dionysius Areopagita, in: Wacker, B. (Hg.): Dionysius DADA Areopagita. Hugo Ball und die Kritik der Moderne, Paderborn.

Fowler, J. (1972): The Works of S. Dionysius the Areopagite, especially in relation to Christian Art, in: The Sacristy. A quaterly review of ecclesiastical art and literature 2, 12–39.

Gabriel, G. (1990): Literarische Form und nicht-propositionale Erkenntnis in der Philosophie, in: Gabriel, G./Schildknecht, C. (Hg.): Literarische Formen der Philosophie, Stuttgart, 1–25.

Gabriel, G. (1991): Zwischen Logik und Literatur. Erkenntnisformen von Dichtung, Philosophie und Wissenschaft, Stuttgart.

Gabriel, G./Schildknecht, C. (Hg.) (1990): Literarische Formen der Philosophie, Stuttgart.

Gage, J. (1982): Gothic glass: Two aspects of an Dionysian Aesthetic, in: Art History 5/1, 36–58.

de Gandillac, M. (Hg.) (1943): Œuvres complètes du Pseudo-Denys l'Aréopagite, traduction, préface et notes par Maurice de Gandillac, Paris.

de Gandillac, M. (1997): La figure de Denys chez le Cusain, in: de Andia, Y. (Hg.): Denys l'Aréopagite et sa postériorité en Orient et en Occident. Actes du Colloque International, Paris, 21–24 septembre 1994, Paris, 611–617.

Gebauer, G./Wulf, C. (1998): Spiel – Ritual – Geste. Mimetisches Handeln in der sozialen Welt, Hamburg.

Gersh, S. (1978): From Iamblichus to Eriugena. An investigation of Prehistory and Evolution of the Pseudo-Dionysian Tradition, Leiden.

Gerson, P. L. (Hg.) (1986): Abbot Suger and St. Denis, New York.

Gniffke, F. (2007): Bild und Götterstatuen im Neuplatonismus, in: Hoeps, R. (Hg.): Handbuch der Bildtheologie. Bd. I: Bild-Konflikte, Paderborn, 81–119.

Golitzin, A. (1990): „On the other hand" [A Response to Fr Paul Wesche's Recent Article on Dionysius in St Vladimir's Theological Quaterly, Vol. 33, No. 1], in: St Vladimir's Theological Quaterly 34, 305–323.

Golitzin, A. (1994): Et introibo ad altare Dei. The Mystagogy of Dionysius Areopagite with special references to its predecessors in the eastern christian tradition, Thessalonikê.

Goltz, H. (1974): HIERA MESITEIA. Zur Theorie der hierarchischen Sozietät im Corpus areopagiticum, Erlangen.

Gombocz, W. (2000): Dionysius vom Areopag als Theosoph: Eine philosophische Gotteslehre, in: Archiv für Mittelalterliche Philosophie und Kultur (hg. von T. Boiadjiev, O. Georgiev, G. Kapriev, A. Speer) 6, 149–164.

Griffith, R. (1995): Neo-Platonism and Christianity: Pseudo-Dionysius and Damascius, in: Studia Patristica, 238–243.

Grondijs, L. H. (1959): Sur la terminologie dionysienne, in: Bulletin de l'association Guillaume Budé, 4. sér. 4, 438–447.

Hadot, P. (1987): Théologie, exégèse, révélation, écriture, dans la philosophie grecque, in: Tardieu, M. (Hg.): Les règles de l'interprétation, Paris, 13–34.

Hadot, P. (1989): Neoplatonist Spirituality I. Plotinus and Porphyr, in: Armstrong, A. H. (Hg.): Classical Mediterranean Spirituality. Egyptian, Greek, Roman, New York, 230–249.

Hadot, P. (2002): Exercices spirituels et philosophie antique. Préface d'Arnold I. Davidson. Nouvelle édition revue et augmentée, Paris.

Halfwassen, J. (2004): Plotin und der Neuplatonismus, München.

Halfwassen, J. (2007): Schönheit und Bild im Neuplatonismus, in: Olejniczak Lobsien, V./Olk, C. (Hg.): Neuplatonismus und Ästhetik. Zur Transformationsgeschichte des Schönen, Berlin/New York, 43–57.

Hart, K. (1989): The trespass of the sign. Deconstruction, theology and philosophy, Cambridge.

Hathaway, R. F. (1969): Hierarchy and the Definition of Order in the *Letters* of Pseudo-Dionysius. A Study in the Form and meaning of the Pseudo-Dionysian Writings, The Hague.

Haug, W. (2007): Gab es eine mittelalterliche Ästhetik aus platonischer Tradition?, in: Olejniczak Lobsien, V./Olk, C. (Hg.): Neuplatonismus und Ästhetik. Zur Transformationsgeschichte des Schönen, Berlin/New York, 19–42.

Heil, G. (1986a): Anmerkungen zu *Über die himmlische Hierarchie*, in: Dionysius Areopagita, Über die himmlische Hierarchie. Über die kirchliche Hierarchie, eingeleitet, übers. von G. Heil (Bibliothek der griechischen Literatur, Bd. 22), Stuttgart.

Heil, G. (1986b): Anmerkungen zu *Über die kirchliche Hierarchie*, in: Dionysius Areopagita, Über die himmlische Hierarchie. Über die kirchliche Hierarchie, eingeleitet, übers. von G. Heil (Bibliothek der griechischen Literatur, Bd. 22), Stuttgart.

Heil, G. (1986c): Einleitung, in: Dionysius Areopagita, Über die himmlische Hierarchie. Über die kirchliche Hierarchie, eingeleitet, übers. von G. Heil (Bibliothek der griechischen Literatur, Bd. 22), Stuttgart, 1–27.

Helmig, C./Steel, C. (2004): Neue Forschungen zum Neuplatonismus (1995–2003) II, in: Allgemeine Zeitschrift für Philosophie 29.3, 225–247.

Hirschle, M. (1979): Sprachphilosophie und Namenmagie im Neuplatonismus. Mit einem Exkurs zu 'Demokrit' B 142, Meisenheim am Glan.

Hochstaffl, J. (1976): Negative Theologie. Ein Versuch zur Vermittlung des patristischen Begriffs, München.

Hoffmann, P. (1994): Damascius, in: Dictionnaire des philosophes antiques II, 541–593.

Hoffmann, P. (1997): L'expression de l'indicible dans le néoplatonisme grec de Plotin à Damascius, in: Lévy, C./Pernot, L. (Hg.): Dire l'évidence (Philosophie et rhétorique antiques), Paris, 335–390.

Hösle, V. (2006): Der philosophische Dialog. Eine Poetik und Hermeneutik, München.

von Ivánka, E. (1981²): Einleitung, in: von Ivánka, E. (Hg.): Dionysius Areopagita, Von dem Namen zum Unennbaren, Auswahl und Einleitung von Endre von Ivánka, Einsiedeln, 7–31.

von Ivánka, E. (1990²): Plato christianus. Übernahme und Umgestaltung des Platonismus durch die Väter, Einsiedeln.

Jeauneau, É. (1995): Néant divin et théophanie. Érigène disciple de Denys, in: Diotima 23, 21–27.

Jeauneau, É. (1997): L'abbaye de Saint-Denis introductrice de Denys en Occident, in: de Andia, Y. (Hg.): Denys l'Aréopagite et sa postériorité en Orient et en Occident. Actes du Colloque International, Paris, 21–24 septembre 1994, Paris, 361–378.

Jeck, U. R. (1992): Ps. Dionysios Areopagitês und der Bilderstreit in Byzanz. Überlegungen zur Dionysiosrezeption des Joannês von Damaskos, in: Hermeneia 8/2, 71–80.

Jeck, U. R. (1996): Philosophie der Kunst und Theorie des Schönen bei Ps.-Dionysios Areopagites, in: Documenti e studi sulla tradizione filosofica medievale 7, 1–38.

Jeck, U. R. (1998): Pseudo-Dionysius Areopagita (Dionysius Areopagita), in: Nida Rümelin, J./Betzler, M. (Hg.): Ästhetik und Kunstphilosophie. Von der Antike bis zur Gegenwart in Einzeldarstellungen, Stuttgart, 649–654.

Jones, J. N. (1996): Sculpting God: The Logic of Dionysian Negative Theology, in: Harvard Theological Review 89/4, 355–371.

Jules-Rosette, B. (1976): Verbale und visuelle Darstellungen einer rituelllen Situation, in: Weingarten, E./Satz, F./Schenkein, J. (Hg.): Ethnomethodologie. Beiträge zu einer Soziologie des Alltagshandelns, Frankfurt/Main.

Kersting, W. (1999): Platons 'Staat', Darmstadt.

Kidson, P. (1987): Panofsky, Suger and St Denis, in: Journal of the Warburg and Courtauld Institutes 50, 1–17.

Kleijwegt, M. (2004): Kind. Kindertaufe, in: RAC 20, 917–920.

Kobusch, T. (1995): Dionysius Areopagita (um 500), in: Niewöhner, F. (Hg.): Klassiker der Religionsphilosophie, München, 84–98; 351–356 (Anm.).

Kobusch, T. (2002a): Christliche Philosophie: Das Christentum als Vollendung der antiken Philosophie, in: Erler, M./Kobusch, T. (Hg.): Metaphysik und Religion. Zur Signatur des spätantiken Denkens (Akten des internationalen Kongresses vom 13.-17. März 2001 in Würzburg), München/Leipzig, 239–259.

Kobusch, T. (2002b): Negative Theologie als praktische Metaphysik, in: Olivetti, M. (Hg.): Théologie négative (Biblioteca dell'<Archivio di Filosofia>), Padova, 185–200.

Koch, H. (1895): Proklus als Quelle des Pseudo-Dionysius Areopagita in der Lehre vom Bösen, in: Philologus. Zeitschrift für das classische Altertum 54, 438–454.

Koch, H. (1900): Pseudo-Dionysius Areopagita in seinen Beziehungen zum Neuplatonismus und Mysterienwesen. Eine litterarhistorische Untersuchung (Forschungen zur christlichen Litteratur- und Dogmengeschichte), Mainz.

Koutras, D. N. (1995): Le beau chez Denys, in: Diotima 23, 99–105.

Kraus, F. X. (1882): Real-Enzyklopädie der christlichen Altertümer, Bd. 1, A-H, Freiburg/Brsg.

Kumada, Y. (1997): Die Übersetzung des Corpus Dionysiacum ins Japanische, in: de Andia, Y. (Hg.): Denys l'Aréopagite et sa postériorité en Orient et en Occident. Actes du Colloque International, Paris, 21–24 septembre 1994, Paris, 645–650.

Kumada, Y. (2001): Die neuplatonische und christliche Sprache in De divinis nominibus von Dionysios Areopagites, besonders im 2. Kapitel, in: Patristica. Proceedings of the Colloquia of the Japanese Society for Patristic Studies, Supplementary Volume 1, 119–130.

Ladner, G. B. (1931): Der Bilderstreit und die Kunstlehren der byzantinischen und abendländischen Theologie, in: Zeitschrift für Kirchengeschichte 50, 1–23.

Ladner, G. B. (1953): The Concept of Image in the Greek Fathers and the Byzantine Iconoclastic Controversy, in: Dumbarton Oak Papers VII, 3–34.

Lang, A. (1995): Transcendance et inconnaissance chez Plotin et Denys, in: Diotima 23, 51–54.

Lang, D. (1995): Le discours de la théologie négative face à l'indicible chez Denys, in: Diotima 23, 81–85.

Leclercq, H. (1923): Flabellum, in: Dictionnaire d'archéologie chrétienne et de liturgie 5/2, 1610–1625.

Leclercq, H. (1935): Onction, in: Dictionnaire d'archéologie chrétienne et de liturgie 12/2, 2116–2130.

Leinkauf, T. (1997): Philologie, Mystik, Metaphysik. Aspekte der Rezeption des Dionysius Areopagita in der frühen Neuzeit, in: de Andia, Y. (Hg.): Denys l'Aréopagite et sa postériorité en Orient et en Occident. Actes du Colloque International, Paris, 21–24 septembre 1994, Paris, 583–609.

Lesêtre, H. (1908): Parfum, in: Dictionnaire de la bible IV, 2163–2167.

Lévèque, P. (1959): Aurea catena homeri. Une étude sur l'allégorie grecque, Paris.

Lilla, S. (1982): Introduzione allo studio dello Ps. Dionigi l'Areopagita, in: Augustinianum XXII/3, 533–577.

Lilla, S. (1997): Pseudo-Denys l'Aréopagite, Porphyre et Damascius, in: de Andia, Y. (Hg.): Denys l'Aréopagite et sa postériorité en Orient et en Occident. Actes du Colloque International, Paris, 21–24 septembre 1994, Paris, 117–152.

Lilla, S. (2002): Introduzione, in: Pseudo-Dionigi l'Areopagita, La Gerarchia ecclesiastica. Introduzione, traduzione e note a cura di Salvatore Lilla, Roma, 5–40.

Lilla, S. (2005): Dionigi l'Areopagita e il platonismo cristiano, Brescia.

Loenertz, R. J. (1951): La légende dionysienne de S. Denys l'Aréopagite. Sa genèse et son premier témoin, in: Analecta Bollandia LXIX, Fasc. III u. IV, 217–237.

Lossky, V. (1939): La théologie négative dans la doctrine de Denys l'Aréopagite, in: Revue des sciences philosophiques et théologiques 28, 204–221.

Lossky, V. (1944): Théologie mystique de l'église d'Orient, Paris.

Lossky, V. (1964): Schau Gottes, Zürich.

Louth, A. (1981): The Origins of the Christian Mystical Tradition. From Plato to Denys, Oxford.

Louth, A. (1986): Pagan theurgy and christian sacramentalism in Denys the Areopagite, in: The Journal of Theological Studies 37/2, 432–438.

Louth, A. (1989): Denys the Areopagite, London/New York.

Louth, A. (1997): St Denys the Areopagite and the Iconoclastic Controversy, in: de Andia, Y. (Hg.): Denys l'Aréopagite et sa postériorité en Orient et en Occident. Actes du Colloque International, Paris, 21–24 septembre 1994, Paris, 329–339.

Lyons, M. C. (1961): A greek ethical treatise, in: Oriens 13–14, 35–57.

Majercik, R. (Hg.) (1989): The Chaldean Oracles. Text, translation, and commentary, Leiden/New York/København/Köln.

Marion, J.-L. (1977): L'idole et la distance, Paris.

Marion, J.-L. (1982): Dieu sans l'être, Paris.

Marion, J.-L. (1989): Réduction et donation. Recherches sur Husserl, Heidegger et la phénoménologie, Paris.

Marion, J.-L. (2001): De surcroît, Paris.

Marion, J.-L. (2005): Die Öffnung des Sichtbaren, übers: von G. Bertrand und D. Bertrand-Pfaff (La croisée du visible, Paris 1996), Paderborn.

Marion, J.-L. (1998²): Étant donné. Essai d'une phénoménologie de la donation, Paris.

Markschies, C. (1995): Gibt es eine „Theologie der gotischen Kathedrale"? , Heidelberg.

McEnvoy, J. J. (1992): Neoplatonism and Christianity: Influence, Syncretism or Discernment?, in: Finan, T./Twomey, V. (Hg.): The Relationship between Neoplatonism and Christianity, Dublin, 155–170.

Meier-Oeser, S. (1998): Symbol. I. Antike, Mittelalter, Neuzeit, in: HWP 10, 710–723.

Merki, H. (1952): ΗΟΜΟΙΩΣΙΣ ΘΕΩΙ. Von der platonischen Angleichung an Gott zur Gottähnlichkeit bei Gregor von Nyssa, Freiburg in der Schweiz.

Michel, A. (1997): L'évidence ineffable de Denys l'Aréopagite à Vico, en passant par saint Anselme, in: Lévy, C./Pernot, L. (Hg.): Dire l'évidence (Philosophie et rhétorique antiques), Paris, 391–401.

Mitchell, M. M. (1998): Brief. I. Form und Gattung. II. Schrifttum, in: RGG⁴ 1, 1757–1762.

Mortley, R. (1986): From Word to Silence. I: The Rise and Fall of logos; II: The Way of Negation: Christian and Greek, Bonn.

Mühlenberg, E. (1993): Die Sprache der religiösen Erfahrung bei Pseudo-Dionysius Areopagita, in: Christian Faith and greek Philosophy in later Antiquity, Leiden/New York/Köln, 129–147.

Müller, C. W. (1965): Gleiches zu Gleichem. Ein Prinzip frühgriechischen Denkens, Wiesbaden.

Müri, W. (1976): ΣΥΜΒΟΛΟΝ. Wort- und sachgeschichtliche Studie, in: Müri, W. (Hg.): Griechische Studien. Ausgewählte Wort- und sachgeschichtliche Forschungen zur Antike, hg. von E. Vischer, Basel, 1–44.

Nasemann, B. (1991): Theurgie und Philosophie in Jamblichs De mysteriis (Beiträge zur Altertumskunde Bd. 11), Stuttgart.

Neuheuser, H. P. (1994²): Die Kirchweihbeschreibungen von Saint-Denis und ihre Aussagefähigkeit für das Schönheitsempfinden des Abtes Suger, in: Speer, A./Binding, G. (Hg.): Mittelalterliches Kunsterleben nach Quellen des 11. bis 13. Jahrhunderts, Stuttgart/Bad Cannstatt, 116–183.

Nick, G. (2002): Die Athena Parthenos. Studien zum griechischen Kultbild und seiner Rezeption, Mainz.

Nikolakopoulos, K. (1992): Wesen und die Funktion der byzantinischen Musik, in: Hermeneia 8/3, 141–154.

O'Daly, G. (1981): Dionysius Areopagita, in: TRE 8, 772–780.

O'Meara, D. (1992): Vie politique et divinisation dans la philosophie néoplatonicienne, in: Goulet-Cazé, M.-O./Madec, G./O'Brien, D. (Hg.): ΣΟΦΙΗΣ ΜΑΙΗΤΟΡΕΣ. „Chercheurs de sagesse" Hommage à Jean Pépin, Paris, 501–510.

O'Meara, D. (1993): Aspects of Political Philosophy in Iamblichus, in: Blumenthal, H. J./Clark, E. G. (Hg.): The Divine Iamblichus. Philosopher and Man of Gods, London, 65–73.

O'Meara, D. (1997a): Conceptions néoplatoniciennes du philosophe-roi, in: Neschke-Hentschke, A. (Hg.): Images de Platon et lectures de ses œuvres. Les interprétations de Platon à travers les siècles, Louvain/Paris, 35–50.

O'Meara, D. (1997b): Évêques et philosophes-rois: philosophie politique néoplatonicienne chez le Pseudo-Denys, in: de Andia, Y. (Hg.): Denys l'Aréopagite et sa postériorité en Orient et en Occident. Actes du Colloque International, Paris, 21–24 septembre 1994, Paris, 75–88.

O'Meara, D. (2005²): Platonopolis. Platonic political philosophy in late antiquity, Oxford.

Olejniczak Lobsien, V./Olk, C. (Hg.) (2007): Neuplatonismus und Ästhetik. Zur Transformationsgeschichte des Schönen, Berlin/New York.

Opsomer, J. (2001): Proclus vs Plotinus on matter (De mal. subst. 30–70), in: Phronesis 26/2, 154–188.

Opsomer, J./Steel, C. (2003): Introduction, in: On the Existence of Evils, übers. von J. Opsomer und C. Steel, London, 1–53.

Panofsky, E. (1946): Abbot Suger: On the abbey church of St. Denis and its art treasures, Princeton.

Panofsky, E. (1978): Abt Suger von St.-Denis, in: Sinn und Deutung in der bildenden Kunst, Köln, 125–166.

Pépin, J. (1976): Aspects théoriques du symbolisme dans la tradition dionysienne. Antécédents et nouveautés, in: Simboli e simbologia nell'alto medioevo. Settimani di studio del centro italiano di studi sull' alto Medioevo 23/1, Spoleto, 33–66.

Pépin, J. (1982): Linguistique et théologie dans la tradition platonicienne, in: Langages 65/Signification et référence dans l'antiquité et au moyen âge, 9–116.

Perl, E. D. (1991): Methexis: Creation, incarnation, deification in Saint Maximus Confessor, Ann Arbor.

Perl, E. D. (1994): Symbol, Sacrament, and Hierarchy in Saint Dionysios the Areopagite, in: The Greek orthodox theological review 39/3–4, 311–356.

des Places, E. (1971): Notice, in: Oracles Chaldaïques, avec un choix de commentaires anciens, texte établi et traduit par Édouard des Places, Paris, 7–57.

des Places, E. (1977): Denys l'Aréopagite et les Oracles chaldaïques, in: Freiburger Zeitschrift für Philosophie und Theologie 24/1–2, 187–190.

Probst, H. (1991): Paulus und der Brief. Die Rhetorik des antiken Briefes als Form der paulinischen Korintherkorrespondenz (1 Kor 8–10), Tübingen.

Puech, H.-C. (1938): La ténèbre mystique chez le Pseudo-Denys l'Aréopagite et dans la tradition patristique, in: Études Carmélitaines 23/II, 33–53.

Rappe, S. (2000): Reading Neoplatonism. Non-discursive Thinking in the Texts of Plotinus, Proclus, and Damascius, Cambridge.

Rayez, A. (1954): Denys l'Aréopagite (Le Pseudo-). IV. Influence du Pseudo-Denys en Orient, in: DSp 3, 286–318.

Riggi, C. (1970): Il simbolo dionisiana dell'estetica teologia, in: Salesianum 32/1, 47–91.

Ritter, A. M. (1994a): Anmerkungen zu *Briefe*, in: Pseudo-Dionysius Areopagita, Über die mystische Theologie und Briefe, eingeleitet, übers. und mit Anmerkungen versehen von A. M. Ritter (Bibliothek der griechischen Literatur, Bd. 40), Stuttgart.

Ritter, A. M. (1994b): Anmerkungen zu *Über die mystische Theologie*, in: Pseudo-Dionysius Areopagita, Über die mystische Theologie und Briefe, eingeleitet, übers. und mit Anmerkungen versehen von A. M. Ritter (Bibliothek der griechischen Literatur, Bd. 40), Stuttgart.

Ritter, A. M. (1994c): Einleitung, in: Dionysius Areopagita, Über die mystische Theologie und Briefe, eingeleitet, übers. von A. M. Ritter (Bibliothek der griechischen Literatur, Bd. 40), Stuttgart, 1–73.

Roques, R. (1949): Note sur la notion de *theologia* chez le Pseudo-Denys l'Aréopagite, in: Revue d'ascétique et de mystique 25, 200–212.

Roques, R. (1953): Contemplation chez le Pseudo-Denys, in: DSp 2/2, 1885–1911.

Roques, R. (1954): De l'implication des méthodes théologiques che le Pseudo-Denys, in: Revue d'ascétique et de mystique 30, 268–274.

Roques, R. (1957a): Denys l'Aréopagite (Le Pseudo-). I Rappel de la question dionysienne. – II. Les écrits aréopagites. – III. La doctrine du pseudo-Denys, in: DSp 3, 244–286.

Roques, R. (1957b): Dionysius Areopagita, in: RAC 3, 1075–1121.

Roques, R. (1958): Introduction, in: Denys l'Aréopagite, La hiérarchie céleste, übers. von M. de Gandillac (SC 58), Paris, V-XLVIII.

Roques, R. (1962): Structures théologiques de la gnose à Saint-Victor, Paris.

Roques, R. (1967): Tératologie et théologie chez Jean Scot Érigène, in: Mélanges offerts à M.-D. Chenu, Paris, 419–437.

Roques, R. (1983): L'univers dionysien. Structure hiérarchique du monde selon le Pseudo-Denys, Paris.

Rorem, P. (1980): The Place of The Mystical Theology in the Pseudo-Dionysian Corpus, in: Dionysius 4/Dezember, 87–97.

Rorem, P. (1982): Iamblichus and the Anagogical Method in Pseudo-Dionysian Liturgical Theology, in: Studia Patristica 17/1, 453–460.

Rorem, P. (1984): Biblical and liturgical symbols within the Pseudo-Dionysian Synthesis, Toronto.

Rorem, P. (1986): The Uplifting Spirituality of Pseudo-Dionysius, in: McGinn, B./Meyendorff, J. (Hg.): Christian Spirituality. Origins to the Twelfth Century, London.

Rorem, P. (1989): Moses as the paradigm for the liturgical spirituality of Pseudo-Dionysius, in: Studia Patristica 18/2, 275–279.

Rorem, P. (1993): Pseudo-Dionysius. A commentary on the Texts and an Introduction to their Influence, New York/Oxford.

Ruh, K. (1987): Die mystische Gotteslehre des Dionysius Areopagita (Bayerische Akademie der Wissenschaften. Philosophisch-Historische Klasse Jahrg. 1987, Heft 2), München.

Ruh, K. (2001^2): Geschichte der abendländischen Mystik. 1. Bd. Die Grundlegung durch die Kirchenväter und die Mönchstheologie des 12. Jh., München.

Rutledge, D. (1965): Introduction, in: Cosmic theology. The Ecclesiastical Hierarchy of Pseudo-Denys: An Introduction, New York, 3–43.

Saffrey, H. D. (1989): Neoplatonist Spirituality. II. From Iamblichus to Proclus and Damascius, in: Armstrong, A. H. (Hg.): Classical Mediterranean Spirituality. Egyptian, Greek, Roman, New York, 250–265.

Saffrey, H. D. (1990a): La théurgie comme phénomène culturel chez les néoplatoniciens (IVe-Ve siècles), in: Recherches sur le néoplatonisme après Plotin, Paris, 51–61.

Saffrey, H. D. (1990b): La théurgie dans la philosophie grecque tardive, in: Recherches sur le néoplatonisme après Plotin, Paris, 33–49.

Saffrey, H. D. (1990c): Nouveaux liens objectifs entre le Pseudo-Denys et Proclus, in: Recherches sur le néoplatonisme après Plotin, Paris, 235–248.

Saffrey, H. D. (1990d): Un lien objectif entre le Pseudo-Denys et Proclus, in: Recherches sur le néoplatonisme après Plotin, Paris, 227–234.

Saffrey, H. D. (2000a): Le lien le plus objectif entre le Pseudo-Denys et Proclus, in: Saffrey, H. D.: Le néoplatonisme après Plotin, Paris, 239–252.

Saffrey, H. D. (2000b): Les débuts de la théologie comme science (IIIe-VIe siècle), in: Le néoplatonisme après Plotin, Paris, 219–238.

Saffrey, H. D. (2000c): SÊMEION/SIGNUM dans la littérature néoplatonicienne et la théurgie, in: Saffrey, H. D.: Le néoplatonisme après Plotin, Paris, 127–141.

Scazzoso, P. (1958): Valore del superlativo nel linguaggio pseudo-dionisiano, in: Aevum 32, 434–446.

Scazzoso, P. (1964): Rivelazioni del linguaggio pseudo-dionisiano intorno ai temi della contemplazione e dell'estasi, in: Rivista de filosofia neo-scolastica 56, 37–66.

Scazzoso, P. (1965): Valore della liturgia nelle opere dello Pseudo-Dionigi, in: Scuola Cattolica 93, 122–142.

Scazzoso, P. (1967): Ricerche sulla struttura del linguaggio dello Pseudo-Dionigi Areopagita. Introduzione alla lettura delle opere pseudo-dionisiane, Milano.

Schäfer, C. (2002): Unde malum. Die Frage nach dem Woher des Bösen bei Plotin, Augustinus und Dionysius, Würzburg.

Schäfer, C. (2006): The Philosophy of Dionysius the Areopagite. An introduction to the structure and the content of the treatise of *The Divine Names*, Leiden/Boston.

Schepens, P. (1949): La liturgie de Denys le pseudo-Aréopagite, in: Ephemerides liturgicae LXIII/IV, 357–375.

Schildknecht, C. (1990): Philosophische Masken. Literarische Form der Philosophie bei Platon, Descartes, Wolff und Lichtenberg, Stuttgart.

Schmidt-Biggemann, W. (1998): Philosophia perennis. Historische Umrisse abendländischer Spiritualität in Antike, Mittelalter und Früher Neuzeit, Frankfurt/M.

Schmitt, A. (2001): Der Philosoph als Maler – der Maler als Philosoph, in: Boehm, G. (Hg.): Homo pictor (Colloquium Rauricum Bd. 7), München, 32–54.

Semmelroth, O. (1947): Das ausstrahlende und emporziehende Licht. Die Theologie des Pseudo-Dionysius in systematischer Darstellung, Dissertation, Bonn.

Semmelroth, O. (1952): Die Θεολογία συμβολική des Ps.-Dionysius Areopagita, in: Scholastik 27, 1–11.

Senger, H. G. (2000): Die Präferenz für Ps.-Dionysius bei Nicolaus Cusanus und seinem italienischen Umfeld, in: Boiadjiev, T./Kapriev, G./Speer, A. (Hg.): Die Dionysius-Rezeption im Mittelalter. Internationales Kolloquium in Sofia vom 8.-11. April 1999 unter der Schirmherrschaft der Société Internationale pour l'Étude de la Philosophie Médiévale, Turnhout, 505–539.

Shaw, G. (1999): Neoplatonic Theurgy and Dionysius Areopagite, in: Journal of Early Christian Studies 7/4, 673–599.

Sheldon-Williams, I. P. (1964): The *Ecclesiastical Hierarchy* of Pseudo-Dionysius, in: The Downside Review 82/269, 293–302.

Sheldon-Williams, I. P. (1965): The *Ecclesiastical Hierarchy* of Pseudo-Dionysius, in: The Downside Review 83/270, 20–31.

Sheldon-Williams, I. P. (1966): The ps.-Dionysius and the Holy Hierotheus, in: Studia Patristica 8/2, 108–117.

Sheppard, A. (1982): Proclus' attitude to theurgy, in: Classical Quaterly 32, 212–224.

Sigonio, C. (1993): Del dialogo, a cura di Franco Pignatti, prefazione di Giorgio Patrizi (De dialogo liber), Roma.

von Simson, O. (1968): Die gotische Kathedrale, Darmstadt.

Smith, A. (1974): Porphyry's Place in the Neoplatonic Tradition. A study in Post-Plotinian Neoplatonism, The Hague.

Smith, A. (2002): Further thoughts on Iamblichus as the first philosopher of religion, in: Kobusch, T./Erler, M. (Hg.): Metaphysik und Religion. Zur Signatur des spätantiken Denkens. Akten des Internationalen Kongresses vom 13.-17. März in Würzburg, München/Leipzig, 297–308.

Sneller, R. (2000): Mysterie of Incarnatie. Marion en Derrida, in: Welten, R. (Hg.): God en het Denken. Over de filosofie van Jean-Luc Marion, Nijmegen, 66–95.

Solignac, A. (1991): Théologie négative, in: DSp 15, 509–516.

Specker, T. (2002): Einen anderen Gott denken? Zum Verständnis der Alterität Gottes bei Jean-Luc Marion, Frankfurt/Main.

Speer, A. (1993): Vom Verstehen mittelalterlicher Kunst, in: Speer, A./Binding, G. (Hg.): Mittelalterliches Kunsterleben nach Quellen des 11.-13. Jahrhunderts, Stuttgart, 13–52.

Speer, A. (1998): Art as Liturgy. Abbot Suger of Saint-Denis and the Question of Medieval Aesthetics, in: Hamesse, J. (Hg.): Roma, magistra mundi. Itineraria culturae medievalis. Mélanges offerts au Père L. E. Boyle à l'occasion de son 75e anniversaire, Louvain-la-Neuve, 855–875.

Speer, A. (2000): Abt Sugers Schriften zur fränkischen Königsabtei Saint-Denis, in: Abt Suger von Saint-Denis. Ausgewählte Schriften. Ordinatio. De consecratione. De administratione, hg. von A. Speer und G. Binding, Darmstadt, 13–66.

Speyer, W. (1969): Fälschung, literarische, in: RAC 7, 236–277.

Speyer, W. (1971): Die literarische Fälschung im heidnischen und christlichen Mittelalter. Ein Versuch ihrer Deutung, München.

Stäcker, T. (1995): Die Stellung der Theurgie in der Lehre Jamblichs, Frankfurt/Main.

Stäcker, T. (1998): Theurgie, in: HWP 10, 1180–1183.

Steel, C. (1997): Proclus et Denys: de l'existence du mal, in: de Andia, Y. (Hg.): Denys l'Aréopagite et sa postériorité en Orient et en Occident. Actes du Colloque International, Paris, 21–24 septembre 1994, Paris, 89–116.

Steel, C. (1999): „Negatio Negationis". Proclus on the Final Lemma of the First Hypothesis of the *Parmenides*, in: Cleary, J. J. (Hg.): Traditions of Platonism. Essays in Horn of J. Dillon, Aldershot u. a., 351–368.

Steel, C. (2000): Beyond the Principle of Contradiction? Proclus' „Parmenides" and the Origin of Negative Theology, in: Pickavé, M. (Hg.): Die Logik des Transzendentalen. Festschrift für Jan A. Aertsen zum 65. Geburtstag, Berlin/New York, 581–599.

Steel, C. (2004): Au-delà de tout nom. *Parménide* 142A3–4 dans l'interprétation de Proclus et de Denys, in: Jannsens, B./Roosen, B./Van Deun, P. (Hg.): Philomathestatos. Études de patristique grecque et textes byzantins offerts à Jacques Noret à l'occasion de ses soixante-cinq ans, Leuven/Paris/Dudley, M.A., 603–624.

Stein, E. (2003): Wege der Gotteserkenntnis. Studie zu Dionysius Areopagita und Übersetzung seiner Werke, Freiburg/Brsg./Basel/Wien.

Stiglmayr, J. (1895a): Das Aufkommen der Ps-Dionysischen Schriften und ihr Eindringen in die christliche Literatur bis zum Laterankonzil 649, in: IV Jahresbericht des öffentlichen Privatgymnasiums an der Stella Matutina zu Feldkirch, Feldkirch, 3–96.

Stiglmayr, J. (1895b): Der Neuplatoniker Proclus als Vorlage des sogenannten Dionysius Areopagita in der Lehre vom Übel, in: Historisches Jahrbuch (Görres-Gesellschaft, München, Freiburg) 16, 253–273.

Stiglmayr, J. (1898): Die Lehre von den Sacramenten und der Kirche nach Ps.-Dionysius, in: Zeitschrift für katholische Theologie 22, 246–303.

Stiglmayr, J. (1909): Eine syrische Liturgie als Vorlage des Pseudo-Areopagiten, in: Zeitschrift für katholische Theologie 33, 383–385.

Stiglmayr, J. (1911a): Anmerkungen, in: Des Heiligen Dionysius Areopagita angebliche Schriften ueber die beiden Hierarchien, aus dem Griechischen übers. von J. Stiglmayr, S.J., Kempten/München.

Stiglmayr, J. (Hg.) (1911b): Des Heiligen Dionysius Areopagita angebliche Schriften ueber die beiden Hierarchien, aus dem griechischen übers. von J. Stiglmayr, S.J., Kempten/München.

Stiglmayr, J. (1932): Vorrede und Einleitung, in: Des heiligen Dionysius Areopagita angebliche Schriften über „Göttliche Namen". Angeblicher Brief an den Mönch Demophilos, übers. von J. Stiglmayr (BKV II/II), München, 3–17.

Stock, W.-M. (2008): Stilo obscuro? Zur Sprache des Dionysius Areopagita in: Alloa, E./Lagaay, A. (Hg.): Nicht(s) sagen. Strategien der Sprachabwendung im 20. Jahrhundert, Bielefeld.

Strothmann, W. (1977/78): Das Sakrament der Myronweihe in der Schrift De ecclesiastica Hierarchia des Pseudo-Dionysius Areopagita in syrischen Übersetzungen, 2 Teile, Wiesbaden.

Stuiber, A. (1954): Bild III (christlich), in: RAC 2, 318–346.

Suchla, B. R. (1988a): Anmerkungen zu *Die Namen Gottes*, in: Dionyius Areopagita, Die Namen Gottes (DN), eingeleitet, übersetzt von B. R. Suchla, (Bibliothek der griechischen Literatur, Bd. 26), Stuttgart.

Suchla, B. R. (1988b): Einleitung, in: Dionyius Areopagita, Die Namen Gottes (DN), eingeleitet, übersetzt von B. R. Suchla, (Bibliothek der griechischen Literatur, Bd. 26), Stuttgart, 1–20.

Suchla, B. R. (1989): Die Überlieferung von Prolog und Scholien des Johannes von Skythopolis zum griechischen Corpus Dionysiacum Areopagiticum, in: Studia Patristica 18/2, 80–83.

Suchla, B. R. (1990): Einleitung in die Gesamtausgabe, in: Corpus Dionysiacum I. Pseudo-Dionysius Areopagita, De divinis nominibus, hg. von Beate Regina Suchla, Berlin/New York, 1–91.

Suchla, B. R. (1997): Das Scholienwerk des Johannes von Skythopolis zu den areopagitischen Traktaten in seiner philosophie- und theologiegeschichtlichen Bedeutung, in: de Andia, Y. (Hg.): Denys l'Aréopagite et sa postériorité en Orient et en Occident. Actes du Colloque International, Paris, 21–24 septembre 1994, Paris, 155–165.

Switkiewicz, A. (2000): Notes about Denys Areopagite's *The Ecclesiastical Hierarchy* and its incluence on St. Maximus the Confessors's *Mystagogy*, in: Archiv für Mittelalterliche Philosophie und Kultur (hg. von T. Boiadjiev, O. Georgiev, G. Kapriev, A. Speer) VI, 1–21.

Teichert, D. (1990): Der Philosoph als Briefschreiber. Zur Bedeutung der literarischen Form von Senecas Briefen an Lucilius, in: Gabriel, G./Schildknecht, C. (Hg.): Literarische Formen der Philosophie, Stuttgart, 62–72.

Théry, G. (1932/37): Études Dionysiennes I u. II, Paris.

Thümmel, H. G. (1992): Die Frühgeschichte der ostkirchlichen Bilderlehre. Texte und Untersuchungen zur Zeit vor dem Bilderstreit, Berlin.

Trouillard, J. (1972): L'Un et l'âme selon Proclos, Paris.

van den Berg, R. M. (2001): Proclus' Hymns. Essays, translations, commentary, Leiden/Boston/Köln.

Vanneste, J. (1959): Le mystère de Dieu. Essai sur la structure rationnelle de la doctrine mystique du Ps.-Denys l'Aréopagite, Paris.

Vanneste, J. (1962): La théologie mystique du pseudo-Denys l'Aréopagite, in: Studia Patristica 5/3, 401–415.

Vanneste, J. (1966): La doctrine des trois voies dans la *Théologie Mystique* du Pseudo-Denys l'Aréopagite, in: Studia Patristica 7/2, 462–467.

Völker, W. (1958): Kontemplation und Ekstase bei Ps. Dionysius Areopagita, Wiesbaden.

Völker, W. (1977): Die Sakramentsmystik des Nikolaus Kabasilas, Wiesbaden.

Wacker, B. W. (Hg.) (1996): Dionysius DADA Areopagita. Hugo Ball und die Kritik der Moderne, Paderborn.

Wellesz, E. (1949): A history of Byzantine Music and Hymnography, Oxford.

Wesche, K. P. (1989): Christological doctrine and liturgical interpretation in Pseudo-Dionysius, in: St Vladimir's Theological Quaterly 33, 53–73.

Wesche, K. P. (1990): Appendix. A Reply to Hieromonk Alexander's Reply, in: St Vladimir's Theological Quaterly 34, 324–327.

Wildt, K. (1999): Diptychen, in: RGG⁴ 2, 868 f.

Witt, R. (1995): La fonction de la musique chez les contemporains du Denys authentique, in: Diotima 23, 109–120.

Wolff, E. (1947): Die goldene Kette. Die Aurea catena Homeri in der englischen Li-
    teratur von Chaucer bis Wordsworth, Hamburg.
Wolinski, J. (1982): Onction. II. Pères de l'église, in: DSp 11, 801–819.
Wulf, C./Zirfas, J. (2004): Performative Welten. Einführung in die historischen, syste-
    matischen und methodischen Dimensionen des Rituals, in: Wulf, C./Zirfas, J. (Hg.):
    Die Kultur des Rituals. Inszenierungen. Praktiken. Symbole, München, 7–45.
Zimmermann, R. (2005): Pseudepigraphie/Pseudonymität, in: RGG⁴ 8, 1786–1788.
Zinn, G. A. Z. (1987): Suger, Theology and the Pseudo-Dionysian Tradition, in: Ger-
    son, P. L. (Hg.): Abbot Suger and Saint Denis, New York, 33–40.
Zintzen, C. (1977a): Einleitung, in: Zintzen, C. (Hg.): Die Philosophie des Neuplato-
    nismus, Darmstadt.
Zintzen, C. (1977b): Die Wertung von Mystik und Magie in der neuplatonischen Phi-
    losophie, in: Zintzen, C. (Hg.): Die Philosophie des Neuplatonismus, Darmstadt,
    391–426.

Namensregister